Der Islam in der Gegenwart

SV
SCHWEIZER
VERLAGSHAUS
ZÜRICH

Horst J. Andel

Kommen morgen die Araber?

*Schicksalsfragen zwischen Morgenland
und Abendland*

Schweizer Verlagshaus AG, Zürich

© 1976 by Schweizer Verlagshaus AG, Zürich
Printed in Switzerland
by Buchdruckerei Carl Meyer & Söhne, Jona bei Rapperswil SG
ISBN 3-7263-6182-0

*Für Miriam
und unsere einundzwanzig Jahre*

Inhalt

8

Prolog: Ein Riese erwacht

Es begann mit einem Koffer. Ein Leibwächter wuchtete ihn aus einem riesigen amerikanischen Straßenkreuzer, der soeben vorgefahren war, schleppte ihn keuchend über die ausladende Freitreppe hinauf in das luxuriös ausgestattete Vestibül, wo die Nagelschuhe jedesmal wie Pistolenschüsse klingende Geräusche verursachten, wenn sie den spiegelglatten Marmorboden berührten und den Kristallüstern an der hohen Decke ein glockenspielartiges leises Echo entlockten. Dann ließ er den Koffer wortlos vor die Füße der herbeieilenden goldbetreßten Saaldiener plumpsen. Ein diskretes Signal rief nach dem Geschäftsführer. In der Halle verstummte schlagartig das Stimmengewirr. Die Damen in ihren tiefdekolletierten Abendroben griffen entschlossen nach den Armen ihrer in dunkle Smokings gewandeten Begleiter und dirigierten sie, in Erwartung des unvermeidlich scheinenden Skandals, zu der exotisch wirkenden Gruppe. Der Geschäftsführer blickte mit hochgezogenen Augenbrauen auf das schäbig aussehende Kofferungetüm und dann etwas furchtsam, wie es schien, zu dessen mit einem schweren Krummdolch, wohlgefüllten Patronengürteln und einer umgehängten Maschinenpistole bewaffneten Transporteur. Nervös fingerte er nach dem blütenweißen Ziertüchlein in der Brusttasche, um sich den von der Stirn perlenden Schweiß aus dem Gesicht zu wischen, als er endlich von der Furcht vor einem besonders dreisten Überfall

9

erlöst wurde. Im Portal erschienen drei weitere schwerbewaffnete Leibwächter und in ihrer Mitte ein zur Korpulenz neigender Mann in Beduinentracht. Der Geschäftsführer hatte sich augenblicklich wieder gefaßt, bedeutete den wartenden Saaldienern, den schweren Koffer in sein Büro zu schaffen, und den neugierigen Gästen, kein unnötiges Aufsehen zu erregen, ehe er sich eifrig dienernd der malerisch kostümierten Gestalt am Eingang näherte.

«Eure Hoheit erweisen uns eine große Ehre mit diesem Besuch!», begrüßte er den Ankömmling in geschliffenem Französisch und, sich dann rasch verbessernd, in Englisch.

«Zeigt uns unseren Platz und zählt unser Geld!», lautete die kurzangebundene Antwort des so Angesprochenen, der den händeringenden Geschäftsführer stehen ließ und an ihm mit trippelnden kleinen Schrittchen vorbeieilte.

Im Spielsaal hatte sich die Nachricht von der Ankunft des orientalischen Gastes schon verbreitet und man machte für ihn rigoros den besten Platz an einem der Rouletttische frei. Die Hoheit aus dem Morgenland ließ sich ächzend in den herbeigeschobenen vergoldeten Louis-XVI-Sessel fallen und grabschte mit den beringten kurzen Wurstfingern behend nach den unaufgefordert vor ihn hingeschobenen Chips. Es begann eine der denkwürdigsten Spielrunden in der an bizarren Vorfällen gewiß nicht armen Geschichte des «Casino de Monte Carlo». Die Valise enthielt, in großen Scheinen, einen Betrag, dessen Zehnfaches zur Übernahme des ganzen Kasinos ausgereicht hätte. Dem Prinzen zuliebe brach man in dieser Nacht sogar mit der geheiligten Tradition festgelegter Spielzeiten. Er setzte, mit wechselndem Glück, bis zum totalen Verlust des mitgebrachten Kapitals. Die Croupiers kamen dabei, durch die fürstlichen Trinkgelder, zu kleinen Vermögen. Mitspieler sahen neidisch zu, wie dem arabischen Potentaten in einer einzigen Nacht Summen unter den Händen zerrannen, zu deren Erwerb sie ihr ganzes Leben gebraucht hätten. Als der Morgen graute,

10

stemmte sich der Prinz, der die ganze Zeit über selbstredend nur eisgekühlten süßen Orangensaft getrunken hatte, aufseufzend aus seinem Sessel. Jeder Saaldiener erhielt eine goldene Armbanduhr mit dem Porträt des Prinzen. Doch paradoxerweise führten gerade die bis dahin noch nie registrierten Riesenbeträge, die er und seinesgleichen in dem ehrwürdigen Spielertempel an der Côte d'Azur verloren, bald darauf für sie zu einem diskreten Spielverbot. Das Kasino nahm Rücksicht auf seine weniger begüterte Stammkundschaft. Arabische Anfragen nach dem Mehrheitserwerb der Kasinoaktien wurden höflich abschlägig beschieden.

König Saud I. machte Kur in Baden-Baden. Ein solches Schauspiel hatte man in der weltberühmten Schwarzwaldkurstadt nicht mehr gesehen, seit die bolschewistische Revolution die exzentrischen russischen Großfürsten vertrieben hatte. Eine endlose Reihe auf Hochglanz polierter schwarzer Luxuslimousinen mit der königlichen Standarte, zwei gekreuzte Schwerter unter einer Palme auf grünem Feld, bewegte sich in halsbrecherischem Tempo durch die sonst so stillen Straßen. Hunderte von Koffern aller Größen türmten sich vor dem Hotel. Dessen ganze oberste Etage stand bereit für Seine Majestät, die Haremsdamen, die tiefverschleiert und mit züchtig gesenkten Köpfchen wie Schatten aus ihren Fahrzeugen durch die geräumte Halle in den Lift huschten, und die übrige Begleitung des Monarchen. Die gläubigen Moslems veranstalteten zwar keine Alkoholgelage. Doch waren sie so laut, daß die Hotelleitung gezwungen war, die an Ruhe gewöhnten Stammgäste aus den unteren Etagen auszuquartieren. Einige reisten empört ab. Kein Page war mehr sicher vor den begehrlichen Händen der sexhungrigen Wüstenbewohner. Als diese auf dem Dachgarten Lagerfeuer entzündeten, um Hammel zu braten, und die kostbaren Vorhänge von den Fenstern rissen, um sich die fettigen Hände daran abzuwischen, war die Geduld des Managers zu Ende. Beim nächsten Aufenthalt des Königs bedauerte er: Das Hotel sei leider bis auf das letzte Zimmer besetzt.

Bis Mitte der sechziger Jahre war das «Casino du Liban» nördlich von Beirut ein fast ausschließlich betuchten europäischen oder amerikanischen Touristen vorbehaltenes Vergnügungsparadies. Der französische «Maître de Plaisir» Charley Henchis bot hier Revuen mit den berühmtesten Künstlerinnen und Künstlern aus aller Welt, die jeden Vergleich mit den Darbietungen der Pariser Tempel der leichten Muse wie «Les Folies Bergères», «Le Lido» oder «The Crazy Horse» aushielten und sie häufig sogar übertrafen. Als im Zusammenhang mit dem arabisch-israelischen Sechstagefeldzug im Juni 1967 der westliche Massentourismus fühlbar zurückging, entdeckte man im Libanon einen neuen Kundenkreis – die Ölscheiche. Beirut anstelle von Rom, Paris oder London als Vergnügungsparadies empfahl sich ihnen schon aus sprachlichen Gründen. Das «Casino du Liban» stellte sich rasch und gründlich auf die neuen Besucher ein. Die Revuen wurden auf orientalische Folklore wie feurige Fantasias und rassige Bauchtänze umgestellt, und statt der nackten vollbusigen Tanzgirls gab es immer mehr halbnackte ätherische Tanzboys. Die Geschmäcker sind eben verschieden ...

Bis Anfang der siebziger Jahre leisteten sich die Ölscheiche aus dem Morgenland häufig und überall ihre exotischen Extravaganzen. Niemand nahm es ihnen übel, weil man auf die scheinbar harmlosen Neureichen aus der Wüste hochmütig herabsehen zu können meinte. Eine Gefahr schien von ihnen nicht auszugehen. Hatte das der Ausgang des Junikrieges nicht gerade erst wieder bewiesen? Der Westen konnte sich bei Israel und Israel beim Westen gut aufgehoben fühlen. Die in sechs Tagen bewerkstelligte bravouröse Niederringung dreier bis an die Zähne bewaffneter, personal- und materialtechnisch weit überlegener arabischer «Goliathe» durch den israelischen «David» führte in Europa zu wahren Begeisterungsstürmen. Noch niemals in ihrer langen Geschichte schlug den Juden eine solche Woge der Sympathie entgegen. Es schien ungemein beruhigend, zu wissen, daß Israel die westlichen Interessen in dem als Rohstoffquelle der Industrienationen vorläufig unentbehrlichen Nahen Osten so überlegen zu wahren wußte. Nicht nur unzählige Stammtischpolitiker, sondern auch mancher durchaus ernstzunehmende westliche Staatsmann entwickelte damals moderne Variationen der alten kolonialistischen «Kanonenbootpolitik»: In der kalifornischen Mojavewüste übten einige Tausend «Marines» und im Mittelmeer und dem Indischen Ozean amerikanische Kriegsflotteneinheiten auf Geheiß von US-Präsident Richard Nixon den «Ernstfall». Es schien klar zu sein, wie man zu reagieren hatte, wenn die Araber jemals den Ölhahn zudrehen würden. Im Pentagon gab es fixfertige Pläne für eine Blitzbesetzung Kuweits und Saudi-Arabiens durch israelische und amerikanische Luftlandetruppen. Experten berechneten, daß selbst zerstörte Förderanlagen und Transportleitungen binnen vierundzwanzig Stunden repariert werden könnten. Alle diese hochfliegenden Pläne erwiesen sich als Makulatur. Noch nicht einmal fünf Jahre darauf befand sich fast die gesamte arabische Erdölproduktion in der totalen Verfügungsgewalt der Produzenten.

Samstag, 6. Oktober 1973. «Altweibersommer» in Europa, «Indian Summer» in Amerika. In den Moscheen zwischen Atlas und Hindukusch versammeln sich die muselmanischen Gläubigen zum vorgeschriebenen Mittagsgebet und verbeugen sich gen Mekka. Man schreibt den heiligen Fastenmonat «Ramadan», den neunten des islamischen Mondjahres 1393 seit der «Hidschra» des Propheten Mohammed von Mekka nach Medina. In Israel und allen mosaischen Gemeinden rings um den Erdkreis beten die frommen Juden, das Haupt bedeckt mit dem Gebetskäppchen, in den überfüllten Synagogen. Man feiert das höchste jüdische Fest, das Versöhnungsfest

13

«Jom Kippur», und schreibt den Monat «Marcheschvan» des Jahres 5734 seit Erschaffung der Welt. In den Warenhäusern von Zürich, Frankfurt, Paris, Brüssel und Amsterdam herrscht das übliche Gedränge der Kauflustigen. Der Monatsanfang bringt den einen gefüllte Börsen und den anderen gefüllte Kassen. In den brechend vollen Ausflugsgaststätten findet niemand mehr einen Platz. Auf den Autobahnen bilden sich endlose Stauungen. Kein Autofahrer ahnt, daß er vielleicht das letztemal zu seinen Lebzeiten unbeschwert auf das Gaspedal drücken kann.

Im Raketenzentrum Plesetsk im hohen Norden Rußlands startet um die Mittagsstunde der sowjetische Aufklärungssatellit «Cosmos 597» und umkreist in jeweils 89,5 Minuten einmal die nördliche Erdhalbkugel. Sechzig Minuten später überfliegt er den Nahen Osten und fotografiert jede Bewegung auf der weit unter ihm liegenden Erdoberfläche. Etwa um die gleiche Zeit, dort ist es allerdings erst sechs Uhr in der Frühe, schrillt im Schlafzimmer seines Appartements im Luxushotel «Waldorf Astoria» in New York das Telefon von US-Außenminister Henry Kissinger. Das Telefonat kommt von seinem als Nahostexperte geltenden Stellvertreter Joseph Sisco aus Washington. Der Außenminister leitet gerade die amerikanische Delegation bei der turnusmäßigen jährlichen Herbst-Vollversammlung der Vereinten Nationen. Jetzt angelt er schlaftrunken nach dem Apparat und hört von dem trockenen Sisco nur einen einzigen alarmierenden Satz: «Der Kriegsausbruch steht unmittelbar bevor!» Kissinger erspart sich Rückfragen; er weiß Bescheid. Der Hexenkessel Nahost steht wieder einmal vor einer Explosion. Der Krisenmanager aus Fürth bei Nürnberg, erst seit vierzehn Tagen «State Secretary» und damit der zweitwichtigste Mann in der Führungshierarchie der Vereinigten Staaten, hat seine erste große Stunde. Unverzüglich informiert er seinen im kalifornischen Ferienquartier San Clemente weilenden Präsidenten Richard Nixon. Dann holt er seine Mitarbeiter aus den Betten. Der Geheim-

14

dienst «Central Intelligence Agency» (CIA) signalisierte zwar bereits seit Wochen permanent den «unmittelbar bevorstehenden vierten Nahostkrieg». In Washington hatte das jedoch offenkundig niemand ernst genommen. Jetzt hilft nur noch untätiges Warten auf die ersten Meldungen vom Kriegsschauplatz. Doch wohl schon in dieser Stunde entsteht im Hirn Kissingers jene Strategie der «direkten Diplomatie», mit der er nicht lange nach diesem Krieg nicht nur einen allerdings brüchigen Teilfrieden zwischen den tödlich verfeindeten Parteien in diesem Konflikt zuwege bringen wird, sondern auch die auf einem scheinbar unaufhaltsamen Vormarsch befindliche Sowjetunion aus einigen ihrer vermeintlich so sicheren Positionen im Vorderen Orient hinausdrängt.

In Kairo, Damaskus und Jerusalem ist es inzwischen 14 Uhr Regionalzeit. Die Araber beenden, wie gesagt, gerade ihr Mittagsgebet. Mit knurrendem Magen gehen sie wieder an ihre Arbeit. Jeder denkt nur noch an den abendlichen Kanonenschuß bei Sonnenuntergang. Dann können sie sich endlich wieder sattessen. Die Israelis scheucht in diesem Augenblick Sirenengeheul aus ihrer Gebetsruhe. Am Suezkanal und auf den Golanhöhen beginnt stundenlanges mörderisches Artilleriefeuer. Die Kampfflugzeugflotten Ägyptens und Syriens befinden sich fast vollzählig in der Luft und fliegen nahezu pausenlose Einsätze gegen den völlig unvorbereiteten Gegner. An der Kanalfront zerfallen die bis dahin als uneinnehmbar geltenden Befestigungsanlagen der «Bar-Lev-Linie», so benannt nach dem Generalstabschef der Zwischenkriegszeit, unter dem Beschuß feindlicher Kanonen buchstäblich in Sand. Der Judenstaat gerät zum erstenmal in seiner kurzen modernen Geschichte, scheinbar völlig überrascht, in die Defensive. Er bleibt es bis in die Endphase des einundzwanzigtägigen Ringens. Sein Generalstabschef David Elasar, der 1976 frühzeitig gealtert starb, wird später behaupten, man habe ihm über vierhundert Meldungen der eigenen Geheimdienste vorenthalten. Die

15

Wirklichkeit war noch prosaischer: Der Auslandsgeheimdienst «Mossad» verzichtete nach 1967, im Hochgefühl der Unschlagbarkeit Israels und unter ökonomischem Zwang, auf einen Großteil seines Agentennetzes. Man demobilisierte bewährte Mitarbeiter und verließ sich zunehmend auf – wesentlich billigere, aber auch weniger zuverlässige – arabische Gelegenheitsagenten. Doch «Mossad» hat ebensowenig Schuld wie der später zum Schuldigen gestempelte Generalstabschef Elasar oder Mosche Dajan, der General und Verteidigungsminister, den die teilweise militärische und vollständige politische Niederlage seines Landes in diesem Feldzug um seine Karriere brachte. Der Krieg war ebenso vorprogrammiert wie sein Ausgang. Das hatte sowohl regionale wie übergeordnete weltpolitische Gründe. Israels Sieg im Junikrieg von 1967 widersprach weder den westlichen noch östlichen Interessen im Nahen Osten. Der Westen wußte seine Interessen, wie schon erwähnt, bei Israel gut aufgehoben. Der Osten errang durch die katastrophale Niederlage bei den Arabern noch größeren Einfluß. Doch beinahe unmerklich hatte sich ein umwälzender Szenenwechsel vollzogen. Wenige Tage nach dem siegreichen Sechstagekrieg sagte der israelische Außenminister Abba Eban: «Wir blicken nicht zurück, wir schauen nur vorwärts und bieten unseren arabischen Brüdern die Hand zum Frieden!» Premierminister Levi Eschkol erklärte feierlich, sein Land habe keinerlei Annexionspläne und sei zur Räumung aller besetzten Gebiete bereit. Die Araber verweigerten zwar auf ihrer Gipfelkonferenz in der sudanischen Hauptstadt Khartum jegliche Verhandlungen; doch auch Israel zerstörte durch seine nun einsetzende Judaisierungspolitik in weiten Teilen des eroberten arabischen Landes seine Verhandlungs- und vor allem seine Glaubwürdigkeit. Die Araber mußten sich fragen, über was man angesichts der vollendeten Tatsachen israelischer «Wehrsiedlungen» in Ost-Palästina und sogar auf dem syrischen Golan noch verhandeln solle. Die Palästina-Guerilleros, bis dahin in erster Linie ein Instrument der arabischen Anti-Israel-Strategie und eigensüchtiger ägyptischer, syrischer, irakischer Machtträume, emanzipierten sich unerwartet rasch und ungemein heftig von dieser Bevormundung und gingen ihre eigenen Wege. Zwischen 1967 und 1973 entwickelten sie sich – obwohl sie ihre folgenschwersten weltpolitischen Siege erst nach dem «Ramadan-Krieg» errangen – zu den gefährlichsten Gegenspielern des Zionismus und der israelischen Interessen im Westen. Flugzeugentführungen, Attentate auf diplomatische und wirtschaftliche Einrichtungen Israels bis hin zu dem furchtbaren Anschlag auf die israelische Mannschaft bei den Olympischen Spielen von München waren an der Tagesordnung.

Die Wende, die wohl endgültige, kam im Herbst 1970. Am 30. September 1970 starb in Kairo überraschend der ägyptische Diktator Gamal Abdel Nasser. Der Sowjetunion wurde schlagartig bewußt, daß ihre scheinbar so sichere Vormachtstellung am Nil nur auf ihm beruht hatte. In den Vereinigten Staaten erkannte man, ironischerweise vor allem unter dem Einfluß des aus Deutschland zugewanderten Juden und späteren Außenministers Henry Kissinger, fast augenblicklich die Chance zur Rückgewinnung schon verloren geglaubter Positionen im Nahen Osten. Die «sieben Schwestern», die größten Mineralölkonzerne der westlichen Welt, hatten lange vergeblich auf die wachsende «Energielücke» der technologischen Zivilisation und auf die Bedeutung der nahöstlichen Rohstoffquellen für die Schließung dieser Lücke hingewiesen. Jetzt endlich fanden sie auch bei der politischen Führung Verständnis. Kissinger, damals noch lange nicht Außenminister und einflußreichster amerikanischer Politiker nach dem Präsidenten, setzte sich rigoroser als jeder andere politische Verantwortliche über die so lange gegenüber dem jüdischen Staat geltenden Tabus hinweg. Kissingers Chance kam an jenem 6. September 1973. Militärische Anfangserfolge der Araber erstaunten die Welt und zerstörten den Mythos der Unbesiegbarkeit Israels. Die «Zachal», die israelische Armee, geriet sowohl auf den Golan-Höhen als auch am Suezkanal in Bedrängnis. Hier kam es zu einem raschen syrischen Vormarsch, dort zur Überquerung der Wasserstraße durch ägyptische Truppen und zur Zerstörung und Einnahme der «Bar-Lev-Linie». Das Blatt wendete sich erst in der Endphase des Krieges. Im Norden trieben die Israelis die Syrer noch hinter die Demarkationslinie des Sechstagefeldzuges zurück, im Süden überquerten sie ihrerseits den Suezkanal und standen zum erstenmal auf dem afrikanischen Festland. Der Sieg gehörte dennoch den Arabern. Diese brachten zum erstenmal ihr stärkstes Machtmittel, die Öl-waffe, zum Einsatz. Schlagartig versiegten die lebenswichtigen Rohöllieferungen nach Europa und Amerika. Die Industrienationen gerieten in eine Wirtschaftskrise. Der Verkehr stand still. Die Produktion mußte gedrosselt werden. Banken krachten, Unternehmen gingen bankrott, die Arbeitslosenzahlen stiegen in Millionenhöhe.

Für Israel hatte das katastrophale politische Folgen. Die Genfer Friedenskonferenz im Dezember 1973 sah es zum erstenmal in der Isolierung. 1975 und 1976 erzwangen die bis dahin als sein verläßlichster Verbündeter geltenden Vereinigten Staaten seinen teilweisen Rückzug vom Ost-ufer des Suezkanals und den Golan-Höhen. Die Vollver-sammlung der Vereinten Nationen verurteilte den Zionis-mus mit großer Mehrheit als Rassismus. Der UN-Weltsi-cherheitsrat kritisierte die israelische Besatzungspolitik. Der Judenstaat verlor fast alle mühsam aufgebauten di-plomatischen Positionen in Schwarzafrika. 1976 unter-hielten bereits mehr Staaten quasi-diplomatische Bezie-hungen zur «Palästinensischen Befreiungs-Organisation» (PLO) als zu Israel. Die Araber in den besetzten Gebieten solidarisierten sich immer klarer mit der PLO und verur-sachten ständige Unruhe. Sie entlud sich in zunehmend heftigeren Demonstrationen und Aufständen und forderte immer mehr Todesopfer. Zum erstenmal diskutiert wurde

18

jetzt auch das Schicksal der Araber im eigentlichen Kern-Israel, nämlich in Nordgaliläa und in der Negevwüste. Die Einwandererziffern gingen zurück und wurden von denen der Auswanderer unaufhaltsam überrundet. Im Frühjahr 1976 verlangte auch der amerikanische Präsident Gerald Ford die Räumung aller besetzten arabischen Gebiete als Voraussetzung für eine westliche Garantie Israels.

Am katastrophalsten wirkte sich jedoch der westliche Gesinnungswandel gegenüber dem Judenstaat aus. Europa und Amerika sahen bis dahin in ihm das westliche Bollwerk inmitten einer feindseligen und anscheinend unaufhaltsam in der kommunistischen Springflut versinkenden Umwelt und hinderten ihn dadurch wohl auch an einer ausgleichenden Politik gegenüber seinen arabischen Nachbarn. Nun plötzlich wurden die Juden zu Störenfrieden. Am deutlichsten machten das ausgerechnet zwei westliche Politiker jüdischer Herkunft: Der Deutsch-Amerikaner Kissinger und der Österreicher Bruno Kreisky. Kreisky, Sohn großbürgerlicher jüdischer Eltern und sozialistischer österreichischer Bundeskanzler, zerstörte gleich zwei Mythen: Erstens den von der doppelten Loyalität aller Juden gegenüber ihrer Wahlheimat und gegenüber dem jüdischen Staat; zweitens die vom angeblichen Antisemitismus der (semitischen) Araber. Als Delegationschef der «Sozialistischen Internationale» knüpfte er direkte Beziehungen zu den sozialistischen Einheitsparteien der arabischen Welt, die ursprünglich kommunistischen Vorbildern nachempfunden waren.

Mai 1976, Luxemburg. Die Mutter-Gottes-Oktave, die traditionelle Pilgerfahrt zur Heiligen Schwarzen Jungfrau, erfreut sich diesmal fremdartiger «Teilnehmer». Während die frommen Pilger durch die engen Gassen der historischen Altstadt, die so romantische Namen tragen wie «Heilig-Geist-Straße» oder «Straße Unserer Lieben Frau», ziehen, vorbei an dem in einer ehemaligen Klosterherberge untergebrachten Großherzoglichen Außenministerium «Sankt Maximin», zur Liebfrauenkathedrale, empfängt der aus einem der ältesten europäischen Herrschergeschlechter stammende Kreuzfahrernachkomme der Habsburger, Bourbonen und Nassauer, Großherzog Jean, in seinem Spanischen Renaissance-Palast zwanzig dunkelhäutige Besucher. Seine Königliche Hoheit ehrt mit dem Generalsekretär der Arabischen Liga, Machmut Riad, an der Spitze die arabischen Partner des «euro-arabischen Dialoges» im Wolkenkratzer der Europäischen Gemeinschaft auf dem Luxemburger Kirchberg. Wenig später mischen sich die exotischen Diplomaten in der schneeweißen Galabiah und der schwarzen Agal um die malerische Keffija (Kopftuch) mit ihren Frauen, die schwarze Schleier über den kostbaren bunten Seidengewändern tragen, unter die Pilger, die sich auf dem vom Duft der Bratwürste, gebrannter Mandeln und türkischen Honigs geschwängerten Jahrmarktsplatz im Schatten der ehrwürdigen Kathedrale versammelt haben. Kinder, die aus dem frommen Anlaß schulfrei haben, rezitieren, als sie der fremdartigen Oktav-Pilger ansichtig werden, den auf den luxemburgischen Premierminister, Präsidenten der UN-Vollversammlung und des EG-Ministerrates, Gaston Thorn, gemünzten Spottvers:

«Ein Araber steht am Kap Hoorn
und unterhält sich mit Gaston Thorn:
Gib du mir einen Jud
und ich gebe dir Mazout!»

Wie Generalsekretär Riad im feudalen «Novotel» ein Festessen für die beiden Delegationen veranstaltet, fehlt die bekannteste luxemburgische Tafelspezialität: «Judd mat Gardebohne». Die Araber haben weder Appetit auf gebratene Juden, wie man sie hinter diesem urigen Gericht vermuten könnte, noch auf den gekochten Ardennenschinken, aus dem es tatsächlich besteht. Sie lieben weder Juden- noch Schweinefleisch. Ihre Religion verbie-

20

tet ihnen mindestens das letztere. Nur Journalisten finden schließlich zu jenem verräucherten Altstadtcafé in der Philipsgasse, wo der amerikanische Schriftsteller Henry Miller, 1934, ein Schild entdeckte mit der Aufschrift: «Judenfreies Café».

Der Wind hat sich gedreht. Selbst in jenem tapferen kleinen Land im Herzen Europas, das zweimal in einem halben Jahrhundert Opfer deutscher Weltmachtgelüste war und vor dem Zweiten Weltkrieg zum ersten Exil vieler vor der Nazidiktatur fliehender Juden wurde, wo die Hauptgeschäftsstraßen der Metropole und der Industriestadt Esch an der Alzette beim Lesen der Firmennamen Seligmann, Hirschberg, Stein, Oppenheim (nicht umsonst hat die Luxemburger «Grand' rue» den historischen Namen «Juddegaas») an die Tel-Aviver Rechov Dizengoff erinnern, weht für die Juden ein schärferer Wind. Sie wissen es selbst am besten. Da ist beispielsweise der jüdische Viehhändler aus dem nahen belgischen Arlon, der sich in einem Bauerncafé über die Schabbathbräuche seiner Religion lustig macht und nicht ganz zu Unrecht über die ihm vom jüdischen Staat zugemutete zweite Steuer wütend ist. Ließ sich doch an seinem Stammtisch einmal ein israelischer «Schlischim», beauftragt mit dem Einzug von Steuern für den jüdischen Staat bei den Diasporajuden, mit der Arroganz des Bettlers über die «Auserwähltheit des jüdischen Volkes in seiner Heimat Israel» aus. Unser Viehhändler fühlt sich nicht auserwählt. Als er verfolgt worden war, halfen ihm seine Landsleute. Israel ist daher nicht sein Land. Nun verliert er auch noch den Glauben an seine Religion.

Auf dem Kirchberg, in einem für sentimentale historische Reminiszenzen kaum geeigneten funktionellen Hochhaus, kommt es derweil dennoch zu einem historischen Ereignis. Eine der zwanzig arabischen Delegationen ist die eines noch gar nicht existierenden Staates, der «Palästinensischen Befreiungs-Organisation» (PLO). Im Schlußkommuniqué verankert sie die Forderung auf das

«Selbstbestimmungsrecht des palästinensischen Volkes in seiner angestammten Heimat». Von Israel und seinem Lebensrecht ist nicht mehr die Rede.

Die Entwicklung des EG-Finanzplatzes Luxemburg seit dem «Ramadan-Krieg» vom Oktober 1973 ist noch in anderer Hinsicht typisch für den dem Judenstaat ins Gesicht wehenden «wind of change»: Einer der Chefs der «Banque Internationale du Luxembourg», die mit vielen Finanztransaktionen für arabische Auftraggeber befaßt ist, heißt Edmond Israel. Er ist, wie schon sein Name beweist, mosaischen Glaubens, Vorsteher des israelitischen Konsistoriums und einer der Initiatoren der «Gesellschaft der Freunde Israels». Das hindert ihn jedoch keineswegs an Geschäften mit den finanzkräftigen Ölscheichen. Im Luxemburger Bankenverzeichnis tauchen immer häufiger auch arabische Namen auf: Abdel Moneim el-Kaissuni, Adnan el-Khaschoggi, Achmed Saki el-Jamani. Am Boulevard Royal der westeuropäischen Finanzmetropole etablierten sich arabische oder euro-arabische Bankhäuser, die Araber tätigten Grundstückkäufe in Brüssel, Paris, Amsterdam, Hamburg, Frankfurt, München und Rom. Aktienpakete und Firmenanteile wechselten in ihren Besitz. An New Yorks Wallstreet, so lange eine Domäne jüdischer Finanztycoone, wurden sie zu begehrten Kunden. Und selbst das berühmteste jüdische Bankhaus, die legendären Rothschilds in Paris und London, rissen sich trotz ihrer bekannten Sympathie für den Judenstaat plötzlich um Geschäfte mit den Arabern.

Ein Araber, der heutzutage mit einem Koffer voller Geld seinem Düsenjet aus Dschidda, Kuweit, Bachrein oder Abu Dhabi entsteigt, trägt seine Millionen nicht mehr in das «Casino de Monte Carlo», sondern deponiert sie in einem der Bankpaläste an der Zürcher Bahnhofstraße oder dem Luxemburger Boulevard Royal. Zweihundertneunzig Jahre nach der Niederlage der Türken vor Wien erlebt das Abendland eine neue Herausforderung aus dem Osten. Ein Riese ist erwacht...

Erster Akt:
Tief sitzt die Angst vor den Türken

Die Schlacht am Sauberg*

Kara Mustafa Pascha saß hoch aufgerichtet auf seiner schwarzen Stute. Der mächtige Turban verdeckte nur teilweise die zerfurchte Stirn. Ihr Runzeln bedeutete für den, dem es galt, fast immer eine unverhüllte Drohung. Gefühle der Furcht weckten meistens auch die tiefliegenden kohlschwarzen Augen. Die riesige Hakennase und der ungewöhnlich kleine Mund, der nichts Sinnliches hatte, verrieten eiserne Entschlossenheit. Das Düstere der eindrucksvollen Erscheinung wurde noch unterstrichen durch den mächtigen Vollbart, der das herausfordernd vorgestreckte Kinn nur unzulänglich kaschierte. Auch die farbenprächtigen Ehrengewänder milderten keineswegs den furchterregenden Eindruck.

Der Zweiundfünfzigjährige hatte damals bereits eisgraues Haar. Dennoch nannte man den aus Merzifon gebürtigen Albaner immer noch den «schwarzen Mustafa». Der Spitzname galt jedoch längst nicht mehr dem ursprünglich pechschwarzen Bartwuchs, sondern bezog sich auf den brennenden Ehrgeiz und die grenzenlose Machtlust des Großwesirs. Als Angehöriger der zeitgenössischen «Politikerdynastie» der Köprülü war er sieben Jahre zuvor in dieses Amt gelangt. Die Köprülü schenkten der Hohen Pforte allein fünf Großwesire. Kara Mustafa war als Ehegatte einer Schwester des kriegerischen Fazil Achmed Köprülü jedoch nur ein angeheirateter Außenseiter. Vielleicht erklärte das seinen unstillbaren Hang zur Maßlosigkeit. Die Familie hatte ihn wohl nie ganz als einen der Ihren anerkannt. Doch er genoß das uneingeschränkte Vertrauen des ebenso kriegerischen wie mißtrauischen Sultans Mehmet IV.

Der Herrscher, der schon als siebenjähriges Kind auf den Thron gelangt war, fühlte sich als der vielleicht letzte große osmanische Eroberer. Die Köprülü-Familie hatte

---

* Die Zeittafel auf den Seiten 391 bis 399 erleichtert den Überblick auf die historischen wie modernen Ereignisse in der arabischen Welt.

ihm zu eindrucksvollen Siegen verholfen, und er vertrug seitdem nichts weniger als Niederlagen. Dennoch verzieh er seinem Großwesir den nach vierjährigem wechselhaftem Kriegsglück mit dem Verlust von Kiew für die Pforte schimpflich beendeten Waffengang gegen Rußland und überließ ihm, nachdem er das türkische Invasionsheer nur von Adrianopel bis Belgrad höchstselbst angeführt hatte, sogar ganz allein den erhofften ruhmreichsten Sieg in der Geschichte des Osmanischen Reiches und des Islams. Dieser Sieg, das wußte Kara Mustafa in diesem Augenblick wohl besser als seine Gegenspieler in der vor seinen Augen liegenden Festung, war gleichbedeutend mit der Entscheidung über die Weltherrschaft. Sie schien greifbar nahe zu sein, greifbar nahe auch der türkische Sieg. Der Padischah Mehmet IV. und sein Großwesir Kara Mustafa kannten, im Unterschied zu ihren Gegnern auf der anderen Seite, ihr Ziel und seinen Preis. Das Ziel war der Griff nach der Weltmacht und der Preis die Eroberung Wiens, der Hauptstadt des Heiligen Römischen Reiches Deutscher Nation.

Dort regierte seit fünfzehn Jahren Seine Apostolische Majestät Kaiser Leopold I., der ursprünglich nicht zum Thronfolger bestimmte zweite Sohn Ferdinands III., Geistlich erzogen, tiefreligiös und ursprünglich zum Priester bestimmt, gelangte er nur durch den frühen Tod seines Bruders Ferdinand auf den Thron. Zwar war er von dem göttlichen Anspruch des Hauses Habsburg auf die universale Führung des Abendlandes fast mystisch überzeugt. Er glaubte fest an die Würde und Macht des römisch-deutschen Kaisertums. Doch er war auch ein strenger Verfechter eines vorwiegend religiös motivierten Rechtes; sein Reich war, sehr im Gegensatz zum Staat seines welthistorischen Gegenspielers Louis XIV. von Frankreich, so etwas wie ein früher Vorläufer des modernen demokratisch-parlamentarischen Rechtsstaates. Im Frankreich des Sonnenkönigs – «L'Etat c'est moi», «Der Staat bin Ich» – triumphierte damals das geradewegs in
26

die Französische Revolution von 1789 einmündende Prinzip, wonach alle individuellen Freiheiten den wechselnden Interessen der Staatsräson untergeordnet wurden. Im Österreich dieser Zeit gab hingegen das Gottesgnadentum, das Kirche und Papst als übergeordnete Autorität anerkannte, auch dem Einzelnen Verantwortung und angemessenen Freiheitsraum. Leopold I. war darin ein Vorläufer des erst nach seinem Tod geborenen Preußenkönigs Friedrich des Großen, der einmal gesagt haben soll: «Ich bin der erste Diener meines Staates!»

Doch dieser Kaiser war auch ein Zauderer. Schon im ersten Türkenkrieg war er zwar militärisch erfolgreich gewesen. Dennoch schloß er den denkbar ungünstigen Kompromißfrieden von Vaszár (1664). Leopold, der Kaiser wider Willen, war eben ein friedliebender Mann. Sein Hauptinteresse galt Kunst, Theater und Musik. Das höfische Musik- und Theaterleben erfreute sich seiner persönlichen Teilnahme. Unter ihm begann die barocke architektonische Neugestaltung Wiens, bis heute eines der großartigsten Zeugnisse österreichischer Weltmachtstellung. Mit Kriegen hatte er nichts im Sinn. Sein Christenglaube und das darauf fußende Gottesgnadentum verschlossen sich ganz einfach der Notwendigkeit einer militärischen Verteidigung der eigenen Machtinteressen. Er hatte kein Gefühl für die auf einem ähnlichen universalen Glaubensverständnis gründende Herausforderung durch die orientalische Großmacht seiner Zeit. Bezeichnenderweise wußte er, nachdem knapp hundertfünfzig Jahre zuvor (1529) die Belagerung Wiens durch Sultan Suleiman den Prächtigen – bekannter unter dem Namen Saladin – erfolglos abgebrochen worden war, gegen die zum zweitenmal drohende Zerstörung der abendländischen Großmachtstellung keine andere Abhilfe als das Gebet. Zehn Tage vor der Ankunft Kara Mustafa Paschas und seines Heeres verlegte er seine Residenz nach Linz. In Wien blieben an der Spitze von fünfundachtzigtausend Soldaten Feldmarschall Ernst Rüdiger

Graf von Starhemberg als Stadtkommandant und Bürgermeister Johann Andreas von Liebenberg als Befehlshaber der Bürgerwehren zurück. Unbeachtet geblieben waren die dringenden Hilferufe an die übrigen Fürsten des christlichen Abendlandes. Louis XIV. hatte schon bei den vorausgegangenen Ungarnaufständen gemeinsame Sache mit den Feinden des Reiches gemacht. Eine Niederlage Wiens, so mochte er jetzt rechnen, sicherte Frankreich die Vorherrschaft in Resteuropa. (Es fällt schwer, die Parallele zu der Obstruktionspolitik des gaullistischen und nachgaullistischen Frankreichs unserer Zeit gegen die Einigung des modernen Westeuropas zu verkennen.) Nur Polenkönig Johann III. Sobieski hörte auf den Hilferuf des bedrängten Kaisers. Mit einem fünfunddreißigtausend Soldaten starken Entsatzheer machte er, der zuerst mit den Franzosen paktiert hatte und auf einen friedlichen Ausgleich mit dem Osmanenreich bedacht gewesen war, sich auf den Weg von Warschau nach Wien und sicherte Polen dadurch einen unvergeßlichen Platz in der modernen Geschichte des Abendlandes. Polen gehört seitdem, und das gilt auch für die Periode seiner Zugehörigkeit zu dem von Rußland dominierten Ostblock, zu Europa.

Im Lager des Großwesirs Kara Mustafa Pascha, der nach vierstündigem Marsch aus dem letzten Lager bei Schwechat am Vormittag des Mittwochs, 14. Juli 1683 – ironischerweise sollte ausgerechnet dieses Datum wenig mehr als hundert Jahre später zum Tag des Pariser Sturmes auf die Bastille werden und bis heute der Nationalfeiertag der Französischen Republik bleiben – an der Spitze eines aus achtundzwanzigtausendvierhundert Mann bestehenden Heeres vor der Reichsfestung Wien erschienen war, wußte man sehr genau Bescheid über die gegnerische Stärke und die Kampfmoral der Verteidiger. Mit dem Eingreifen der Polen hatte man allerdings nicht gerechnet. Der Rückzug des kaiserlichen Hofes nach Linz ließ sich zwar mit der akuten Gefahr für die leibliche Unverletzlichkeit des lebenden Symboles des Heiligen Römischen Reiches Deutscher Nation in der Person Kaiser Leopolds I. notdürftig rechtfertigen. Das Durchhaltevermögen der Verteidiger wurde dadurch aber nicht gerade gestärkt. Die Wiener hatten nichts von diesem strahlenden Sommer, dessen üppige Blütenpracht alle Gärten der Vorstädte bis hin zu ihrem ostalpinen «Hausberg», dem Sau- oder Kahlenberg, verzauberte. Das Wetter versprach eine prächtige Ernte. Doch die Türken verbrannten, wohin sie kamen, nicht nur die Burgen und Schlösser, sondern auch die Städte, Dörfer und Weiler; sie töteten oder verschleppten ihre Einwohner und vernichteten sogar die Halme auf den blühenden Feldern. Das Land erholte sich erst nach hundert Jahren, wie die Türken es sich vorgenommen hatten, von diesem schrecklichen Aderlaß. Das Osmanenheer war, seit seinem Auszug aus Adrianopel, rasch bis nach Ungarn vorgestoßen. Es versorgte sich nicht nur vollständig aus den Ländern, durch die es marschierte, sondern hinterließ überall eine noch lange sichtbare Spur von Brandschatzung, Zerstörung und Mord. Die Schreckensmeldungen, die dem raschen türkischen Vormarsch nach Wien vorausgeeilt waren, führten bei den Verteidigern zu wachsender Mutlosigkeit. Genau darauf zielte der Terror des Osmanenheeres ab. Der Großwesir wußte, daß seine Streitmacht dem Gegner zahlenmäßig unterlegen war. Durch die in die feindliche Festung eingeschleusten Spione war ihm auch bekannt geworden, daß die Verteidiger noch im letzten Augenblick schwere Waffen hatten heranführen können. Sogar als der Belagerungsring schon geschlossen schien, gelang noch einmal der Durchbruch eines Geschütztransportes. Ein weniger mutiger Mann als Kara Mustafa Pascha wäre angesichts so ungünstiger Kräfteverhältnisse zurückgeschreckt. Der Großwesir war jedoch nicht nur eine Spielernatur. In seinem Inneren nagte zudem die Erinnerung an die schimpfliche Niederlage in Rußland. Er machte sich über die Folgen eines weiteren verlorenen Feldzuges keine Illusionen. Hatte er dem Sultan nicht selbst die welthistorische Kraftprobe mit dem Abendland eingeredet? War das Zurückbleiben des Padischahs in Belgrad nicht ein Fingerzeig dafür, daß Mehmet IV. dennoch nicht so recht an den Sieg glauben mochte und die Verantwortung auf die Schultern seines Großwesirs ablud? Kara Mustafa befand sich in einer schwierigen Lage. Verlor er, kostete es ihn den Kopf, gewann er, fiel der Ruhm allein dem Sultan zu. Diese Gedanken mögen dem Großwesir durch den Kopf gegangen sein, als er zu den trutzigen Mauern der Festung Wien hinüberblickte, umgeben von den Beglerbegis (Provinzstatthaltern) von Anatolien und Rumelien, einigen Wesiren und den Sipahs (Reitern) und Silidars (Waffenträgern) seiner Leibgarde.

Noch ehe die Nachhut seiner Streitmacht auf der riesigen Ebene, die man zum Lagerplatz bestimmt hatte, angekommen war, errichtete man ein leichtes Sonnenzelt für den Großwesir. Nachdem er sich darunter niedergelassen hatte, brachte man ihm vier Gefangene aus der Vorstadt. Ohne Verhör wurden sie gnadenlos geköpft. Bevor die Abenddämmerung hereinbrach, stand bereits die Zeltburg der Belagerer. Als Kara Mustafa Pascha sie inspiziert hatte, ritt er mit kleinem Gefolge in die Vorstadt, um selbst das Gelände für die Anlage der Schanzen und Laufgräben und die vorteilhaftesten Standorte für die Geschütze auszukundschaften. Der Zeremonienmeister der Pforte, der ihn während des ganzen Feldzuges und auch auf diesem Ritt begleitete, rühmte bei dieser Gelegenheit die Anmut der Landschaft, die unvergleichliche Schönheit der Lustgärten und die heimeligen Winkel und Häuser. Viel kann davon allerdings nicht mehr zu sehen gewesen sein, denn, wie es in dem bis heute in der Bibliothek des Topkapi Serail in Istanbul aufbewahrten Kriegstagebuch des Zeremonienmeisters wörtlich heißt, «haben die muselmanischen Streitscharen hier schon alles zerstört und verwüstet, so daß nur noch die Mauern und gelegentlich einige Wohnräume stehengeblieben sind». Der erste Tag der sechzigtägigen Belagerung endete mit einem lapidaren Ultimatum an die Verteidiger. «Entweder Islam oder Tribut – sonst wird die Entscheidung in unserem Streit dem Schwert überlassen! Nehmt es zur Kenntnis!» Dem schon zitierten «Heeresbericht» zufolge übergab der Delibaschi Achmed Aga – der Oberst der «Deli», der Tollkühnen –, begleitet von einigen seiner Leute, das schriftliche Ultimatum an einem der Schanzengräben vor den Festungsmauern einem sprachkundigen kroatischen Offizier Starhembergs. Dieser überbrachte, nachdem er den Stadtkommandanten informiert hatte, die mündliche Antwort: «Uns sind seit zwei Tagen viele Leute umgekommen, und wir sind von Gram erfüllt. Jetzt geben wir auf dieses Schreiben keine Antwort!» Der Delibaschi rettete sich nur durch den unverzüglichen Rückzug vor dem maßlosen Zorn der Belagerten. Am Abend kam es daraufhin bereits zu den ersten Scharmützeln. Die Nacht brachte niemand Schlaf. In der Festung befleißigte man sich gespannter Aufmerksamkeit; die Türken entfalteten eine fieberhafte Tätigkeit und brachten überall schwere Feldgeschütze, Kolumbrinen genannt, in Stellung. Mit Sonnenaufgang begann die Beschießung.

Schon drei Tage darauf, am Sonntag, wähnten sich die Türken dem Sieg nahe. Die Beschießung hatte verheerende Verwüstungen angerichtet, welche die Verteidiger nur notdürftig beheben konnten, und durch seine Spione war der immer zuversichtlicher werdende Großwesir genauestens über die unter den Wienern grassierende zunehmende Furcht im Bild. Was er nicht ahnte, war, daß auch Starhemberg sprachkundige Spitzel in türkischen Gewändern in das feindliche Zeltlager eingeschmuggelt hatte. Ihre Meldungen waren für die Verteidiger eine unverhoffte Ermutigung. Die Moral der Belagerer stand nicht zum besten. Ganze Abteilungen führten, nur um Beute zu machen, Krieg auf eigene Faust. Obgleich sich dadurch die Kampfkraft der Türken verzettelte, erhielten sie, wenn die von ihnen angerichteten Zerstörungen nur groß genug waren, reiche Belohnungen. Je länger die Belagerung dauerte, desto mehr ließ die Disziplin nach. Der erbeutete Wein verführte die durch ihre Religion eigentlich zu völliger Enthaltsamkeit verpflichteten muselmanischen Krieger zu nicht endenwollenden Gelagen. Obgleich die Belagerung in den Fastenmonat Ramadan fiel, in dem die Gläubigen nicht essen und nicht trinken, nicht rauchen und nicht lieben dürfen, «solange ein schwarzer von einem weißen Faden zu unterscheiden ist», wie es im Koran heißt, «frönten sie der Hurerei und der Sodomie» mit den gefangenen weiblichen und männlichen Sklaven. Viele Offiziere verbrachten mehr Zeit mit der Bewachung ihrer Kriegsbeute als an der Belagerungsfront. Die Hoffnung auf eine rasche Zermürbung des Gegners und die zunächst für unvermeidlich gehaltene Übergabe der Festung sank immer mehr. Und dabei ahnte der Hasardeur Kara Mustafa lange nicht einmal etwas von dem Heranrücken des fünfunddreißigtausend Mann starken polnischen Entsatzheeres unter König Johann III. Sobieski. Diese Hiobspost erhielt er erst am 4. September durch die Aussage eines Gefangenen. Daraufhin schwärmten in aller Eile Kuriere aus, um Verstärkung heranzubeordern. Doch es blieb nicht mehr genügend Zeit.

Am Sonntag, 12. September 1683, stellten die vereinigten Heere des deutschen Kaisers und des polnischen Königs in einer Stärke von zweihunderttausend Mann die fast zehnfach unterlegenen Türken zur Entscheidungsschlacht am Sauberg. Der 483 Meter hohe Ostalpenausläufer wurde erst hundert Jahre später in Kahlenberg umbenannt. Der Großwesir, der alles verloren wußte, kämpfte mit verzweifeltem Mut und suchte den Tod auf dem Schlachtfeld. Doch gegen Sonnenuntergang befand sich das türkische Heer auf regelloser Flucht. Die Beute mußte zurückgelassen werden. Wien war befreit, das Abendland gerettet.

Bürgermeister Liebenberg erlebte den Triumph nicht

mehr. Die Aufregungen hatten den unermüdlich scheinenden Mann doch zu sehr mitgenommen. Drei Tage vor der Entscheidungsschlacht starb der erst Sechsundfünfzigjährige. Der Großwesir sollte ihn nicht lange überleben. Auch auf dem Rückzug, der kaum noch als geordnet gelten konnte, hinterließen die Türken wieder eine blutige Spur. Doch viel ließ sich aus den ausgelaugten Ländereien nicht mehr herausholen. Der Großwesir wurde immer teilnahmsloser. Niemand wollte es gelingen, ihn aufzumuntern. Er wußte selbst am besten, daß er alles gewagt und alles verspielt hatte. Ihm blieb nur noch ein ehrloser Tod. Das Schicksal ereilte Kara Mustafa am 25. Dezember des gleichen Jahres in Belgrad. Das Kriegstagebuch des Zeremonienmeisters beschreibt auch das ruhmlose Ende dieses welthistorischen Abenteurers mit minuziöser Genauigkeit.

Kurz vor dem Mittagsgebet meldete man dem geschlagenen Großwesir die Ankunft des Oberstkämmerers Achmed Aga und des Pfortenmarschalls Mehmet Aga aus Stambul. Kara Mustafa Pascha wußte sofort, was die Stunde geschlagen hatte. Er befahl seinem Imam, die Gebetsvorbereitungen zu unterbrechen und empfing unverzüglich die Sendboten des Sultans. «Was gibt's?», fragte Kara Mustafa, nachdem ihm die beiden Würdenträger ehrfurchtsvoll den Rocksaum geküßt hatten. «Unser erlauchter Padischah fordert dir das Reichssiegel, die heilige Fahne und den Schlüssel zur Kaaba ab!», antwortete der Oberstkämmerer. «Wie mein Padischah befiehlt!», entgegnete der Großwesir und überreichte den beiden Sendboten die Insignien seiner Macht. Dann fragte er: «Ist mir der Tod bestimmt?» Wieder antwortete der Oberstkämmerer: «Gewiß, es muß sein! Allah möge dich im wahren Glauben sterben lassen!» Die Exekutoren verließen wortlos den Saal, und der Großwesir befahl seinem Imam die Wiederaufnahme der Vorbereitungen zum mittäglichen Gebet. Äußerlich ungerührt verrichtete der Todgeweihte die vorgeschriebenen Übungen und sprach mit

fester Stimme die aus dem Koran stammenden Gebets-
texte. Dann erhob sich Kara Mustafa von seinem Gebetsteppich und rief von sich aus nach den Henkern. Als sie
ihm gegenüberstanden, legte er eigenhändig Pelz und
Turban ab, hob seinen ergrauten Vollbart und bat darum,
ihm die Schlinge auch richtig anzulegen. Die Henker
mußten zwei- oder dreimal fest zuziehen, bis er seinen
Geist aufgab. Der letzte Wunsch des Großwesirs blieb
unerfüllt. Obgleich er gewünscht hatte, wie ein Krieger
staubbedeckt bestattet zu werden, wusch man den Leichnam und hüllte ihn in vorbereitete Tücher. Nach islamischer Überlieferung geht der im Kampf gefallene Glaubenskrieger, kenntlich durch seine mit dem Staub des
Schlachtfeldes besudelte sterbliche Hülle, unmittelbar
nach seinem Opfertod in das Paradies ein. Diese Gnade
verwehrte der Sultan jedoch seinem geschlagenen Großwesir. Die Leiche kam in einen spartanischen hölzernen
Sarg, und nach dem obligatorischen Gebet enthäutete ihr
einer der Henker den Kopf. Dann begrub man sie im Hof
der Moschee. Das Leben eines großen Abenteurers, dessen Schicksal zum Schicksal zweier feindlicher Welten
geworden war, war zu Ende. Die Entscheidung über die
Weltherrschaft war gefallen, gefallen für dreihundert
Jahre. Der Sieg gehörte dem Abendland.
Österreich-Ungarn errang von nun an gegen die Türken
nur noch Siege. Das Osmanische Reich erlitt nur noch
Niederlagen. Im Inneren kam es zu fortwährenden Erhebungen der unterworfenen Völker und unaufhaltsam zum
völligen politischen, wirtschaftlichen und kulturellen
Stillstand. Die Türkei wurde zum sprichwörtlichen
«Kranken Mann am Bosporus». Doch auch das Abendland hatte einen nachhaltigen Schock erlitten. Nur langsam erholte es sich von den Schrecken und Verwüstungen
der Türkenkriege. So tief saß die Angst vor den Türken,
daß die Araber, ihre religiösen Ziehväter und politischen
Erben, einen Sieg einheimsen konnten, der sie selbst am
meisten überraschte, als sie fast auf den Tag genau zwei-

hundertneunzig Jahre später erneut eine Herausforderung des Westens wagten. Am Sonntag, 12. September 1683, hatte der unglückselige Großwesir Kara Mustafa Pascha am Sauberg bei Wien seine welthistorische Niederlage erlitten. Am Sonntag, 7. Oktober 1973, konfrontierte das Morgenland die abendländische Welt abermals mit seiner bestürzenden Machtfülle. Die Armeen der verbündeten arabischen Nationen Ägypten und Syrien befanden sich bereits seit vierundzwanzig Stunden auf einem von niemand vorhergesehenen Vormarsch auf israelisches Gebiet. Da proklamierte die mächtige «Organisation arabischer erdölexportierender Länder» (OAPEC) einen Rohstoffboykott gegen den Westen, der in dem jüdischen Staat bewußt oder unbewußt seinen wehrhaften Vorposten inmitten einer feindseligen orientalischen Umwelt sah. Erneut kam es zu einem welthistorischen Zusammenstoß zwischen West und Ost, zum erstenmal aber auch zu einer vielleicht niemals wiederkehrenden Chance einer Zusammenarbeit von gleichfalls welthistorischen Dimensionen.

«Der Jordan – Israels Strom, nicht Israels Grenze»
oder: «Orient und Okzident sind nicht mehr zu trennen»

10. Juni 1967, vierundzwanzig Stunden nach dem Ende des Sechstagekrieges, Herzlia bei Tel-Aviv. Die Pension Cymberg liegt etwas außerhalb des Fünfunddreißigtausend-Einwohner-Städtchens mit dem Namen des Gründers des modernen Zionismus, einen Steinwurf vom Mittelmeerufer entfernt. Das Jerusalemer Außenministerium hatte das stille Zimmer in einem der kleinen Pavillons inmitten einer idyllischen Gartenlandschaft am Rand der schlecht gepflasterten, schmalen Straße reservieren lassen. Auf der anderen Seite mit dürrem, scharfrandigem Steppengras bewachsene Sanddünen, die sich sanft hinabdehnen zu dem makellosen Strand. Die Besitzer berli-

nern wie ein Rockerpärchen aus dem Wedding und radebrechen ein schauderhaftes «Iwrit», was soviel wie «Neu-Hebräisch» bedeutet. Beide hoch in den Sechzigern, ist er das Urbild des hochgewachsenen schlanken preußischen Beamten, sie eine quirlige kleine Person. Niemals untätig, verbringt sie ihre Zeit zwischen der blitzsauberen winzigen Küche – Spezialität ist der beste «gefillte Fisch» des Landes – und dem nahegelegenen Tennisplatz. Der Gast kommt, via Teheran, direkt von der arabischen Seite des eben beendeten Feldzuges. Ein Gast des Außenministeriums ist, das wissen auch die Eheleute Cymberg, ein besonderer Gast. Freundlicher als mit den anderen unterhalten sie sich also mit ihm. Und dabei sagen sie – Volkes Stimme ist Gottes Stimme – zweierlei, was er nie mehr vergessen wird. Eine Düsenjägerstaffel braust über den unvorstellbar blauen und nur von ein paar kleinen Lämmerwölkchen aufgelockerten Himmel. Der Gast starrt interessiert in die Luft. Frau Cymberg: «Ach, das sind bloß unsere! Sie müssen sich nichts daraus machen!» Und sichtlich zusammenzuckend: «Vor einer Woche noch hätten es auch feindliche sein können! Diese Araber! Was sie nur von uns wollen? Wir haben doch schon genug gekämpft um dieses Land!» Lupenreine Eroberermentalität aus dem Mund einer alten Frau. Die Antwort des Gastes war wortloses Erschrecken. Am Abend im Speisezimmer. Prunkstück der Tafel ist eine fast kindergroße Pfeffermühle. «Ein schönes Stück!», meint der Gast. «Die hat mir ein alter Freund geschenkt! Sie kommt aus Berlin!», lautet die Antwort. «Waren Sie in letzter Zeit einmal in Berlin?» Da ist es, das nie gestillte Heimweh der europäischen Einwanderer. Sie alle werden von ihm geplagt, die einen mehr, die anderen weniger. Der Gradmesser dafür ist nicht der Grad des Eingelebtseins, sondern die mehr oder weniger starke Erinnerung an mehr oder weniger schreckliche Verfolgungen. Die Araber – die sich mit dem zionistischen Fremdkörper bis heute nicht abgefunden haben – vergleichen Israel

36

häufig mit den kurzlebigen Kreuzfahrerstaaten. Israel verdankt seine Entstehung denn auch weit weniger der Zionssehnsucht verfolgter Juden oder dem modernen Zionismus, wie man dort behauptet und hier meinen möchte, es ist eine Schöpfung des Kolonialismus und – wie wir sehen werden – ein direktes Ergebnis der nationalsozialistischen Judenvernichtungspolitik.

Theodor Herzl war, obwohl er heute am Zionshügel in Jerusalem begraben ist, eigentlich kein Zionist. Sein «Judenstaat», von dem die organisierte zionistische Bewegung inspiriert wurde, nennt Zion nur als einen möglichen Platz für dessen Gründung. Man sprach damals unter anderem auch von Argentinien und Uganda. Die Zionsbewegung mit eindeutiger Zielrichtung auf die «altneue Heimat» entstand um die Mitte des vorigen Jahrhunderts in dem damals von Pogromen geschüttelten zaristischen Rußland. Auswanderer aus dem Zarenreich gründeten 1870 eine Landwirtschaftsschule bei Jaffa. 1882 entstand die erste jüdische Siedlung, «Petach Tikwa» («Hoffnungstor»). 1883 begründeten die Rothschilds den jüdischen Weinbau in Palästina. Dort gab es damals etwa fünfundzwanzigtausend Juden, und vergleichsweise bescheiden blieb denn auch die «Basler Erklärung» des Ersten Zionistischen Kongresses unter Theodor Herzl: «Errichtung einer öffentlich-rechtlich gesicherten Heimstätte für das jüdische Volk in Palästina». Zwischen Jahrhundertwende und Ausbruch des Ersten Weltkrieges verliessen zwar immer mehr jüdische Untertanen das vor sich hin siechende Zarenreich. Die meisten von ihnen wandten sich jedoch in die osteuropäischen Anrainerstaaten Rußlands, in das übrige Europa, vornehmlich nach Deutschland und Österreich und in die Schweiz (diesem Auswandererstrom verdanken die Schweizer unter anderen den Medizin-Nobelpreisträger Tadeusz Reichstein) sowie nach Amerika. 1914 lebten, bei einer Gesamtbevölkerung von etwa siebenhunderttausend Menschen, rund achtzigtausend und 1917 sogar nur noch fünfundsechzigtausend Juden in Palästina. Die Araber hatten nichts gegen diese Einwanderer. Ohne das, was dann geschah, wären sie, wie man spekulieren darf, noch immer von allen bewunderte religiöse Idealisten in einer ihnen wohlgesonnenen Umgebung. Zwei Ereignisse – im Abstand von fast genau zwanzig Jahren – stellten die Weichen für die bis heute nicht ausgestandene dauernde Tragödie. Am 2. November 1917 schrieb der damalige britische Außenminister Arthur James Balfour einen historisch gewordenen Brief an Lord Walter Rothschild:

«Lieber Lord Rothschild, ich übermittle Ihnen hiermit mit großem Vergnügen im Namen der Regierung Seiner Majestät die folgende Sympathieerklärung für jüdisch-zionistische Bestrebungen, die dem Kabinett vorgelegt und von ihm gebilligt worden ist. Die Regierung Seiner Majestät steht der Errichtung eines nationalen Heims für das jüdische Volk in Palästina mit Wohlwollen gegenüber und wird sich nach besten Kräften bemühen, die Erreichung dieses Zieles zu erleichtern, wobei jedoch klar ist, daß nichts getan werden wird, was die bürgerlichen und religiösen Rechte bestehender nicht-jüdischer Gemeinschaften in Palästina präjudizieren könnte, oder die Rechte und den politischen Status der Juden in irgendeinem anderen Land. Ich wäre dankbar, wenn Sie diese Erklärung zur Kenntnis der Zionistischen Föderation brächten. Aufrichtig Ihr Arthur James Balfour.»

Seiner Majestät Regierung betrachtete diesen Brief wahrscheinlich als gelungenen Geniestreich. Sie hatte sich ja praktisch zu nichts direkt verpflichtet, gewann aber zwei enorme Vorteile: Man sicherte sich die kriegswichtige Arbeit des Chemikers und späteren ersten israelischen Staatspräsidenten Chaim Weizmann. Und man machte die in Palästina siedelnden Juden zu Bundesgenossen der eigenen Kolonialpolitik. Hier ist sie, die Erbsünde Israels! Vor 1917 hatte Großbritannien aktiv die arabischen Unabhängigkeitsbestrebungen als Mittel zum Zweck der Zerstörung des Osmanischen Reiches unterstützt. Nach

38

1917 erblickte man in den Zionisten eines der Elemente zur Niederringung des arabischen Freiheitswillens. Schließlich täuschten sich alle, Engländer, Araber, Juden und, genau dreißig Jahre später, Russen. Die «Balfour-Deklaration» erwies sich als eines der folgenschwersten diplomatischen Schriftstücke der Weltgeschichte. Doch sie löste kein einziges, sondern schuf immer wieder neue und immer schwerwiegendere Probleme. Sie war allerdings keineswegs nur ein Bestandteil weitreichender britischer kolonialer Machtpläne, sondern auch eine Ausgeburt der latenten europäischen «Türkenfurcht». Für Sigmund Freud wäre sie hervorragendes psychoanalytisches Arbeitsmaterial gewesen. Was damit gemeint ist, erhellt nichts deutlicher als ein ihr vorausgegangener Brief Weizmanns an den *Manchester Guardian:*

«Was wir vernünftigerweise befürworten können, ist, daß Palästina britischer Einflußbereich werden soll. Wenn England dann die jüdische Siedlung als britische Kolonie fördert, so wird Palästina in zwanzig oder dreißig Jahren mit einer Million oder mehr Juden bevölkert sein. Sie werden das Land erschließen, es wieder zu einem zivilisierten Land machen, das den Suezkanal sehr wirksam schützen könnte.»

Weizmann hatte, wie niemand leugnen kann, prophetische Gaben. Wohlgemerkt gab es damals keinerlei organisierte oder spontane jüdische Masseneinwanderung in das zu dieser Zeit übrigens noch türkische Palästina, die eine solche Voraussage, die vage Zusage des Außenministers Balfour und die zähe Pionierarbeit der zionistischen Funktionäre gerechtfertigt hätte. Doch Weizmann prognostizierte ziemlich zutreffend die jüdische Einwohnerzahl in der ersten Periode nach der Staatsgründung Israels. Hitler kannte mit Sicherheit weder diesen Brief, noch schenkte er der «Balfour-Deklaration» vor seiner Machtergreifung besondere Aufmerksamkeit. Hätte der «unbekannte Weltkriegsgefreite» Gelegenheit zur Lektüre des *Manchester Guardian* gehabt, hier wäre ein Beweisstück gewesen für seine nie belegte Theorie von der «jüdischen Weltverschwörung».

Weizmann starb 1952. Er erlebte also weder die Suezverschwörung noch den Sechstagefeldzug. Und doch kannte er genauestens die Verhaltensweisen des künftigen Judenstaates. War er, wie wir vermutet haben, ein moderner jüdischer Prophet oder kannte er nur besser als andere seine Glaubensgenossen? Der zitierte Brief läßt übrigens schon durchblicken, wie die Zionisten, die noch gar nicht erlassene «Balfour-Deklaration» auszulegen gedachten. Sie hatten niemals die Absicht, sich mit einem «nationalen Heim» in einem britischen oder arabischen Palästina abzufinden; ihr uneingestandenes Ziel war ein eigener Staat. Ein «Nationalheim» wäre nichts gewesen als eine Art «jüdischer Vatikan», mit Sicherheit unfähig zu dem so weitschauend und bereitwillig angebotenen «Schutz des Suezkanals». Dazu bedurfte es, die Welt sollte es erleben, der bravourösen Kriegführung durch die Armee eines Staates. Die Zionisten hatten ihre Rechnung zunächst jedoch ohne den sprichwörtlichen Wirt gemacht. Die Engländer dachten schon bald nicht mehr an die Einhaltung ihres Versprechens. Und was hatten sie denn auch schon versprochen? Sie durchkreuzten immer häufiger die Einwanderungspolitik der «Jewish Agency» und modifizierten, unter dem Eindruck des zunehmenden arabischen Widerstandes, die «Balfour-Deklaration» durch mehrere Untersuchungskommissionen und «Weißbücher». Die Zionisten hätten jedoch auch ohne dies kaum erreicht, was sie wollten. 1948, als die unvorhersehbaren Ereignisse in Europa die Ausrufung des jüdischen Staates erzwungen hatten, waren von der Bevölkerung des britischen Mandatsgebietes noch immer zwei Drittel Nichtjuden, und in dem den Juden im Teilungsplan der Vereinten Nationen zugesprochenen Gebiet lebten sechshundertfünfundsechzigtausend Juden gegenüber sechshundertfünfzigtausend Nichtjuden. Es bedurfte schon eines zweiten Ereignisses von welthistorischem Rang, um

40

zu ermöglichen, daß dieser unerfüllbar scheinende Traum sich bewahrheiten konnte.

Am 30. Januar 1933 kam in Deutschland Adolf Hitler zur Macht. Der arbeitsscheue Tagedieb aus dem österreichischen Waldviertel hatte spätestens seit seinem Zusammenstoß mit einem armen Juden in einem Wiener Nachtasyl einen von der latent antisemitischen Grundstimmung in seiner Heimat und der antisemitischen Mode seiner Zeit noch vergrößerten Haß auf die Juden. 1934 erließ er die berüchtigten antijüdischen «Nürnberger Gesetze». 1938, ziemlich genau zwei Jahrzehnte nach dem Brief Balfours an Lord Rothschild, kam es zur «Kristallnacht». 1942 folgte auf der sogenannten «Wannsee-Konferenz» der Beschluß über die «Endlösung der Judenfrage». 1934 betrug der Anteil der deutschen Juden nur ein Achtel der gesamten Einwandererzahl. Die Massenvernichtungspläne erhöhten zwar diesen Prozentsatz. Die Zionisten blieben unter den deutschen Juden jedoch immer eine verschwindende Minderheit. Die meisten von ihnen wählten, als sie fliehen mußten, andere Asylländer. Sie taten, wie sich später herausstellen sollte, gut daran. Ihre Tragödie war, daß sie, wenn auch unfreiwillig, den größten Beitrag leisteten zur Entstehung des zionistischen Staates, an seiner politischen Willensbildung aber kaum Anteil erhielten. Die Politik des Staates Israel wird bis heute fast ausschließlich von dem osteuropäischen «Establishment» gemacht.

Als der Zweite Weltkrieg beendet war und das ganze Ausmaß der nationalsozialistischen Judengreuel offenbar wurde, regte sich bei den Siegern das schlechte Gewissen. Sie wußten nur zu gut, wie wenig sie, solange es noch möglich gewesen wäre, bereit zur Hilfe für die Opfer gewesen waren. Jetzt gab es – und nur zu leicht machte man sich dabei die bequemste Forderung der Zionisten zu eigen – scheinbar nur noch die Maximallösung eines eigenen Staates in Palästina.

Bot sich wirklich keine andere Lösung an? Die Antwort

gibt ein jüdischer Witz: Zwei Einwanderer betreten in den dreißiger Jahren Palästina und sehen nichts als Sand. Sagt der eine zum anderen: «Wenn uns schon geschenkt haben die Engländer ein Land, das ihnen nicht gehört, warum haben sie uns nicht geschenkt die Schweiz?» 1945 waren die Juden in Palästina noch eine Minderheit. Die Araber würden sich, das hatten sie bereits bewiesen und beweisen es bis heute, niemals mit ihnen abfinden. Der Völkermord war nicht ihre Schuld, sondern die Schuld der Deutschen. (1976 veranstaltete man in der Bundesrepublik eine Umfrage zum «Judenproblem». Sie ergab latente antisemitische Vorurteile bei rund fünfzig Prozent der erwachsenen Bevölkerung. Die Befragten überschätzten dabei bezeichnenderweise auch die Zahl der unter ihnen lebenden Juden. Man vermutete durchwegs über zweihundertsechzigtausend, in Wirklichkeit gab es nur sechsundzwanzigtausend Juden.) Deutschland war aufgeteilt worden und verlor Ostpreußen, Schlesien und das Sudetenland im Osten sowie Elsaß und Lothringen und, vorübergehend, das Saargebiet im Westen. Als Wiedergutmachung wäre damals wohl auch ein jüdischer Staat etwa in Niedersachsen oder in Rheinland-Pfalz denkbar gewesen. So aber gebar ein Unrecht neues Unrecht. Die Araber bezahlten die Schuld der Deutschen. Im UN-Weltsicherheitsrat und in der UN-Vollversammlung hatten die tonangebenden westlichen und östlichen Mächte bei der historischen Abstimmung vom 29. November 1947 aber noch andere als altruistische Wiedergutmachungsmotive. Die Engländer wußten längst, daß ihre Kolonialherrschaft sich dem Ende zuneigte. Wenn sie Arabien schon verloren, wollten sie doch für ihr damals noch räumlich weit ausgedehntes Empire «östlich von Suez» eine lebenswichtige Landbrücke behalten. Nun erinnerten sie sich plötzlich wieder ihrer in der «Balfour-Deklaration» eingegangenen Verpflichtungen und der Versprechungen Weizmanns in seinem Brief an den *Manchester Guardian*. Kreuzfahrermentalität und die nur tiefenpsy-

42

chologisch erklärbare «Türkenfurcht» kamen gewiß hinzu. Was schien besser als dreifach wirkendes Allheilmittel als der Aufbau eines westlichen Vorpostens in dieser zunehmend feindseliger werdenden Umwelt? Immerhin erfüllte dieser Vorposten dann ja auch ein Vierteljahrhundert lang prachtvoll seine Funktion.

Die Sowjets hatten bei ihrer Zustimmung zur Gründung Israels ganz ähnliche Hintergedanken. Sie überschätzten völlig die Dauerhaftigkeit des westlichen kolonialen Einflusses im Nahen Osten, ihrem, wie ihn Chruschtschow gegenüber Gamal Abdel Nasser einmal nannte, «Hinterhof». Seit Peter dem Großen drängten sie auf einen direkten Zugang zu den warmen Gewässern, und das Osmanische Reich war fast vierhundert Jahre lang ihr natürlicher Hauptgegner gewesen. «Türkenfurcht» also auch auf dieser Seite. War ein allem Anschein nach sozialistisches und zudem von einer russisch-jüdischen Politelite beherrschtes Israel nicht ein willkommenes Instrument für die sowjetischen Ziele im Vorderen Orient?

Fünfundzwanzig Jahre lang spielte Israel meisterhaft auf der psychopathologischen Klaviatur dieses jahrhundertealten abendländischen Völkerschocks. 1956 hinderten nur die Unentschlossenheit seiner Mitverschwörer Großbritannien und Frankreich und das Dazwischentreten der Vereinigten Staaten es am «totalen» Sieg über die feindlichen arabischen «Türken». 1967 war er nicht mehr zu verhindern. Damals entdeckten sogar deutsche Stammtischbrüder projüdische Züge in ihrem Herzen. Im Westen jubelten die meisten Menschen über diesen überwältigenden Sieg «Davids über Goliath». Israel schien, vor allem glaubte man das dort, eine nicht mehr revidierbare, vollendete Tatsache zu sein. Doch dann kam der «Ramadan»- oder «Jom-Kippur»-Krieg oder, wie man ihn charakteristischerweise auch genannt hat, «Israels letzter Krieg». Er endete mit einer halben militärischen und einer ganzen politischen Niederlage des Judenstaates. Die Welt ließ ihn, wie sie im dreizehnten Jahrhundert die

Kreuzfahrer und im siebzehnten den römisch-deutschen Kaiser allein gelassen hatte, im Stich. Israel war zum erstenmal auf sich selbst gestellt. Plötzlich erkannte man, daß die Juden jenseits des Jordans, der so lange als ihr Fluß, nicht als ihre Grenze galt, eigentlich nichts zu suchen hatten. Dort war ja die Heimat der bis dahin ignorierten Palästinenser, von denen Golda Meir ungestraft behaupten durfte, es gebe sie gar nicht. Plötzlich überwand man «Türkenangst» und Kreuzfahrergelüste. Krieg gegen die Araber zu führen, wäre ohne das arabische Öl ja auch schwer möglich gewesen.

Im Westen drang den Menschen zum erstenmal richtig eine Goetheweisheit ins (politische) Bewußtsein. «Orient und Okzident sind nicht mehr zu trennen!» Man entdeckte die Araber als Nachbarn. Man merkte, daß man mit ihnen leben mußte, ob man wollte oder nicht und ob man sie mochte oder nicht. Und man fragte, woher sie kamen und wohin sie wollten. Gezwungen worden war man dazu vor allem vom Sohn eines einfachen orientalischen (und nicht einmal arabischen) Eseltreibers.

Der Sohn des Eseltreibers in der «Villa Hügel»

Alles bahnte sich ganz harmlos an. Wie in einem Märchen.

Es war einmal ein armer Eseltreiber. Er lebte in der zweiten Hälfte des vorigen Jahrhunderts in dem Dörfchen Savad Kouh, unweit des Kaspischen Meeres und in der Provinz Masenderan im Persischen Reich gelegen. Er konnte weder lesen noch schreiben und trug nicht einmal Schuhe an den Füßen. Er hieß Abbas Ali. Im Frühling 1878 gebar ihm seine Frau einen Sohn, den er Risa nannte. Doch schon vierzig Tage nach diesem einzigen berichtenswerten Ereignis in seinem kargen Leben stirbt er an einer unbekannten Krankheit. Die Mutter, des Ernährers beraubt, macht sich mit dem Säugling auf den beschwerlichen

Weg in die ferne Hauptstadt Teheran. Zu Fuß wandert sie über die schwindelerregenden Serpentinenpfade des eisbedeckten Elbursgebirges. In einem Schneesturm erreicht sie mit letzter Kraft einen warmen Schafstall. Das Kind scheint erfroren zu sein. Die verzweifelte Witwe will es nicht glauben. Sie entkleidet ihr Söhnchen, dessen abgemagertes Körperchen blau angelaufen ist, und reibt es mit Stroh, bis es rot anläuft und der Säugling laut zu schreien anfängt. Dann gibt sie ihm ihre Brust. Später erreicht die Frau tatsächlich die damals etwa achtzigtausend Einwohner zählende Hauptstadt.

Teheran ist zu dieser Zeit ein vornehmlich von ärmlichen Lehmhütten beherrschtes Nest mit Befestigungsanlagen aus Mauern und Gräben und einem einzigen, nachtsüber verschlossenen Stadttor. Viele Einwohner haben nicht einmal ein Dach über dem Kopf und schlafen im Freien. Überall wimmelt es von Opiumhöhlen. Nachts wird die Bevölkerung zu hilflosen Opfern organisierter Räuberbanden. Wie sich die bitterarme Witwe durchgebracht hat, weiß man nicht – wahrscheinlich mit der Hilfe ebenso armer Verwandter. Die Familie ist in diesen hoffnungslosen Verhältnissen der einzige Schutz. Man weiß aber, daß der heranwachsende Sohn schon als Fünfjähriger sein Brot verdienen mußte. Dem Vater nacheifernd, den er nie gekannt hatte, wurde er ebenfalls Eseltreiber. Seine Kindheit verbrachte er vornehmlich in den bis an die südlichen Vororte Teherans heranreichenden Ausläufern der Wüste. Er entwickelte sich rasch zu einem ungewöhnlich hochgewachsenen, muskulösen und körperstarken Knaben. Als Zehnjähriger war er der unbestrittene Anführer der jugendlichen «Banden» des Stadtviertels. Magische Anziehungskraft auf ihn übte eine nahegelegene Kaserne aus. Damals wie heute war der Soldatenberuf die einzige Karrieremöglichkeit für die Abkömmlinge sozial benachteiligter Schichten in der rückständigen orientalischen Gesellschaft.

Als Vierzehnjähriger schon wird der inzwischen hundert-

45

neunzig Zentimeter große, hochaufgeschossene «junge Mann» Soldat. Der Zwanzigjährige bringt es bereits zum Oberleutnant. Er macht eine der glänzendsten Karrieren der damaligen persischen Armee. Das ist um so bedeutungsvoller, als zu dieser Zeit Nepotismus und Korruption weit eher als Tapferkeit zu Beförderungen führen. Und Risa ist zu arm, um jemand bestechen zu können. Er hat keine einflußreichen Verwandten. Und er kann auch nicht lesen und schreiben; das lernt er erst mit dreißig Jahren. Doch er ist ganz außergewöhnlich tapfer und zeigt zudem ungewöhnliche Führertalente. Risa heiratet mit siebzehn Jahren seine Cousine Mariam Khanum. Sie stirbt 1904, bei der Geburt ihrer Tochter, im Kindbett. Risa ehelicht später noch drei weitere Frauen. Eine von ihnen, Tadsch-Ol-Moluk, entpuppt sich als eine der bedeutendsten Frauengestalten des modernen Persien. Die Tochter eines kaukasischen Armeewachtmeisters wird die Mutter eines Kaisers. Im Herbst 1919 schenkt sie einem Zwillingspärchen das Leben. Einer der Zwillinge ist ein Mädchen. Der andere ein Junge. Er erhält den Namen Mohammed Risa. Der Vater ist bereits General. Doch vor ihm liegt noch der märchenhafteste Teil seines unaufhaltsamen Aufstieges. Ende 1925 herrscht in Persien, während sich sein Kaiser an der Côte d'Azur vergnügt, eine Hungersnot. Mißwirtschaft und Korruption stürzen das Land in ein Chaos. Es kommt zu einem Aufstand. Unter dem Einfluß der nationalistischen Revolution in der benachbarten Türkei, durch die man die Osmanische Monarchie stürzte, wachsen die Rufe nach der Republik. Als Diktator kommt nur ein Mann in Frage: Risa Khan Pachlawi, wie er sich seit längerem nennt, noch vom Schah ernannter Premierminister und Regent. Die Republik, diskreditiert durch die Vorgänge im gleichfalls benachbarten Rußland, stößt bei der rückständigen konservativen Bevölkerungsmehrheit jedoch auf starken Widerstand. Am 12. Dezember 1925 hebt eine zweihundertachtzig Mitglieder starke verfassunggebende Versammlung General Risa auf den verwaisten Pfauenthron. Der Eseltreiber ist zum König der Könige geworden. Die Weltgeschichte kennt nur wenige solcher märchenhafter Karrieren. Schah-in-Schah Risa Pachlawi regiert noch über fünfzehn Jahre und beschert seinem Land die Grundlagen einer umwälzenden politischen, wirtschaftlichen und sozialen Modernisierung. Der Zweite Weltkrieg kommt ihm jedoch, obwohl er sich neutral verhält, schließlich in die Quere. Die Abdankung rettet sein noch immer armes, aber strategisch wichtiges Land vor der Zerstückelung und seinem Sohn den Pfauenthron. 1941, als Einundzwanzigjähriger, wird Mohammed Risa Pachlawi, damals verheiratet mit der als eine der besten orientalischen Fürstenpartien geltenden Schwester des ägyptischen Königs Faruk, Schah-in-Schah von Persien. Vor ihm liegen gefährliche Zeiten, oft entgeht er nur knapp Mordanschlägen und Revolutionen; vor ihm liegt aber auch eine Karriere, welche die seines Vaters noch weit übertreffen sollte.

Frühjahr 1974, Essen. In der «Villa Hügel», dem düsterbombastischen Denkmal des einzigartigen Aufstieges des «Kanonenkönigs» Friedrich Krupp, versammeln sich Vorstand und Aufsichtsrat der einst größten Gußstahlfabrik der Welt. Die Krupps haben hier zwar längst nichts mehr zu sagen. Der Jüngste und wahrscheinlich Letzte von ihnen verzichtete gegen eine Zwei-Millionen-Jahresrente auf sein Erbe. Es ist noch nicht lange her, da mußte sogar der Staat das angeschlagene Unternehmen sanieren. Trotzdem hängt die «Krupp-Familie», wie sich die Firmenangehörigen vom Generaldirektor bis zum Botenjungen noch immer stolz nennen, an dem alten Ruf. Für manche von ihnen mag es daher schmerzlich sein, in ihrer Mitte nun einen dunkelhäutigen Ehrenmann als neuen Kollegen begrüßen zu müssen. Die Krupp-Urenkelin Berta, die Namenspatronin der gefürchteten Weltkrieg-Eins-Kanone «Dicke Berta», schaut aus dem Rahmen ihres überlebensgroßen Porträts streng auf den Abgesandten aus dem Morgenland herab. Der orientalische Gentleman ist jedoch nicht einzuschüchtern. Hinter sich weiß er das fünfundzwanzigprozentige Aktienpaket in den kaiserlichen Tresoren von Teheran. Der Sohn des Eseltreibers in der «Villa Hügel». Ein modernes Märchen aus Tausendundeiner Nacht hat sich erfüllt. Die Weltmacht Erdöl wurde zu einem Zauberteppich, den niemand zielstrebiger steuert als Seine Kaiserliche Majestät Schah-in-Schah Mohammed Risa Pachlawi. Anfang der vierziger Jahre, als er inthronisiert wurde, gehörte sein Land zu den ärmsten der Welt. Die fünfziger Jahre waren gekennzeichnet von schweren inneren Unruhen. Revolutionsstimmung ging um, und der Herrscher mußte sogar kurzfristig ins Exil. Die sechziger Jahre mit ihrem wachsenden Interesse der westlichen intellektuellen Jugend an den Problemen der «dritten Welt» machten ihn zur Zielscheibe des Spottes und der Kritik. Der Tod des Studenten Benno Ohnesorg während einer Demonstration gegen seinen Besuch in West-Berlin, im Sommer 1961, wirkte wie ein blutiges Fanal auf die überall emporschießenden anarchistischen Untergrundgruppen und führte indirekt auch zur Entstehung der «Baader-Meinhof-Bande».

Der Schah war zugegebenermaßen nie ein Demokrat. Offenherzig meinte er einmal zu Journalisten: «Die Demokratie funktionierte weder bei den alten Griechen, noch tut sie dies in den modernen Industriestaaten. Weshalb also sollten wir sie bei uns einführen?» Mohammed Risa erwies sich jedoch schon wesentlich früher, als man das im westlichen Ausland bemerkte oder zuzugeben bereit war, als ein weitsichtiger Reformer, der allerdings nicht von importierten Ideologien ausging, sondern von seinen persischen Voraussetzungen, Gegebenheiten und Zielen. Sein Geheimdienst «Savak» machte damals und macht noch heute zwar unnachsichtig Jagd auf widerspenstige Studenten und staatsfeindliche Terroristen. Seine Tausende von Agenten begingen im Dienst der Staatsräson manchen Mord. Im Interesse eines gerechten

48

Bildes bedarf es jedoch eines genaueren Blickes auf die Genesis dieser Widerstandsgruppen. Ein Teil rekrutiert sich aus Anhängern der (verbotenen) kommunistischen «Tudeh»-Partei. Die Partei machte kurz vor und nach dem Zweiten Weltkrieg offen gemeinsame Sache mit der sowjetischen Besatzungsmacht und förderte aktiv die versuchte Abspaltung der Provinz Aserbeidschan und die Gründung einer kommunistischen Volksrepublik auf ihrem Boden. Der andere ist das illegitime Kind der vom Schah eingeleiteten und konsequent durchgesetzten «weißen Revolution».

Dieses Landreform- und Industrialisierungsprogramm drängte sowohl die einflußreiche schiitisch-islamische Priesterkaste, die grundsätzlich jede Modernisierung ablehnt, als auch die ländliche Feudalherrenschicht aus ihren Machtpositionen. Das Kaiserhaus gab das gute Beispiel: Der Schah persönlich verteilte die ersten Kleinbauernparzellen aus dem Landbesitz seiner Familie an die ehemaligen Pächter. Dann nahm er den Großgrundbesitzern ihre riesigen Latifundien. Die Neubesitzer mußten die nun zu ihrem Eigentum gewordenen Ländereien zwar ratenweise abzahlen und befanden sich dadurch teilweise noch jahrelang in einer äußerlich scheinbar kaum veränderten Situation. Doch erstens brachte die Landreform eine fühlbare Erhöhung der landwirtschaftlichen Produktion, und zweitens hielten sich die Entschädigungen in erträglichen Grenzen. Ihre Höhe richtete sich nämlich nach den von den Landeignern entrichteten Steuern. In einem Land, in dem die größten Latifundienbesitzer gewöhnlich auch die größten Steuerbetrüger waren, kam für diese natürlich nicht viel dabei heraus. Die Feudalherren durften ihre Entschädigungsgelder zudem nicht ins Ausland transferieren, sondern mußten sie in die inländischen Industrieprojekte investieren. Auf diese unorthodoxe Weise legte man den Grundstein zu der freilich erst durch die Petrodollarmilliarden im großen Stil ermöglichte industrielle Revolution. Die Landbarone zeigten ihren Zorn nur hinter vorgehaltener Hand; ihre Herrensöhnchen jedoch lenkten den Unmut über den Verlust ihres ererbten Wohlstandes, der auf der Armut von Millionen ausgebeuteter Bauern beruht hatte, in geheime krypto-marxistische oder anarchistische Aktivitäten. Erst wenn man sich das jeweilige soziale Umfeld der Schahgegner genauer betrachtet, kommt man zu einem gerechten Bild. Millionärssprößlinge mit dem «Kapital» auf den Lippen, dem verlorenen Kapital im Herzen und der «Mao-Bibel» in der Hand sind kaum glaubwürdige Gegenspieler für den Sohn eines Eseltreibers.

Dieser mißtraute, wie wir gesehen haben, nicht nur der westlichen Demokratie, sondern konsequenterweise auch dem kapitalistischen Wirtschaftssystem. Zwar ging er nicht den Weg der totalen Verstaatlichung wie die arabischen Diktatoren im Ägypten, Syrien und Irak dieser Periode. Dazu war er zu klug. Er brauchte damals noch westliche finanzielle Investitionen und braucht noch heute westliches «Know-how». Doch Persien wurde durchaus kein Paradies für kapitalistische Glücksritter. Ausländischer Besitz an größeren Aktiengesellschaften ist auf maximal fünfzehn bis fünfundzwanzig Prozent limitiert. Nur bei besonderen technologischen Entwicklungsbeiträgen gibt es bis höchstens fünfunddreißigprozentige Besitzanteile. Vorgeschrieben wurde weiter eine Gewinn- und Besitzbeteiligung der Arbeiter. Die Sozialabgaben sind ungewöhnlich hoch, die Steuergesetze engmaschig und scharf, ebenso die Preiskontrollen. Das Ziel ist eine Anpassung des noch immer rückständigen Entwicklungslandes an die Industrienationen in längstens zwanzig Jahren. Der Schah möchte das wenn möglich noch selbst erleben. Die Zukunft seines Landes und damit natürlich auch seiner Dynastie, meinte er einmal, ruhe nur dann auf sicheren Füßen.

Mohammed Risas Trauma sind die unsicheren ersten Jahrzehnte nach seiner Thronbesteigung. Er möchte Stabilität für sein Land und Dauerhaftigkeit für seine Dynastie. Kronprinz Cyrus Risa Pachlawi – kaum zufällig trägt er den Namen Cyrus' des Großen, unter dem Persien vom Indus bis an den Nil reichte – soll einmal Erbe eines festgefügten Reiches sein. Doch es ist ein Rennen gegen die Zeit. 1974, ein Jahr nach der nicht zuletzt vom Schah geschürten oder doch ausgenutzten «Ölkrise», flossen noch zwanzig Milliarden Petrodollar nach Persien. 1975 förderte man statt der projektierten 6,4 Millionen Barrel nur noch fünf Millionen Barrel, der Rohölexport verringerte sich um fast zehn Prozent und die Einnahmen um vier Millarden Dollar. Gleichzeitig allerdings erhöhte man das Finanzvolumen des bis Frühjahr 1987 befristeten Fünfjahresplanes von 36 auf 69,5 Milliarden Dollar. Die zusätzlichen Mittel dienen vor allem der Verbesserung der verkehrsmäßigen Infrastrukturen. In den Häfen stauten sich plötzlich die Schiffsladungen voller Importgüter zu bis zu zweimonatigen Wartezeiten. An den Grenzübergängen warteten endlose Lastwagenschlangen auf die Abfertigung durch den überbürokratisierten Zoll. Außerdem will man so rasch wie möglich von der ökonomischen «Monokultur» der Erdölproduktion wegkommen. Das Land besitzt unerschöpflich scheinende Erdgasvorkommen sowie bedeutende Eisenerz-, Kohle- und Kupfervorräte. Neben Fabrikationsanlagen aller Art, durch die rund zwei Millionen neue Arbeitsplätze geschaffen werden sollen, entstehen Häfen und Flugplätze, Straßen und Schienenstränge zur verkehrstechnischen Erschließung des Riesenlandes. Die Industrieproduktion stieg bereits 1974 um zwanzig Prozent, und ihr Exportvolumen beläuft sich gegenwärtig auf knapp über ein Viertel des Gesamtexportes.

Persien ist auf einem Weg ohne Umkehr. Man kann stark bezweifeln, daß es in zwanzig Jahren wirklich schon am Entwicklungsstand der westlichen Industrienationen gemessen werden kann. Mit Sicherheit ist es dann jedoch, selbst wenn innere Wirren bis hin zu einem keineswegs auszuschließenden Sturz der Monarchie es erschüttern sollten, die stärkste Industriemacht des Vorderen Orients.

Abgesichert wird diese imponierende Entwicklung durch eine immer engere Verflechtung der persischen Wirtschaft mit derjenigen der westlichen Industrienationen. Dem Aktienkauf bei der «Fried. Krupp Hüttenwerke AG» in Essen folgten der Erwerb von Anteilen an der «Deutsche Babcock & Wilcox AG» und, im Frühjahr 1976, die Order über den Bau von zwei Kernkraftwerken mit einem Leistungsvermögen von je zwölfhundert Megawatt an die Bundesrepublik Deutschland. Ingenieure des westdeutschen Porsche-Automobil-Konzerns sollen dem orientalischen Land außerdem ein auf seine speziellen Bedürfnisse zugeschnittenes neues Automodell entwickeln. Das Erscheinen der Perser auf der westlichen Wirtschaftsszene war jedoch nur die Spitze eines Eisberges. In Europa sah man sich zum erstenmal seit den Kreuzzügen und dem Erscheinen des osmanischen Großwesirs vor den Toren Wiens, wieder zu einer Auseinandersetzung mit den «Türken» gezwungen. Die «neuen Türken» waren die Perser und, mehr noch, die Araber. Erst dreizehnhundert Jahre nach der Himmelfahrt des Propheten Mohammed beschäftigten sich nicht mehr nur mutige Weltreisende und kluge Wissenschaftler, sondern endlich sogar auch die abendländischen Schulkinder mit den «Esel- und Kameltreibern aus der Wüste».

Zweiter Akt:
Der Halbmond geht auf

Vor sechshunderttausend Jahren etwa erschien der Mensch auf Erden. Vor vierhunderfünfundzwanzigtausend Jahren frühestens lernt er den aufrechten Gang. Vor fünftausend Jahren erst verließ er die paradiesische Geschichtslosigkeit und eröffnete die Weltgeschichte. Im Zweistromtal entsteht als grundlegende menschliche Hochkultur die der Sumerer, im Niltal das Alte Reich der Ägypter. Die Akkader bilden den ersten Großstaat, die Assyrer die erste Weltmacht. Um die gleiche Zeit, wie sie vor und seitdem nach Christi Geburt verfloß, war die große Landbrücke zwischen Schwarzem, Kaspischem, Mittelmeer und Rotem Meer und Persischem Golf Schauplatz gewaltiger Kulturanstrengungen. Dort erklang zum erstenmal die ewige Menschheitsmelodie mit ihren Dissonanzen von Spruch und Widerspruch, Aufbau und Zerstörung, Beharrung und Wandel, Verteidigung und Angriff, Frieden und Krieg. In Sumer bereits gab es den ersten bekannten Sozialreformer. Urukagina von Lagasch kämpfte für das Volk gegen die Unterdrückung durch die allmächtige Priesterkaste. Der Sonnengott Schamasch gab dem babylonischen König Hammurabi das erste geschriebene Gesetz. In Assur, Babylon und Ninive erbaute man gewaltige Tempel, Paläste und Mauern; Aramäer, Amoriter und Chaldäer rannten gegen sie an.

Die Arabische Halbinsel lag damals noch tief im Dunkel der Geschichtslosigkeit. Niltal, Syrien und das Zweistromtal waren schon in dieser Periode fruchtbare Gebiete, während Zentralarabien damals wie heute aus Wüste bestand. Die Araber, in denen manche sogar die Gründer der erwähnten ersten Hochkulturen sehen, gehörten jedoch zu ihren Zerstörern. Die Kargheit ihrer Urheimat und ihrer Lebensumstände zwang sie zu dauerndem Nomadendasein, immerwährenden Wanderungen und kriegerischen Ausfällen gegen die hochzivilisierten Reiche an den Grenzen ihrer Welt. Die Verlagerung des arabisch-islamischen Machtzentrums von Mekka nach Bagdad und Damaskus dreieinhalb Jahrtausende später war ein Nachklang dieser ewigen Sehnsucht des Wüstenvolkes nach den grünenden Fluren irdischer Paradiese. Die Araber waren zu Beginn unserer und damit der Menschheitsgeschichte nichts als Wegelagerer der Weltgeschichte. Immerhin, lange bevor Guntram der Reiche um 950 unserer Zeitrechnung das Geschlecht der Habsburger begründete und der mainzische Vogt Rupprecht von Siegen um 1079 das der Nassauer, gehörten die Abkömmlinge der weitverzweigten Familien des Propheten Mohammed und seiner ersten Frau Chadidscha schon zu den vornehmsten Häusern der uns bekannten Welt. Die Stammbäume der arabischen Herrschergeschlechter, die aus ihnen hervorgingen und die teilweise noch heute regieren, sind wesentlich älter als die jedes abendländischen Königshauses. Gegen die Könige Hussein von Jordanien und Hassan von Marokko, die ihre Herkunft in direkter Linie sogar noch von den Vorfahren Mohammeds ableiten können, sind die Könige von England, Holland, Belgien, Dänemark und Norwegen oder der Großherzog von Luxemburg nichts als spätgeborene Emporkömmlinge. Ganz zu schweigen vom schwedischen König, dessen Haus auf niemand anderen zurückgeht als auf einen napoleonischen Revolutionsmarschall und eine Lyoner Seidenhändlerstochter namens Désirée Clary.

Wie die abendländischen Fürstengeschlechter waren auch die morgenländisch-arabischen ursprünglich so etwas wie Raubritter. Nur ganz allmählich entwickelten sie sich, begünstigt durch die geographische Lage ihrer Wüstenheimat als Durchzugsgebiet des Karawanenhandels zwischen den vorderorientalischen und den asiatischen Reichen der Alten Welt, zu «königlichen Kaufleuten». Damals kannte man beispielsweise eine Seiden- und eine Weihrauchstraße, und beide durchquerten die Arabische Halbinsel. Es entstanden die Kaufmannsstaaten von Saba, Ma'in, Kabataban und Hadramaut im Süden sowie

Petra im Norden Zentralarabiens. Die Sabäer beispielsweise unterhielten unter den damaligen «Verkehrsbedingungen» geographisch ungeheuer ausgedehnte Handelsbeziehungen mit dem heute als Äthiopien bekannten «Kusch», und die Bibel berichtet in 1. Könige, Vers 10, vom Besuch einer seiner Königinnen bei dem weisen israelitischen Herrscher Salomo und ihren aus Weihrauch, Myrrhe, Gold und Edelsteinen bestehenden wahrhaft fürstlichen Geschenken. Hundertzwanzig Zentner schwer soll ihr Gepäck gewesen sein. «König Salomo umgekehrt schenkte der Königin von Saba alles, was sie begehrte, und gab ihr noch mehr von sich aus hinzu», sagt die Heilige Schrift. Möglicherweise ist das eine nicht ganz unzwielichtige Anspielung. Der Bibel zufolge hatte Salomo siebenhundert Haupt- und dreihundert Nebenfrauen. Die legendäre Königin von Saba – man kennt nicht einmal ihren genauen Namen – war vielleicht zeitweilig seine Konkubine. Diesem Konkubinat soll nämlich die mit dem 1973 gestürzten letzten Kaiser Haile Selassie I. erloschene äthiopische Dynastie entsprossen sein.

Alle diese Legenden sind vom Zwielicht der Vorgeschichte verhüllt. Moderne Archäologen stehen zwar staunend und ehrfürchtig vor den steinernen Überresten dieser Zeit. Doch zu unserem Leidwesen vermitteln sie kein schlüssiges Bild von den wahren Ereignissen in der Kindheit der Menschheit. Anfang der sechziger Jahre saß ich neben dem französischen Byzantinologen Jacques Jarry, selbst Abkömmling einer der berühmtesten und einflußreichsten französischen Familien, wartend in der Ankunftshalle des Kairoer Flughafens. Auf den Bodenfliesen lagen Hunderte von Kronenkorken geöffneter «Coca-Cola»-Flaschen. Jarry, der erfahrene Altertumsforscher: «In zehntausend Jahren stehen Archäologen, die das ausgraben, vielleicht vor einem schwer lösbaren Rätsel. Vielleicht erkennen sie dann in diesen nahezu unzerstörbaren Metallscheibchen Abbilder des Sonnengottes und klassifizieren unsere Zivilisation als Sonnenkultur?»

Den Arabern und ihrem wahren Beitrag zur Kultur- und Zivilisationsgeschichte der modernen Welt kommt man also sicher nicht mittels archäologischer Zeugnisse bei. Diesen Beitrag zu verstehen, muß man schon ein so gänzlich «unhistorisches» Buch bemühen wie die Bibel: «Am Anfang war das Wort . . .» Die Araber waren und blieben, soweit wir wissen, mindestens dreieinhalbtausend Jahre lang – artikulationsunfähige Wegelagerer. Ihren Platz in der Welt fanden sie, wie die Bibel es ausdrückt, erst durch das Wort.

Seit sechshunderttausend Jahren gibt es Menschen. Seit vierhundertfünfundzwanzigtausend Jahren können sie aufrecht gehen. Wir wissen nicht genau, wann sie lernten, aus tierischen Urlauten Wörter zu formen, Wörter zu Sätzen, Sätze zu Gedanken, Gedanken zu Ideen und Ideen zu Geschichte(n). Fest steht aber, daß sie zu einem geschichtlichen, also faßbaren Wesen erst durch die Sammlung ihrer Gedanken und Ideen in heilige Gesetze und Schriften wurden. Hammurabis Gesetzesstele war ein Heiligtum. Moses' Zehn Gebote vom Sinai waren unmittelbar Gottes Wort und sind Kern und Ziel des Alten, die sittlichen Grundforderungen der Bergpredigt Jesu die des Neuen Testamentes. Die Araber nennen nicht zufälligerweise Juden und Christen «Völker des Buches». Ihnen, den Wegelagerern der Weltgeschichte während Jahrtausenden, blieb die Vollendung des menschlichen Sittengesetzes im jüngsten und letzten «Heiligen Buch», dem Koran, vorbehalten. Als Zerstörer hatten sie sich zuerst hervorgetan, als Zerstörer der ehrfurchtgebietenden altorientalischen Großreiche. Im Schoß ihrer unfruchtbaren, wilden Halbinsel schien lange nichts als ein animalischer Zerstörungstrieb zu gedeihen. Organisierte Staatenbildungen gab es, wie wir gesehen haben, bezeichnenderweise nur am Rand ihres eigentlichen Lebensraumes, was freilich auch von den dort herrschenden günstigeren geoklimatischen Vorbedingungen abhing. Denselben benachteiligt scheinenden «armen Verwandten» von Altertum, Mittelalter und Neuzeit gelang indes die bis heute gültige Vollendung der ewigen Menschheitsprophetie in den Visionen des «el-Hatam en-Nabajim», des «Siegels der Propheten», im Heiligen Koran. «El-Kitab» («Das Buch») nennen die gläubigen Muselmanen diese letzte Offenbarung Gottes an seine Kinder, an die Menschen, die er nach seinem Abbild schuf. Die Wortwurzel «El-Koran» leitet sich charakteristischerweise von dem arabischen Begriff «el-kara'a» für Lesen oder Rezitieren ab.

Der Koran wurde zum Fatum der Araber. Dieses Schicksal erst sicherte ihnen ihren Platz in der Weltgeschichte, und diesmal spielte ein Kameltreiber die Hauptrolle: Mohammed.

Eine Einheirat mit unglaublichen Folgen

Die beiden subtropischen Wüstengürtel, von denen unser Globus im Einzugsgebiet der Wendekreise des Krebses und des Steinbocks umzogen wird, sind nicht zufällig entstanden. In Zusammenarbeit zwischen Wüstenforschern und Astronauten stieß man auf die Ursachen ihrer Entstehung. Es sind dies die kugelförmige Gestalt des Erdballs und die Neigung von dessen Rotationsachse. Die Wendekreisregionen werden durch den zweimaligen Zenitdurchlauf der Sonne wesentlich stärker aufgeheizt als die übrigen Erdregionen. Die Wüste ist jedoch, entgegen landläufigen Ansichten, keineswegs der Triumph der Lebensfeindlichkeit über das Leben. Die Wüste lebt, und dort, wo sie nicht nur steinig ist, verwandelt sie schon der geringste Regenfall in ein blühendes, wenn auch kurzlebiges Paradies. Viele Menschen fürchten sich vor der Wüste. Abendländische Wüstenreisende erzählen immer wieder von dem wachsenden Gefühl der Leere, Unsicherheit und Angst. Die Grenzenlosigkeit der Wüste unter der Weite des unendlich fernen Himmelsgewölbes weckt den Sinn für unheimliche Gefahren. Der Mensch erkennt sich selbst als winzigen Bestandteil eines übermächtigen und undurchschaubaren Weltgetriebes. Dies ist – wie es scheint – das Geheimnis der Entstehung dreier monotheistischer Weltreligionen inmitten der Wüsten des Vorderen Orients. Moses konnte nur hier die Stimme Gottes aus dem brennenden Dornbusch auf dem Berg Sinai hören und die Zehn Gebote empfangen, während die Kinder Israels sich zur Anbetung des Goldenen Kalbes verführen ließen. Jesus von Nazareth konnte nur hier zum Christus werden und das Kreuz der Menschheit auf sich nehmen. Mohammed konnte nur hier vom einfachen Karawanenführer zum Stifter des Islams aufsteigen.

«Islam» heißt «Ergebung», und gemeint ist die Ergebung in den Willen Gottes. Wüste, das bedeutet größte irdische Nähe zur Spenderin allen Lebens, zur Sonne. Die Sonne, wahrscheinlich das älteste Symbol Gottes, verzehrt hier leicht ihre Kinder, die Menschen. Der Mensch findet Schutz vor der übermenschlichen Hitze der Gottesnähe und der übernatürlichen Reinheit der Wüste nur in der demütigen Ergebung in den Willen Gottes. Die Wüste ist Gottes Platz auf Erden. Wer beispielsweise einmal auf dem gewaltigen Felsvorsprung des «Ras en-Nakib» stand und in der sinkenden Nachmittagssonne miterlebte, wie sich die vom ewigen Wüstenwind rundgeschliffenen tiefschwarzen Gebirgsspitzen zuerst golden und dann blutrot färbten, versteht urplötzlich die über den Nebel und Staub der Zeiten herdringende Stimme der Prediger in der Wüste. Hier schuf der Mensch sich Gott zu seinem Schutz, und die Wüste schuf sich «ihren» Menschen.

In den dreißiger Jahren fand man in der Höhle es-Suttia in Galiläa und in den Höhlen von es-Skhul und et-Tabun am Karmelgebirge die Überreste Hominider mit einer weniger fliehenden Stirn als bei den typischen europäischen Neandertalern der gleichen erdgeschichtlichen Periode. Seit der letzten Zwischeneiszeit gibt es also menschliches Leben in der Wüste. Schon früher als anderswo schwang es sich, wie wir gesehen haben, unter schwierigsten Vorbedingungen auf zu großartigen Kulturleistungen. Das galt freilich lange nicht für den heißesten und unfruchtbarsten Teil des nahöstlichen Wüstengürtels. Zentralarabien blieb, in den Augen der es umgebenden archaischen Hochkulturen bis hin zu denen der Kulturstaaten des Altertums und Frühmittelalters, die Heimat von Barbaren. Diese, die Araber, waren ursprünglich ein primitives Nomadenvolk mit einfachen Sitten und Gebräuchen. Altorientalisches, jüdisches und frühchristliches Gedankengut drang nur langsam und spärlich in seine Denkweise. Größere Umwälzungen kamen vor allem im Zusammenhang mit der verkehrsmäßigen Erschließung ihres öden Siedlungsgebietes für den Handel zwischen Europa und dem Vorderen Orient und dem Fernen Osten zustande. Der Handel ermöglichte die Entstehung dauernder Siedlungen, vor allem an den Kreuzungspunkten der Karawanenstraßen. Die wichtigste und einflußreichste von ihnen wurde schon in vorislamischer Zeit Mekka, das nicht in einer Oase lag und daher unter chronischem Wassermangel litt. Am Kreuzweg der Weihrauchstraße zwischen Hadramaut und Palästina und der Karawanenwege ins Zweistromtal und nach Persien gewann die in einem öden Talkessel gelegene Stadt dennoch wachsende Bedeutung als Handelsplatz.

Ein mekkanischer Stamm waren die Kuraisch. Diese Kamelhirten stellten sich den Mekkaner Kaufleuten als Karawanenführer zur Verfügung. Das brachte sie allmählich selbst zu Wohlstand und später auch zu öffentlichem Ansehen als Hüter der Kaaba. Zu Ende des siebten nachchristlichen Jahrhunderts lebte in Mekka, damals das Zentrum frühorientalischer Vielgötterei und die Heimat einer großen jüdischen Gemeinde, die Geschäftsfrau Chadidscha. Angehörige der Kuraisch, erbte die etwa um 555 unserer Zeitrechnung geborene zweifache Witwe von ihrem zweiten Ehemann, einem reichen Kaufmann, ein florierendes Handelsunternehmen. Als Chadidscha noch ein fünfzehnjähriges junges Mädchen war, gebar eine weitläufige «arme Verwandte» aus der Sippe der Beni Haschim, einem Zweig der Kuraisch, nach dem frühen Tod ihres Gatten einen Knaben und nannte ihn Mohammed. Man schrieb das Jahr 570 unserer Zeitrechnung, das «Jahr des Elefanten». Der Knabe kam nach dem bald darauf folgenden Tod der Mutter und dem Ableben des Großvaters in die Obhut seines Onkels Abu Talib. Dieser verdiente, so war es Familientradition, als Karawanenführer seinen Lebensunterhalt. Er nahm den Knaben mit auf seine ausgedehnten Reisen und weckte dessen Liebe zum gleichen Broterwerb. Ein syrischer Einsiedler erkannte in ihm jedoch schon in früher Jugend den Sendboten Gottes. Mohammed wuchs zu einem gutaussehenden jungen Mann mit einer starken Vorliebe für das «schwache Geschlecht» heran. Als Karawanenführer genoß er den Ruf großer Zuverlässigkeit. Dadurch wohl wurde die Witwe Chadidscha, die sich nach dem Tod ihres zweiten Gatten mit der ungewohnten Führung ihres weitverzweigten Handelsbetriebes plagen mußte, auf ihn aufmerksam und übertrug ihm die Leitung ihrer Geschäfte. Sie verliebte sich in ihn und heiratete den armen und fünfzehn Jahre jüngeren Angestellten gegen den hartnäckigen Widerstand ihrer Familie. Die Ehe wurde ungemein glücklich und dauerte mehr als ein Vierteljahrhundert, bis zu Chadidschas Tod. Sie gebar wahrscheinlich sechs Kinder. Zwei Söhne starben wohl schon in der Kindheit, drei Töchter noch vor ihrem Vater. Nur Fatima überlebte ihn, heiratete den späteren vierten Kalifen Ali und begründete mit ihm die direkte Nachkommenschaft des Propheten.

Die Einheirat der armen Vollwaise in das reiche mekkanische Handelshaus hatte unglaubliche Folgen. Mohammed entwickelte sich zunächst zu einem ganz normalen und überdurchschnittlich erfolgreichen Kaufmannstalent. Erst in seinem vierzigsten Lebensjahr kam die Wende. Träume und Visionen veranlaßten ihn zu einem zeitweiligen Eremitendasein in einer einsamen Höhle in der Nähe seiner Vaterstadt. Islamischer Überlieferung zufolge erschien ihm dort, ein beschriftetes seidenes Tuch vor ihm ausbreitend, der biblische Erzengel Gabriel. (Diese Legende zeigt die starke Beeinflussung des Propheten durch jüdisches und christliches Ideengut in der Frühphase seiner Berufung.) Das Seidentuch schmückten die seither jedem gläubigen Muselmanen heiligen Worte der sechsundneunzigsten Koransure: «Trage vor im Namen deines Herrn, der erschaffen hat, den Menschen aus einem Embryo erschaffen hat! Trage vor! Dein Herr ist edelmütig wie niemand auf der Welt! Der den Gebrauch des Schreibrohrs gelehrt hat, den Menschen gelehrt hat, was er nicht wußte!» Darauf verschwand der Erzengel, ihm zurufend: «O Mohammed, du bist der Gesandte Gottes!» Später deuteten manche die bis zum Tod des Propheten anhaltenden Visionen, denen der Islam die hundertvierzehn Suren des Korans verdankt, als epileptische Anfälle. Dafür fand sich jedoch nie ein Beweis. Mohammed konnte angeblich weder lesen noch schreiben. Der Koran wurde erst nach seinem Hinscheiden aufgezeichnet und ist deshalb genausowenig absolut authentisch wie etwa das Neue Testament. Erst Ende des neunten nachchristlichen und dritten islamischen Jahrhunderts einigte man sich auf eine noch heute gültige «Urfassung». Mit der Bibel gemeinsam hat der Koran, daß er wie kein anderes Buch gelesen, zitiert und ausgelegt wurde. Er verarbeitete viele jüdische und frühchristliche religiöse und ethische Momente oder wandelte sie teilweise für die arabische Mentalität ab. Der Koran ist jedoch wesentlich weniger dunkel oder zweideutig und weniger auslegungsfähig als das Alte und Neue Testament der Bibel. Eines seiner Hauptmerkmale ist der praktische Sinn vieler seiner Vorschriften und die in der elementaren Denkweise des Wüstenvolkes verwurzelte gedankliche Klarheit und Reinheit. Deshalb blieb er bis heute nicht nur das religiöse Credo jedes gläubigen Muselmanen, sondern in vielen islamisch-arabischen Staaten auch die unantastbare Grundlage der öffentlichen Moral und Gesetzgebung. Im

Koran enthalten sind die fünf religiösen, sittlichen und gesellschaftlichen Grundpflichten der Muselmanen. «Es-Sachada», das Glaubensbekenntnis, «es-Salauat», die fünfmalige tägliche Gebetspflicht in Richtung Mekka, «es-Saum», das Fastengebot im neunten islamischen Monat Ramadan, «es-Sakat», die Almosenpflicht, und «el-Hadsch», die mindestens einmal im Leben vorgeschriebene Pilgerfahrt nach Mekka.

Mohammed nahm nach dem Tod seiner ersten Gattin Chadidscha noch zehn weitere Frauen. Seine Lieblingsfrau wurde Aischa. Sie war die Tochter des späteren ersten Kalifen und engen Freundes des Propheten, Abu Bekr, den man auch «Es-Siddik» («Der Wahrhafte») nannte. Als Mohammed sie heiratete, soll sie erst neun oder zehn Lenze gezählt haben. Sie besaß zwei Eigenschaften, die selten vereint anzutreffen sind, nämlich ungewöhnliche Schönheit und messerscharfen Verstand. Die Muselmanen nennen sie «Umm el-Muslimin» («Mutter der Gläubigen»). Sie überlebte ihren Gatten, der am 8. Juni 632 unserer Zeitrechnung in ihren Armen starb, um über fünfunddreißig Jahre. Beim Streit um die Prophetennachfolge, die ungeregelt geblieben war, spielte sie eine führende Rolle. Sie erzwang die Erhebung ihres Vaters Abu Bekr zum ersten Kalifen, anstelle Alis, des Prophetenschwiegersohnes und Ehegatten seiner Tochter Fatima aus dem Haschimitenclan. Dieser Zwist wird auf einen angeblich von Ali nachgewiesenen Ehebruch Aischas in den ersten Jahren ihrer Ehe mit dem Propheten zurückgeführt. Diese Episode soll sogar zur vorübergehenden Trennung Mohammeds von Aischa geführt haben. Wahrscheinlich aber erkannte Aischa schon früh die mangelnden politischen und militärischen Führertalente Alis. Dieser wurde doch noch, als vierter Nachfolger des Propheten, Kalif und verbannte nach einer siegreichen Schlacht gegen die Anhänger Aischas, die selbst an dem Kampf teilnahm, die Witwe des Propheten in die Zurückgezogenheit eines Hauses in Medina.

Mohammeds erste Frau Chadidscha war auch dessen erste Gläubige gewesen. Neben ihr bekannten sich zunächst nur sein Vetter, der Sohn seines Ziehvaters Abu Talib, und ein freigelassener Sklave zum Islam. Bald gewann er jedoch seinen engsten Freund Abu Bekr und einen gewissen Osman, beide Angehörige reicher Kaufmannsfamilien und spätere Kalifen, als Anhänger. Die Oberschicht und die Bevölkerungsmehrheit der Stadt behandelten ihn jedoch als Verrückten, Besessenen und Schwindler. Man fürchtete um den Verlust der mit der Vielgötterei verbundenen einträglichen Pfründen. Der Kampf um die Durchsetzung der neuen Religionslehre, der sich nun entspann, entpuppte sich also schon früh auch als Auseinandersetzung um wirtschaftlichen Einfluß. Gegen die kleine Sekte richteten sich immer heftigere Drohungen, und Mohammed selbst veranlaßte schließlich ihre vorübergehende Auswanderung nach Abessinien. Zurück blieben nur seine engsten Freunde. Die Wende zum schlechteren kam mit dem Tod seiner ersten Frau Chadidscha und seines Onkels Abu Talib. Beide hatten ihn zeitlebens geschützt, die eine durch den großen wirtschaftlichen Einfluß und das soziale Ansehen ihrer Familie, der andere durch seinen unantastbaren guten Ruf. Erst jetzt fühlte Mohammed die ganze Feindseligkeit der reichen Kaufmannsclans. Für sie war er immer noch der mittellose und niemals akzeptierte «Erbschleicher».

Der Prophet floh in die weiter nordöstlich gelegene Stadt Jatrib, die seit seinem Tod Medina («Stadt des Propheten») heißt, zu seinen dortigen Anhängern. Diese «Hidschra» («Auswanderung») im September des Jahres 622 unserer Zeitrechnung kennzeichnet den Beginn des islamischen Kalenders. Die Flucht ist für den ungeheuren Unterschied in Person und Denkweise der beiden vorderorientalischen Religionsstifter überaus charakteristisch. Jesus von Nazareth erwehrte sich aller Versuche, in ihm den Anführer des nationalen jüdischen Widerstan-

65

des gegen die römische Fremdherrschaft zu sehen, und starb als Märtyrer am Kreuz. Mohammed war kein Märtyrer, sondern eine offenkundig recht kühl rechnende Führernatur. Dafür spricht sowohl die überaus gut vorbereitete Auswanderung als auch die Wahl ausgerechnet dieser Stadt als Zentrum seiner Bestrebungen. Medina lag den damaligen vorderorientalischen Zivilisationszentren näher und besaß seit langem vielfältige Beziehungen zu der dortigen jüdischen und christlichen Religion und Kultur. Hier hatte man folglich größeres Verständnis für die ziemlich radikalen monotheistischen Lehren des Propheten. Politisch hatte die Stadt stark unter lange anhaltenden inneren Auseinandersetzungen unter den führenden Familienclans gelitten. Man wartete also geradezu auf die Erlösung durch einen in diese Feindseligkeiten nicht verstrickten Reformator. Er fand sich in Mohammed. Ihm folgte, und das war für ihn der entscheidende Glücksfall, in Medina sofort eine rasch wachsende Anhängerschar. Man muß sich in diesem Zusammenhang selbstverständlich auch den natürlichen Dualismus zwischen den durch große Wüstengebiete voneinander isolierten städtischen Siedlungen auf politischem und vor allem wirtschaftlichem Gebiet vergegenwärtigen. Mohammed erschien den Medinensern wohl vor allem als der Mann, mit dessen Hilfe sie der lästigen Konkurrenz des wirtschaftlich überlegenen Mekka den Rang abzulaufen hofften. In Medina entstanden, auf der sicheren Grundlage der neuen Lehre, alsbald die Anfänge eines festgefügten Staatswesens unter Mohammeds immer weniger angefochtenen absoluten Führung. Der Prophet erwies sich dabei nicht mehr nur als überzeugend wirkender Religionsstifter, sondern als Reformator, Organisator und Staatsmann von bis dahin in Zentralarabien nie erlebter Größe. Bei alldem ließ er jedoch die wirtschaftlichen Interessen seines immer größer werdenden Hauses nicht außeracht. Vor seinem Tod war er nicht nur durch Einheirat in eine reiche Kaufmannsfamilie, sondern kraft eigener Leistung Stifter einer neuen

66

Religionslehre und Oberhaupt einer vermögenden, politisch wie wirtschaftlich hochangesehenen Familie. Ohne sie ging nichts mehr in Arabien.

Der Islam brauchte jedoch, wie vor ihm schon das Christentum, zum endgültigen Sieg noch eine Persönlichkeit von der Statur des Paulus. Der Paulus der Muselmanen wurde deren erster Kalif Abu Bekr.

Allah, Mohammed & Co.

Mohammed war von Jugend auf ein Mann mit einer ungewöhnlich guten Nase für die besten Geschäfte und ein Finanzgenie. Sein Vater Abdullah verpraßte, obwohl er mit der aus einer reichen Händlerfamilie in Jatrib stammenden Amina verheiratet war, sein gesamtes ihm schon zu Lebzeiten überlassenes Erbteil. Und dabei starb er schon mit fünfundzwanzig Jahren! Der Prophet selbst machte hingegen schon während seiner kaufmännischen Lehrjahre bei Onkel Abu Talib eifrig erfolgreiche «Nebengeschäfte». Auf Beduinenmärkten in der Umgegend Mekkas brachte er ägyptische Importwaren auf eigene Rechnung an den Mann. Seine Beredsamkeit scheint sprichwörtlich gewesen zu sein. In der Kaufmannsgilde genoß er daher schon vor seiner Einheirat einen denkbar guten Ruf. Dieser Ruf und die Empfehlung des Onkels öffneten ihm denn auch die Tür der Witwe Chadidscha.

Nach allem, was wir wissen, war Chadidschas Handelsunternehmen damals schon das wahrscheinlich größte Zentralarabiens. Die rund fünfzehn Jahre zwischen der Hochzeit und seiner Berufung durch den Erzengel Gabriel verbrachte Mohammed ausschließlich mit der Mehrung seines Reichtums. Er vergrößerte den Aktionsradius seiner Import-Export-Karawanen bis nach Damaskus und tief in den Süden und Norden der Arabischen Halbinsel, drängte unzählige kleinere und weniger wagemutige Konkurrenten an die Wand und besaß schließlich so etwas wie ein zentralarabisches Handelsmonopol. Das rief natürlich Neider auf den Plan, zu denen zuerst auch sein Jugendfreund Abu Bekr gehörte, und provozierte Abwehrmaßnahmen der reichen jüdischen Handelsherren. Diese machten ihm in Damaskus und den anderen von ihm bevorzugten Handelsplätzen verstärkte Konkurrenz. Mohammed erkannte mit nachtwandlerischer Sicherheit die geheimen Zusammenhänge zwischen Religion und Geschäft bei den jüdischen Konkurrenten. Die Juden veranlaßte ihre gemeinsame Religionszugehörigkeit auch zu engem geschäftlichem Zusammenhalt. Die Araber besaßen nichts, was auch nur entfernt an eine gemeinsame Religion erinnerte, oder, wie man heute sagen würde, an eine Ideologie. Religiöse Bindungen bestanden nur an die jeweiligen Haus-, Familien- oder Stammesgötter. Politisch dachte man allenfalls in Sippen- oder Stammeszusammenhängen. Folglich war auch geschäftlich jeder jedes Feind. Mohammed erfuhr das nur zu oft am eigenen Leib. Zwar war er unterdessen der wohl erfolgreichste zentralarabische Großkaufmann geworden und gehörte zum Mekkaner Rat. Viele führten seinen zweifellos vor allem auf seinem persönlichen Talent beruhenden Erfolg jedoch hauptsächlich auf seine reiche Heirat zurück und sahen in ihm zeitlebens nichts als einen Emporkömmling aus armer Familie.

Der Zusammenhalt der Juden, und übrigens auch der Christen, machte auf den künftigen Propheten, je enger er damit vertraut wurde, einen immer größeren Eindruck. Offenkundig zog er daraus zwei verschiedene Konsequenzen: Entweder mußte man sich mit den Juden zusammentun, indem man deren eigene religiöse Vorstellungen übernahm, oder man mußte bei den eigenen Leuten gemeinsame religiöse Emotionen wecken. Beides war anfänglich ohne Zweifel als probates Mittel zum Zweck der geschäftlichen Ausdehnung der Handelsgesellschaft Mohammed & Chadidscha gedacht. Jetzt bedurfte es nur noch einer zündenden Idee und eines potenten weiteren Geschäftspartners. Mohammed fand sowohl die Idee als auch sogar zwei neue Teilhaber. Die Idee waren seine um 610 unserer Zeitrechnung beginnenden Visionen, die offensichtlich erheblich vom jüdischen und christlichen Monotheismus beeinflußt wurden. Die Teilhaber wurden Allah und Abu Bekr. Allah brachte zwar kein Bargeld in die Firma ein, dafür aber die unbezahlbare Münze seiner dem Gott der Juden und Christen ebenbürtigen Göttlichkeit. Abu Bekr schildert die fromme Legende als einen der ersten Anhänger der neuen Religion. In Wirklichkeit hatte er aber vorwiegend geschäftliche Beweggründe für seinen Gesinnungswandel. Der Jugendfreund des Propheten mißtraute zunächst den Ambitionen Mohammeds. Dessen Erfolg veranlaßte ihn dann jedoch zum «Frontwechsel». Der Legende zufolge stiftete er sein gesamtes Vermögen für die Verbreitung des Islams. In Wahrheit wohl wollte auch er sich von dem immer übermächtiger werdenden Konkurrenten nicht an die Wand drücken lassen und beteiligte sich daher mit seinem Besitz an dem Konkurrenzunternehmen. Dafür gibt es ein bezeichnendes Indiz: Nach Chadidschas Tod verheiratet er seine jüngste Tochter Aischa mit dem um vieles älteren Mohammed. Abu Bekr betrieb also reinste wirtschaftliche Interessenpolitik.

Mekkas Handelsaristokratie durchschaute allerdings rasch den diesmal religiös verbrämten neuen Anlauf zum Ausbau eines zentralarabischen Handelsmonopols. Der Emporkömmling konnte sich wieder nicht durchsetzen, und es kam zu jahrelangen versteckten Sticheleien und schließlich sogar zu offenen Streitigkeiten. Der Prophet im Kaufmannsrock hatte das anscheinend kommen sehen. Seit Jahren unterhielt er heimliche Beziehungen nach Jatrib. Dorther stammte seine Mutter und dort besaß deren Familie großen Einfluß. Außerdem gab es dort eine starke jüdische Gemeinde. Mit ihr wollte er sich nun zusammentun. Die Rabbis von Medina durchschauten jedoch gleichfalls die Gefahren der im religiösen Gewand einhergehenden Geschäftspolitik des Emigranten für die wirtschaftlichen Interessen der jüdischen Kaufmannschaft. Sie «entlarvten» Mohammed als religiösen Scharlatan. Der Prophet war tief verletzt. Er gab jedoch keineswegs auf. Seine Stimmungsmache gegen die Juden, bei der er sich der gleichen demagogischen Argumente bediente, die man in Mekka gegen ihn selbst gebraucht hatte, führte zur Vertreibung der Juden von Medina und zu Massakern. Dieser erneute und diesmal offen gewalttätige Griff des Emporkömmlings nach der wirtschaftlichen Vormacht blieb auch in Mekka nicht verborgen und führte zu großangelegten – militärischen – Abwehraktionen. Man muß sich das einmal vorstellen: Eine irgendwie geartete, übergeordnete staatliche Autorität existierte damals nicht. Mehrere konkurrierende Kaufmannsfamilien, denen es um nichts anderes als um ihren Profit ging, rüsteten deshalb Kampftruppen aus und lieferten sich mitten in der Wüste vernichtende Schlachten!

Das Hin und Her dauerte etwa sechs Jahre; dann erlahmte endlich der Widerstand der Mekkaner. Im Jahr 630 unserer Zeitrechnung kehrte Mohammed in seine Vaterstadt zurück. Dort zerstörte er sämtliche Götzenbilder und reinigte die Kaaba, seitdem das Hauptheiligtum seiner Religion, von allem störenden Beiwerk. Für Mohammed kam jetzt zum totalen wirtschaftlichen Sieg die bis dahin unter vielen Sippen verteilte politische Macht. Der Islam war allerdings noch lange keine Weltreligion. Die Außenwelt ahnte von den umwälzenden Veränderungen im herrenlosen Zentralarabien kaum etwas. Mohammed forderte, nach der frommen Legende, vor der Eroberung Mekkas zwar die Herrscher Abessiniens, Persiens und Byzanz' zur Bekehrung auf; aber dafür gibt es keinerlei Beweise. Solche Briefe weckten überdies, wenn es sie wirklich gegeben haben sollte, dort sicher nur verständnisloses Kopfschütteln. Damit sollte man sich allerdings schrecklich irren.

70

Der Kaufmannsprophet aus dem wilden Viertel am Rand der damaligen zivilisierten Welt erwies sich nämlich als der Gründer der dritten monotheistischen Weltreligion und eines Weltreiches. Nach dem Einzug in Mekka lebte Mohammed allerdings nur noch zwei Jahre. Nach seinem Tod in den Armen seiner Lieblingsfrau Aischa bestand sein religiöses Erbe vorerst lediglich aus seinen mündlich überlieferten Visionen. Der Koran als schriftliche Grundlage des Islams entstand erst in den darauffolgenden zwanzig Jahren. Die Vereinigung von wirtschaftlicher und politischer Macht in einer Hand, von ihm angestrebt und teilweise auch schon verwirklicht, ermöglichte jedoch einen ungeahnten wirtschaftlichen Aufschwung, als gesunde Ausgangsbasis für die nun folgende Periode der religiösen und politischen Festigung und Ausbreitung. Abu Bekr, der erste Kalif, erwies sich als politisches Naturtalent. Er unterdrückte nicht nur alle Bestrebungen zur Wiederherstellung der alten Stammes- und Städteautonomie, sondern dehnte die islamische Herrschaft bis an die Grenzen der Arabischen Halbinsel aus. Zum erstenmal in der Geschichte gab es dort ein einheitliches Staatswesen. Und das alles war in den kurzen zwei Jahren zwischen Mohammeds und Abu Bekrs Tod geschehen.

Es-seif el-Islam

Die Araber blieben lange ein von der Geschichte und von der Natur benachteiligtes Volk. Im siebten wie im zwanzigsten Jahrhundert bedurfte es daher erst des Zusammentreffens einmaliger ökonomischer, politischer und religiöser Faktoren in ihrer eigenen Umwelt, vereint mit den Schwächeerscheinungen der zeitgenössischen Kulturen und Zivilisationen, um ihren Ausbruch aus den vorgegebenen Verhältnissen zu ermöglichen. Bei Mohammeds Einzug in Mekka im Jahr 630 unserer Zeitrechnung war dieser Ort kaum mehr als eine armselig wirkende Ansammlung von Lehmhütten mit Gassen aus nichts als Sand. Unbarmherzige Sonnenhitze verbrannte die Landschaft; es gab kaum irgendwelche Anpflanzungen, und es fehlte an Wasser. Medina ging es nicht besser, und reich waren selbst die reichsten Karawanenbesitzer und Kaufleute nur mangels Vergleichsmaßstäben mit der übrigen bekannten Welt. Jerusalem, Alexandria, Damaskus, Ktesiphon, Persepolis und vor allem Byzanz und Rom waren prächtige Metropolen mit einer langen Geschichte. Und doch fielen sie alle, mit Ausnahme Roms, im Lauf von nur rund hundertfünfzig Jahren dem mit der Gewalt eines unerhörten Naturereignisses über sie hereinbrechenden Islam der Araber zum Opfer.

Mohammeds Nachfolger Abu Bekr hinterließ bei seinem Tod eine im großen und ganzen gefestigte Machtbasis auf der Arabischen Halbinsel. Omar, der zweite Kalif, erwies sich als ein glänzender Organisator. Unter ihm erhielten der neue Staat und dessen Religion ihre ersten Organisationsformen. Sein besonderes Augenmerk galt der Stärkung der militärischen Kräfte. Der Irak (637 unserer Zeitrechnung), Transjordanien, Palästina und Syrien (636 bis 639) und Ägypten (bis 642) werden arabischer Besitz. Unter Osman, dem dritten Kalifen, wird das Byzantinische Reich zum Hauptgegner. Zypern (641) und Rhodos (653) fallen, und es kommt in der Seeschlacht an der lykischen Küste zur Vernichtung fast der gesamten byzantinischen Flotte (655). Mit der Aufzeichnung des Korans, der bisher nur mündlich überliefert worden war und daher leicht manipuliert werden konnte, beginnt der erste jener inneren Konflikte, wie sie für die arabisch-islamische Gesellschaft typisch waren. Schon Omar war von einem persischen Sklaven ermordet worden; Osman fiel im Kampf gegen seine Gegner. Kalif wird als vierter nun endlich Mohammeds Schwiegersohn Ali. Doch sofort erhebt sich die Prophetenwitwe Aischa an der Spitze der Medinenser gegen ihn. Vor Basra kommt es zur sogenannten Kamelschlacht: Aischa feuerte auf einem Kamel sitzend ihre

Krieger an. Ali blieb jedoch Sieger, und Aischa und ihre Anhänger verloren allen Einfluß. Noch zu seinen Lebzeiten erhielt aber Ali einen Konkurrenten in dem Damaszener Statthalter und Gründer der Omaijadendynastie Muawija. 661 wurde auch Ali ermordet, und Muawija machte sich zum Nachfolger.

Die Omaijaden behaupteten sich die nächsten neunzig Jahre, und Damaskus wurde zu ihrer Hauptstadt. Sie machten zwar weitere Eroberungen, doch mehrfache Belagerungen Byzanz' blieben ohne Erfolg. Außerdem kam es zu der bis heute andauernden religiösen Spaltung zwischen Sunniten, den Anhängern der islamischen Überlieferung, und Schiiten, den Anhängern der «Schiat Ali» («Partei Alis»).

Zunehmende Anarchie in mehreren eroberten Provinzen des Reiches begünstigte das Aufkommen einer neuen und sich als gottgewollt präsentierenden Dynastie. Nach ihrem Gründer Abul Abbas, einem Oheim Mohammeds, nennt man sie die Abbasiden. Abul Abbas veranstaltete unter den Omaijaden ein fürchterliches Blutbad. Nur der Omaijadenprinz Abd er-Rachman entging ihm. Dieser floh nach Spanien, das seit 711 allmählich von den Arabern erobert worden war, und begründete dort ein mehr als fünfhundert Jahre dauerndes islamisches Reich, das zu einer engen und dauerhaften gegenseitigen Befruchtung zwischen Morgenland und Abendland beitrug. Unter den Abbasiden wechselte das islamische Machtzentrum nach Bagdad, verloren die Araber ihre vorherrschende Stellung und begann der lange Abstieg. Spanien ging bereits seine eigenen Wege: Nordafrika, Ägypten und Persien erlebten staatliche Sonderentwicklungen mit bloß noch religiösen Bindungen an den Islam. «Es-Seif el-Islam» («Das Schwert des Islams») ist stumpf geworden; die Araber haben es fallen gelassen, aufheben wird es erst wieder ein gewisser Osman.

Die Araber, die unter der Fahne des Propheten aus ihrer menschen- und kulturfeindlichen Wüstenheimat ausbrachen, standen staunend vor den gewaltigen architektonischen und geistigen Zeugnissen der unterworfenen Kulturen und Zivilisationen in Syrien, Palästina, Mesopotamien, Persien und Indien, Ägypten, Nordafrika und Spanien. Was sie dagegen zu bieten hatten, war nichts als ein letztes Rinnsal der großen religiösen Strömung des Monotheismus und – ihre Sprache. Auf religiösem Gebiet zeigten sie trotz aller wohl unvermeidlichen Gewalttaten und Unterdrückungsmaßnahmen gegen die unterjochten Völkerschaften im allgemeinen größere Toleranz als die beiden anderen monotheistischen Religionen Judentum und Christentum. Wer sich unterwarf und gewisse Abgaben entrichtete, genoß auch als Jude oder Christ ihren Schutz, und die kulturellen Glanzleistungen ebenso wie der jahrhundertelange fruchtbare wirtschaftliche und wissenschaftliche Austausch mit dem Abendland wären überhaupt nicht ohne die «guten Dienste» etwa der Juden denkbar gewesen. Wer sich bekehrte, galt sogar hinfort als Araber. Diese Praxis beruhte allerdings auf der klaren Erkenntnis der zivilisatorischen und mehr noch der zahlenmäßigen Unterlegenheit der eigentlichen Araber. Sie waren einfach zu wenige, um sich lange allein behaupten zu können. Ihr Durchsetzungsvermögen wurde aber auch durch ihre Sprache gewährleistet. Der Koran galt nur in der Sprache des Propheten als authentisch. Übersetzt durfte er nicht werden. Er war aber nicht nur das Heilige Buch der Eroberer, sondern auch die Grundlage ihrer öffentlichen und zivilrechtlichen Gesetzgebung. Das zwang alle unterworfenen Völker, Arabisch zu lernen, und machte es zur Umgangs- und, was es bis heute blieb, zu einer Weltsprache.

Arabisch erwies sich in seiner Einfachheit und Klarheit zudem als ungemein anpassungs- und entwicklungsfähige

Sprache. Bis heute adaptiert es mühelos fremde Begriffe. Seine Nachteile – sie sind die logische Folge seiner extrem ausgebildeten Aufnahmefähigkeit – zeigten sich erst beim Aufkommen der westlichen technologischen Zivilisation. Die Araberstaaten, die sich bei der Ausbildung ihres naturwissenschaftlich-technischen Nachwuchses auf Lehrbücher in *westlichen* Sprachen stützen, erreichen im allgemeinen keine schlechteren Ergebnisse als der Westen. Ägyptens Diktator Gamal Abdel Nasser jedoch verfügte als erster moderner arabischer Staatsmann in den sechziger Jahren die totale Arabisierung auch der naturwissenschaftlich-technischen Lehrmittel. Später folgten ihm, zu ihrem eigenen Schaden, andere arabische Chauvinisten. Dabei stellte sich heraus, daß die arabische Sprache zur präzisen Wiedergabe moderner technischer Terminologien weitgehend ungeeignet war. In Israel machte man um die gleiche Zeit übrigens eine ganz ähnliche Erfahrung. Die Wiederbelebung des konsonantenlosen und von rechts nach links geschriebenen Hebräisch als Nationalsprache des jungen Judenstaates erwies sich zwar als wesentliches Ferment für die Bildung eines Zusammengehörigkeits- und Staatsbewußtseins. Israel entfremdete sich dadurch aber der westlichen Außenwelt, stützte sich allerdings bei dem erwähnten Problemkomplex, unorthodoxer als die Araber, weitgehend auf Arbeitsmaterial in westlichen Sprachen. Die Einführung des lateinischen Alphabets für das Arabische und Hebräische, mit Erfolg zum erstenmal von der modernen Türkei unter Atatürk praktiziert und inzwischen auch ein Fernziel der Chinesen, eines sicher nicht weniger als die Araber auf eine lange Geschichte und Kulturtradition stolzen Volkes, blieb bei den Arabern jedoch zunächst auf der Strecke, vor allem wegen ihres religiösen, kulturellen und politischen Wiedererwachens im Sog der sogenannten Ölkrise. Vom siebten bis fast ins sechzehnte Jahrhundert erfüllte das Arabische allerdings eine einzigartige kulturelle Funktion als Mittler zwischen dem Kulturerbe des Altertums und dem aufsteigenden Abendland. Mühelos adaptierten die Araber beispielsweise den Hellenismus. Die Eroberung Alexandrias brachte die damals größte Bibliothek der zivilisierten Welt in ihren Besitz. Der Zerstörungstrieb, von dem sie sich sonst nur allzu leicht leiten ließen, machte – was keineswegs erstaunlich war – vor diesem großartigen Zeugnis der Höhenflüge menschlichen Geistes halt. Die ihnen von ihrem Propheten Mohammed tief eingepflanzte Ehrfurcht vor «dem Buch» war zu lebendig. «El-Koran» heißt ja nichts anderes als «Das Lesen», und die Muselmanen nennen ihn bezeichnenderweise häufig nur «El-Kitab», «Das Buch». Heere von jüdischen, ägyptischen, persischen und syrischen Übersetzern übertrugen die Bibliothek der Ptolemäer ins Arabische. Ohne sie wären die Erkenntnisse von Archimedes und Aristoteles, Galenos, Heraklit, Hippokrates oder Pythagoras für das Abendland verloren gewesen. Die Alexandriner Handschriftenbibliothek wurde später dennoch ein Raub der Flammen. Doch während im Europa des frühen Mittelalters barbarische Finsternis herrschte, blühten in der arabischen Welt zwischen Hindukusch und Atlasgebirge Kunst und Kultur. Die Araber bewahrten nicht nur das hellenistische Kulturerbe und das der orientalischen Stadtstaaten des Altertums für das Abendland, sondern machten es schließlich auch mit persischen und indischen kulturellen Einflüssen bekannt. So stammt beispielsweise unser «arabisches» Zahlensystem in Wirklichkeit aus Indien, woher es die Araber übernommen hatten.

Mit dem Aufsaugen des Kulturerbes der eroberten Gebiete und der Vermischung mit deren Völkern ging tragischerweise aber auch der Untergang ihrer Vorherrschaft in dem von ihnen eroberten Großreich einher und der Rückfall ihrer Kernheimat in die Geschichtslosigkeit. Die Abbasidenkalifen waren zwar noch Araber, und Bagdad erlebte unter Harun er-Raschid seine größte kulturelle Blüte, doch die politische Macht ging auf persische und türkische Wesire über. Mekka fiel wieder in den Status eines unbedeutenden Wüstenstädtchens zurück, das nur einmal jährlich zum Leben erwachte, im Pilgermonat Dhul Hidscha. Der Islam und die arabische Sprache hatten unerhörte Siege errungen, doch die Verlierer waren die eigentlichen Araber. Sie blieben, was sie auch vorher schon waren, ein anarchistisches Nomadenvolk. Als heillose Individualisten waren sie zur Anerkennung dauernder Obrigkeiten unfähig; ihre Bündnisse blieben immer nur zeitweilige Zweckbündnisse zur Erreichung begrenzter Ziele. Für sie war die unendliche Freiheit und Grenzenlosigkeit der Wüste mehr wert als jede noch so geringe gemeinsame Anstrengung, die als unvermeidliche Begleiterscheinung eine Unterwerfung unter den Willen anderer als Voraussetzung für die Durchsetzung von Machtansprüchen erforderte. Allah, dem fernen und kaum genau faßbaren Gott Mohammeds, hatten sie sich willig unterworfen. Er forderte von ihnen ja auch nicht viel mehr als die Erfüllung der schon erwähnten einfachen fünf Grundpflichten des Islams, die zudem fest in ihrem denkbar simplen «Gesellschaftssystem» verwurzelt waren. Der Prophet selbst hatte sich wohlweislich immer nur als einen unter anderen bezeichnet, aus der Menge einzig durch seine religiöse Berufung herausgehoben. Die Kalifen freilich waren unvermeidlicherweise rasch zu weltlichen Herrschern geworden. Eroberungen, Beute, Reichtum hatten die Araber zwar gelockt, doch sie führten auch zu Verweichlichung, zu Degeneration und beeinträchtigten ihren Freiheitsdurst und ihren Stolz. Sie gingen in ihre Wüste zurück und warteten dort tausend Jahre auf ihre nächste Chance. Sie kam abermals durch ein «Geschenk Allahs», wie sie es nennen, diesmal allerdings nicht in der Gestalt eines Propheten, sondern in der Form des unter ihren kargen Weidegründen lagernden «schwarzen Goldes».

Nach der Eroberung Bagdads im Jahre 1258 durch die unzivilisierten und kulturell weit unterlegenen Mongolen, welche die eigentlichen Zerstörer der vorderorientalischen Kultur waren, endete die Abbasidendynastie. Bis 1517 hielten sich zwar noch Abbasiden als Kalifen in Ägypten, dann aber war die Herrschaft der Araber endgültig zu Ende. Dieser Niedergang blieb jedoch für *unsere* Geschichte völlig belanglos. In Spanien kam es nämlich in der gleichen Periode des zentralarabischen Niederganges zu den ersten entscheidenden und fruchtbaren Begegnungen der arabischen Kultur mit dem Abendland. Sie waren freilich vor allem eine Sache nicht-islamischer oder doch vor allem nicht-arabischer «Kollaborateure». Die Araber verübten zwar, wie andere Eroberer, im Verlauf ihrer Ausdehnung entsetzliche Massaker. Ihre geringe Zahl zwang sie jedoch schon früh, wie wir gesehen haben, zu einer gezielten «Kollaborationspolitik». Ihr Interesse richtete sich dabei, was ebenfalls schon erwähnt wurde, vor allem auf die Juden. Schon Mohammed verstand sich ursprünglich mehr als Reformator des Judentums denn als eigentlichen Religionsstifter und hoffte nach seinem Auszug von Mekka nach Medina zunächst vor allem auf den Beistand der dort ansässigen drei einflußreichen jüdischen Stammesgemeinschaften. Deren religiöse Vorstellungen waren jedoch wesentlich weiter entwickelt als die seinen, und so war es bald zum Bruch gekommen. Doch er wurde nie total, und Mohammed wie seine Nachfolger anerkannten die Juden immer als (Mit-)«Besitzer des Buches». Manche Forscher sehen in den Juden sogar die Stammväter der Araber, von ihnen nur durch ihren frühen monotheistischen Glauben unterschieden. Bibel und Koran gehen jedenfalls von dieser gemeinsamen Herkunft aus. Nach beiden Schriften ist Abraham aus Ur in Chaldäa der Erzvater. Abraham zeugte mit seiner Hauptfrau Sarah den Sohn Isaak. Er wurde zum Stammvater der Juden. Mit seiner ägyptischen Sklavin Hagar hatte er den Sohn Ismael gezeugt. Dieser wurde zum Stammvater der Araber. Hagar und Ismael wurden nach der frommen Legende in jener Wüstengegend ausgesetzt, wo später die Stadt Mekka entstand. Die Quelle Zemzem, deren Wasser beider Leben rettete, gehört noch heute zu den bedeutendsten Heiligtümern der islamischen Religion. Es ist also nicht ungewöhnlich, daß die Araber sich traditionell und erst recht seit dem Aufkommen des Islams in einer leider unerwiderten Liebe stark zu ihren jüdischen Brüdern hingezogen fühlen. Diese Affinität führte im mittelalterlichen Spanien zu der seither nie mehr erreichten, aber im Hinblick auf die gefährdete Zukunft des jetzigen jüdischen Staates inmittem einer naturgemäß feindseligen arabisch-islamischen Umwelt wieder erstrebenswerten kulturellen Symbiose zwischen Arabern und Juden. Die Juden folgten damals sehr rasch den Spuren der arabisch-islamischen Eroberer vom fernen Zweistromtal bis auf die Iberische Halbinsel. In Granada stellen sie in Samuel Ibn Nagdela (993 bis 1056 unserer Zeitrechnung) sogar einen Wesir am omaijadischen Hof. Im 8. bis 13. Jahrhundert bereits arabisierten sich die orientalischen Juden bis hin zur vollständigen und nur noch durch die Religionszugehörigkeit unterschiedenen Anpassung an die arabische Umwelt. Sehr ähnlich sind die Juden den Arabern unter anderem in ihrer starken Bindung an ihre eigentliche Heimat. Die Araber sehnten sich trotz aller ihnen zuteil werdenden Vorteile in den eroberten Gebieten während ihrer dortigen etwa hundertjährigen absoluten Vorherrschaft immer nur nach Zentralarabien und verzehrten sich schließlich durch dieses unstillbare Heimweh. Die Juden denken, wo sie auch sind, immer nur an ihre ewige Gottesheimat Palästina.

Noch unter der frühen Türkenherrschaft erstand den Juden in dem Günstling des Sultans Selim II., des Trunkenboldes, Joseph Nasi, der wohl erste Vorkämpfer einer Rejudaisierung Palästinas. Zur Zeit der Hochblüte des spanischen Araberreiches erlebten die Juden dortzulande eine beispielhafte Periode der religiösen und kulturellen Hochblüte. Der Niedergang erst machte sie als die üblichen «Sündenböcke» zu Parias. Das hatte aber keineswegs religiöse, sondern, gleichfalls wie gehabt, lediglich politische Ursachen. 1492 wies man sie aus Spanien aus, und bezeichnenderweise gingen sie dahin, wo es sie noch heute gibt, nämlich ins arabische Nordafrika. Zwischen Anfang des achten und Ende des dreizehnten Jahrhunderts werden sie jedoch erst einmal die eigentlichen Vermittler des von den Arabern geretteten antiken Kulturerbes für die beginnende abendländische Zivilisation. Im Spanien der Araber blühen Philosophie und Mathematik, Medizin und Botanik, Geographie und Historiographie. Die Bevölkerung interessiert sich für das Schreiben und Lesen. Bildung wird fast so etwas wie Allgemeingut. Der Jude Abraham Ibn Esra, ein berühmter Bibelkommentator, Philosoph, Dichter und Grammatiker aus Toledo, wird zu einem der erfolgreichsten Vermittler arabischer Kultureinflüsse auf das europäische Mittelalter. Der frühe Enzyklopädist gab europäischen Studenten auf seinen Reisen nach Frankreich, Italien und England bereitwillig das in den arabischen Bibliotheken gespeicherte Wissen der damaligen Zeit weiter. Die Übersetzerschule von Toledo transferierte fast die gesamten wissenschaftlichen Erkenntnisse der antiken Welt, die die Araber aus der Alexandriner Ptolemäerbibliothek erst einmal in ihre Sprache übersetzt hatten, ins Lateinische. In Moscheen, Palästen und Festungsbauten, die teilweise noch heute erhalten sind, entstehen erstaunliche architektonische Kunstwerke, immer auch unter der Mitwirkung jüdischer oder anderer nicht-islamischer Baumeister. Der Islam und die Araber bauten in dieser Zeit in dem von ihnen beherrschten Spanien zudem ihr schönstes und über alle Zeiten bis hin auf den heutigen Tag strahlendstes Denkmal. Es trägt bedauerlicherweise keinen arabischen, sondern einen lateinischen Namen: Toleranz.

Anfang des vierzehnten nachchristlichen Jahrhunderts endete die arabische Herrschaft über die Iberische Halbinsel. Die Araber werden auf ihre vorderorientalischen

Ursprünge zurückgedrängt. In Europa machte ihnen das intolerante Abendland den Garaus, im Orient waren sie vorher schon den Mongolen zum Opfer gefallen. Doch schlimmer noch als die Mongolen wüteten im eigentlichen arabischen Morgenland die Kreuzfahrer. Sie errichteten im Herzen der frühislamischen Welt der toleranten Kaufleute vom Schlag des Kaufmannspropheten Mohammed kurzlebige, aber gewalttätige Kleinstaaten und legten dadurch den Grundstein zur islamisch-türkischen Eroberungspolitik des fünfzehnten und sechzehnten Jahrhunderts. Die Toleranz, edelste Blüte des zentralarabischen Widerwillens, sich Ideologien oder Führern zu unterwerfen (die Russen werden es später, als Erben der barbarischen Mongolen, schwer haben, das zu verstehen), fristete seither ein höchst kümmerliches Dasein für fast siebenhundert Jahre.

Die 1001 Nächte des Harun er-Raschid

«Medinet es-Salam» («Stadt des Friedens») nannte der Beherrscher der Gläubigen sein Werk. In nur vier Jahren hatten es hunderttausend Sklaven aus dem Erdboden gestampft. Die Entwürfe stammten von den hervorragendsten persischen, ägyptischen und syrischen Architekten. Die kreisförmige Gesamtanlage war ein revolutionäres städtebauliches Novum und erinnerte an die beduinischen Zeltburgen in der Wüstenheimat des Bauherrn. Den Mittelpunkt bildete eine Stadt in der Stadt – der durch eine hohe Mauer abgetrennte riesige Palast des Kalifen. An allen Ecken und Enden gab es monumentale Moscheen, und in ihnen erklang fünfmal am Tag der melodiöse Ruf des Muezzins. Der Islam hatte gesiegt und war die Religion eines Weltreiches. Mohammed hätte davon nicht einmal zu träumen gewagt.
Die Herrscherfamilie, die sich diese Metropolis zum Denkmal erkoren hatte, war zwar auf ihre Verwandt-

schaft mit dem Propheten stolz. Ihr Weltreich jedoch war längst nicht mehr das der eigentlichen Araber. Die Macht der Kalifen war geschwunden und ihre Stellung war derjenigen eines konstitutionellen Monarchen der Moderne immer ähnlicher geworden. Die Politik machten die «Wesire» («Ministerpräsidenten»). In Bagdad, wie die mehrfach zerstörte und wiederaufgebaute Stadt bis heute heißt, waren das keine Araber mehr, sondern Fremdlinge. Die Kulturblüte unter dem Märchenkalifen Harun er-Raschid aus «Tausendundeiner Nacht» verdankte das arabische Weltreich einer zugewanderten und islamisierten Wesirfamilie aus Afghanistan. Die Araber liehen dieser Großmacht nur noch ihre Sprache und den Heiligen Koran. Bagdad erschien den anspruchslosen Wüstenbewohnern wie eine «Fata Morgana», eine verführerische Luftspiegelung in der Wüste, oder wie die irdische Verwirklichung der Verheißung des Korans von den himmlischen Paradiesen mit ihren grünen Weiden und den Huris und Lustknaben. Fünfhundert Jahre immerhin überdauerte dieses Wunder, bis zum Ansturm der Mongolen, und in dieser Periode erlebte der Islam seine größte Blütezeit.

Harun er-Raschid empfing, so behauptet wenigstens eine fränkische Geschichtsquelle, sogar eine Gesandtschaft Kaiser Karls des Großen. Der Kalif sandte dem Frankenkaiser angeblich prächtige Geschenke, Gold- und Silberschmiedearbeiten sowie kostbare bestickte Seidenstoffe. Alte Bilder zeigen die Würdenträger am Hof Karls tatsächlich in solcher Bekleidung. Sogar der Kaiser selbst hüllte sich in Krönungsgewänder mit ornamentalen arabischen Koransprüchen und mit Kamelen auf den bestickten Bordüren. Die Herkunft dieser Waren, bei denen sich der christliche Herrscher sicher nicht über die Bedeutung der fremdländischen Stickereien im klaren war, läßt sich prosaischer als durch die nicht beweisbare Geschichte vom Austausch offizieller Delegationen erklären. Entweder kamen die orientalischen Handelsgüter in Wirklichkeit aus dem nahe gelegenen arabischen Spanien, das mit dem Frankenreich naturgemäß eine Art diplomatischer Beziehungen unterhielt, oder geschickte orientalische Händler hatten sich, um besser verkaufen zu können, einfach zu Abgesandten des fernen Kalifen gemacht.

Harun er-Raschid in höchsteigener Gestalt hatte übrigens wenig mit dem Märchenkalifen aus Tausendundeiner Nacht gemein. Nicht verbürgt ist beispielsweise die Behauptung, der Beherrscher der Gläubigen habe jeweils nächtens in Bettlerkleidung durch eine Seitenpforte seinen Palast verlassen und sich unerkannt unter das Volk gemischt, um sich dessen Klagen anzuhören und für Abhilfe zu sorgen. Die Herrscherpersönlichkeiten der damaligen Zeit bekam der gewöhnliche Sterbliche nie zu Gesicht. Keiner konnte also wissen, wie sie aussahen. Gewisse Andeutungen von Hofschranzen könnten allerdings darauf schließen lassen, daß Harun auf die geschilderte Weise seiner unersättlichen Sexgier frönte. Glaubt man zeitgenössischen Berichten, die aber durchaus auch übertrieben sein können, verspürte er einen nie versiegenden Appetit auf die «Dienste» seiner Haremsdamen und Lustknaben, und insbesondere war er ein passionierter Knabenliebhaber. Der Kalif entstammte der Verbindung des Vaters El-Machdi und der berberischen Haremssklavin El-Chaisuran. Sie gebar dem Beherrscher der Gläubigen zwei Söhne, und Harun war der jüngere, aber ihr ausgesprochener Liebling. (Die Mutterbindung erklärt also einmal mehr den Hang zur Homosexualität.) Die Exsklavin hatte starken Einfluß auf ihren erhabenen Gatten und schließlich auch auf die Regierungsgeschäfte. Dennoch wurde der Erstgeborene, gegen ihren Willen, Thronerbe. Musa el-Hadi, so hieß der Glücklich-Unglückliche, überlebte diese gerechte väterliche Entscheidung nur um ein paar Monate. Die Mutter bemühte sich vergeblich, ihm das Erstgeburtsrecht zugunsten ihres Lieblingssohnes abzuschwatzen. Schließlich fiel der rechtmäßige Kalif unter nie geklärten Umständen durch die Hand eines Meuchelmörders. Mutter und Sohn waren am Ziel. Die alte Sklavin machte noch eine Weile «hohe Politik», was aber dazu führte, daß sich das Muttersöhnchen Harun er-Raschid auch nach ihrem Tod nicht mehr sonderlich für seine eigentlichen Herrscherpflichten interessierte. Die Politik überließ er, um sich seinen vielseitigen Vergnügungen hinzugeben, nur allzu gern den dadurch immer mächtiger werdenden Wesiren. Diese, die schon erwähnten Barmakiden, erhielten dafür allerdings keinen Dank. Einer von ihnen verliebte sich in die Kalifenschwester El-Abbasa und starb dafür im Kerker.

Außer Liebschaften war der Märchenkalif nur noch raffinierten Gaumengenüssen und dem Schlachtenlärm zugetan. Sein Lieblingsgericht war, nach zeitgenössischen Berichten, ein Fischzungenragout aus den Zünglein Tausender von Tigrisfischen. Bei Festivitäten beschenkte er seine Gäste mit Tausenden von taubeneigroßen Perlen aus Bachrein, Diamanten aus den Minen des biblischen Königs Salomo und kunstvoll geprägten Goldstücken. Man speiste von goldenem Tafelgeschirr und trank aus silbernen Bechern, entgegen dem koranischen Verbot, die vorzüglichsten Weine. Dabei erquickte man sich an den Darbietungen Hunderter von Bauch- und Schleiertänzerinnen, Gauklern, Narren und Dichtern. Weiße und schwarze Konkubinen standen ebenso wie schwarze und weiße Sklaven zur Verfügung. Die Harems wurden von wahren Heerscharen von Eunuchen bewacht. Solche Ausschweifungen kennzeichneten allerdings nur das höfische Leben. Die Oberschicht der Beamten, Offiziere, Grundbesitzer und Kaufleute verhielt sich wesentlich bescheidener. Die Massen lebten in unvorstellbarem Elend. So war es damals, und so blieb es dort bis heute.

Diese Ungleichheit auf sozialem Gebiet wurde eine, wenn auch nicht die einzige Ursache für den unvermeidlichen Untergang des Weltreiches der Araber. Die Bevölkerung fand sich – unterdrückt und arm, wie sie war – nicht zu dessen Verteidigung bereit. Zweite Ursache des Untergangs war die immer größer werdende Zahl fremdländischer Sklaven. Sie rekrutierten sich besonders aus den nomadisierenden Stämmen der innerasiatischen Randgebiete des Reiches und wurden zu «Fünften Kolonnen» der jeweiligen Eroberer. Turkestanische Leibeigene, man nannte sie «Mameluken», galten sogar als die hervorragendsten Soldaten und waren die Leibgarde der Kalifen. Sie trugen aber auch am meisten zum Untergang der «Beherrscher der Gläubigen» und ihres vor sich hin faulenden Weltreiches bei. Im dreizehnten Jahrhundert unserer und im siebenten der islamischen Zeitrechnung kam die Katastrophe. Sie hatte sich lange vorher schon angekündigt. Wie einst die Araber die altorientalischen antiken Stadtstaaten überrannt hatten, brandeten jetzt immer neue Wanderungswellen innerasiatischer Nomadenstämme gegen das morsche arabische Großreich. Die Mameluken wurden später von Leibeigenen zu Gründern einer mehrhundertjährigen ägyptischen Dynastie. Die Seldschuken, ethnisch mit ihnen eng verwandt, legten den Grundstein für die spätere türkische Herrschaft über das Kalifenreich. Den Todesstoß versetzten diesem die Mongolen Dschingis-Khans.

Die Mongolen waren damals ein unkultiviertes Reiter- und Hirtenvolk. Mit den Arabern hatten sie einen ursprünglichen Sinn für Toleranz gemein, unterschieden sich jedoch durch frühe Ansätze zur Gleichberechtigung der Frauen von ihnen. Ihre stark ausgeprägte Toleranz ließ sie zunächst immer wieder in den eroberten Völkerschaften aufgehen und hinderte sie an einer eigenen Weltmachtgründung. Die Wende kam erst mit ihrem größten Führer Dschingis-Khan. Dessen Name bedeutete ursprünglich wohl «Schmied». Er war der Sohn eines unbedeutenden Stammesfürsten unter türkischer Botmäßigkeit. Man kennt weder seinen Geburtsort noch sein Geburtsjahr genau. Wahrscheinlich wurde er zu Beginn der zweiten Hälfte des zwölften Jahrhunderts an dem transbaikalischen Fluß Onon geboren; er fiel zu Anfang des zweiten Viertels des dreizehnten Jahrhunderts in einer Schlacht. Sein ganzes Leben bestand aus meistens erfolgreich verlaufenden Feldzügen. Sie führten ihn und seine Horden nach China, Korea, Persien und Rußland. Bis heute betrachtet man ihn als einen der bedeutendsten Feldherren und Reichsgründer der Weltgeschichte. Das Weltreich, das er hinterließ, gab seinem Enkel Hulagu die Kraft zur Eroberung des Kalifenreiches. 1256 brach er in Persien die Macht der Assasinen, eines islamischen Geheimbundes, und gründete dort eine eigene Dynastie. 1258 eroberte er Bagdad.

Die Mongolen machten überall, wohin sie kamen, blühende Städte, Dörfer und Siedlungen dem Erdboden gleich, schlachteten das Vieh, verbrannten die Felder und hinterließen Berge von Leichen. Der Abbasidenkalif und dessen gesamte Verwandtschaft starben unter ihren blutigen Säbeln, und «Medinet es-Salam», das Mirakel in der Wüste, sank in Schutt und Asche. In Bagdad erinnert heute nichts mehr an den einstigen Glanz. Timur oder Tamerlan der Eiserne – die Perser nannten ihn auch den Lahmen –, aus einer mongolisch-türkischen Häuptlingsfamilie in Transoxanien stammend, vollendete das unvorstellbare Zerstörungswerk. Typisch für diesen wohl grausamsten Zerstörer der Weltgeschichte blieb bis heute die Errichtung von hundertzwanzig «Pyramiden» aus den Schädeln der Opfer seiner Krieger – von Männern, Frauen und Kindern. 1402 schlug er, in der Nähe des heutigen Ankara, den osmanischen Sultan Bajesid I. Bald darauf starb er jedoch, und mit seinem Tod erlahmte die Angriffslust der Mongolen. Das Weltreich der Araber hatten sie zerstört; das Erbe übernahmen die Türken. Die Araber verschwanden für über fünfhundert Jahre wieder in den Wüsten Zentralarabiens, woher sie auch gekommen waren. Das Abenteuer Mohammeds war zu Ende.

Marxisten und Anarchisten hatten arabische Vorfahren

Hadramaut («Land des Brandes») heißt eine Landschaft an der Südküste der Arabischen Halbinsel. Der Boden ist steinig und, wie der Name sagt, hartgebrannt und auf ihm wachsen nur dürre Steppengräser. Regen ist eine Seltenheit. Aus der Wüste Er-Rub el-Chali, Arabiens leerem Viertel, weht fast ständig ein unerträglich heißer Wind. Sengende Sonne lastet schwer auf dem ausgeglühten Land. In den entlegenen Dörfern lebt, fern jeder Zivilisation, ein schwer zugänglicher Menschenschlag. Männer, Frauen und Kinder bauen gemeinsam ihre primitiven Lehmhütten, bestellen gemeinsam ihre kargen Äcker, weiden gemeinsam ihre Schaf- und Ziegenherden. Es gibt keinen Privatbesitz, alles ist Gemeinschaftseigentum. Die Siedlungen sind klassenlose Kommunen. Die Produktionsmittel gehören allen. Die Frauen sind unverschleiert und absolut gleichberechtigt. Entscheidungen trifft man nach öffentlicher Diskussion in freier Abstimmung. Diese Lebensform ist nicht etwa nur eine menschliche Antwort auf extrem menschenfeindliche Umweltbedingungen. Seit Anfang des sechzehnten Jahrhunderts ist hier der letzte Zufluchtsort der sogenannten «Karmaten».

Hamdan Karmat, dessen aramäischer Name etwa «Der Verbergende» bedeutet, lebte gegen Ende des neunten Jahrhunderts unserer Zeitrechnung im Süden Mesopotamiens, dem heutigen Irak. Sein Auftreten war eine Reaktion auf den moralischen und politischen Verfall unter der damals herrschenden Fatimiden-Dynastie. Im Gegensatz zum Propheten Mohammed verhieß er das Paradies nicht im Jenseits, sondern versprach es schon auf Erden. Hamdan Karmat gründete den legendären Staat El-Achsa im heutigen «Schatt el-Arab». Dieser war, soweit man weiß, wie eine Landkommune im heutigen China organisiert. Dieser Staat war ein früher Vorläufer einer klassenlosen Gesellschaft. Das Privateigentum war abgeschafft und die Produktionsmittel waren Eigentum der Produzenten. Die Karmaten erhielten damals ungeheuren Zulauf. Unterdrückte Bauern und rechtlose Sklaven flüchteten scharenweise in ihre Arme. Zu ihrem Symbol wurde eine rote Fahne. Ihre Bewegung breitete sich rasch bis nach Syrien, Persien und Indien aus. Im Jahr 930 erschien ihr Heer vor der Heiligen Stadt Mekka. Der Geburtsort Mohammeds wurde besetzt, und der geheiligte «Schwarze Stein» fiel in die Hände der Karmaten. Erst einundzwanzig Jahre darauf kam es nach langwierigen Verhandlungen zur Rückgabe des Heiligtums im Austausch gegen die formelle Anerkennung des Staates El-Achsa. Islamische Geschichtsquellen berichten nur sehr wenig über dieses urkommunistische Phänomen. Auch die Karmaten selbst hinterließen nur spärliche Dokumente. Immerhin steht fest, daß Hamdan Karmat schon vor tausend Jahren die Gedanken eines Marx, Engels, Lenin und Mao Tse-tung gedacht und vorausrealisiert hat. Nichts bekannt ist auch über den Untergang dieses frühen Versuches zur Verwirklichung sozialer Gerechtigkeit. Zwischen dem elften und dem Anfang des sechzehnten Jahrhunderts unserer Zeitrechnung verlieren sich die Spuren der Karmaten. Doch sie fanden bereits zu Beginn des zwölften Jahrhunderts Adepten in Europa. Die Katharer, griechisch «Die Reinen», fanden damals in Oberitalien, dem Rheinland, in Nord- und Südfrankreich und auf den britischen Inseln zahllose Anhänger. Wahrscheinlich kamen sie über den Balkan aus dem Vorderen Orient. Ihre Lehre, wonach alles Irdische böse sei und durch Askese überwunden werden müsse, kirchliche und weltliche Hierarchien ebenso abzulehnen seien wie die Ehe, der Fleisch- und Weingenuß, klingt wie eine mystisch-religiöse Erhöhung der Ideen Hamdan Karmats. Die Katharer waren ein leuchtendes Beispiel für Kultur, Ritterlichkeit und Toleranz, und sicher stellt ihr Wirken einen ganz eigentümlichen Beitrag des Orients zur abendländischen Geistesgeschichte dar. Ludwig der Heilige ertränkte diese von Rom mit Besorgnis betrachtete Häresie in Strömen von Blut. Das war im zwölften Jahrhundert. Doch noch bis ins vierzehnte gab es geheime katharische Gemeinden im Languedoc, der europäischen Gegenküste des Orients. Und bis auf den heutigen Tag leben Gedankengut und Ethik der Katharer fort in den uralten Volksliedern des Languedoc. Die Karmatenlehre ging ebenfalls nie ganz unter. Praktiziert wurde sie über ein Jahrtausend hinweg allerdings nur noch in dem geschilderten vergessenen Winkel der arabischen Welt. Von dort ging endlich jedoch auch ihre erstaunliche Renaissance aus.

Die Hadramautis zwingt die Unwirtlichkeit ihrer Geburtsheimat häufig zur Auswanderung. Zwar kehren sie am Ende ihres Lebens meistens in ihre Dörfer zurück. Doch vorher führt sie ihr Lebensweg über Aden, die frühere britische Kronkolonie und heutige Hauptstadt der marxistischen «Demokratischen Volksrepublik Südjemen», in die benachbarten Araberstaaten, nach Persien, Afghanistan, Pakistan und Indien sowie auf den afrikanischen Kontinent. Auf diese Weise fand und findet zwangsläufig auch karmatisches Denken Eingang in die politischen Gruppierungen der Gastländer.

Am klarsten beweisen läßt sich das am Beispiel der erwähnten «Demokratischen Volksrepublik». Sie gilt als erster marxistisch-leninistischer arabischer Staat; ihre Führung stützt sich offiziell auf Marx, Engels, Lenin und Mao und unterhält die besten Beziehungen sowohl zur Sowjetunion als auch zur Volksrepublik China. Die Wurzeln dieser Entwicklung reichen jedoch wesentlich tiefer in die arabische Geschichte zurück. Schon unter der britischen Kolonialherrschaft fiel wachen Beobachtern der große Einfluß zugewanderter mutmaßlicher Krypto-Karmaten auf die Gewerkschaftsbewegung und die beiden für die nationale Unabhängigkeit kämpfenden Untergrundorganisationen «Front für die Befreiung des besetzten Südjemens» (FLOSY) und «Nationale Befreiungs-Front» (NLF) auf. Sogar die in den vierziger Jahren entstandene syrische und irakische sozialistische Partei «El-

Baath» («Die Wiedergeburt») hat unter anderem auch karmatische Wurzeln. Hamdan Karmat stammte aus dem Zweistromtal, und seine Karmaten nannten sich manchmal auch «Baathisten».

Die Araber brauchen bei ihrer Suche nach sozialer Gerechtigkeit also durchaus keine importierten fremden Ideologien, sondern können auf eine über tausendjährige eigenständige Tradition zurückgreifen. Deshalb sind sie auch gegenüber Machtansprüchen der roten Supermacht immuner, als wir zu glauben geneigt sind. Wie lebendig karmatisches Gedankengut noch immer ist, zeigt sich am Beispiel der sogenannten Dhofar-Rebellen im Norden Hadramauts. Seit 1967 kämpft deren Guerillaorganisation in der Südprovinz des Sultanats Oman gegen die rückständige Despotie der Duodezherrscher von Muskat. Etwa zweitausend Partisanen stehen hier seit über einem Dutzend Jahren nur mit südjemenitischer Unterstützung gegen die hochgerüsteten, von britischen und jordanischen Offizieren befehligten Streitkräfte des Sultans im Krieg. Das Geheimnis ihrer Selbstbehauptung liegt in den sozialen Taten für die rückständige Landbevölkerung. Die Rebellen kollektivierten in den von ihnen kontrollierten Gebieten die Landwirtschaft, verbesserten die Anbau- und Viehzuchtmethoden, schufen mobile Krankenstationen und Schulen und suchten sogar den Analphabetismus der Erwachsenen zu beseitigen. Dies ist beste karmatische Tradition. Hamdan Karmats Vermächtnis wirkt noch immer fort und ist ein über tausend Jahre hinweg fortdauerndes Beispiel für die modernen jungen Sozialreformer und Sozialrevolutionäre Arabiens.

Aber nicht allein die Marxisten, sondern auch die Anarchisten haben arabische Vorfahren. In der Mitte des zwölften Jahrhunderts unserer Zeitrechnung gebar der sich unter Sultan Saladin dem Prächtigen zu einer neuen Blüte entwickelnde Islam eines seiner merkwürdigsten «illegitimen Kinder». Im Norden Persiens, in der schwer zugänglichen Bergfestung Alamut, gründete ein gewisser

90

Hassan Ibn Sabbach einen fanatischen Geheimbund. Er breitete sich bald bis nach Aleppo, Latakia und Hama am Orontes in Syrien aus. Seine Spuren ließen sich später jedoch in ganz Persien, Pakistan, Libanon und Nordafrika verfolgen. Der «Alte vom Berge», wie sich der Großmeister dieses Ordens nannte, versammelte in seiner Glanzzeit etwa sechzigtausend blind ergebene Anhänger um sich. Sein politischer Einfluß war jedoch wesentlich größer als die zahlenmäßige Stärke seiner Anhänger. Marco Polo zufolge hatte er ein ganz ähnliches Erfolgsrezept wie der Urkommunist Hamdan Karmat gefunden. Eine liebliche Talsenke, die von hohen Gebirgszügen umgeben war, soll er in ein irdisches Paradies verwandelt haben. Auf grünen Matten wuchsen die schönsten Blumen, Sträucher und Bäume mit den seltensten Früchten. Aus kunstvollen Springbrunnen flossen Milch und Honig, Wein und Wasser. Paläste mit vergoldetem Mauerwerk und kostbaren Juwelenornamenten beherbergten hinter seidenen Vorhängen die schönsten Mädchen. Sie hatten nur eine einzige Pflicht: Sie verwöhnten die männlichen Jünger des «Alten vom Berg» mit den raffiniertesten erotischen Genüssen. Der Großmeister erklärte diesen von seiner Festung Alamut bewachten Garten zum irdischen Paradies. Die Kunde davon verbreitete sich rasch in der ganzen islamischen Welt und zog Tausende junger Männer zwischen zwölf und zwanzig Jahren in ihren Bann. Sie pilgerten nach Alamut und schworen, um Eingang in dieses Paradies zu finden, dem Großmeister ewige Treue. Die Araber nannten sie «El-Haschaschin» («Die Haschischraucher»)
Marco Polos Schilderung stammt allerdings nur aus zweiter Hand. Verbürgt ist auch nicht, ob sich der seltsame Sektengründer seine Anhänger wirklich durch den Haschischgenuß gefügig machte. Doch machen nicht auch Sagen und Legenden Geschichte? Sicher ist jedenfalls, daß Hassan Ibn Sabbach etwa dreißig Jahre lang sowohl das saladinische Reich als auch die Kreuzfahrerstaaten

durch Scharen rücksichtsloser Mörder terrorisierte. Wer sich ihnen in den Weg stellte, war dem Tod geweiht. Der arabische Begriff «El-Haschaschin» wandelte sich seit damals in die französisch-italienische Wortbildung «Assassin» oder «Assassino» für Meuchelmörder.

Die Todesboten des «Alten vom Berg» nannten sich selbst «Fedaijin» («Todesmutige»). Die Mongolen zerstörten schließlich die Bergfestung Alamut. Doch die Tradition der «Fedaijin» lebte fort und fand in den fünfziger Jahren unseres Jahrhunderts eine erstaunliche Renaissance: Die Gründung Israels führte in den palästinensischen Flüchtlingslagern in Transjordanien, Syrien und dem Libanon zum Aufkommen einer zunächst von niemand so richtig ernst genommenen Guerillabewegung. Auch deren Mitglieder nannten sich «Fedaijin» und erzwangen spätestens seit den siebziger Jahren mit ihren Überfällen auf zionistische Einrichtungen, mit Mordanschlägen auf feindliche Politiker und deren Sympathisanten in der ganzen westlichen Welt bis hin zu den sorgfältig vorbereiteten und durchgeführten Attentaten auf die internationale Zivilluftfahrt das Augenmerk der Weltöffentlichkeit – und schließlich auch die weltweite Anerkennung ihrer politischen Forderungen. Das Psychogramm der damals bekannt gewordenen «Terror-Lady» Leila Abu Chalid wies ganz ähnliche geistige Deformierungen auf, wie sie typisch gewesen waren für die historischen «Haschaschin».

Sogar Anarchisten wie die inzwischen durch Selbstmord geendete Ulrike Meinhof und ihre Gesinnungsgenossen Gudrun Ensslin und Andreas Baader holten sich bei den Nachfahren des «Alten vom Berg» in einem palästinensischen Ausbildungslager in Transjordanien den letzten Schliff. Im Verlauf der Anarchistenprozesse wurde später nicht selten ein besonderes sexuelles Abhängigkeitsverhältnis unter diesen europäischen «Fedaijin» enthüllt, wie etwa das zwischen dem Dreieck Ensslin-Baader-Meinhof. Auch für Leila Abu Chalids Taten fanden Wissenschaftler von Rang unter anderem sexuelle Motive. Das Erfolgsprinzip des Herrn von Alamut feierte traurige Urständ. Die Anarchisten aus Europa hatten ihren geistesverwandten arabischen Gesinnungsgenossen allerdings nichts zu bieten. In den Augen der «Fedaijin» waren die Lehren Proudhons und Bakunins nichts als ein Abklatsch der tausendjährigen Botschaften der Karmaten und der Haschaschin. Hamdan Karmat und Hassan Ibn Sabbach spielten diese dunklen Saiten der ewigen Menschheitsmelodie wesentlich früher und leisteten zu ihren bedrohlichen Tönen einen ganz eigenen Beitrag.

«*Ex oriente lux*»

«Ex oriente lux» – das Licht kommt von Osten. Keine Spruchweisheit könnte wahrer sein als diese. Sogar das Wort «Europa» ist eine morgenländische Schöpfung. Aus dem semitischen «Ereb» für «dunkel» wurde unser Abendland. Europa war, nach der Mythologie, die Tochter des Königs Agenor im «Land des roten Purpurs», in Phönizien. Zeus, der «leuchtende» Götterkönig, verliebte sich in sie und verwandelte sich um ihretwillen in einen Stier. Beim Spiel am Strand lockte er sie, seinen Rücken zu besteigen und entführte sie auf die Insel Kreta. Zeus war, wie die phönizische Königstochter, orientalischer Herkunft.

Bereits fünftausend Jahre vor unserer Zeitrechnung war in Syrien die dritte große menschliche Urkultur zwischen Sumer, der Heimat des Epos von der unsterblichen Liebe des Königs Gilgamesch zu dem Jüngling Enkidu, und Ägypten entstanden. Der Dschebel El-Atra war lange vor dem griechischen Olymp der Sitz der Götter und des Himmelsgottes Baal. Aus Baal wurde Zeus, und von hier kamen die griechischen Götter.

Selbst die Bibel bezog von hier ihre Gottesvorstellungen. In Ras Schamra an der syrischen Mittelmeerküste, etwa fünfzehn Kilometer nördlich der Hafenstadt Latakia, fanden französische Archäologen seit den dreißiger Jahren immer weitere Ruinen von Tempelbezirken und Palastanlagen sowie Reste von Bibliotheken und Archiven der Stadt Ugarit. Dort war im fünften vorchristlichen Jahrtausend das dem unsrigen fast genau entsprechende Alphabet, das erste der Weltgeschichte, entstanden. Die Gesetzestexte aus dieser Zeit, die man entziffern konnte, verraten unendliche Weisheit. Am Tempel des Baal-Zeus, den phönizische Seefahrer als Dank für ihre Errettung aus Seenot stifteten, liegen noch die von ihnen geopferten Ankersteine ihrer Schiffe.

Die Phönizier waren ein unternehmungslustiges und geschicktes Händler- und Kulturvolk. Sie flößten das Holz der Zedern vom Libanon für den Tempelbau und verschifften deren Harz für die Mumifizierung nach Ägypten. Die Ägypter waren übrigens schon immer schlechte Zahler. Ein «Briefwechsel» zwischen den pharaonischen Auftraggebern und ihren phönizischen Lieferanten, den man ausgegraben hat, enthüllt eine peinliche Affäre: Die Ägypter drohten wegen des Ausbleibens dringend benötigter Holzlieferungen mit der Entsendung einer Streitmacht. Die Phönizier kannten jedoch ihre zahlungsunwilligen Kunden. Sie reagierten mit Hohn. Die Phönizier saßen auch am Kreuzungspunkt der berühmten «Seidenstraße» zwischen Asien und Europa. Byblos war Hauptumschlagplatz für das von den Ägyptern gegen Zedernholz eingetauschte Papyrus. Aus dem ursprünglich ägyptischen Begriff für «Das-des-Pharao» wurde das griechische «Papyros» und schließlich unser Wort «Papier». Aus «Byblos» entwickelten sich die Begriffe «Bibel» und «Buch». Die Stadt war in ihrer Blütezeit Mittelpunkt eines regelrechten antiken Buchimperiums.

In den Dörfern um die syrische Handelsstadt Aleppo gibt es noch kuppelförmige Häuser aus Lehm, deren Vorbilder auf eine Zeit vor zwanzigtausend Jahren zurückreichen. Sie waren die architektonischen Vorbilder für den

94

Felsendom in Jerusalem und die Peterskirche in Rom. Die Phönizier waren bezeichnenderweise die einzigen Nachbarn, mit denen der biblische König David von Israel keinen Krieg führte. Das war damals, und es blieb bis heute so. Das Zweistromtal, jene uralte Kulturlandschaft an den Karawanenwegen zwischen China und Ägypten, gehört gleichfalls zu den Ursprungsgebieten unserer Kultur. Vor fünftausend Jahren etwa erfand man hier die Töpferscheibe, verarbeitete Ton aus dem Schwemmland der Flüsse Euphrat und Tigris zu Krügen und Schalen und speiste die Brennöfen mit Rohöl. In Uruk, der Hauptstadt Babyloniens, entstand die erste Großarchitektur der Menschheit. Sie war fünfhundert Jahre älter als die Pyramiden. Als Bindemittel zum Bau der gewaltigen Tempel, Palast- und Maueranlagen verwendete man damals schon eingedicktes Erdöl. Hier erfand man auch das Rad. Hier erlebten Architektur, Plastik und Malerei ihre ersten Glanzleistungen. Die hängenden Gärten der Semiramis, die sich bei ihrem Tod in jene Taube verwandelte, die zu unserem Friedenssymbol wurde, waren eines der frühen Wunderwerke menschlicher Vollendung. Der «Codex Hammurabi» aus dem siebzehnten Jahrhundert vor Christi Geburt ist die vermutlich älteste Gesetzessammlung der Welt. Die Erdgasfeuer von Kirkuk brennen sicher schon seit Beginn der Menschheitsgeschichte und leuchten noch immer über den orientalischen Ursprüngen unserer Kultur. Aus Ur in Chaldäa kam nach der Bibel der Urvater Abraham nach Kanaan und wurde durch seine Söhne Isaak und Ismael zum Stammherrn von Juden und Arabern.

Die Mauern um die gewaltigen Weltstädte der Antike verwandelten die Nomaden in Bauern und die Bauern in Städter. Hier hat beispielsweise der biblische Streit zwischen dem wandernden Abel und dem seßhaften Kain seinen Ursprung. Sumer führte keine Kriege, sondern seine Könige sorgten für Frieden, Sicherheit und Wohlstand ihrer Untertanen.

Vor fünftausend Jahren kam Europa aus dem Osten. Vor zwölfhundert Jahren schenkte ihm ein östliches Volk noch einmal östliche Kultur: Die Araber. In Goethes «Westöstlichem Diwan» steht der Vers: «Herrlich ist der Orient übers Mittelmeer gedrungen». Was dem Dichter so geläufig war, verdrängen wir leider noch immer gern aus unserem historischen Gedächtnis. Die Schulkinder lernen nur wenig über die geschilderten großartigen Kulturleistungen der Babylonier und Ägypter. Die Geschichte des Abendlandes beginnt für sie erst mit den Griechen und Römern. Den Beitrag der Araber als Bewahrer und Vermittler der alten Hochkulturen deckt meistens der Mantel des Schweigens. Die Araber waren zwar zuerst die großen Zerstörer der antiken Stadtstaaten am Rand ihrer Wüstenheimat. Ihre Lernbegierde, der Eifer, mit dem sie sich die Sitten und Gebräuche der eroberten Kulturen zu eigen machten und ihre grundlegenden wissenschaftlichen Erkenntnisse in ihre Sprache übersetzten und weiterentwickelten, machte sie jedoch schon bald zu den eigentlichen Lehrmeistern des mittelalterlichen Abendlandes.

Am Anfang des größten Kulturaustausches der Weltgeschichte vor der Rückkehr der abendländischen technischen Zivilisation in den «unterentwickelten Orient», mit dem Europa nach zwölfhundert Jahren endlich seine Zeche bezahlt, stand der mittelalterliche Welthandel. Die Initiative hatten dabei die Araber. Die geschäftstüchtigen Nachkommen des Händlerpropheten Mohammed witterten in dem damals zivilisatorisch recht unterentwickelten Abendland unerschöpfliche Märkte. Sie machten es nicht anders, als nach dem Untergang des Arabischen Weltreiches die portugiesischen, niederländischen und englischen Kauffahrteifahrer. Der Handelsimperialismus der letzteren wurde allerdings zum Vorspiel für den politischen Imperialismus der modernen europäischen Großmächte im Orient. Die Araber dachten zunächst nur an gute Geschäfte und lehrten ihre Kunden so ganz nebenbei auch ihre zivilisatorischen und kulturellen Erkenntnisse. Erst die Türken brachten schließlich die Fahne des Propheten bis ins Herz des Abendlandes, nach Wien. Doch einstweilen ist es noch nicht so weit. Die Araber kennen keine Geschichtsquelle über den angeblichen Besuch einer arabischen Delegation am Hof Kaiser Karls des Großen und einer Gesandtschaft des Heiligen Römischen Reiches Deutscher Nation beim Kalifen Harun er-Raschid. Sicher ist dagegen der Empfang eines arabischen Unterhändlers aus Cordoba durch den Frankenkaiser beim Reichstag von Paderborn vor fast einem Jahrtausend, im Jahr 777, sowie ein reger Handelsverkehr zwischen den beiden Nachbarländern. Erst knapp zweihundert Jahre später, im Jahr 973, kommt es dann auch zu diplomatischen Beziehungen zwischen dem andalusischen Kalifen Abd er-Rachman III. und Kaiser Otto I. in Merseburg.

Der Frankenherrscher stand damals auf dem Höhepunkt seiner Macht. Hinter ihm lagen der Sieg über die Ungarn auf dem Lechfeld, die Heirat seines Sohnes Otto II. mit der byzantinischen Kaisertochter Theophano und die Kaiserkrönung durch Papst Johannes XIII. in Rom. Die Ankunft der Sendboten des «Beherrschers der Gläubigen» bedeutet in mancher Beziehung eine Krönung der auf die Sicherung des Reiches gerichteten Politik Kaiser Ottos I. Zweieinhalb Jahrhunderte vorher führten die Araber von Spanien aus noch Krieg gegen das schwache Frankenreich nördlich der Pyrenäen. Jetzt verhandelte der Kalif lieber mit dem Herrn der abendländischen Christenheit. Der Kaiser akzeptierte huldvoll die kostbaren Geschenke aus dem Morgenland, bestickte Seidenstoffe, Edelsteine, Gold- und Silbergeschirr. Dieser Besuch war der Auftakt zu langen und außerordentlich fruchtbaren handelspolitischen und geistigen Beziehungen.

Das Abendland verdankte, wie wir gesehen haben, die Begriffe «Papier» und «Buch» dem antiken Orient. Das

Papier selbst brachten uns die Araber. Im Jahr 751 unserer Zeitrechnung kauften sich in Samarkand chinesische Kriegsgefangene frei, indem sie für die arabische Gesellschaft nützliche Berufe ausübten. Einige von ihnen beschäftigten sich mit der in ihrer Heimat schon etwa achthundertfünfzig Jahre lang gebräuchlichen Papierherstellung aus Baumwolle und Leinen und ermöglichten dadurch so etwas wie eine «industrielle Revolution». Das Kalifenreich machte sich darauf von den kostspieligen ägyptischen Papyrusimporten unabhängig. In Bagdad, Damaskus, Tripolis, Jerusalem entstanden Papiermühlen, und der von ihnen produzierte billige Werkstoff ermöglichte eine rasche Verbreitung der Kunst des Schreibens und Lesens. Über Ägypten, Tunesien und Marokko gelangte das Papier nach Spanien und von dort im zwölften Jahrhundert endlich in das Abendland. Die Araber brachten uns aber nicht nur das Papier, sondern aus China auch das Schießpulver und aus Indien die «arabischen» Zahlen. Diese Dreiheit erst bot die unabdingbare Voraussetzung für den Aufstieg des Abendlandes aus dem finsteren Mittelalter bis hin zur technologischen Gesellschaft der Moderne. Was für die grundlegenden Kulturleistungen gilt, trifft erst recht für viele uns heute selbstverständlich erscheinende Bestandteile des täglichen Lebens zu. Die meisten von ihnen verdanken wir den Arabern. Die Nachricht von den heißen Bädern der Araber mit ihren Masseuren und Barbieren erst weckte im christlichen Abendland, wo Schmutz lange als Keuschheitsbeweis angesehen wurde, die Freude an der körperlichen Reinlichkeit. Bis heute findet sie ihre höchste Vollendung in den auf arabische Rezepte zurückgehenden Kosmetika, den «Wohlgerüchen des Orients».
Nicht nur fast alle unsere Gewürze und die meisten Nutzpflanzen in unseren Gärten und unsere schönsten Blumen waren arabische Züchtungen. Wer denkt, wenn er an einem Jasminstrauch riecht, noch an die Düfte aus Tausendundeiner Nacht? Wer beim Verspeisen eines

Pfirsichs an die Gärten des Kalifen Harun er-Raschid? Welcher Gläubige macht sich beim Beten des Rosenkranzes Gedanken über dessen Herkunft aus Indien und Arabien? Das Urbild dieser katholischen Mariendevotionalie findet sich noch heute in der Hand jedes gläubigen Moslems zwischen Atlas und Hindukusch. Wer in einem Café ein Täßchen Mokka zu sich nimmt, weiß kaum noch etwas von seinen Ursprüngen in der noch immer existierenden jemenitischen Hafenstadt gleichen Namens. Aus Arabien kommt unser Schachspiel ebenso wie unser Diwan, die Brieftaube als erste «Schnellpost» der Welt, und der Damast erinnert wie der Mokka an eine arabische Stadt, an Damaskus. Die würzigen harten Muskatnüsse stammen natürlich aus Muskat. Die Araber beschäftigten sich lange vor uns mit Astronomie und Astrologie, Alchemie, Mathematik und Medizin. Im Mittelalter galten im Abendland Krankheiten noch als unabänderliches Schicksal; im Morgenland kannte man längst eine systematische Krankenpflege und Heilmethoden in eigens dafür errichteten Häusern. Das Papsttum unterdrückte freilich das für seinen Allmachtanspruch so gefährliche Allgemeinwissen und tat, wer sich nicht an dieses Verdikt hielt, in Acht und Bann oder verbrannte ihn auf dem Scheiterhaufen. Der Prophet Mohammed verfuhr umgekehrt und gebot den Gläubigen, von der Wiege bis zum Grab nach Wissen und Erkenntnis zu streben. Für ihn war jede Wissenschaft gleichbedeutend mit Gottesanbetung. Arabische Philosophen gaben ihren durch die Machtansprüche der Kirche bedrängten abendländischen Kollegen die nötigen Denkanstöße, arabische Übersetzer und Wissenschaftler den europäischen das grundlegende Arbeitsmaterial. Der Unterschied zwischen den beiden Kulturkreisen zeigte sich damals am deutlichsten in der Sprache. Im christlichen Machtbereich war das Lateinische die nur einer dünnen Oberschicht geläufige Sprache der Eingeweihten und Auserwählten. In der islamischen Welt, wo jeder das Arabische des Heiligen Korans beherrschte, wurden die Übersetzungen der antiken Werke voller Wissen und Poesie zu einem Allgemeingut.

Anno 732 besiegte Karl Martell, der Hammer, die Araber in Südfrankreich. Anno 1683 besiegten Kaiser Leopold I. und der Polenkönig Johann Sobieski die Türken vor Wien. Bewahrten sie im Zeitabstand von tausend Jahren zweimal das Abendland vor dem Untergang? Vergegenwärtigen wir uns noch einmal die tiefe Kluft zwischen der mittelalterlichen christlichen Welt mit ihren Scheiterhaufen der Inquisition für die Häretiker und die frühen Sucher nach wissenschaftlicher Erkenntnis und dem morgenländischen islamischen Reich mit seiner wirtschaftlichen und kulturellen Hochblüte, seinem ungezügelten Wissensdrang und seiner leuchtenden Toleranz, so erscheinen diese beiden Kriegstaten eher als tragische Wegmarken der Menschheitsgeschichte. Sie bezeichnen Anfang und Ende einer Periode fruchtbarer Wechselwirkungen zwischen zwei Welten. Der Siegeszug der abendländischen Technik auch im modernen Morgenland ist nur die Ernte aus einer von den Arabern vor zwölfhundert Jahren in den steinigen Boden Europas gesenkten Saat.

Erstes Zwischenspiel:
Von der Lust der Sklaverei

El-Bureimi ist eine höchstens zwanzigtausend Menschen beherbergende Ansammlung von Oasen in dem gottverlassenen «Dreiländereck» zwischen Saudi-Arabien, Abu Dhabi und Oman am Rand der Wüste Er-Rub el-Chali am Nordostzipfel der Arabischen Halbinsel. Neuerdings verbindet sie eine moderne Autobahn mit dem Persischen Golf, und man plant eine Rohrleitung für den Herantransport von entsalztem Meerwasser. Früher waren diese Oasen, um deren Besitz sich die drei angrenzenden Staaten stritten und die deshalb niemand systematisch kontrollierte, ein wichtiger Kreuzungspunkt der Karawanenpisten und einer der verschwiegenen Transitplätze für den Austausch von Schmuggelwaren. Hier wechselten Gewürze und Gewebe aus Asien, Hölzer aus Afrika, Waffen und Munition aus Europa und Opium aus der Türkei und der Levante den Besitzer. Die Waren kamen entweder mit Handels-Dhaus aus den kleinen Naturhäfen der ehemaligen Piratenküste oder über die uralten Handelswege aus Ägypten, Palästina und dem Libanon. Die Gründung Israels unterband den lebhaften Rauschgiftschmuggel von der Levanteküste über die Sinaihalbinsel nach Ägypten und Saudi-Arabien keineswegs. Die Schmuggler verpackten ihren kostbaren Stoff in kleine Plastiksäckchen, die sie von ihren Kamelen schlucken ließen. Am Ziel schlachtete man die Tiere und gelangte so wieder in den Besitz des ungewöhnlichen Mageninhaltes. Die Araber

101

argwöhnten zuweilen, die israelischen Behörden förderten bewußt diesen Schmuggel.

El-Bureimi war noch Mitte bis Ende der sechziger Jahre auch eines der bedeutendsten zentralarabischen Zentren für den Handel mit «schwarzem Elfenbein». Sogar westliche Augenzeugen erlebten hier wiederholt öffentliche Sklavenmärkte. Saudi-Arabien hat zwar, wie die übrigen Anrainerstaaten, inzwischen die Anti-Sklaverei-Konvention der Vereinten Nationen unterzeichnet. Die Sklavenhändler scheuen seitdem das Tageslicht mehr als früher. Offiziell wurde also die Sklaverei abgeschafft, aber es gibt noch immer Sklaven, und noch immer blüht das Geschäft der Sklavenhändler. Ihre Absatzmärkte befinden sich nach wie vor in der Nähe der Oasen von el-Bureimi, vorzugsweise jedoch auf omanischem Gebiet. Das Hinterland des Sultanats entzieht sich nämlich weitgehend der Kontrolle durch die Regierung in Muskat.

Freitagabend, nach Sonnenuntergang, in einem abgelegenen Dorf im omanisch-saudischen Grenzgebiet. Der Gebetsruf des Muezzins verhallt in den staubigen Gassen. In einem von außen wie eine Festung wirkenden fensterlosen, kubusförmigen Haus erleuchtet man mit Pechfackeln den von Arkadengängen umgebenen viereckigen Innenhof. In der Mitte steht ein halb mannshohes hölzernes Podest. Darum herum versammeln sich jetzt schweigend mehr oder weniger vornehm aussehende Männer in wallenden weißen Gewändern, den Vollbart umrahmt von dem mit einer schwarzen Schnur festgehaltenen Kopfschmuck. Manche sind in ein bis zu den Waden reichendes, wickelrockartiges buntes Tuch gekleidet, mit einem Patronengürtel um die Hüfte, einem kunstvoll ziselierten silbernen Krummdolch im Gürtel und einem farbenprächtigen Turban auf dem Kopf. Die Würdenträger sitzen auf weichen Kissen in der ersten Reihe. Die Wasserpfeife «Nargileh» geht um, und über der schweigenden Versammlung liegt der süßliche Duft von Haschisch. Einige Anwesende scheinen seltsam entrückt – die Wirkung des

102

Katrausches von den kleinen und andächtig zerkauten Blätterbällchen in ihrem Mundwinkel. Plötzlich kommt Unruhe in die Männergesellschaft. Man öffnet die dicken Holzportale unter den Säulenarkaden des Innenhofes. Halblaute Befehle ertönen, Peitschengeknalle. Aus den dunklen Räumen rings um das Hofgeviert treibt man eine Gruppe blutjunger gefesselter Neger. In Viererreihen erklimmen sie das hölzerne Podest. Das Flackern der Fackeln beleuchtet geisterhaft ihre furchtsamen Gesichter. Wer nicht schnell genug hochklettert, den trifft ein leichter Peitschenhieb. Allzu fest knutet man freilich nicht. Beschädigte Haut schadet dem Geschäft.

Die Jünglinge, von denen der jüngste bestimmt nicht mehr als zwölf und der älteste höchstens zwanzig Jahre alt ist, sind bis auf einen mehr enthüllenden als verbergenden Lendenschurz nackt. Die Füße sind aneinander gekettet, die Hände stecken in einem auf dem Hals liegenden hölzernen Joch. Die Negersklaven, denn um solche handelt es sich, stehen mit gesenkten Köpfen kaum richtig in Reih und Glied, da nennt der fettleibige Händler auch schon den Einstandspreis für den Ältesten. Zwei, drei Angebote, und er wechselt den Besitzer. Sein Schicksal ist das eines Arbeitssklaven. Wenig später hört man aus einer Ecke bestialisches Gebrüll. Der Besitzer läßt sein Eigentum brandmarken. Davon abgesehen, geht es bei der eigenartigen Versteigerung erstaunlich gelassen zu. Auf einem Viehmarkt in Mitteleuropa herrscht mehr Leben. Erst das Auftreten der fünften oder sechsten Sklavengruppe bringt Bewegung in die Versammlung. Jetzt geht es um die Jüngsten, Wertvollsten, um Kinder, die gar nicht richtig erfassen, was mit ihnen geschieht. Der Auktionator hat kaum das Mindestangebot auf den Lippen, da hagelt es schon Angebote. Ein riesenhafter Araber mit kohlschwarzem Vollbart und verdächtig flackernden, tiefliegenden Augen springt aus der Menge heraus wortlos auf das Podium. Brutal wendet er eines der dunkelhäutigen Knäblein, das ihn offenkundig interessiert, in das volle Licht der eilfertig herbeigereichten Fackeln. Seine Hände öffnen das Gebiß und prüfen es mit der Sachkunde des Pferdekenners. Dann reißt er den Lendenschurz vom Körper des verängstigten Opfers und nimmt dessen sich sogleich aufrichtenden Penis in die Hand. Höhepunkt der ungewöhnlichen Fleischbeschau ist die Visitation des Hinterteils. Im Fackelschein ziehen geübte Finger die prallen Hinterbacken auseinander, der Zeigefinger des Kauflustigen fährt rücksichtslos in die enge Spalte, und von seinen Lippen kommt nach einem befriedigten Grunzen eine halblaut gemurmelte Zahl. Zustimmend nickt der Auktionator, ein Bündel Geldscheine und das schwarze Knäblein wechseln den Besitzer. Der verschwindet mit seinem Eigentum im Dunkel der Tropennacht. Auf Abduh («El-Abd» = «Der Sklave») wartet sicher ein verhältnismäßig schönes Leben. Sein Herr wird sich keineswegs sofort über ihn stürzen. Gewöhnlich weitet man solch menschlichen Lustobjekten zunächst behutsam den Mastdarm, um sie allmählich auf das Peniskaliber des Herrn vorzubereiten. Ältere Sklaven machen sie mit ihren künftigen Pflichten hingebungsvoll vertraut. Erst nach einer bestimmten «Lehrzeit» führt man sie an das Lager ihres Herrn. Der Koran erlaubt den Beischlaf mit Jünglingen bis zum Sprießen des ersten Bartflaumes. Für den kleinen Neger ist das nicht das schlechteste Schicksal. Sein Gebieter wird ihn im eigenen Interesse mit den besten Speisen und Getränken verwöhnen und ihn in der Regel mit den schönsten Gewändern beschenken. Er lehrt ihn nicht nur die Lust, sondern auch Lesen und Schreiben. Bald ist er, der schon bei der Versteigerung seinen Hang zur Koketterie enthüllte, einer der engsten Vertrauten seines Käufers. Wenn er sich geschickt anstellt, besorgt er bald auch dessen geheimste Geschäfte. Eines Tages erhält er dann, nach dem Ratschlag des Korans, seine Freiheit. Wissen und Besitz, die er erworben hat, und die Freundschaft seines ehemaligen Herrn ebnen ihm alle seine weiteren Wege.

Beirut. Das Polizeikommissariat an der Place des Martyrs

bewacht eines der scheußlichsten Quartiere des Vorderen Orients. In Gassen mit holprigem Pflaster stehen die baufälligen Häuser so dicht beieinander, daß man sich aus ihren Fenstern über die Passanten hinweg die Hand reichen kann. Tagsüber kann es einem passieren, daß man unversehens einen gefüllten Nachttopf über den Kopf geleert bekommt. Nach Einbruch der Dunkelheit wurde hier schon mancher Fremde niedergeschlagen und seiner Barschaft beraubt. Denn jedes dritte Haus ist ein Freudenhaus. In grell erleuchteten Salons sitzen Mädchen und Frauen jeder Hautfarbe und warten auf Kunden. Die treffen bei einem Täßchen Kaffee oder einem Gläschen Tee genüßlich ihre Wahl. Am begehrtesten sind die schwärzesten Negerinnen und die bleichhäutigsten weißen Mädchen. In einem der düsteren Gäßchen, die in dieses Sündenviertel führen, befand sich früher zur rechten Hand einer der seltsamsten Gemüseläden der Welt. Wenn man die drei ausgelatschten Steinstufen emporstieg, stolperte man fast über die vor sich hindämmernde Besitzerin, welche direkt hinter dem Eingang mit seinen altersblinden Fensterscheiben in einem tiefen Fauteuil saß. Der unwahrscheinlich dickleibigen alten Vettel entging hinter den ständig halbgeschlossenen Augenlidern nichts, was sich in ihrem Machtbereich abspielte. Der Laden bestand aus einer verglasten Theke, hinter der von der Limonade bis zu eingelegten Gurken alles mögliche feilgeboten wurde und ein mürrischer alter Mann auf einem altertümlichen Butangaskocher auf Wunsch auch undefinierbare Speisen zubereitete. Davor standen ein paar wackelige viereckige Wirtshaustische mit unbequemen Stühlen und im Hintergrund ein erhöhtes Podium. Dort spielte jeden Abend eine Drei- oder Vier-Mann-Kapelle arabische oder westliche Weisen. Der Laden war eine vermutlich sogar im Orient einmalige Mischung zwischen Gemüse- und Mädchenhandel. Im Schatten der Perlenschnüre, die den Eingang verhüllten, warteten stets ein paar Mädchen auf Kundschaft. Zuweilen auch eine Europäerin. Mit einer

105

von ihnen kam ich einmal ins Gespräch. Sie erkannte mich an der Sprache als Landsmann. Unaufgefordert setzte sie sich an meinen Tisch und bestellte bei dem eilfertig herbeidienernden Alten, der ein Geschäft witterte, wie ich ein Bier.

«Keine Angst», meinte sie, «das geht auf meine Rechnung!»

Gierig trank sie in langen Zügen. Und dann erzählte sie. Sie stammte aus Frankfurt. Uneheliches Kind eines längst nicht mehr auffindbaren amerikanischen Besatzungssoldaten. Sie hatte nichts gelernt und schlug sich seit frühester Jugend als Bedienung in einem der zwielichtigen Negerlokale im Bahnhofsviertel ihrer Geburtsstadt durchs Leben. Eines Tages fand sie eine Kleinanzeige in der Lokalzeitung: «Modelle gesucht!» Sie meldete sich und bekam eine Einladung in ein schmuddeliges Hotel. Dort erwartete sie ein braunhäutiger, gutaussehender Araber. Aus dem Frotteemorgenmantel, unter dem er nichts trug, lugte ein dichtbehaarter Oberkörper.

«Zeig mal, was du zu bieten hast!», befahl er ohne Umschweife. Während er sie wohlgefällig betrachtete, fragte er: «Was arbeitest du?»

«Bedienung!»

«Was verdienst du in diesem Job?» Die Antwort entlockte ihm ein Hohnlachen. «Bei mir bekommst du das Zehnfache!»

Als das Mädchen sich wieder anzog, war es – so konnte es sich wenigstens einbilden – Tänzerin in der Truppe des jungen Libanesen und um fünf blaue Hundertmarkscheine reicher. Am Abend rief ihr neuer Chef sie an und lud sie zum Essen ein. Er führte sie in ein vornehmes Restaurant und verwöhnte sie mit den besten Leckerbissen.

«Tun Sie das für alle Angestellten?», fragte sie schüchtern.

«Nein!», war die Antwort, «aber du gefällst mir!»

Nach dem Essen gingen die beiden in eine Bar, und dort kam der Libanese endlich zur Sache. Es sei sehr schwie-

rig, genügend gutaussehende Mädchen für seine Tanz-
truppe zusammenzubekommen. Als Ausländer stoße er
auf viel Mißtrauen. Die meisten Kandidatinnen spränge
wieder ab, wenn sie hörten, ihre Tournee solle sie in den
Orient führen. «Denen spuken zu viele Schauergeschich-
ten über Mädchenhändler im Hirn herum!», meinte er lä-
chelnd.

Er vergaß auch nicht, daran zu erinnern, daß er sich unserer künftigen Tänzerin am gleichen Morgen keineswegs
genähert habe. «Du hättest wohl kaum etwas dagegen gehabt? Oder?», fragte er. Er enthob sie einer Antwort durch
die Feststellung: «Natürlich ist das kein Job für keusche
Jungfrauen! Wer ein paar alte Lustmolche durch einen
kessen Striptease heiß macht, muß auch bereit sein,
hinterher an ihren Tischen ein bißchen nett zu ihnen zu
sein und den Umsatz zu heben! Das ist aber auch alles,
und man sieht sogar noch etwas von der Welt!»

Dann rückte er mit dem Vorschlag heraus, er wolle sie zur
Chefin seiner Truppe machen. Eine Frau könne leichter
das Vertrauen der Mädchen gewinnen und die Truppe besser zusammenhalten. Das Mädchen sagte geschmeichelt
zu. Ganz selbstverständlich folgte sie dem Libanesen später auf sein Hotelzimmer. Er erwies sich als raffinierter
Liebhaber. Am nächsten Tag zog sie zu ihm ins Hotel und
blieb seine Geliebte.

Auf die Inserate mit dem Text «Modelle gesucht», die von
nun an noch mehrmals erschienen, meldeten sich über
hundert Anwärterinnen. Franziska, so hieß das Mädchen,
war froh, dem halbkriminellen Milieu des Bahnhofsvier-
tels entronnen zu sein. Der Libanese traf nur die Voraus-
wahl anhand der eingesandten Fotos. Die «Einstellung»
der Kandidatinnen überließ er seiner neuen Geliebten.
Diese empfing sie in dem bewußten Hotelzimmer, prüfte
sie auf Herz und Nieren und machte ihnen, berauscht von
den begeisterten Erzählungen ihres Freundes, die großartigsten Versprechungen. Vierundzwanzig Mädchen unter-
schrieben schließlich erwartungsvoll den Tourneevertrag

in der ihnen unverständlichen französischen Sprache, kündigten ihre Arbeit, übergaben ihrer «Chefin» die Reisepässe und warteten auf den Abflug. Der Libanese kümmerte sich um die Einreisevisa und trat erst unmittelbar vor dem Abflug der Linienmaschine der «Middle East Airlines» nach Beirut, zu dem die Mädchen telefonisch zusammengerufen worden waren, persönlich in Erscheinung. Die Mädchen bekamen weder ihre Pässe zurück noch die Flugkarten. Nach der Ankunft brachte man sie in ein kleines Hotel in der Nähe der «Place des Martyrs».

Franziska hörte nie mehr etwas von ihnen. Sie blieb bei ihrem Libanesen. Er verwöhnte sie jede Nacht und gewöhnte sie, ohne daß sie es richtig merkte, allmählich an Rauschgift. Willig flog sie allein noch mehrfach nach Frankfurt, großzügig ausgestattet mit Garderobe und Geld, und warb weitere «Tanztruppen».

Nach einem Jahr meinte der Libanese, der längst nicht mehr so zärtlich war wie früher, plötzlich: «Du könntest endlich einmal daran denken, etwas zu verdienen!»

«Wie meinst du das?»

«Nach Europa kann ich dich nicht mehr schicken; dort bist du allmählich zu bekannt!», antwortete er. «Und ewig aushalten kann ich dich auch nicht; ich bin schließlich Geschäftsmann!»

Von nun an vermittelte der Libanese die ihm lästig gewordene Freundin gegen entsprechende Honorare an seine Freunde. Wurde sie widerspenstig, entzog er ihr das unerläßlich gewordene Giftquantum. Schließlich landete sie in einem der Freudenhäuser hinter der «Place des Martyrs». Das Zimmer teilte sie mit drei anderen Mädchen. Den Verdienst behielt die Patronin. Sie bekam nur Kost und Logis und ihr Quantum «Stoff». Die Freizeit verbrachte sie in dem seltsamen Gemüseladen. Dessen Besitzer war sie gelegentlich zu Diensten, mit Einwilligung seiner durch ihre Fettleibigkeit fast unbeweglich gewordenen Frau, und bekam dafür Freibier und manchmal eine kostenlose Mahlzeit. Sie hatte weder Paß noch Aufenthalts- oder Arbeitserlaubnis. Das Schweigen der Polizisten erkaufte sie sich mit ihrem Körper. Einmal hatte sie auszureißen versucht. Sie wollte zu ihrer Botschaft. Doch sie kam nicht weit. Die Patronin informierte die Polizei, die sie wieder einfing. Sie bekam eine Tracht Prügel, und man entzog ihr tagelang den «Stoff». Seitdem fügte sie sich in ihr Schicksal. Den Libanesen sah sie ebensowenig jemals wieder wie eines der von ihr geköderten Mädchen. Natürlich machte sie sich über deren Schicksal längst keine Illusionen mehr. Wenn sie nicht in einem ähnlich heruntergekommenen Etablissement gelandet waren wie sie selbst, gehörten sie jetzt zu irgendeinem verschwiegenen Harem.

Beirut war noch bis zu dem im Frühjahr 1975 ausgebrochenen blutigen Bürgerkrieg Transitstation und Zentrum eines florierenden Mädchenhandels zwischen Europa und dem Vorderen Orient. Die Anwerber gingen dabei fast immer nach dem geschilderten Schema vor. Interpol erhielt selten eine Handhabe. Die Orientalen bedienten sich, wo immer es sich einrichten ließ, europäischer Mittelsmänner oder, genauer gesagt, Mittels«frauen». Befanden sich die Opfer erst einmal am Ziel, war nichts mehr zu machen. Die nationalen Polizeibehörden haben wenig Verständnis für solche Nachforschungen und sabotieren einfach die Zusammenarbeit mit Interpol. Aber selbst wenn sie wollten, könnten sie gegen die reichen und einflußreichen «Käufer» solcher Mädchen wenig unternehmen. In Beirut verfügten die Mädchenhändler bis zu dem erwähnten Bürgerkrieg über eine festgefügte Organisation mit weitgespannten Beziehungen zur europäischen Unterwelt. Chef dieser Organisation war eine der trübsten und gefährlichsten Erscheinungen der modernen vorderorientalischen Gesellschaft, nämlich Ibrachim Koleitat, der aus dem in der Nähe des Hafens gelegenen Elendsviertel El-Karantina stammt. Hier verdiente er sich die ersten Sporen als jugendlicher Bandenhäuptling. Sein «Geschäft» waren Einbrüche in kleine Läden und nächt-

liche Überfälle auf Passanten. Der Halbwüchsige ent-
wickelte sich zu einem ungewöhnlich gutaussehenden
jungen Mann. Blauschwarze Kraushaare krönten einen
makellosen goldbraunen Körper mit dichtem Haarwuchs.
Die mandelförmigen dunklen Augen blickten meistens
scheinbar verträumt und verrieten nichts von dem Ehrgeiz
und der Zielstrebigkeit ihres Besitzers. Aufgeworfene
sinnliche Lippen, manikürte Fingernägel und geckenhafte
Kleidung nach der neuesten Mode machten ihn zum Play-
boy. Am Strand von Beirut brauchte er in seiner Glanzzeit
nur mit dem Finger zu schnippen, wenn ihm ein Mädchen
gefiel. Damals umgab ihn immer ein ganzer Schwarm ge-
blendeter Hübscher aus Europa und sogar der vornehmen
levantinischen Society. Die Polizei, mit der er es häufig zu
tun hatte, war über seine schmutzigen Geschäfte ziemlich
genau unterrichtet. In den sechziger Jahren war er einer
der erfolgreichsten Zuhälter im Amüsierviertel der Levan-
tehauptstadt. Kein Freudenhaus, in dessen Geschäften er
nicht die Finger gehabt hätte. Dutzende von Edelprosti-
tuierten hörten direkt auf sein Kommando. Er besaß meh-
rere luxuriöse Wohnungen in Villen und Appartmenthäu-
sern. Unaufhaltsam wurde er zum ungekrönten König der
Unterwelt. Er organisierte den Warendiebstahl von den im
Hafen ankernden Handelsschiffen im großen Stil. Mäd-
chenhandel und Rauschgiftschmuggel befanden sich fest
unter seiner Kontrolle. Die Polizei war praktisch völlig
machtlos. Koleitat bediente sich nämlich einer bis dahin
nie dagewesenen Masche. Der Moslem aus dem Armen-
viertel war schon als Knabe barfuß durch die direkt an
sein Quartier angrenzenden Prachtstraßen gestrichen.
Beim Anblick der Luxusboutiquen und der Reichen auf
den Kaffeehausterrassen an der Scharia el-Hamra hatte er
Rache geschworen. Rache dafür, daß man ihn benachtei-
ligt hatte. Im Libanon waren die Christen traditionell die
Reichen, die Moslems ebenso traditionell die Armen. Die
Christen müssen dafür bezahlen, lautete die primitive Fol-
gerung des Muselmanenjungen. Seine späteren kriminel-

110

len Aktivitäten gerieten daher zwangsläufig immer mehr in das Fahrwasser der religiös-politischen Spannungen seiner Heimat. Sein Idol wurde der ägyptische Diktator Gamal Abdel Nasser, und nach dem Anschluß Syriens an die «Vereinigte Arabische Republik» träumte er vom Aufgehen auch des Libanons in einem modernen groß-arabischen Reich.

Die Levantehauptstadt Beirut war damals aber das Zentrum des intellektuellen Widerstandes gegen die ägyptischen Hegemoniepläne. Die Regierungen aller arabischen Staaten unterdrückten die ihnen nicht genehmen politischen Richtungen. Artikulieren konnten sie sich deshalb nur in dem als «Überdruckventil» fungierenden Beirut. Nur hier gab es die Möglichkeit zur unzensierten Veröffentlichung jeder nur denkbaren politischen Meinung in den Zeitungen aller politischen Parteien. Nasser war das allerdings ein Dorn im Auge. Ägypten verschleuderte damals Unsummen zur Beeinflussung der öffentlichen Meinung an der Levanteküste. Damit nicht genug, errichtete der ägyptische Geheimdienst «Mochabarat» in Beirut ein regelrechtes Terrorregime. Mißliebige Journalisten wurden eingeschüchtert, liberale Politiker bestochen, Angehörige der reichen Oberschicht erpreßt. Die «Mochabarat»-Agenten bedienten sich dabei häufig der Verbindungen von Angehörigen der libanesischen kriminellen Unterwelt. So stießen sie auf Ibrachim Koleitat. Dieser unterhielt bald fast jedermann bekannte Beziehungen zu den Ägyptern. Die Behörden wagten aus Furcht vor außenpolitischen Verwicklungen nichts zu unternehmen. Das verschaffte dem politisierenden Gangster einen ungeheuren Spielraum. Seine «große Stunde» kam 1968.

Einer der entschiedensten Widersacher der Kairoer Machtansprüche war damals der libanesische Journalist Kamel Murruwe. Der «Mochabarat» beschloß seine Ermordung und beauftragte Ibrachim Koleitat mit der Ausführung. Man erschoß Murruwe an seinem Schreibtisch. Die Ermittlungen führten rasch zu dem ehemaligen Zu-

111

hälter aus dem Elendsviertel El-Karantina. Unter Kairoer Druck verliefen die Erhebungen der Sicherheitsbehörden und der darauf folgende Prozeß jedoch im Sand. Ibrachim Koleitat ging für eine Zeitlang ins Ausland, dirigierte aber von dort aus seine dunklen kriminellen und politischen Geschäfte weiter. Es entstand eine fanatische Gruppe junger «Nasseristen». Sie nannten sich mystifizierend «El-Morabitun» und spielten in dem sich seit Frühjahr 1975 in dem Levanteland entspinnenden blutigen Bürgerkrieg eine schreckliche Rolle. Auf ihr Konto gingen die schlimmsten Plünderungen und Morde. Ihr Befehlshaber Ibrachim Koleitat kehrte während der Bürgerkriegswirren in den Libanon zurück.

Ibrachim Koleitat ist im vorderorientalischen Menschenhändlergewerbe ein ungewöhnlicher Paradiesvogel. Seine «Kollegen» scheuen gewöhnlich die Berührung mit der Politik wie das Tageslicht. Dennoch erfreuen sie sich, obwohl die arabischen Staaten einschließlich Saudi-Arabiens längst der Anti-Sklaverei-Konvention der Vereinten Nationen beigetreten sind, der stillschweigenden Duldung so mancher staatlicher Behörden. Das Verbot der Sklaverei führte keineswegs zu deren Abschaffung. Das gilt für Saudi-Arabien ebenso wie etwa für das wesentlich rückständigere Sultanat Oman. Dort blieben die meisten Leibeigenen nach ihrer formellen Befreiung freiwillig bei ihren Herren. Sie arbeiten zwar für sie, bekommen aber dafür – und das war auch früher schon so – neben Wohnung, Kleidung und Verpflegung meistens auch genügend Geld für ihre persönlichen Bedürfnisse. Als Freie hätten sie in ihrer rückständigen Gesellschaftsordnung kaum eine realistische Überlebenschance. Niemand würde sie beschäftigen.

In Saudi-Arabien entwickelte sich, ungeachtet der modernisierten gesetzlichen Vorschriften gegen die offene Sklaverei, am Rand der Pilgerströme nach Mekka eine völlig neue Art des Sklavenhandels. Mit wohlhabenden Pilgern aus Schwarzafrika, meistens Häuptlingen aus den islamisierten Staaten südlich der Sahara, reist gewöhnlich ein ganzer Troß blutjunger Mädchen und Knaben aus ihrem Dorf. Sie dienen zur Auffüllung der Reisekasse. Wenn das Geld knapp wird, verhökert man sie einfach an einen arabischen Händler. Die Opfer sind fast immer genau im Bild über ihre Lage und empfinden darüber kein Bedauern. Zu Hause erwartet sie nur unvorstellbare Armut. In Saudi-Arabien finden die allermeisten von ihnen ein wesentlich besseres Leben und bringen es später, wenn man sie einmal freiläßt, häufig zu Reichtum, Einfluß und Ehren. Nur die wenigsten Negersklavinnen und Negersklaven beenden ihr Leben als Putzfrauen oder Hausdiener bei ihrem Gebieter.

Freiwillige Sklaverei ist hierzulande übrigens weit verbreiteter, als man glauben möchte. Es gab schon Sklaven, die es ablehnten, sich von entsetzten Europäern freikaufen zu lassen. Einer von ihnen fragte einen solch ahnungslosen Philanthropen einmal, was er dann anfangen solle. Es bleibe ihm nichts anderes übrig, als sich erneut und diesmal selbst zu verkaufen. Im Äthiopien Kaiser Haile Selassies I. verkauften arme Familien ihre Töchter, die sie nicht verheiraten konnten, an eines der zahllosen Freudenhäuser in Addis Abeba oder, wie ihre überzählige männliche Nachkommenschaft, nach Saudi-Arabien. Sogar vornehme Familien schickten ihre Töchter häufig für eine Weile zu Ausbildungszwecken in die Prostitution. Die Kaiserin war sogar Teilhaberin eines regelrechten «Freudenhauskonzerns» und kassierte gelegentlich höchstpersönlich ihre Dividenden. Gegen diese Formen der Sklaverei gibt es wohl auch künftig kaum geeignete gesetzliche Maßnahmen.

Eines der Zentren des trotz allem weiterhin bestehenden Sklavenhandels war früher die sudanische Hauptstadt Chartum. Die Militärdiktatur dort machte den finsteren Aktivitäten anscheinend ein Ende. Jetzt operieren die Sklavenhändler vorwiegend in Marokko. Ein blühendes Geschäft sind dort noch immer die Knabenbordelle. Die

Behörden unternehmen nichts dagegen und wären, selbst wenn sie es versuchten, machtlos. Denn die Opfer behaupten, sie verdingten sich freiwillig. Unter den Nomadenstämmen in dem kargen Buschgürtel südlich der Sahara veranstaltet man auch heute noch regelrechte Sklavenjagden. Einer der von Marokko aus operierenden Händler nennt sich Henry Michley. Er ist wahrscheinlich britischer Nationalität und bei Interpol durch seine Unverfrorenheit bekannt. Er versuchte sogar schon die Vermittlung von farbigen Landarbeitern nach Großbritannien. In einem Fall verlangte er nach einem nie dementierten Illustriertenbericht für robuste Zwanzigjährige einen Stückpreis von hundertfünfzig Pfund. Das wachsende Risiko erhöhte jedoch auch den Preis. Heute verlangt man für ein zwölfjähriges ebenholzfarbenes Mädchen unter Eingeweihten mindestens dreihundert, für einen zehn- bis dreizehnjährigen Knaben nicht weniger als zweihundert Pfund. Die «Gesellschaft gegen Sklaverei» in Großbritannien, die seit langem vergeblich die Todesstrafe für Sklavenhandel fordert, schätzt die Zahl der Leibeigenen in den unterentwickelten Staaten Afrikas, Asiens und Lateinamerikas auf etwa hundert Millionen Menschen. «Zehntausende davon hält man wie Haustiere!», behauptet der Sekretär der Gesellschaft, Colonel Patrick Montgomery.

Der Sklaverei leisten allerdings auch viele Abendländer Vorschub, und zwar durchaus nicht allein als professionelle Sklavenhändler wie der erwähnte Brite Henry Michley. Unter Homosexuellen aus Europa und Amerika gibt es seit langem einen interessanten Geheimtip. In Tunesien oder Marokko versichern sie sich auf einer Urlaubsreise eines blutjungen Sexualpartners. Für die jugendlichen Nordafrikaner aus bitterarmen sozialen Verhältnissen ist das sehr häufig die einzige Chance, aus dem Schmutz zu entkommen. Das hat sich inzwischen überall herumgesprochen. Die Gelegenheitsprostituierten aus den nordafrikanischen Slums machen daraus ein florierendes Geschäft. Der Boulevard Habib Bourguiba im Zentrum

114

von Tunis ist einer ihrer «Basare». Die Jünglinge machen dort selbst europäischen Familienvätern mit der Ehefrau am Arm und dem Kind an der Hand eindeutige Angebote. Wer Tunesien besucht und auf dieser «schwulen Bannmeile» auf und ab flaniert, gilt als Homosexueller.

Die Männerprostitution ist nirgendwo verbreiteter als gerade in diesem sie offiziell strikt verbietenden arabischen Land. Für die arbeitslosen und manchmal auch arbeitsscheuen Jünglinge ist die «Freundschaft» mit einem geilen alternden Europäer, der in einer Schwulen-Bar seiner Heimat kaum noch Chancen hätte, so etwas wie das große Los. In Europa schmückt sich ihr Herr dann eine Zeitlang mit ihnen wie mit einer exotischen Blume. Verliert sich der Reiz der Neuheit bei dem einen oder anderen der ungleichen Partner, bleibt dem braunhäutigen Sexsklaven ohne Bildung und Sprachkenntnisse meistens nur der Weg in den halbkriminellen Untergrund der großstädtischen Bahnhofsprostitution. Am Hauptbahnhof von Hamburg oder an der Pariser Gare du Nord gibt es solch gescheiterte Existenzen haufenweise. Ihre Partner bezahlen für die schmutzigen Liebesdienste oft mit einer ausgeraubten Geldbörse, einem eingeschlagenen Nasenbein und einer peinlichen Krankheit. Nur wenige «Sklavenhändler» dieser Sorte befleißigen sich eines humaneren Systems. Ein prominenter Arzt mit ach so christlich-konservativen politischen Neigungen beispielsweise sucht sich seine Sexsklaven im jeweiligen Jahresurlaub im Süden. Im Jahr darauf, wenn er sie satt hat, bringt er sie, wohlversehen mit einem großzügig bemessenen Zehrgeld, wenigstens wieder in ihre Heimat zurück.

Sklaverei und Sklavenhandel sind also durchaus nicht nur Merkmale unterentwickelter Gesellschaften. Sie sind vielmehr so alt wie die Menschheit. Im Orient haben sie daher auch ihre längste Tradition. In Mesopotamien machte man vorzugsweise Kriegsgefangene zu Sklaven. Wer seine Schulden nicht bezahlen konnte, verkaufte sich selbst für eine beschränkte Zeit oder seine Kinder als

Sklaven. Später deportierte man ganze Volksstämme und versklavte sie. Rund sechshundert Jahre vor unserer Zeitrechnung entführte Nebukadnezar II. zwei judäische Könige samt der judäischen Oberschicht nach Babylonien. Erst der persische Eroberer Kyros erlaubte ihnen die Heimkehr. Sklaverei gab es auch in Griechenland und im Römischen Reich. In China machte man die Angehörigen verurteilter Verbrecher zu Sklaven. Die Erzväter Israels hielten Sklaven, handelten mit Sklaven und heirateten sogar Sklavinnen. Die Sklaverei des jüdischen Volkes in Ägypten bildet den ethischen Hintergrund des jüdischen Religionsgesetzes. Die Israeliten machten hernach die von ihnen unterworfenen Kanaaniter zu Sklaven. Noch im Mittelalter verkauften jüdische Händler osteuropäische Heiden in die arabische Sklaverei. Die Araber führen sogar ihre Herkunft auf den Abkömmling einer Sklavin zurück. Hagar war eine Nebenfrau des Erzvaters Abraham, der sie mit ihrem Sohn Ismail verstieß und in der Wüste aussetzte. Allah zeigte ihr die heute für jeden Moslem heilige Quelle Zemzem und errettete sie dadurch vor dem Verdursten. Ismail überlebte und wurde zum Stammvater der Araber.

In Zentralarabien kannte man die Sklaverei schon lange vor dem Aufkommen des Islams. Die Angehörigen der räuberischen Stämme in den zentralarabischen Wüstengebieten hielten körperliche Arbeit für unwürdig. Sie war Aufgabe versklavter Gefangener aus den sporadischen Überfällen auf die antiken Stadtkulturen in den Randgebieten der Arabischen Halbinsel. Organisierten Sklavenhandel gab es hier jedoch erst seit dem achten Jahrhundert unserer Zeitrechnung. Die Sklaven kamen damals vorwiegend aus Europa, vom Balkan und aus Mittelasien. Zentrum der europäischen Sklavenmärkte war damals Verdun. Diese Entwicklung stand in gewissem Gegensatz zur Haltung des Islams zur Sklaverei. Der Koran verbot sie zwar nicht grundsätzlich, bemühte sich aber um die Eindämmung von Auswüchsen. Der Prophet Mohammed ge-

bot zum erstenmal die gute Behandlung Leibeigener und bezeichnete ihre Freilassung als gottgefälliges Werk. In der islamischen Gesellschaft durften Sklaven heiraten, ihre Kinder wuchsen zusammen mit den freien auf, blieben allerdings Sklaven. Die Sklaven durften auch Eigentum erwerben, uneingeschränkt darüber verfügen und es vererben. Einen letzten Höhepunkt erlebte der organisierte arabische Sklavenhandel erst im vorigen Jahrhundert. Sklavenhändler von der Arabischen Halbinsel machten systematisch auf die Negerbevölkerung in den südlichen Randgebieten der Sahara bis in den Osten Afrikas Jagd und dezimierten ganze Volksstämme und entvölkerten ganze Landstriche. Die Erinnerung an diese Periode belastet vielfach noch heute die zwischenstaatlichen Beziehungen der nachkolonialen afrikanischen Staaten zur arabischen Welt. Das arabisch-islamische Gesellschafts- und Wirtschaftssystem wäre indes ohne Sklaven gar nicht denkbar gewesen. Abkömmlinge von Sklaven brachten es innerhalb der islamischen Gesellschaft nicht selten zu hohen Ehren. Kalifen wie Harun er-Raschid, Großwesire, Wesire und Feldherren waren Abkömmlinge von Sklaven.

Die Araber hatten für die Sklavenhaltung Gründe religiöser, wirtschaftlicher und sexueller Natur. Der Islam predigt zwar die Gleichheit aller Menschen vor Allah. Die Araber legen das allerdings häufig so aus, daß dies nur für sie selbst gelte, nicht aber für Andersgläubige oder Andersrassige. Sklaven waren, wirtschaftlich gesehen, zudem billige Arbeitskräfte. Außer Kaufpreis, Verpflegung und Bekleidung verursachten sie keine Ausgaben. Ihre Nachkömmlinge blieben Sklaven. Den Besitzer kosteten sie also überhaupt nichts – im Gegenteil, sie brachten ihm viel ein. Noch vor einer Generation hob die Bedeutung eines Beduinenscheichs nichts mehr als eine möglichst große Anzahl von Sklaven. Der Ölreichtum hatte noch einmal eine Hochblüte des Sklavenhandels zur Folge und führte unter anderem zu geradezu inflationären Preisanstiegen. *Gerade das wachsende Mißverhältnis zwischen Kaufpreis und Nutzen wurde allmählich jedoch zur Hauptursache für den unaufhaltsamen Rückgang des Sklavenhandels in der sich modernisierenden zentralarabischen Gesellschaft.*

Sklavenbesitz hat heutzutage, wo es ihn überhaupt noch gibt, vorwiegend sexuelle Motive. Sie gab es zwar schon immer, sie rückten jedoch erst jetzt, da Sklaven beiderlei Geschlechtes zu immer kostspieligeren Luxusgütern geworden sind, ganz in den Vordergrund. Der Koran beschränkte die vorher übliche unbeschränkte Polygamie auf höchstens vier rechtmäßige Ehefrauen. Sie sind jedoch nur dem erlaubt, der sie gleichmäßig zu behandeln versteht. Moderne arabische Regierungen benutzten diese schwer erfüllbare Vorschrift zur Eindämmung und schließlich zum Verbot der Vielehe. Der Koran erlaubt allerdings eine unbegrenzte Zahl von Konkubinen. Diese Erlaubnis beruht vor allem auf der ziemlich unersättlichen Sexgier des Propheten. Als Mohammed die entsprechenden Visionen hatte, soll seine erste Ehefrau Chadidscha einmal ausgerufen haben, Allah habe es verdächtig eilig, die Wünsche seines Propheten zu erfüllen. Ein Moslem, dem es schwer gefallen wäre, mehrere legale Ehefrauen gleichberechtigt zu behandeln, hielt sich also lieber Konkubinen. Das waren naturgemäß fast ausschließlich Sklavinnen.

Die Araber haben ein gänzlich anderes und in mancher Hinsicht wesentlich natürlicheres Verhältnis zur Sexualität als Christen und Juden. Sexuelle Befriedigung ist für sie genauso notwendig und natürlich wie Essen und Trinken. Die erotischen Genüsse, die ein leibeigener Sexualpartner verschafft, hinterlassen zwar auch gewisse soziale Verpflichtungen, doch bei weitem nicht in dem Umfang wie ein legalisiertes eherechtliches Verhältnis. Solche Sexualpartner kann man zudem leichter gegen jüngere auswechseln. Bei der Wahl seiner Sexualpartner macht der Araber traditionell auch nicht so scharfe Unterschiede

118

wie wir zwischen den Geschlechtern. Ein vorpubertärer männlicher Araber ist gewöhnlich ganz selbstverständlich der passive Sexualpartner älterer Geschlechtsgenossen. Später wird er es dann genau umgekehrt machen. Die Araber sind meistens bisexuell veranlagt, und kaum einer von ihnen machte nicht schon einmal homosexuelle Erfahrungen. (Einige Araberstaaten erließen unter dem Einfluß des abendländischen Sexualpuritanismus zwar scharfe Gesetze gegen die Homosexualität. Diese werden jedoch weitgehend ignoriert, und zwar erstaunlicherweise dort am meisten, wo sie am schärfsten sind, wie etwa in Tunesien.) Der Araber akzeptiert in der Regel auch ältere europäische Homosexuelle widerspruchslos als passive Sexualpartner. Für einen jungen Nordafrikaner beispielsweise ist ein solches Erlebnis ein dreifacher Sieg. Der sonst bewunderte und überlegen scheinende Weiße unterwirft sich ihm, er verliert seine Männlichkeit und bezahlt dafür auch noch einen nicht gerade geringen Preis.

In Zentralarabien bevorzugen sogar Ehemänner und Familienväter beim reinen Sexualgenuß möglichst junge Knaben. Sexualsklaverei dürfte dort noch immer weit verbreitet sein, wenn es wohl auch niemand öffentlich eingestehen würde. Aber es handelt sich dabei sicher um eine wesentlich abgemilderte Form der Sklaverei. Ihre Objekte sind zu kostbar, um sie schlecht zu behandeln, und zu selten, um sie schlecht zu belohnen. Für Negermädchen und Negerknaben aus drückenden wirtschaftlichen Verhältnissen in ihrer ostafrikanischen Heimat ist sie daher noch immer die leichteste und aussichtsreichste Form einer «Karriere». Moralische Kategorien werden ihr wohl kaum gerecht. Die unaufhaltsame gesellschaftliche, wirtschaftliche und geistige Modernisierung in den arabischen Ölstaaten wird übrigens mit Gewißheit rasch auch zum Verschwinden dieser bizarren Abart der Sklaverei führen.

Dritter Akt:
Der Sieg des Kreuzes

*«. . . Zur Rechten sieht man, wie zur Linken,
einen halben Türken heruntersinken.»*

Der «Krak des Chevaliers» ist eine düstere Zwingburg
nach der Art der mittelalterlichen Festungen im Süden
Frankreichs. Scheinbar unbezwingliche Mauern krönen
einen flachen Berggipfel und umschließen ein riesiges un-
regelmäßiges Rechteck mit klobigen Türmen und abwei-
senden Verliesen. Die Burg steht seit fast einem Jahrtausend. Doch der Zahn der Zeit konnte ihr wenig anhaben.
Zweihundert Jahre war sie der wichtigste vorgeschobene
Stützpunkt der Kreuzfahrer. Sie beherrschte das Gebiet
zwischen Mittelmeerufer und Libanongebirge, Orontes
und Syrischer Wüste. Und sie scheint es noch heute zu
beherrschen, obwohl die Kreuzritter sie schon vor siebenhundert Jahren verließen. Die letzten Verteidiger hatten
sich den muselmanischen Belagerern erst ergeben, als
ihre Nahrungsmittelvorräte aufgebraucht waren.
Die Burg mit ihren Räumlichkeiten für eine mehrere tausend Mann starke Besatzung ist heute eine Touristenat-
traktion. Europäer unter den Besuchern spüren in ihr, wie
sie meinen, noch etwas vom Hauch eines der größten
Abenteuer der abendländischen Menschheit. Für Araber
ist das praktisch unzerstörbar gebliebene gewaltige Bau-
werk noch immer eher ein Stein des Anstoßes. Es erinnert
sie an die Gewalt und Dauerhaftigkeit des ersten christlichen Ansturmes gegen die islamische Welt.
«Gott will es!» Mit diesem Schlachtruf rief Papst Urban
II. auf dem Konzil zu Clermont das Abendland zum
Kreuzzug gegen den Islam auf. Die Kreuzzugspredigt
fand ungeheuren Widerhall. 1096 begann, unter der Führung französischer Ritter und der Normannen, der erste
Kreuzzug. 1099 fiel Jerusalem. Bis 1270 gab es noch sechs
weitere Kreuzzüge, und in der Zwischenzeit entstanden
im östlichen Mittelmeergebiet mehr oder weniger langlebige und, was zu ihrem Untergang wesentlich beitrug,
miteinander konkurrierende Kreuzfahrerstaaten.

In der abendländischen Geschichtsschreibung fanden die Taten Gottfrieds von Bouillon, des Beschützers des Heiligen Grabes, Richard Löwenherz' und Friedrich Barbarossas mythologische Verklärung. Aus Ludwig Uhlands Gedicht «Schwäbische Kunde» paukten Generationen von Schulkindern noch im vorigen und diesem Jahrhundert die Verse: «Zur Rechten sieht man, wie zur Linken, einen halben Türken heruntersinken». Wohlige Schauer durchrieselten uns, wenn wir die sprachgewaltig nacherzählten Abenteuer der tapferen Glaubenskrieger im Sold Barbarossas rezitieren durften und der Lehrer bewegt von den Kämpfen im Heiligen Land erzählte. Auch heute noch ist etwa Richard Löwenherz Held unzähliger primitiver und geschichtsverfälschender «Comic Strips». Die Kreuzzüge hatten zwar zunächst auch eine religiöse Triebfeder. Ihre Hauptursache waren jedoch ganz handfeste weltliche Machtansprüche des Papsttums. Im übrigen werten sie heute auch europäische Historiker längst als Vorläufer des späteren westlichen Imperialismus. Die eroberten Gebiete wurden rücksichtslos ausgeplündert, und trotz der schließlich unvermeidlichen Niederlage der Kreuzfahrer sicherten sie für mehrere Jahrhunderte lang die Handelswege zwischen den italienischen Stadtstaaten wie Venedig und dem östlichen Mittelmeerraum. Das war tatsächlich reinster Imperialismus. Die Kreuzfahrer hatten politisch allerdings keinen dauerhaften Erfolg. Der Islam setzte sich mit den Ursachen seiner anfänglichen Niederlagen kaum ernstlich auseinander. Man war sich seiner zivilisatorischen Überlegenheit so sicher, daß man für die feindlichen Barbaren wenig Interesse empfand. Bezeichnenderweise gibt es keine einzige zeitgenössisch-arabische Analyse der Kreuzzüge. Die Literatur beschränkt sich auf weit verstreute, sehr subjektive private Zeugnisse von Würdenträgern, die mit den «Franken» in Berührung gekommen waren. Der Zusammenstoß war allein für die am Ende unterlegenen Angreifer von zivilisatorischem Nutzen. Morgenländische Dichtkunst beeinflußte fortan stark die abendländische Literatur. Arabische Philosophie und Wissenschaft gaben abendländischen Gelehrten entscheidende Denkanstöße. Das Geistesgut der orientalischen Antike und Griechenlands begann seinen Siegeszug in die abendländische Welt.

Die Araber selbst hatten damals schon keinen Anteil mehr an der Gestaltung der Geschicke des von ihnen gegründeten Reiches. Die Kreuzzüge trafen es, obgleich es sich zunächst gegen sie behaupten konnte, ins Mark. Die Kalifen waren nur noch hilflose Marionetten, geschwächt durch fortwährende innere Machtkämpfe. In Innerasien brachen die Mongolen zur Zerstörung des islamischen Weltreiches auf. Sie taten genau dasselbe wie vorher die Araber aus der Wüste mit den glanzvollen antiken Städtereichen des alten Orients. Am Rand des damaligen Weltgeschehens warteten die Türken auf ihre Stunde. Innerhalb des Islams grassierte zunehmende Anarchie. Der Druck von außen, durch die Franken auf der einen und die Mongolen auf der anderen Seite, brachte zwar noch einmal eine vorübergehende Wende in der Person des aus Kurdistan gebürtigen Sultans Salach Eddin (Saladin). Der Islam als politischer Faktor befand sich jedoch unaufhaltsam auf dem absteigenden Ast. Erstaunlicherweise wurden aber nicht die Mongolenfeldzüge oder der Aufstieg und die vierhundertjährige Dauer der türkischen Vorherrschaft, sondern die Kreuzzüge zu einem bis heute nachwirkenden Schock für das Selbstvertrauen der islamischen Welt. Bezeichnenderweise betrachteten die Araber den europäischen Kolonialismus des neunzehnten und zwanzigsten Jahrhunderts praktisch als moderne Fortsetzung der Kreuzzüge. Die Palästina-Freischärler zum Beispiel vergleichen den Staat Israel keineswegs zufällig häufig mit den Kreuzfahrerstaaten. Vom Chef der «Palästinensischen Befreiungs-Organisation» (PLO), Abu Ammar alias Jassir Arafat, stammt die Feststellung: «Wir Araber warteten zweihundert Jahre bis zu unserem Sieg über die Kreuzfahrer. Wir haben genügend Geduld, weitere zweihundert Jahre bis zum unvermeidlichen Sieg über den Zionismus abzuwarten!» Ein Grund für die unterschiedliche Bewertung von Kreuzfahrern, Mongolen und Türken mag sein, daß die Kreuzfahrer im Namen von Religion und Kultur auftraten, während die Mongolen unzivilisierte Zerstörer waren und die Türken wiederum zwar eine nicht gerade zimperliche Kolonialmacht, aber doch eine mit der gleichen Religion wie die der von ihnen Unterworfenen. Die Kolonialherrschaft der Türken über die arabische Welt führte überdies, ganz im Gegensatz zum Ansturm der Kreuzzügler, zu einer fast völligen politischen, zivilisatorischen und geistigen Paralyse in der arabischen Welt. Die Geschichte der Araber erlebte im sechzehnten Jahrhundert einen absoluten Stillstand. Die Uhren der Zivilisation begannen hier erst wieder mit dem Auftreten des europäischen Kolonialismus zu ticken. Araber kämpften an der Seite der Ententemächte im Ersten Weltkrieg aktiv gegen die türkische Kolonialherrschaft. Und ohne die geistigen Anleihen bei den europäischen politischen Strömungen der Wende vom 19. zum 20. Jahrhundert wäre der Nationalismus der modernen Araber überhaupt nicht denkbar. Zwischen Türken und Arabern gab es dennoch nie ein Mißtrauen, das ähnliche Ausmaße annahm wie das der Araber gegenüber dem Abendland. Als Ursache für diese unterschiedliche Bewertung gleichgerichteter kolonialistischer Entwicklungsprozesse bietet sich lediglich die Religion an. Türken und Araber hatten trotz allem, was sie trennte und noch trennen mag, etwas Gemeinsames – den gleichen Glauben. Bezeichnenderweise finden die in der modernen und durch Atatürk scheinbar ein für allemal säkularisierten Türkei im letzten Jahrzehnt immer stärker spürbar werdenden Tendenzen zu einer Wiedererweckung des Islams aktive Unterstützung in der arabischen Welt. In Ankara wie etwa in Mekka ist die «Rückkehr der Türkei in den Schoß des Islams» ein längst geläufiges Schlagwort. Ein anderer Grund für den fortdauernden Schock über die Kreuzzüge

126

ist zweifellos auch deren ungewöhnlich blutiger Verlauf. In Kriegen passieren unvermeidlicherweise auf beiden Seiten Grausamkeiten. Nicht allein die arabischen Berichte, sondern bei genauerem Hinsehen auch viele abendländische, entlarven die Kreuzritter, von denen die meisten diesen Ehrentitel gewiß nicht verdienten, als ungewöhnlich grausame und beutegierige Besatzer. Der Historiker Izzedin Ibn el-Atir, ein Zeitgenosse des Sultans Salach Eddin, berichtet im Zusammenhang mit der Eroberung von El-Kuds (Jerusalem) durch die Franken: «Sie töteten mehr als siebzigtausend Moslems, unter ihnen viele Imame, Religionsgelehrte, Fromme und Asketen, die ihr Land verlassen hatten, um in gläubiger Zurückgezogenheit an diesem heiligen Ort zu leben.» Schauplatz dieses Blutbades war die sogenannte «Medschid el-Aksa» («Die entfernteste Moschee») im heiligen muselmanischen Tempelbezirk. (Auf ihren Stufen ermordete ein fanatisierter Palästinenser 1951 den Emir Abdullah von Transjordanien.) Der Gewährsmann erwähnt auch den Raub von vierzig Silber- und zwanzig Goldleuchtern aus dem «Haram esch-Scherif». Bei Zahlenangaben von Historikern ist zwar Vorsicht angebracht. Doch die Wirklichkeit war schlimm genug. Den Kreuzfahrern selbst zufolge plünderten sie einen ganzen und einen halben Tag lang die Heilige Stadt. Über fünftausend Juden verbrannte man in einer Synagoge lebendigen Leibes. Fünfunddreißigtausend Menschen, darunter sechstausend Kinder und zwölftausend Frauen, fanden den Tod. Jerusalem hatte zum Schluß wahrscheinlich nur noch zwanzig Prozent seiner früheren Einwohnerzahl. Bei den Massakern machte man selbstredend keinerlei Unterschied zwischen Juden, Christen oder Moslems. In den übrigen Gebieten, die die Kreuzfahrer noch erobern konnten, hausten sie nicht anders als in Jerusalem. 1109 töteten sie nach der Eroberung Beiruts dessen Statthalter und seinen gesamten Hofstaat und beschlagnahmten ihren Besitz. Die Einwohner verkaufte man zum größten

127

Teil in die Sklaverei. Die blutige Spur, die diese Aggressionen damals hinterließen, blieb bis heute spürbar und ist immer wieder der Anlaß neu aufbrechenden Mißtrauens der Araber gegenüber den Europäern.

Saladin – ein zweiter Mohammed

«Eyn so edlen hern wert in unserm lant keyner findn», schrieb ein mittelalterlicher abendländischer Zeitgenosse über den Sultan Salach Eddin. Das Urteil gilt einem Mann, für dessen sterbliche Überreste der deutsche Kaiser Wilhelm II. siebenhundert und ein paar Jahre später in einer Anwandlung von Großmut einen prunkvollen Marmorsarkophag stiftete. Saladin gewann 1187 Jerusalem für den Islam zurück. Seinem Befehl getreu krümmten die islamischen Krieger, sehr im Unterschied zu ihren christlichen Vorgängern, den jüdischen und christlichen Einwohnern kein Haar. Der Blutzoll, den beide Seiten hatten bezahlen müssen, und staatsmännische Klugheit brachten den Sultan trotz seines vollständigen Sieges zu einem weitsichtigen Kompromiß. Die Kreuzfahrer behielten einen levantinischen Küstenstreifen zwischen Tyrus und Jaffa, und die christlichen Pilger erhielten ungehinderten Zutritt zu ihren heiligen Stätten in Jerusalem. Diese Zusicherung behielt ihre Gültigkeit über den bald darauf eintretenden Tod Salach Eddins hinaus und überdauerte auch den endgültigen Zerfall des islamischen Reiches, den Aufstieg und Untergang der osmanischen Türkei, das britische Völkerbundsmandat und die Gründung des modernen Israels.

Die Kreuzfahrer säßen vielleicht noch heute an der levantinischen Küste. Doch sie hielten sich nicht an die geschlossenen Verträge. Sie betrogen die großmütigen Moslems. Außerdem versetzten sie dem christlichen Byzanz den Todesstoß und machten es, das dem römischen Papsttum und seinen religiösen Totalitäts- und weltlichen

128

Machtansprüchen ein Dorn im Auge war, reif für die zweihundertfünfzig Jahre später erfolgende Eroberung durch die Türken. «Salibi» nennen manche arabischen Historiker bis auf den heutigen Tag sowohl Christen als auch nicht-christliche Angehörige der, von ihnen aus gesehen, westlichen Zivilisation, also auch die Sowjets. «Salibi» aber heißt nichts anderes als «Kreuzfahrer».

Salach Eddin erwies sich für das islamische Reich als ähnlicher Glücksfall wie für die allmählich in Vergessenheit geratenden Araber einst der Prophet Mohammed. Das lag vielleicht an seiner Herkunft: Et-Tikrit ist ein Dreißigtausend-Seelen-Städtchen, zwei Stunden stromaufwärts von Bagdad, dem glänzenden «Medinet es-Salam» des Kalifen Harun er-Raschid am Tigris. Heute ist hier tiefste Provinz. Außer einem kümmerlichen Sûk (Basar, Marktviertel) und ein paar primitiven Kaffeestuben gibt es nichts zu sehen. Doch etwas hebt die Leute von Et-Tikrit, mindestens in ihren eigenen Augen, weit über ihre übrigen Landsleute im Zweistromtal hinaus. Hier erblickte Sultan Salach Eddin, der Bezwinger der Kreuzfahrer, das Licht der Welt. Vielleicht führte der Stolz darauf so viele Et-Tikritis in die moderne irakische Politik. In Bagdad bilden diese eine regelrechte «Mafia» und besetzen in Staat, Bürokratie und in den Streitkräften traditionell viele wichtige Schlüsselpositionen. Mindestens fünfundsiebzig Abkömmlinge dieses unscheinbaren Dorfes machten seit dem Sturz der Haschimitenmonarchie, 1958, ein nicht immer ganz unzweifelhaftes Glück in der Politik. Landsleute Salach Eddins waren oder sind unter anderen Präsident Achmed Hassan el-Bakr, sein Vizepräsident und sein Außenminister sowie Minister, Offiziere und sogar ein Bürgermeister von Bagdad. Salach Eddin Jussuf, wie er vollständig hieß, stammte aus der kurdischen Familie der Ajjubiden. Diese kam ursprünglich aus Armenien. Ihr Begründer Ajjub war ein ehrgeiziger Kondottiere mit ausgeprägten militärischen Talenten und begünstigt vom Kriegsglück. Einer seiner Nachkom-

129

men – sie alle erbten offenbar die Vorliebe für das Militär – brachte es infolge seiner kriegerischen Verdienste sogar bis zum Wesir. Von ihm, seinem Oheim, erbte Salach Eddin dieses Amt. Und damit begann sein unaufhaltsamer Aufstieg. Noch gab es zwar die rechtmäßigen Fatimidenkalifen, und Salach Eddin ging dem offenen Zusammenstoß mit ihnen so lange wie möglich aus dem Weg. Doch er degradierte sie zu politischen Schattenwesen und wurde der eigentliche Gegenspieler des Byzantinischen Reiches auf der einen und der Kreuzritter auf der anderen Seite. 1175 erhob er sich selbst zum Sultan. Seine Siege führten unmittelbar zum dritten Kreuzzug unter Friedrich Barbarossa, Richard Löwenherz und Philipp III. von Frankreich. Das Blatt war jedoch nicht mehr zu wenden. Es kam zu einem für beide Seiten ehrenvollen Friedensschluß, der für die Kreuzfahrer freilich eine völlige Niederlage bedeutete. Wenig später – man schrieb das Jahr 1192 – starb Salach Eddin im Alter von erst fünfundfünfzig Jahren.

Der Sultan war der letzte große Einiger der islamischen Welt vor dem Aufstieg der Osmanen. Er hatte nicht nur glänzend über die zeitweilig tödlich scheinende abendländische Herausforderung gesiegt, sondern durch die Wiederherstellung von Einigkeit, Rechtssicherheit und wirtschaftlichem Wohlstand dazu auch die Voraussetzungen geschaffen. Dem Umstand, daß die Geschichtsschreibung in seinem Reich eine letzte Hochblüte erreichte, verdanken wir ziemlich genauen Aufschluß über ihn. Der Sultan war in vieler Hinsicht so etwas wie ein zweiter Mohammed. An Weitblick, staatsmännischen Fähigkeiten und Weisheit, Anstand, Ehrlichkeit, Großzügigkeit und Güte übertraf er bei weitem die legitimen Nachfolger des Propheten. Seine Tragik war, daß er nicht mehr ein nahezu homogenes arabisches Reich regierte, sondern ein heterogenes Staatengebilde, dessen Bestandteile trotz ihrer gemeinsamen Religion auseinanderstrebten. Die Zustände in seinem Reich ähnelten in mancher Beziehung

130

den Verhältnissen in der heutigen «Europäischen Gemeinschaft». Die Türken scheiterten später ebenfalls an diesem Umstand. Der Islam war eben die Religion eines ganz und gar individualistischen Volkes, und überall, wo er gesiegt hatte, verbreitete er seine unausgesprochene Botschaft von der Individualität als höchstem Gut der Menschen. Mohammeds Reich, das zeigte sich schon bald nach seinem Tod und dem Ausbruch des Islams aus der zentralarabischen Halbinsel, war eben doch nicht von dieser Welt. Seine Lehre, alle Gläubigen seien vor Allah gleich und Allahs Gewalt sei höher als alle irdische Gewalt, erwies sich, anders als bei den an ihr Gesetz gebundenen Juden und den wesentlich weniger individualistischen abendländischen Christen, als ärgstes Hindernis für jedes dauerhafte weltliche Regiment. Hierin liegt schließlich auch das Geheimnis des politischen Erfolges Salach Eddins inmitten der islamischen Zerfallsperiode. In seiner Gestalt steigerten sich, wie bei Mohammed, noch einmal Religion und Politik zu einer glaubwürdigen und untrennbaren Einheit. Salach Eddins Hofbeamter Bacha ed-Din Ibn Saddad, ein Hausgenosse des Sultans, faßte das in die Sätze: «Unter den echten Überlieferungen von Worten und Taten des Propheten und seiner Genossen finden sich folgende seiner Worte: ‹Der Islam ruht auf fünf Pfeilern; dem Bekenntnis, daß es keinen anderen Gott gibt außer Gott, der Einhaltung des Gebetes, der Entrichtung des gesetzlichen Zehnten, dem Fasten im Monat Ramadan und der Wallfahrt zum heiligen Haus Gottes in Mekka.› Nun, Salach Eddin war rechten Glaubens, und oft hatte er den Namen Gottes auf den Lippen. Er hatte seinen Glauben aus den Beweisen gezogen, die er in der Gemeinschaft der kundigsten Lehrer und größten Rechtsgelehrten gebührend studiert hatte, und die notwendigen Kenntnisse erworben, so daß er mitreden konnte, wenn in seiner Gegenwart ein Disput geführt wurde.»
Die Überlieferung kennt neben Beweisen für seine Fröm-

migkeit unzählige Beispiele für den Gerechtigkeitssinn, die Freigebigkeit, den Mut, die Ausdauer und Menschlichkeit Salach Eddins. Sein Hofbiograph berichtet beispielsweise von zwei für ihn charakteristischen Begebenheiten: «Einmal wurde ihm ein fränkischer Gefangener vorgeführt, dem er solche Furcht einflößte, daß die Zeichen von Schrecken und Aufregung auf seinem Gesicht erschienen. Der Übersetzer fragte ihn, wovor er sich fürchte. Und Gott gab ihm die Antwort ein, er habe sich zuerst gefürchtet, das Gesicht dort zu sehen, aber da er es jetzt gesehen und vor ihm gestanden habe, sei er sicher, nur Gutes von ihm zu erfahren. Salach Eddin bewegten diese Worte. Er begnadigte ihn und ließ ihn frei.» Die zweite Begebenheit ist noch rührenderer Natur: «Eines Tages näherte sich ihm eine Wache mit einer ganz in Tränen aufgelösten Frau, die sich dauernd an die Brust schlug. Die Frau sei, sagte die Wache, von den Franken gekommen und habe verlangt, vor den Sultan geführt zu werden. Sie erzählte, daß tags zuvor plündernde Moslems in ihr Zelt eingedrungen seien und ihre Tochter geraubt hätten. Die ganze Nacht habe sie damit verbracht, um Gnade zu flehen, und man habe ihr gesagt, der Sultan sei ein mitleidiger Mann. Von ihm allein hoffe sie, ihr Kind zurückzubekommen. Salach Eddin war bewegt, und Tränen traten ihm in die Augen. In seiner Großmut ordnete er an, daß man die Frau zum Markt des Lagers führe, um herauszufinden, wer die Kleine gekauft habe, ihm den Preis zu erstatten und sie zurückzubringen.»

Zweifellos erhöhte die Legende, was für jene religiöse und politische Verfallsperiode und für die tiefe Sehnsucht ihrer Augenzeugen nach Wiederherstellung der alten Macht und Herrlichkeit durchaus typisch war, den Sultan zu beinahe göttlichem Rang. In Wirklichkeit war er bei aller Weisheit eine recht machtbewußte Persönlichkeit. Anders hätte er sich kaum so rasch und nachhaltig gegen die zentrifugalen Tendenzen des von ihm beherrschten Staatswesens durchsetzen können. Die Kreuzfahrer deformierten seine Gestalt jedoch zu einem schrecklichen Popanz, an den sie schließlich selbst zu glauben begannen. Die Wahrheit lag wohl irgendwo in der Mitte. Salach Eddin war ein zielbewußter Staatsmann von großer Tatkraft, der aber auch einen subtilen Sinn für die Behandlung unterlegener Gegner bewies. Als Künstler der Macht wußte er nur zu genau, wie man sich Feinde zu Freunden macht. Moralisch war er seinen christlichen Gegnern hoch überlegen. Auch christliche Geschichtsquellen bezeugen, daß er nicht nur einmal seinen Feinden in Schlachtpausen Medikamente und sogar Speisen und Getränke überbringen ließ. Die frommen Mönche, die das erzählten, vergassen nie, darauf hinzuweisen, für wie naiv sie dieses Verhalten hielten. Zuerst verteufelten sie den Sultan als leibhaftigen Antichrist; hernach, als sich diese Mär nicht mehr aufrechterhalten ließ, erniedrigten sie ihn zum Dummkopf. Salach Eddin war jedoch, was viele Kreuzfahrer nicht für sich in Anspruch nehmen durften, ein wirklicher Ritter. Die Araber sehen in ihm bis heute das wahre Vorbild eines edlen und gerechten Herrschers.

Aufstieg und Fall des Hauses Osman

Konstantinopel. Man schreibt den 29. Mai 1453. In der «Hagia Sophia», der damals schon über tausendjährigen Kathedrale der göttlichen Weisheit Kaiser Konstantins des Großen, drängen sich mehrere tausend Gläubige. Inbrünstige Choräle erfüllen die riesige Kuppel und übertönen den vor den verschlossenen und verriegelten Portalen tobenden Kampflärm. Er dringt nicht einmal in das andächtige Schweigen vor Beginn der Heiligen Messe. Als die Gläubigen demütig ihre Häupter vor der Monstranz senken, die der weißhaarige Bischof vor dem Hochaltar emporhebt, erschüttern mächtige Schläge die dicken Türen. Der Bischof liest die Messe unbeirrt weiter. Da brechen plötzlich die Tore auf, und mit Lanzen bewaffnete Janitscharen stürmen den Mittelgang des ehrwürdigen

Gotteshauses heran. Langsam zieht sich der Bischof gegen die Mauer hinter ihm zurück und hält den noch zögernden feindlichen Kriegern seine Monstranz entgegen. Schließlich stößt er mit dem Rücken an die Wand. Unbeirrt formulieren seine Lippen mit klarer Stimme die heiligen liturgischen Texte, während die Janitscharen unter den knienden und betenden Gläubigen zu seinen Füßen ein gräßliches Blutbad anrichten und mit drohend gezückten Lanzen die Treppe zu ihm emporstürmen. Auf einmal öffnet sich die Mauer und nimmt den Bischof in ihren undurchdringlichen Schutz. Die Janitscharen rennen vergeblich gegen sie an. Man läßt sie sogar niederreißen, findet aber hinter ihr weder geheime Gänge noch sonst eine Spur von dem verschwundenen Bischof. Der Legende zufolge wird er verschwunden bleiben. Verschwunden bis zu dem Augenblick, in dem in seiner Kirche der göttlichen Weisheit das Kreuz Christi wieder aufgerichtet sein wird. Dann wird er aus der Mauer treten und die Heilige Messe an der Stelle fortsetzen, wo ihn der Frevel der Ungläubigen unterbrach.

Diese rührende Legende findet sich unter anderem in der Reisebeschreibung «Von Pol zu Pol» eines der Helden unserer Jugend, des schwedischen Asienforschers Sven Hedin. Der Wahrheit entspricht sie wohl kaum. Gewiß verschwanden nach dem türkischen Sieg über Konstantinopel – fortan glanzvolle Hauptstadt des Osmanischen Reiches – die Kreuze aus der «Hagia Sophia», und man verwandelte die ehrwürdigen Kathedralen, Dome und Kirchen der oströmischen Christenheit in Moscheen. Sultan Mechmet II. Fatich sprach selbst das erste Gebet in der «Hagia Sophia». Man errichtete um sie vier noch heute stehende schlanke Minarette, und von ihnen erklang fast auf den Tag genau vierhundert Jahre lang der Gebetsruf des moslemischen Muezzins. Im Inneren erbaute man eine Gebetsnische in der Richtung gen Mekka. Doch die Moslems bewahrten sogar die ihrem Bilderverbot widersprechenden byzantinischen Mosaiken vor der

134

Zerstörung. Die Porträts der Muttergottes und der Kaiser Konstantin des Großen und Justinians, des eigentlichen Vollenders des Gotteshauses, erlebten im 19. Jahrhundert ihre Wiederherstellung. 1935 machte Kemal Pascha Atatürk, der «Türkenvater», die Moschee zum Museum und entfernte die von dem berühmten islamischen Kalligraphen Mustafa Izzet Effendi geschriebenen siebeneinhalb Meter großen Rundschilde mit den Namen Allahs, Mohammeds und der ersten Kalifen. Moslems, Christen und Juden hätten von da an in diesem viertgrößten sakralen Bau der Menschheit ungestört beten können. Doch es sollte anders kommen...

Die Eroberung Konstantinopels, des alten Byzanz, durch die Türken war der Schlußstein des Aufstiegs des Osmanischen Reiches zur islamischen Weltmacht für vier Jahrhunderte. Das Haus Osman war nunmehr Lehensherr des «Schwertes des Islams». Wie kam es dazu und was machte es daraus? Die Geschichte der Türken beginnt mit den Seldschuken. Seldschuk, geboren um das Jahr 1000 unserer Zeitrechnung, stammte aus Turkestan. Von dort aus eroberten die ihm botmäßigen Stämme zunächst Persien und im Jahr 1055 Bagdad und machten sich zu Schutzherren der islamischen Kalifen gegen Byzantiner und Assassinen. Gegen Ausgang des elften Jahrhunderts unserer Zeitrechnung wurden sie zu den eigentlichen Gegenspielern des Oströmischen Reiches. Mongolische Einfälle und ständige Vermischung mit nomadisierenden turkmenischen Stämmen führten aber zum Verschwinden der Seldschuken. Ein Turkmenenstamm aus der Gegend des Oxus im Süden des Aralsees gelangte schließlich auf der Flucht vor den Mongolen nach Anatolien. Dort wurde vermutlich der Gründer der osmanischen Dynastie, Osman I., geboren. Die Osmanen, wie sie sich bald nach ihm nannten, waren Heiden. Doch trotz ihrer räumlichen Nähe zum Byzantinischen Reich bekehrten sie sich nicht zum Christentum, sondern zum Islam. Damit waren die Voraussetzungen zu einem der folgenschwersten und bis

135

heute nachwirkenden welthistorischen Zusammenstöße gegeben. Trotz vorübergehender Niederlagen – Sultan Bejazit I. («Der Blitz») stirbt sogar in mongolischer Gefangenschaft – und trotz der offenkundigen Blindheit des römischen Papstes, der die angebliche religiöse Toleranz der Mongolen, die nichts anderes als absolutes Desinteresse von Barbaren an höherer menschlicher Vollendung war, sehr lobt, können sich die Türken behaupten. Da aber die Mongolen bei ihrem Rückzug in ihre zentralasiatische Heimat ein völlig verwüstetes Anatolien hinterlassen, werden nun die Türken zu den grimmigsten Feinden des von Rom verlassenen christlichen Byzantinischen Reiches.

An dem bewußten 29. Mai 1453 gewinnt Sultan Mechmet II. («Der Eroberer») endgültig Konstantinopel. Er nennt es, zur Erinnerung an den christlichen Kaiser Konstantin den Großen, zunächst «Konstantiniye». Daraus entwickelt sich das türkische «Istanbul». Der letzte Christenkaiser, Konstantin XI., aus dem Haus der Paläologen, fällt im Kampf. Mechmet II. war eine kunst- und wissenschaftssinnige Persönlichkeit. Die bis auf die Erhaltung der bewußten Mosaiken totale Entwürdigung der «Hagia Sophia» als christliches Heiligtum war keineswegs sein Werk. Kein Mongole, kein Türke tat den Arabern und dem Islam Schlimmeres an als die Christen. Niemand tat den oströmischen orientalischen Christen mehr an als die abendländischen Christen. Die Christen waren der ärgste Feind der Christen. Das war damals so, und blieb es bis heute. Die Kreuzritter – die Feder sträubt sich noch jetzt bei dem Begriff «Ritter» – waren nämlich die eigentlichen Zerstörer der christlichen Substanz der «Hagia Sophia».

1204, während des vierten Kreuzzuges, plünderten die christlichen Räuber unter dem venezianischen Dogen Enrico Dandolo die Kirche praktisch bis auf die nackten Grundmauern. Reliquien, Heiligenstatuen und Bildnisse brachte man nach Europa. Die Monstranzen beraubte man ihrer kostbaren Edelsteine. Leuchter, Abendmahls-

136

kelche und Becher, Ikonenrahmen aus Gold und Silber kamen in die Schmelze. Die Plünderung war eine der größten und beutereichsten der bis dahin bekannten Weltgeschichte. Räuberhauptmann Dandolo erhielt später sein Grabmal ausgerechnet in dem von ihm so furchtbar geschändeten Heiligtum. Die «Hagia Sophia» sei schrecklich verwahrlost, berichtete noch knapp zweihundert Jahre darauf der kastilische Gesandte Clavigio. Unter den Türken erst erlebte sie dann ihre völlige Restaurierung.

Die Türken begnügten sich nur rund fünfzig Jahre lang mit ihrem Sieg über das Byzantinische Reich. Ihr Ziel wurde von nun an die Wiederherstellung der imperialen politischen Einheit des Islams unter osmanischer Herrschaft. Grundstein dazu wurde die Eroberung Mesopotamiens und damit von Bagdad, der letzten arabisch-islamischen Kalifenhauptstadt, von den Persern. Den Mameluken wurde zuerst Syrien und dann Ägypten entrissen. Nach dem Fall Kairos erhielt Sultan Selim I., der zehnte Sultan aus dem Haus Osman, in einer feierlichen Zeremonie aus den Händen einer geistlichen Delegation aus Mekka und Medina die Schlüssel zu den heiligen Stätten des Islams und die Fahne des Propheten Mohammed. Damit war die Annahme des Ehrentitels eines «Hüters der Heiligen Stätten» verbunden. Die Kalifenwürde ging für fast genau vierhundert Jahre erblich auf die osmanische Herrscherdynastie über. Damit war jedoch der Ausdehnungsprozeß des Türkenreiches keineswegs abgeschlossen. Es eroberte schließlich auch noch Nordafrika und griff nach dem Balkan. Ende des sechzehnten Jahrhunderts hatte das islamische Weltreich der Türken eine größere Ausdehnung als jemals zuvor das islamische Weltreich der Araber.

Den Türken wurde jedoch endlich ein immer wieder zu beobachtender historischer Mechanismus zum Verhängnis: Reiche, die sich auf Imperialismus und Expansionismus stützen, benötigen für ihr Überleben nichts mehr als ständige neue Eroberungen. Gelingen sie nicht, ist es mit ihrer Macht und Herrlichkeit rasch zu Ende. Die Türken erlebten diesen Wendepunkt in ihren beiden Niederlagen vor Wien im ersten Viertel des sechzehnten und dem letzten Viertel des siebzehnten Jahrhunderts. Sie wurden gleichbedeutend mit der endgültigen Festlegung der Grenzen ihres Machtbereiches. Der Stillstand im Äußeren und grausame dynastische Machtkämpfe im Inneren begünstigten von nun an das immer raschere Wuchern eines zersetzenden Spaltpilzes. Die Statthalter oder Duodezfürsten in den entfernten Provinzen des Reiches erkämpften ihre Autonomie von der «Hohen Pforte». In Nordafrika und den Randgebieten der Arabischen Halbinsel und bald auch in anderen türkischen Territorien stand die Oberhoheit Stambuls nur noch auf dem Papier. Der Herrschaftsbereich der Pforte erwies sich als zu groß und zu unübersichtlich. Die Verwaltung funktionierte nicht. Mißwirtschaft und Korruption waren an der Tagesordnung. Die Macht des Hauses Osman zersplitterte sich durch ständige mörderische Machtkämpfe und die Ausrottung ganzer Familienzweige im Kampf um den Sultansthron. Erst 1617 verankerte man die friedliche Erbfolge des Erstgeborenen, nach dem Vorbild der abendländischen Herrscherdynastien, im osmanischen Hausgesetz. Doch es war zu spät. Gleichzeitig endete nämlich auch die absolutistische Herrschaft der Sultane. Die Türkei wurde zum «kranken Mann am Bosporus», überdauerte aber immerhin noch weitere dreihundert Jahre. Erst 1918 bestieg der letzte Sultan, Mohammed VI., den wankenden Sultansthron, und erst 1924 verzichtete Abdül Medschid II. auch auf die seitdem verwaiste Kalifenwürde.

Zwischen Altertum und Mittelalter führten sämtliche Verbindungswege des damaligen Welthandels durch den heutigen Nahen Osten. Dieser Umstand erst hatte den Aufstieg der Araber und dann der Türken zur Weltmacht ermöglicht. Das Abendland war daher in hohem Maß von diesen beiden Weltmächten und ihrer wirtschaftlichen Schlüsselposition abhängig. Im 16. Jahrhundert führte das zur Suche nach neuen und vom Landweg durch den türkischen Orient, der langwierig war und immer gefahrvoller wurde, unabhängigen Handelswegen. Am 3. August 1492 verließen drei Schiffe unter dem Kommando des gerade einundvierzigjährigen genuesischen Abenteurers Cristoforo Colombo alias Cristóbal Colón (uns seither als Christoph Kolumbus bekannt) Spanien auf der Suche nach dem Seeweg nach Indien. Im Oktober des gleichen Jahres landeten sie in dem Glauben, es handle sich um Indien, in dem jetzigen Kuba. Die von ihnen entdeckten Inseln heißen bis heute, nach diesem historischen Irrtum, «Westindische Inseln», und die Ureinwohner der neuen Welt «Indianer».

Die eigentliche Entdeckung des Seeweges nach Indien blieb dem Begründer des portugiesischen Kolonialreiches vorbehalten, Vasco da Gama, Conde da Vidigueira. Als seine ebenfalls aus drei Schiffen bestehende Flotte am 8. Juli 1497 den Hafen von Rastello bei Lissabon verließ, winkte ihm mehr Glück als dem zufälligen Entdecker Amerikas. Vasco umschiffte die Südspitze Afrikas und erreichte am 20. Mai 1498 bei Calicut die vorderindische Westküste. Der Welthandel zwischen dem aufstrebenden Europa und dem alten Asien war von nun an nicht mehr vom Transit durch das ehemalige arabische und jetzige türkische Reich abhängig. Die Hauptstraßen des Weltverkehrs wie die Seiden- und Weihrauchstraße wurden zu Nebenwegen. Ebenso wie heute hatte damals der Welthandel auf die ewigen Erpressungsversuche erst der Araber und dann der Türken reagiert. Mohammeds und der Osmanen «Geschäft» war die Erhebung saftiger Zölle und Transportgebühren für die Handelsgüter nach und von Europa gewesen. Um sie zu sparen, hatte man den Seeweg nach Ostasien gesucht und dabei ganz nebenbei auch noch Amerika entdeckt. Das war der Anfang vom Ende des bislang letzten islamischen Weltreiches.

Ein Araber war es, der einmal gesagt hat: «Aus der Geschichte lernt man nur, daß aus der Geschichte noch nie etwas gelernt wurde!» Die Araber selbst beherzigten diese Erkenntnis am wenigsten. Vierhundertfünfzig Jahre später versuchten sie noch einmal ein zweifaches Erpressungsmanöver gegen die, wie sie meinten, von ihnen abhängige Außenwelt. Im Sechstagekrieg vom Juni 1967 sperrten die Ägypter angesichts ihrer dennoch nicht abwendbaren Niederlage den bis dahin als unverzichtbare «Schlagader des modernen Welthandels» geltenden Suezkanal. Die Rohölversorgung der westlichen Industrienationen antwortete mit dem Bau von Supertankern für den (billigeren) Transport um das «Kap der guten Hoffnung». Ägypten entschloß sich 1975 zwar zur Wiedereröffnung der einst so wichtigen Wasserstraße und schritt zu ihrer Vertiefung und Verbreiterung, doch sie erlangte nicht mehr ihre einstige Bedeutung. Trotz dieser bitteren Erfahrung, daß sich Erpressungen niemals auszahlen, sperrten die arabischen Erdölproduzenten im «Ramadan-Krieg» vom Oktober 1973 nun auch völlig die Rohölzufuhr nach Europa und Amerika. Die Reaktion war eine Welle der Solidarität unter den Menschen der Industrienationen. Staatsoberhäupter und mit ihnen Millionen Menschen fuhren nicht mehr Auto, sondern gingen zu Fuß. Der Energiebedarf der westlichen Industrien wurde erheblich eingeschränkt. Der Heizölverbrauch ging zurück. Ironischerweise machten sich ausgerechnet die Ölkonzerne gleichzeitig auf die Suche nach neuen und von den arabischen Lieferanten unabhängigen Energiequellen.

In Istanbul regierte, als sich Cristoforo Colombo und

140

Vasco da Gama auf ihre so folgenschweren abenteuerlichen Reisen machten, der Sultan Bajesid II. Er war ein Sohn Mechmets II., des Eroberers, und erwehrte sich nur mühsam der Thronansprüche des Prätendenten Dschem, seines Bruders. Dschem floh nach einer verlorenen Schlacht nach Rhodos und erhielt von dem dortigen Großmeister des Johanniterordens und Statthalter Pierre d'Aubusson politisches Asyl. Papst Innozenz VIII. erhob den zum Christentum konvertierten Türkenprinzen 1489 zum Kardinal. Die Sultane jedoch sahen keineswegs dieses Menetekel an der Wand. Sie schickten zu dem abtrünnigen Prinzen gedungene Mörder. Er starb an Gift. Dolchstöße, Gift oder der Sklavenkäfig waren traditionell das Schicksal der Fähigsten aus dem Haus Osman. Die Unfähigkeit triumphierte, und nur die Dümmsten und zugleich Hinterhältigsten gelangten auf den Thron. Die Osmanen hatten fortan keinen Anteil mehr an der aktiven Weiterentwicklung der Weltgeschichte. Das Türkenreich zerfiel. Die Provinzstatthalter erkämpften sich nach und nach ihre Unabhängigkeit, wie Mohammed Ali, der Begründer der in Ägypten bis 1952 regierenden Dynastie, die Imame im Jemen und die Duodezscheiche an der Küste des Persischen Golfs.

Hinzu trat die schließlich tödliche äußere Herausforderung durch den Westen. 1798 scheiterte zwar der Feldzug Napoleon Bonapartes in Ägypten. Doch das Britische Weltreich, das sich in der Seeschlacht von Abukir in der Person seines Admirals Horace Nelson zum Beschützer der Türken aufgeworfen hatte, wurde schließlich zum eigentlichen Zerstörer des Osmanischen Reiches. 1830 eroberten die Franzosen Algerien, 1839 die Engländer Aden und 1853 die Scheichtümer an der Piratenküste. 1861 folgten die Bachrein-Inseln und 1899 Kuwait. Die Franzosen machten nach und nach auch die anderen nordafrikanischen Gebiete zu ihren Kolonien, Italien nahm sich noch 1912 sozusagen im letzten Augenblick Libyen.

Die Entdeckung des Seeweges nach Indien am 20. Mai

1498 war – noch nicht einmal fünfzig Jahre nach der Eroberung Konstantinopels – der Anfang vom Ende des Osmanischen Reiches. Die Schlacht bei den Pyramiden am 21. Juli 1798 wurde die erste Niederlage der orientalischen Weltmacht auf ihrem eigenen Boden seit den Kreuzzügen. Das Ende war von nun an unausweichlich. Es kam nicht auf dem Schlachtfeld, sondern auf dem glitschigen Parkett der Diplomatie. Ferdinand Vicomte de Lesseps – sein Denkmal stand bis zu der mißglückten israelisch-britisch-französischen Suezexpedition von 1956 vor der Kanaleinfahrt in Port Said – versetzte dem Osmanischen Reich den Todesstoß. Der Geliebte der späteren Kaiserin Eugenie war in den fünfziger Jahren des vorigen Jahrhunderts französischer Konsul in Kairo. Von 1859 an leitete er den Bau des Suezkanals. 1869 war dieser fertiggestellt und drängte die Türkei endgültig an den Rand der modernen Weltgeschichte. 1875 erklärte die «Hohe Pforte» den Staatsbankrott. 1881 verlor sie Tunesien an Frankreich und 1882 Ägypten an Großbritannien. Der Berliner Kongreß von 1878 unter der Leitung Bismarcks verschaffte ihr zwar noch einmal eine Atempause und verhinderte weitere Okkupationen durch die europäischen Kolonialmächte. Doch die Sultane unterdrückten jede Freiheitsregung im Inneren durch zunehmenden Terror. 1909 stürzten die Jungtürken den Sultan Abdül Hamid II. Die Balkankriege verhinderten indes grundlegende innenpolitische Reformen. Die Araber entwickelten überdies unter dem Einfluß der europäischen Aufklärung eigene Freiheitsideen. 1914 wurde die Türkei zum eher belastenden als hilfreichen Verbündeten der sogenannten Mittelmächte Deutschland und Österreich im Ersten Weltkrieg und streckte am 30. Oktober 1918 im Vertrag von Mudros die Waffen.

«Divide et impera»
oder: Der Kreuzzug der Lügner

«Wenn uns schon geschenkt haben die Engländer ein Land, das ihnen nicht gehört, warum haben sie uns nicht geschenkt die Schweiz?», lautete eine hier schon einmal zitierte Scherzfrage zionistischer Einwanderer nach Palästina. Im Orient sagt man auch, als Geschäftsmann sei ein Levantiner gerissener als zwei Griechen, ein Jude gerissener als zwei Levantiner und zwei Griechen, ein Armenier gerissener als zwei Griechen und zwei Levantiner und zwei Juden. Diese Redensart vergißt den gerissensten von allen – John Bull. Die Engländer brachten es zwischen Herbst 1915 und Winter 1917 fertig, nicht nur Palästina, sondern praktisch ganz Arabien – und nichts davon gehörte ihnen! – gleich dreimal zu verkaufen. Die drei Dokumente, die dieses wohl verwerflichste Geschäftsgebaren der Weltgeschichte genauso entlarven wie unehrliche Rechnungen einen betrügerischen Kaufmann, sind nach Emir Abdullah von Transjordanien, einem ihrer Opfer, die Beweise für einen der größten Wortbrüche, die jemals begangen wurden. Es handelte sich dabei um einen regelrechten Kreuzzug der Lügner, und seine bis heute spürbaren Folgen standen denen der Kreuzzüge des Mittelalters kaum nach.

Werden wir genauer: Am 24. Oktober 1915 übermittelte der britische Hochkommissar in Ägypten, Sir Henry MacMahon, dem damals allgemein als Führer der Araber geltenden Scherifen Hussein von Mekka und direkten Nachkommen der Prophetenfamilie der Koraischiten eine Note der Regierung Seiner Majestät. Großbritannien verpflichtete sich darin feierlich, als Dank für die arabische Waffenhilfe gegen das Osmanische Reich im Ersten Weltkrieg «die Unabhängigkeit der Araber anzuerkennen und aufrecht zu erhalten», mit Ausnahme einer britischen Einflußzone in Südmesopotamien und einem französischen Interessengebiet an der syrischen Küste. Vorausge-

143

gangen war eine aus acht Briefen bestehende Korrespondenz zwischen dem Scherifen und dem Diplomaten in der Zeit zwischen Juli 1915 und Januar 1916. Die Araber schienen nach genau vierhundertjähriger türkischer Kolonialherrschaft endlich am Ziel ihres alten Traumes von der Wiederbelebung des Arabischen Reiches. Trotz dieser eindeutigen und auf verschleiernde diplomatische Floskeln völlig verzichtenden Zusage beauftragten die Regierungen Großbritanniens und Frankreichs ihre bevollmächtigten Unterhändler Sir Mark Sykes und François Georges Picot, ein Abkommen über die Aufteilung der arabischen Gebiete des Osmanischen Reiches in britische und französische Kolonien oder Einflußsphären auszuarbeiten. Der Vertrag wurde unter dem 16. Mai 1916 datiert. Durch ihn wurden Syrien und der Libanon französische Kolonien, der Irak, Transjordanien und Palästina britische Kolonien. Den Arabern blieb lediglich das damals noch nicht durch die späteren Erdölfunde interessante Kerngebiet der Arabischen Halbinsel, eingeschnürt zudem von britischen Besitzungen in allen seinen Randgebieten. Damit nicht genug, richtete Außenminister Arthur James Balfour am 2. November 1917 auch noch seinen berühmten Brief an Lord Walter Rothschild, in welchem er den Zionisten in dem noch nicht eineinhalb Jahre früher der britischen Krone einverleibten Palästina nichts geringeres als eine nationale Heimstätte versprach. Die «Balfour-Deklaration» stieß zunächst noch auf den geringsten Widerstand. Die Zionisten wähnten sich, genau wie in ganz anderer Beziehung die Araber, endlich an ihrem seit dem Basler Ersten Zionistenkongreß von 1897 angestrebten Ziel. Unter einer «nationalen Heimstätte» verstanden sie allerdings schon damals, wohlweislich ohne es jedoch offen auszusprechen, etwas ganz anderes als der gleichfalls unehrliche Briefschreiber. Sie wollten einen eigenen Staat und bekamen ihn schließlich auch. Die Araber, zivilisatorisch durch die türkische Kolonialherrschaft weit zurückgeworfen, witterten in den ihnen

144

rassisch verwandten Juden wertvolle Helfer bei der Verwirklichung ihrer ehrgeizigen Pläne.

So kam es am 3. Januar 1919 zwischen dem Sohn des Scherifen Hussein, Emir Feisal, und dem Zionistenführer Chaim Weizmann zu einem Abkommen: «Unter der Voraussetzung, daß die Araber die Unabhängigkeit erhalten, wie ich sie in meinem Memorandum an das Außenministerium Seiner Britischen Majestät gefordert habe, werde ich bei der Durchführung der obenstehenden Artikel mitwirken. Falls jedoch die mindeste Änderung oder Abweichung von den Forderungen dieses Memorandums erfolgen sollte, werde ich nicht durch ein einziges Wort des vorliegenden Abkommens gebunden sein, das als nichtig, wertlos und ungültig erachtet werden soll, und ich werde hierfür keine wie immer geartete Verantwortung tragen.» Feisal schrieb diesen Zusatz eigenhändig in arabischer Sprache unter den Elf-Punkte-Vertrag. Der Vorbehalt galt einer Weizmann damals sehr wahrscheinlich noch unbekannten Tatsache. Der Emir jedoch kannte seit Ende 1917 den Inhalt des «Sykes-Picot-Vertrages», der ihm von der in Moskau damals an die Macht gelangten bolschewistischen Regierung über die Hohe Pforte zugespielt worden war. In Mekka hielt man ihn allerdings für eine Fälschung. Es bedarf keiner Prophetie, sich auszumalen, wie anders sich das israelisch-arabische Verhältnis entwickelt hätte, wäre das Feisal-Weizmann-Abkommen verwirklicht worden. Das perfide dreifache Doppelspiel Albions zerstörte diese nie wiederkehrende historische Chance und vergiftete bis auf den heutigen Tag die Atmosphäre im Nahen Osten. Scherif Hussein von Mekka proklamierte sich zwar selbst zum König der Araber, doch es war zu spät und vergebens – er blieb ein König ohne Königreich. Emir Feisal, sein Sohn, war als arabischer Vertreter bei der Versailler Friedenskonferenz bloß ein hilfloser Spielball der europäischen Machtinteressen. Der Mann aus der Wüste erlebte die Staatsmänner der Siegermächte nur als feilschende Teppichhändler.

Der Prinz aus dem Morgenland verlor nur einmal die Contenance, als ein europäischer Delegierter bezweifelte, ob die Araber überhaupt zur Selbstregierung fähig seien. «Ich gehöre zu einem Volk», sagte er, «das schon zivilisiert war, als in allen hier vertretenen Staaten noch Barbaren lebten!» Das war eine historische Reminiszenz, an die, so berechtigt sie auch erschien, in Versailles niemand gern erinnert werden wollte. Feisal war vor allem auch deshalb im Nachteil, weil er keine fremde Sprache verstand und keinerlei Auslandserfahrung besaß. Scherif Hussein hatte ihn zudem ohne Verhandlungsvollmacht gelassen. In Versailles zeigte sich auch eine charakterliche Eigenart der Wüstenbewohner, welche die arabische Politik bis heute schwer belastet. Zu Kompromissen unfähig, wollen sie stets alles oder nichts. Es kam daher, wie es kommen mußte. Feisal verachtete die Teppichhändlerallüren der würdigen europäischen Diplomaten im Cutaway, die Europäer lächelten über den hochmütigen «Kameltreiber» aus der Wüste. Der Prinz bestand auf der buchstabengetreuen Einhaltung der geschilderten britischen Versprechungen. Für Großbritannien und Frankreich war aber nur die Durchführung des schon erwähnten «Sykes-Picot-Abkommens» wichtig. Die Franzosen waren zudem noch aus einem ganz anderen Grund gegen die Entstehung moderner Nationalstaaten im bis dahin türkischen Vorderen Orient. Gewährte man nämlich Feisal die Unabhängigkeit, würde es mit an Sicherheit grenzender Wahrscheinlichkeit zu gefährlichen Unabhängigkeitsbestrebungen auch im französischen Nordafrika kommen.

Die Kolonialmächte griffen schließlich zu einem üblen Trick. Sie bewogen die Versailler Friedenskonferenz zum Verzicht auf eine Entscheidung in dem Streit um die britischen Zusagen an die Araber, die Versprechungen an die Juden und das britisch-französische «Sykes-Picot-Abkommen». Eine Lösung sei nur in dem kleineren und direkteren Rahmen von Verhandlungen zwischen den

146

Siegermächten und den Arabern möglich. Die Araber spielten jedoch auf der daraufhin einberufenen Alliiertenkonferenz in San Remo am 25. April 1920 nur eine Statistenrolle. Man entschied ohne sie über ihr Schicksal. Großbritannien und Frankreich einigten sich über die Aufteilung des zum größten Teil den Arabern als unabhängigen Staat und zu einem kleineren den Juden als nationale Heimstätte versprochenen türkischen Gebietes in Völkerbundsmandate der beiden Staaten.

Dadurch begründete man unter anderen auch das bis heute nicht beseitigte Mißtrauen der Araber gegen «direkte Verhandlungen», etwa mit Israel. Damals lernten sie, wie leicht man sie auf diese Weise in die Minderheit und ins Unrecht versetzen konnte. In Versailles hatten sie neutrale Fürsprecher gefunden, unter anderem in der Person des amerikanischen Präsidenten Woodrow Wilson. In San Remo entschieden die beutegierigen Kolonialisten ungestört über deren Zukunft. Hier liegt die Wurzel für die konsequente Ablehnung der von Israel immer wieder vorgeschlagenen direkten und bilateralen Verhandlungen mit seinen arabischen Kriegsgegnern. Als Einzelne müssen sich die arabischen Nachbarstaaten natürlich den Zionisten unterlegen fühlen. Und seit damals müssen sie sich außerdem fragen, ob sie nicht auch bei speziellen Friedenskonferenzen über den Nahen Osten wie etwa in Genf Israel und den durch ihr betrügerisches Doppelspiel noch heute diskreditierten westlichen Kolonialmächten hilflos ausgeliefert sind.

Als Palästina-Guerilleros im Sommer 1976 ausgerechnet ein französisches Zivilflugzeug auf dem Weg von Tel-Aviv nach Paris aus Athen nach Entebbe in Uganda entführten, beschuldigten sie das seit dem Sechstagekrieg vom Juni 1967 in der Nahostpolitik offiziell proarabische Frankreich, Israel verdanke diesem seine Luftüberlegenheit ebenso wie den Besitz von Atombomben. Hier war es wieder, das alte Mißtrauen gegen das in arabischen Augen niemals auszuschließende Doppelspiel der Kolonialmächte. Von San Remo her datiert auch die arabische Neigung, die Dispute über das Schicksal Palästinas lieber in das größere Weltforum der Vereinten Nationen zu verlegen, weil man hier eher auf Bundesgenossen wie etwa die farbigen Mitgliedstaaten rechnen kann, als im kleineren Kreis von Genf.

Die Konferenz von San Remo zeitigte noch ein weiteres unheilvolles Ergebnis. Sie verhinderte nicht bloß die vom Scherifen Hussein angestrebte Wiedererweckung des Arabischen Reiches und brachte den König dadurch um seinen Thron; sie schuf nicht nur nach imperialistischem Prinzip («divide et impera») kleine Teilstaaten mit willkürlich gezogenen künstlichen Grenzen, die leicht beherrscht werden konnten, und pflanzte nicht allein durch die unterschiedlichen Praktiken und Ziele der britischen und französischen Kolonialisierungspolitik heute noch schwer überwindbare politische und kulturelle Gegensätze in die arabische Welt hinein. Nein, damit nicht genug, zerriß sie auch willkürlich das ostarabische Kernland Syrien, was sich als «Böser-Buben-Streich» von wahrhaft welthistorischen Ausmaßen erwies.

Im Gegensatz zum Beschluß eines «Syrischen National-Kongresses» vom Frühjahr 1920, der das Land zu einer konstitutionellen Monarchie unter Emir Feisal als erstem König proklamiert hatte, teilte man das Land auf und schuf im Süden aus Transjordanien und Palästina – beide bis dahin ohne eigene staatsrechtliche Vergangenheit (mit Ausnahme der kurzlebigen historischen Existenz jüdischer Kleinstaaten in Palästina) – ein britisches und im nördlichen Rest ein französisches Mandat. Syrien wurde dadurch auf die Oase von Damaskus, einige Handelsstädte, einen vorwiegend aus strategischen Gründen belassenen schmalen Küstenstreifen am Mittelmeer und menschenleere Wüstengebiete beschränkt. Französische und britische Verwaltungsmethoden wurden diesen Ländern aufgezwungen. Wie sehr sie nachwirken, zeigt sich noch heute bei einer Reise auf dem Landweg zwischen

Damaskus und Amman. Frankreich und Großbritannien sind hier noch immer schattenhaft gegenwärtig und überdecken die gemeinsamen arabischen Traditionen in den Nachbarstaaten Syrien und Jordanien. Der Libanon, gleichfalls ein Bestandteil des eigentlichen Syrien, war schon früher seinen eigenen Weg gegangen, nicht ohne kräftige Hilfe der bereits unter den Türken als Schutzherren der dortigen Christen auftretenden Franzosen.

Schon diese wenigen dürren Tatsachen zeigen die nachhaltigen Folgen der Konferenz von San Remo. Auf sie geht der blutige Bürgerkieg im Libanon ebenso zurück wie die ständige innenpolitische Unruhe in Syrien und der Konflikt um Palästina. Die Moslems bildeten im Libanon eigentlich immer schon eine knappe numerische Mehrheit. Heute befinden sich dort die Christen in einer hoffnungslosen Minderheit. Trotzdem waren die Moslems, freilich auch wegen ihrer zivilisatorischen Unterlegenheit gegenüber den Christen, dortzulande immer nur das keineswegs gleichberechtigte «Fußvolk». Israels Gründung konnte gleichfalls nur gelingen, weil Großbritannien dem von ihm annektierten restsyrischen Mandatsgebiet noch eine weitere willkürliche Teilung aufzwang. Vielleicht aus schlechtem Gewissen gegenüber den betrogenen Arabern, sicher aber vor allem wegen des «Teile-und-herrsche-Prinzips» schuf man auf dem Ostufer des Jordans das autonome Beduinenemirat Transjordanien und verwaltete fortan «Palästina» als getrenntes Mandatsgebiet der britischen Krone.

Damit waren die Voraussetzungen nicht nur für die Entstehung Israels gegeben, sondern auch für das Aufkommen des palästinensischen Nationalismus. Der Sieg der Zionisten wäre, sieht man einmal von den ihn später begünstigenden Entwicklungen in Europa ab, ohne die abermalige Spaltung des vorher eine historische, geographische und politische Einheit bildenden Syrien in «Transjordanien» und «Palästina» schwer denkbar gewesen. Erst jetzt gewann das zahlenmäßige Verhältnis zwischen den arabischen Moslems und Christen einerseits und den einwandernden Juden andererseits ein für den Zionismus einigermaßen aussichtsreiches Verhältnis. Es ist schwer vorstellbar, daß sich die Juden gegen ein bis zwei Millionen transjordanischer Araber mehr hätten behaupten können. In dem von den Syrern gewollten großsyrischen Einheitsstaat unter Einbeziehung der erst später willkürlich geschaffenen Teilstaaten Libanon, Transjordanien und Palästina-Israel hätten sie wohl keine Chance gehabt. Das hätte ihnen aber auch, wären die jüdischen Einwanderer bereit gewesen, Bürger eines arabischen Staates zu werden, vier verlustreiche Kriege erspart.

In Israel behauptet man seit dem Aufkommen des palästinensischen Nationalismus, «Palästina» habe es ebensowenig jemals gegeben wie die «Palästinenser». Das ist zweifellos richtig. Und folgerichtig ist die von den Supermächten spätestens seit dem «Ramadan-Krieg» vom Oktober 1973 ins Auge gefaßte Minimallösung, an der Seite Israels einen kleinpalästinensischen arabischen Rumpfstaat zu schaffen, nirgendwo umstrittener als bei den Palästinensern selber. Selbst die Gemäßigten unter ihnen sehen darin bestenfalls eine Zwischenlösung. Israel könnte, in Anbetracht seiner extremen Abhängigkeit von ausländischer Unterstützung, durchaus eine Zustimmung zu dieser Regelung abgezwungen werden. Gegen sie sprechen aber mehrere schwerwiegende Gründe: Die Erfahrung zeigt, daß geteilte Staaten immer eine revanchistische Tendenz haben. Einem Palästina-Staat würde sie in besonderem Maß innewohnen. Wie soll ein Staat lebensfähig sein, in dessen Territorium, bestehend aus dem früher jordanischen Westufer des Jordans und dem früher ägyptischen Gasa-Streifen, sich wie ein Keil das Gebiet des feindlichen Israel hineinschiebt? Man braucht nicht einmal entmutigende Beispiele wie das geteilte Deutschland, das geteilte Vietnam, das geteilte Korea, den einstigen Danziger Korridor und die Berliner Transitverbindungen zu bemühen, um sofort zu sehen, wie konflikt-

150

trächtig eine solche Lösung wäre. Gegen sie gibt es, was noch wichtiger ist, schwerwiegende Widerstände auch im arabischen Lager.

An der Entstehung eines arabischen Palästinastaates hat Israel verständlicherweise keinerlei Interesse. Höchste Gefahr würde dies aber zuerst für Jordanien bedeuten. Emir Abdullah von Transjordanien hatte sich 1948 zum Komplizen Israels gemacht und das arabische Restpalästina gegen den Willen der Arabischen Liga und vor allem der dortigen Bevölkerung für seine Krone annektiert. Er bezahlte dafür bekanntlich mit seinem Leben. Auf den Stufen der geheiligten El-Aksa-Moschee im muselmanischen Tempelbezirk von Jerusalem ereilte ihn die Kugel eines Mörders. Denn die Palästinenser waren und sind eingeschworene Republikaner. Mit Abdullahs Monarchie hatten sie ebensowenig im Sinn, wie mit den in ihren Augen rückständigen Beduinenstämmen im Ostjordanland. Die Haschimitenmonarchie, die ohne ihre intellektuellen Talente in der Politik, in Verwaltung, Armee, Polizei, Gesundheits- und Erziehungswesen, Banken, Rechtspflege und Geschäftsleben gar nicht zu überleben vermocht hätte, dankte ihnen das durch die Verweigerung der Gleichberechtigung. Mit Ausnahme von Jordanien erhielten die Palästinenser zwar in keinem anderen Land automatisch die dortige Staatsangehörigkeit. Doch 1973 lebte das Gros noch immer in Flüchtlingslagern. Palästinensische Geschäftsleute etwa konnten nur in Industrien im Ostjordanland investieren, nicht aber im jordanischen Teil ihrer Heimat Palästina.

Von dem nach dem verlorenen Sechstagekrieg vom Juni 1967 und vor allem nach dem unentschieden ausgegangenen «Ramadan-Krieg» vom Oktober 1973 aufkommenden Gedanken an die Gründung eines unabhängigen arabischen Staates in Restpalästina war auch Syrien nicht begeistert. Die Syrer gewährten den Palästina-Flüchtlingen zwar gleichfalls Asyl und begünstigten auch die Entstehung einer allerdings weitgehend von ihnen selbst

151

abhängigen Freischärler-Organisation. Die Palästinenser erhielten jedoch auf die innenpolitische Entwicklung keinerlei Einfluß, und die Guerillaaktionen gegen Israel wurden möglichst unterbunden. Syrien äußerte sich bezeichnenderweise auch niemals ganz eindeutig zum «Selbstbestimmungsrecht für Palästina». Für Damaskus, die erste Metropole der Araber nach ihrem Ausbruch aus Zentralarabien, ist eben dieses Palästina insgeheim noch immer kein völkerrechtliches Faktum, sondern ein integrierender Bestandteil «Groß-Syriens».

Die Ablehnung des palästinensischen Nationalismus durch Israel ist daher gefährlich. Es gibt dazu nämlich nur die Alternative einer Wiederbelebung des alten Zusammengehörigkeitsgefühls zwischen den Arabern Groß-Syriens. Wie lebendig es ohnehin noch ist, zeigte die 1975 eingeleitete politische Annäherung zwischen den jahrelang miteinander verfeindeten Nachbarländern Jordanien und Syrien. Auch die Ziele der libanesischen Moslems im dortigen Bürgerkrieg wiesen in dieselbe Richtung. Für die libanesischen Christen erwies sich zwar eine muselmanische Dominanz im eigenen Land als unannehmbar. Verhindert wurde sie bezeichnenderweise aber nur durch das militärische Eingreifen Syriens. Die Syrer sind indessen ebenfalls Moslems. Dennoch befanden sie sich im Frühjahr 1975 plötzlich in der Situation, den libanesischen Christen gegen ihre eigenen Glaubensbrüder helfen zu müssen. Diese Entwicklung warf, so erstaunlich sie war, ein grelles Schlaglicht auf die wahren Zusammenhänge. Arabertum ist längst nicht mehr mit dem islamischen Glauben gleichbedeutend. In den Reihen der Palästina-Guerilleros kämpfen schon fast ebenso viele Christen wie Moslems, und ausgerechnet der auf Flugzeugentführungen spezialisierte Chef der «Volksfront für die Befreiung Palästinas» (PFLP), der ehemalige Kinderarzt Dr. Georges Habache, stammt als palästinensischer Christ aus einer mittelständischen Familie in Lydda (Lod) bei Tel-Aviv. In Syrien zumindest betrachtet man heute nicht nur die Muselmanen als Angehörige der arabisch-syrischen Nation. Wichtig ist nicht mehr die Religionszugehörigkeit, sondern das Bekenntnis zur arabischen Nation. Dafür ein ebenso tragisches wie treffendes Beispiel: In Amman lebt eine alte Dame mit einer erstaunlichen Lebensgeschichte. Sie war – der Oberrabbiner von Israel würde behaupten: sie ist – eine (palästinensische) Jüdin. Der Stammbaum ihrer Familie läßt sich sehr viel weiter als bis zur Einwanderung zionistisch gesinnter Juden aus Osteuropa zurückverfolgen. Die Gründerväter Israels wie David Ben-Gurion, Jitzschak Ben-Zwi, Chaim Weizmann oder die «eiserne Großmutter» Golda Meir sind gegen sie Plebejer. Ihre Herkunft ließe sich, gäbe es darüber nachprüfbare Dokumente, wahrscheinlich bis zu den Judendeportationen unter den Römern verfolgen. Von ihren Glaubensbrüdern unterschied sich ihre Familie lediglich durch das eiserne Ausharren im eigenen Land. Am Schicksal dieser Familie läßt sich übrigens ein Pferdefuß der jüdischen Diesseitsgläubigkeit erkennen. Für Juden ist der Glaube an ein jenseitiges Paradies wesentlich schwerer nachvollziehbar als für Christen oder Muselmanen. Ein Jude erreicht hier und heute, was er erreichen kann, und er büßt hier und in diesem Leben für seine Sünden. Keine Religion schätzt das diesseitige Leben höher ein als die der Juden. Man höre einmal das «Kaddisch», die jüdische Totenklage, diesen ergreifendsten Abschied von der sterblichen Hülle eines Menschen, um das zu begreifen. Ein Jude, wenn er denn glaubt, kann sich nicht durch den Hinweis auf seine Unzulänglichkeit und die Hoffnung auf die Verzeihung eines allwissenden, allmächtigen und allgütigen Gottes im Jenseits aus der weltlichen Verantwortung davonstehlen. Positive Seiten dieser Lebensauffassung sind unter anderem eine starke Lebensbejahung, sehr ausgeprägte Barmherzigkeit und inniger Familiensinn. Zu den negativen Seiten gehören die auf dem Auserwähltheitsglauben fußende Arroganz, die Unbeständigkeit und der Wandertrieb der Juden. Gewiß wurde ihre

Zahl in Palästina immer wieder durch Verfolgungen und Vertreibungen dezimiert. Gewöhnlich wird jedoch der Umfang der nicht durch äußeren Druck, sondern von inneren Verhältnissen hervorgerufenen Wanderbewegungen unterschätzt. Mehr noch als politische Wirren führten wirtschaftliche Krisenzeiten oft zu jüdischen Massenauswanderungen in alle Welt.

Zu den wenigen, die ununterbrochen in dem ihnen von Gott verheißenen Gelobten Land ausharrten, gehörten die Vorfahren unserer Ammaner Dame. Die Existenz ihrer Familie ist einer der lebendigen Beweise für die religiösen Ansprüche der Judenheit auf das Heilige Land. Zudem bezeugt ihr Lebensweg die unter den drei Religionsgemeinschaften in Palästina früher übliche Toleranz. Israel war noch nicht gegründet, da heiratete die junge und hübsche Jüdin aus einer zwar frommen, aber vom aggressiven Zionismus der eingewanderten Glaubensbrüder eher abgestoßenen Familie einen arabischen Getreidehändler christlichen Glaubens namens Nassar. Die Nassars gehörten nicht gerade zum Establishment der «großen Familien» wie die Husseini, Mugrabi und Naschaschibi, waren aber wohlhabende Geschäftsleute. Frau Nassar gebar ihrem Mann zwei hoffnungsvolle Söhne. Als Jünglinge studierten beide im Ausland und beide wurden schließlich Mitglieder einer Guerillagruppe der «Palästinensischen Befreiungs-Organisation» (PLO). Einer starb im Kampf, einer sitzt seit Jahren in einem Gefängnis in Israel. Israel, das ist aus einem zweifachen Grund auch seine Heimat: Seine Mutter ist nach rabbinischer Ansicht – der zufolge sie besser tot als eine Konvertitin wäre – zwar eine Abtrünnige. Doch er ist der Sohn einer geborenen Jüdin und hat damit nach dem israelischen Einwanderungsgesetz das Anrecht auf die israelische Staatsbürgerschaft. Die Familien seiner Mutter und seines Vaters waren, im Gegensatz zu den zionistischen Einwanderern, zudem immer in diesem Land. In Jordanien, wo sie heute leben, sind sie aber Fremde. Mutter Nassar spricht, wie ihr

Mann, ebenso fließend Arabisch wie Hebräisch. Vielleicht murmelt sie manchmal noch leise die uralten jüdischen Gebete. Vielleicht auch erhofft die ihrer Söhne Beraubte Hilfe von dem durch die Hand seiner Glaubensbrüder und Landsleute am Kreuz gestorbenen jungen Juden Jesus von Nazareth. Ihr tragisches Schicksal ist kein Einzelfall.

Im alten Palästina gab es nicht wenige solcher interkonfessioneller Familienverbindungen. Juden, Christen und Moslems lebten hierzulande, bis zur Ankunft der britischen Kolonialherren und der Zionisten, in friedlicher Eintracht. Palästina war zwar nicht, wie Theodor Herzl gemeint hatte, ein menschenleeres Land. Seine Bevölkerungszahl war jedoch klein und sein Entwicklungsstand gering genug, um die zionistischen Neusiedler mindestens bis hin zum Beginn der nationalsozialistischen Judenverfolgung mühelos zu verkraften. Voraussetzung dafür wäre allerdings der Verzicht auf den von ihnen angestrebten eigenen Staat gewesen. Dessen Gründung – gegen diese Argumentation der christlichen und muselmanischen Palästinenser ist wenig einzuwenden – wurde nur durch die britische Kolonialherrschaft möglich. Der «Kreuzzug der Lügner», wie die Araber die koloniale Episode nach dem Zusammenbruch des Osmanischen Reiches nennen, hinterließ einen Pfahl in ihrem eiternden Fleisch. Israel ist in ihren Augen nichts anderes als ein moderner Kreuzfahrerstaat.

Zweites Zwischenspiel:
Von der Lust des Rausches

«El-Fischaui» ist ein äußerlich sehr unscheinbares Kaffeehaus mitten im verschlungenen Gassengewirr des Sûks «El-Chan el Chalili». Es liegt nur einen Steinwurf von der tausendjährigen Medrese «El-Ashar» entfernt und hat selbst eine fast tausendjährige Geschichte. Ausgetretene Treppenstufen führen in das kühle Halbdunkel des hohen und langgestreckten Gewölbes. An den Wänden hängen erblindete alte Spiegel, und auf hölzernen Tablaren hocken ausgestopfte Vögel und Nagetiere, während man selbst auf altersschwachen Diwanen sitzt und aus winzigen henkellosen Täßchen seinen «Masbut» schlürft – den heiß wie die Hölle, schwarz wie die Nacht, süß wie die Liebe zubereiteten türkischen Kaffee. Manche trinken auch grünen Tee aus bauchigen Gläschen. Ehrwürdige Scheiche zum Beispiel, die schweigend an Nebentischen sitzen und den kalten Rauch der Wasserpfeife inhalieren. An Festtagen erleuchtet man abends die Fassade mit bunten Lichterketten, sitzt an kleinen Tischchen mitten in der engen Gasse und ergötzt sich an den Darbietungen von Gauklern, Radschlägern, Schwerttänzern, Feuerschluckern und Bärenführern.
Das Kaffeehaus ist vermutlich der älteste und sicher einer der berühmtesten Literatentreffpunkte der Welt. Generationen von Koranschülern aus dem nahegelegenen «Vatikan des Islams» erholten sich hier vom anstrengenden Studium ihrer heiligen Schriften. Die berühmtesten arabi-

schen Dichter mehrerer Jahrhunderte gaben sich hier ihr Stelldichein. Unter König Faruk noch lag zuweilen ein schwerer, süßlicher Duft über den Tischrunden. Eine Haschischprise erst vervollkommnete die Plauderstunden der erlauchtesten Geister der arabischen Literatur und verhalf manch jungem Schreiber zu den treffendsten Formulierungen. Heutzutage erübrigt sich die Frage nach Haschisch. «El-Fischaui» ist noch immer der beliebteste Treffpunkt der Kairoer Schriftsteller und Journalisten. Doch seit langem verzichten sie hier lieber auf den Stoff ihrer Träume. Denn Ägypten, wie übrigens auch die meisten anderen arabischen Länder, hat längst moderne Anti-Rauschgift-Gesetze. Auf Handel und Besitz stehen strenge Strafen, und auf vielen Polizeirevieren hängen die Fahndungsbilder der Ertappten. Der Rauschgiftgenuß ist in der arabischen Welt trotzdem ein noch immer weit verbreitetes Vergnügen geblieben. In Kairo war zuzeiten Gamal Abdel Nassers der später durch Selbstmord geendete oder ermordete Vizepräsident und Feldmarschall Abdel Hakim Amir der wohl prominenteste Haschischgenießer. Die Verbote, eine der Folgen der europäischen Kolonialherrschaft, bewerkstelligten lediglich horrende Preissteigerungen. Haschisch blieb dennoch ein ohne allzu große Schwierigkeiten erhältlicher Konsumartikel, wie bei uns Tabak oder Alkohol. Wer die Psyche der Araber verstehen will, für den ist ihr erstaunlich unverkrampftes Verhältnis zu den bei uns unterschiedslos verteufelten Rauschgiften eine Fundgrube von Erkenntnissen. Der Rausch ist ein wichtiger Bestandteil des arabischen Lebensgefühls und spielte in der arabischen Geschichte nicht selten eine bedeutende Rolle. Man denke nur an die im elften Jahrhundert gegründete persische Sekte der «Haschaschin». Der Sektengründer Hassan Ibn Sabbach gewöhnte damals ganze Scharen von jungen Männern an den in sexuelle Massenorgien mündenden Haschischgenuß und machte sie damit zu fanatischen politischen Mördern. Die Araber haben eben zu Rauschgiften oder, besser ausgedrückt,

158

Rauschmitteln eine ganz andere Einstellung als die Europäer. Haschisch, das sie im allgemeinen bevorzugen, ist für sie meistens kein Selbstzweck wie für uns etwa Tabak oder Alkohol, sondern das probate Mittel zu intensiverer Erotik.

Hamdy besitzt einen kleinen Schmuckladen in der Nähe des «El-Fischaui». Gute Freunde bekommen bei ihm immer bereitwillig eine Prise Haschisch. Er selbst ist einer der überzeugendsten Apologeten dieses Aphrodisiakums. Es vertreibt gelegentlich auch einmal geschäftliche Sorgen, verhilft aber vor allem zu sexueller Bewußtseinserweiterung. Bevor Hamdy zu seiner Frau geht, versetzt er sich gewöhnlich in einen leichten Rausch. Den Glauben eines Arabers an die potenzfördernde Wirkung des Haschischgenusses zu erschüttern, ist ein hoffnungsloses Unterfangen. Wie ernsthaft er davon überzeugt ist, zeigt am sichtbarsten (denn wer hat schon Zugang zu arabischen Schlafgemächern) der Ablauf des hierzulande so beliebten Bauchtanzes. Ein Bauchtanz dauert mehr als eine Viertelstunde und ist für den Kenner einer der anregendsten erotischen Kunstgenüsse. Während der Darbietung sollte man jedoch nicht nur auf die üppigen Formen und die vollendete Muskelbeherrschung der Tänzerin achten, sondern auch auf die sie begleitende Kapelle. Mindestens einem ihrer Mitglieder sind die Symptome des Haschischrausches deutlich anzumerken. Durch ihn bereitet er sich auf die ihn erwartenden erotischen Freuden vor, denn offenbar ist die Tänzerin seine Geliebte.

Die Einstellung der Araber zum Rausch unterscheidet sich ebensosehr von der unsrigen wie ihre Haltung zur Sexualität. Sexualverkehr zwischen Männern beispielsweise gilt dortzulande bekanntlich als mehr oder weniger normale Spielart der Erotik. Manifeste Homosexualität ist jedoch bei den Arabern eine fast gänzlich unbekannte Erscheinung. Wäre «Süchtigkeit» in unserem Sinn mit mehr oder weniger regelmäßigem Haschischgenuß gleichbedeutend, die arabische Welt wäre voll Süchtiger. Dies ist aber

159

keineswegs der Fall. Es handelt sich hier also gar nicht um ein psychopathologisches oder gar kriminologisches, sondern um ein moralisches Problem. Das Abendland kriminalisiert traditionell den Rauschmittelgenuß. Eifernde Gegner auch des Tabakgenusses sind bereits auf dem besten Weg, die Raucher auf die kriminelle Ebene von «Rauschgifttätern» herabzudrücken. In kaum einer westlichen Stadt besteht in den öffentlichen Verkehrsmitteln noch Raucherlaubnis. In Flugzeugen und Eisenbahnzügen reduzierte man drastisch die Anzahl der Raucherabteile. In vielen Büros herrscht bereits striktes Rauchverbot. Raucher können für Nichtraucher tatsächlich lästig und störend sein. Doch gibt es bislang keinen einzigen schlüssigen Beweis dafür, daß das Rauchen für Nichtraucher schädlich ist. Die Anti-Rauch-Kampagne ist daher eher einer der jüngsten Ausflüsse abendländischer Intoleranz. Sie erinnert beispielsweise an die Prohibitionsperiode in den Vereinigten Staaten der dreißiger Jahre. Das Alkoholverbot hatte dort ein genau gegenteiliges als das erhoffte Ergebnis. Organisierter Schmuggel und Schwarzbrennerei waren an der Tagesordnung. Der Alkoholkonsum erreichte gerade, weil der Reiz des Verbotenen lockte, astronomische Ausmaße. Die Polizei stand auf verlorenem Posten. Man stelle sich also einmal vor, dem Zigarettenraucher drohten schwere Strafen. Wer nicht fähig wäre, auf die Zigarette zu verzichten, wäre rasch ein Krimineller. Die Unterwelt hätte einen neuen Geschäftszweig. Schmuggel und Schwarzhandel erlebten eine Blütezeit. Unbescholtene Bürger würden zu Opfern von Erpressungen. Die Kriminalisierung und, mehr noch, die moralische Depravation des Rauchers, Trinkers oder – in unserem Fall – des Haschischgenießers ist keineswegs eine natürliche Folge seiner Leidenschaft, sondern das Ergebnis seiner sozialen Ächtung. Ähnliches gilt für Abweichungen von der sexuellen Norm. Das Bild der Homosexuellen in der westlichen öffentlichen Meinung ist keineswegs auf ihr spezielles sexuelles Verhalten zurück-

160

zuführen, sondern auf ihre, wie man inzwischen weiß, völlig ungerechtfertigte Kriminalisierung. Ähnliches gilt durchaus auch für Drogenliebhaber. Sie würden in der Regel ein absolut unauffälliges Dasein führen, zwänge sie die Gesetzgebung nicht zur Illegalität und zu einer asozialen Existenz.

Im Orient ist man uns also hier weit voraus. Das hat zwei Gründe: Zum ersten ist beispielsweise das Rauschmittel Haschisch den orientalischen klimatischen Verhältnissen weitaus angemessener als etwa der Alkohol. Zweitens verzichtet der Islam, im Gegensatz zum Judentum und Christentum, weitgehend auf lustfeindliche Vorschriften jeder Art. Juden und Christen betonten vielleicht die Kraft des menschlichen Willens doch zu stark und lieferten weltlichen Herrschern damit häufig Voraussetzung und Rechtfertigung für politische Unterdrückungsexzesse. Der Islam hingegen kennt keinerlei Lustfeindlichkeit. Für ihn ist etwa sexuelle Promiskuität keineswegs mit sozialer Untreue gleichzusetzen. Ein Mann kann beliebig viele sexuelle Erlebnisse haben, solange er seine sozialen Verpflichtungen gegenüber der eigenen Familie nicht vernachlässigt. Ähnliches gilt für den Rauschmittelgenuß. Die Araber sehen in ihm ein Mittel zur Erklimmung einer höheren Bewußtseinsstufe. Dies hat nicht nur eine erotische, sondern auch eine religiös-mystische Komponente. Wo der Koran beispielsweise vom Paradies und seinen Freuden spricht, die den Gläubigen im Jenseits erwarten, sind die ihm zugrundeliegenden Visionen möglicherweise Folgen des Rauschmittelgenusses des Propheten.

Die Anti-Rauschgift-Gesetze der vorderorientalischen Staaten stehen bezeichnenderweise mehr oder weniger auf dem Papier. Sie finden in der Bevölkerung und in den politischen und geistigen Traditionen der islamischen Welt keinerlei Rückhalt. Das bislang letzte Beispiel dafür bot der Iran. 1955 erließ er nach westlichem Vorbild und unter dem Druck der Anti-Rauschgift-Kampagne der UN-Weltgesundheitsorganisation ein «modernes» Rauschgiftgesetz und verbot Opium- und Haschischgenuß. Das Ergebnis war eine ungeahnte Ausbreitung von Schmuggel, Schwarzhandel, Korruption und Erpressung. Die Zahl der im – wohlgemerkt: alkoholischen – Rauschzustand begangenen Gewaltverbrechen stieg steil an. Indessen: Die islamische Theologie toleriert auch weiterhin den Rauschmittelgenuß, und bei der Beschaffung des Stoffes stößt in Teheran niemand auf ernsthafte Schwierigkeiten. Dasselbe gilt auch für Nordafrika. In Tanger bekommt man «Kif» – so nennt man hier das Haschisch – in jeder Menge und zu mäßigen Preisen. In Europa und Amerika zog man aus diesen unterschiedlichen Auffassungen bisher nur selten Konsequenzen. Noch immer gilt die sicher falsche Gleichung: Rauschgift gleich unmoralisch gleich kriminell. Die Gesetzgebung der westlichen Staaten stützt sich viel zu sehr auf Vermutungen und Vorurteile und viel zu wenig auf gesicherte wissenschaftliche Erkenntnisse. Möglicherweise hat die soziale Kooperationsbereitschaft Rauschmittelsüchtiger sinkende Tendenz. Sicher ist auch die gesundheitliche Schädlichkeit etwa des Heroin. Keineswegs bewiesen sind aber die schädlichen Folgen «sanfter» Drogen wie Haschisch oder Opium oder gewisser chemischer Halluzinogene. Als schädlich erwies sich bislang hauptsächlich ihre Kriminalisierung.

Im Orient ist das Rauschmittel Haschisch am meisten verbreitet. In Nordafrika besonders hat es einen dem «normalen» Tabakgenuß nicht unähnlichen Rang. Haschisch, auch Marihuana, Kif, Dacha, Dakka, Djamba, Esrar, Tschers, Beng, Bhang, Charas genannt, ist ein aus den weiblichen Blüten des sogenannten indischen Hanfs gewonnenes Harz. Man pulverisiert es oder vermengt es mit Gummi oder Zucker zu einer festen Masse. Man raucht es vermischt mit Zigarettentabak oder trinkt es im Kaffee. Die Wirkung ist ein euphorischer Zustand des Wohlbefindens mit angenehmen Farb- und Lichtvisionen und erheblich gesteigerter sexueller Lustfähigkeit. Die «Brockhaus-Enzyklopädie», Band 8 H-IK von 1969, spricht noch davon, daß chronischer Genuß nicht selten zu körperlichem und geistigem Verfall führe und zu sexueller Hemmungslosigkeit. Für den ersten Teil dieser apodiktischen Feststellung gibt es bisher keinen Beweis. Würde sie stimmen, gäbe es in den arabischen Ländern Massen körperlicher und seelischer Krüppel, was nicht der Fall ist. Der zweite Teil dieser keineswegs wertneutralen lexikalischen Darstellung enthüllt das Verhaftetsein des oder der Autoren in den sexualfeindlichen Wertkategorien des abendländischen Christentums. Man spricht von «sexueller Hemmungslosigkeit», was immer das auch sein und bedeuten mag, wie von einem Straftatbestand . . .

Haschisch wurde zuerst in Indien und Persien bekannt und gelangte von dort im siebten und achten Jahrhundert unserer Zeitrechnung in das Zweistromtal. Die Araber verbreiteten den Haschischgenuß dann im Niltal und in Nordafrika. Weit weniger beliebt als Haschisch ist das Opium. Man genoß es früher vorzugsweise in Iran. Teheran war noch um die Jahrhundertwende für seine Hunderte oder sogar Tausende von «Opium-Höhlen» bekannt. Ihre Zahl ist unterdessen erheblich zusammengeschrumpft, insbesondere nach den 1955 erlassenen Gesetzen nach westlichen Vorbildern. In der Folge stieg allerdings, wie schon erwähnt, die Zahl der unter Alkohol verübten Gewaltverbrechen. Außerdem war ein rapider Anstieg des Mißbrauches rezeptfrei erhältlicher chemischer Drogen aus der westlichen Arzneimittelproduktion zu verzeichnen.

Opium spielte auf der orientalischen Rauschmittelszene, um die es hier geht, allerdings nie eine tonangebende Rolle. Eine Rolle spielt es traditionell jedoch als Wirtschaftsfaktor. In Afghanistan, Pakistan und Persien baut man es landstrichweise ebenso regelmäßig an wie vor allem in der Türkei. UN-Weltgesundheitsorganisation und nationale Behörden verfügen zwar über ausgeklügelte Kontrollsysteme. Ein Teil der Opiumproduktion fließt denn auch in die Weltarzneimittelherstellung. Der Lö-

wenanteil verschwindet jedoch auf den schwarzen Märkten und endet in der illegalen Heroinproduktion. Die Vereinigten Staaten veranlaßte die Zunahme der Heroinsüchtigkeit bei amerikanischen Jugendlichen Anfang der siebziger Jahre zu einem Großangriff auf den traditionellen Schlafmohnanbau in der Türkei. Große Dollarsubventionen dienten der Entschädigung für die zum Verzicht auf den Mohnanbau bewogenen Bauern. Ein Teil der Gelder versickerte jedoch in der türkischen Bürokratie. Ein weiterer wurde zweckentfremdet verwendet. Die Bauern waren jedenfalls die Betrogenen. Überdies stellte sich heraus, daß die steinigen und kargen Felder der Bergbauern für keine andere einigermaßen ertragreiche Kultivierung geeignet waren als für den Mohnanbau. Heute ist alles wieder beim alten. Die Türkei verschärfte zwar die Kontrollen, doch gehört sie längst wieder zu den Lieferanten auch der illegalen internationalen Heroinszene.

Bezeichnend für das orientalische Verhältnis zum Rausch ist eine Feststellung türkischer Politiker: Die Heroinsucht der westlichen und insbesondere der amerikanischen Jugend lasse sich keineswegs dadurch bekämpfen, daß man den Mohnanbau unterbinde; beseitigen könne man sie nur, wenn man zuvor die ihr zugrundeliegenden geistigen, sozialen und politischen Krankheitssymptome der betroffenen Gesellschaftsordnungen ausmerze. Dieser Vorwurf ist nicht einmal so zynisch und unberechtigt, kennt man die engen Verbindungen zwischen den westlichen Rauschgift- und Anarchoszenen. Arabiens Jugend wurde trotz der langen und intensiven Tradition des Rauschmittelgenusses in der eigenen Gesellschaft oder vielleicht gerade deswegen vom suchtartigen Drogenmißbrauch bisher nicht angesteckt. Bei ihr haben vor allem die im Westen weit verbreiteten chemischen Halluzinogene keine Chance.

Nicht exportierbar in umgekehrter Richtung ist leider das spezifische arabische Verhältnis zum Rausch. Das zeigt ein vor allem in Südarabien gebräuchliches beliebtes
164

Rauschmittel. Es heißt «Kat» und besteht aus den frischen Blättern eines in Ostafrika, vornehmlich in Äthiopien und Kenia sowie im Jemen gezüchteten Strauches. Man kultivierte die unscheinbaren Büsche hier schon vor dem Kaffee. Die langen Blätter dürfen nicht älter als acht Stunden sein, dann tut eines von ihnen, zu einem kleinen Bällchen geformt, rasch seine berauschende Wirkung. Man schiebt das Bällchen in einen Mundwinkel und kaut es bis zum Wirksamwerden des milchig-grünen Blättersaftes. Der Katgenuß ist vor allem im Jemen, in Somalia, Äthiopien und Dschibuti verbreitet. Früher importierte allein das Zwanzigtausend-Einwohner-Städtchen Dschibuti täglich sechshundert Kilo Katblätter. Der Pro-Kopf-Verbrauch erreichte unter britischer Verwaltung in der früheren Kronkolonie Aden jährlich einen Wert von vierhundert Schweizer Franken pro Kopf der erwachsenen Bevölkerung, das bedeutet einen Gesamtwert von dreißig Millionen Schweizer Franken.

Der Katgenuß bewirkt, ähnlich wie Haschisch, Träume und Farbvisionen. Er erzieht bei nicht übertriebener Dosierung zu ständiger milder Stimmung, bewirkt bei übertriebener Anwendung aber auch zunehmende Passivität. Reisende erlebten häufig, wie die Männer abgelegener jemenitischer Bergdörfer abends in kleinen Gruppen um ein Kohlenbecken herumsitzen und im Katrausch bei einer Schale Kaffee abenteuerliche Geschichten zum besten geben. In manchen Gegenden herrscht auch die Sitte, während einer Woche nach einem Begräbnis jeden Tag frische Katblätter auf das Grab des Verblichenen zu legen – als Dank und Wegzehrung für die Trauernden.

Europäischen Beobachtern fallen oft die angeblich gesellschaftsfeindlichen Aspekte der arabischen Rauschmittelgebräuche auf. Zweifellos fördern sie die anarchischen Elemente der arabischen Mentalität ebensosehr wie den Hang zur Passivität. Beide bedingen denn ja auch immer wieder das Aufkommen von Diktaturen in der arabischen Welt, als politische Antwort auf den an Anarchie grenzen-

165

den heillosen Individualismus oder eine absolute Passi-
vität und Ich-Bezogenheit. Wer Rauschmittel nimmt, ent-
zieht sich nur allzu leicht vermeintlichen oder tatsächli-
chen Pflichten gegenüber Gesellschaft und Staat. Hier
liegt natürlich auch einer der Gründe für die Anti-
Rauschmittel-Gesetzgebung vieler moderner arabischer
Regierungen. Zuletzt verboten die nordjemenitischen Be-
hörden den Katgenuß für öffentlich Bedienstete. Diese
Verbote haben jedoch hauptsächlich in importierten west-
lichen Wertvorstellungen ihre Wurzel und fanden in der
arabisch-orientalischen Gesellschaft mit ihren ganz an-
dersgearteten Traditionen bis anhin noch keinen echten
Widerhall. Das Verhältnis der Araber zum Rausch läßt
sich nur im Zusammenhang mit ihrem von sexualfeindli-
chen Tabus keineswegs verstellten Verhältnis zum Eros
vollständig verstehen. Wem diese Erklärung nicht aus-
reicht, der sei auf die extrem menschenfeindlichen
Daseinsbedingungen der Araber verwiesen. Für einen
Wüstenaraber, dessen Körper von der glühenden Hitze
ewiger Sonne ausgedörrt wird, der sein Leben in einem
kargen Zelt zubringt und in der Wüste auf ständiger Su-
che nach dürftigen Wasserstellen und ein paar verdorrten
Halmen für seine Kamele, Schafe und Ziegen ist, haben
Rauschmittel wie Haschisch einen ganz anderen Stellen-
wert als für verwöhnte westliche Herrensöhnchen. Für ihn
sind sie der einzige erreichbare Schlüssel zu irdischen Pa-
radiesen . . .

Vierter Akt:
Die Widerlegung der Logik

Die Nacht zum 26. Januar war eine mondhelle und tropenkühle Nacht. In Chartum – dessen Straßen, wie Luftaufnahmen noch heute erkennen lassen, nach dem Vorbild der Kreuze in der britischen Nationalflagge angelegt sind – herrschten Hunger und Durst, Verzweiflung und Mutlosigkeit. Zehn Monate dauerte die Belagerung bereits. Die Garnison war bis zum Umfallen erschöpft. Die Munitionsvorräte gingen zur Neige. Die Zivilbevölkerung ernährte sich von Pferde-, Esel-, Hunde-, Katzen- und Rattenfleisch. Omdurman, die auf dem anderen Ufer am Zusammenfluß von Weißem und Blauem Nil gelegene Schwesterstadt, war schon in der Hand des Feindes. Viele Soldaten waren zu schwach, um ihre Unterkünfte zu verlassen und an den Wällen und Mauerbefestigungen ihren Dienst zu versehen, andere wurden auf der verzweifelten Suche nach Lebensmitteln zu Deserteuren. Im Süden warteten zwanzigtausend fanatische, hervorragend ausgebildete, gut bewaffnete und vor allem wohlgenährte Eroberer auf ihre Stunde. Sie brannten geradezu vor Kampfeslust. Ihr Befehlshaber wollte jedoch in der Stunde seines größten Triumphes möglichst wenig Blutvergießen. Seine Spione hatten ihn über die hoffnungslose Situation in der belagerten Festung genau ins Bild gesetzt.

«An Gordon Pascha, möge Allah ihn schützen! Wir haben Dir geschrieben, Du mögest in Frieden in Deine Heimat zurückkehren. Ich wiederhole nun die Worte Allahs. Zerstört euch nicht. Gott selbst hat Erbarmen mit euch. Ich höre, die Engländer sind bereit, für Dich allein zwanzigtausend Pfund Lösegeld zu bezahlen. Wenn Du bereit sein solltest, Dich uns anzuschließen, wird es zu Deinem Segen sein. Wenn Du aber nach England zurückkehren willst, so werden wir Dich dorthin schicken, ohne einen Piaster zu verlangen.»

Der Brief, der unter anderem diese Sätze enthält, ist ein Dokument des Großmutes. Der Belagerer Mohammed

169

Achmed – seine Anhänger nannten ihn «El-Machdi» («Der von Gott Geleitete») – sandte ihn etwa eine Woche vor der Erstürmung Chartums – das Wort bedeutet übrigens Elefantenrüssel – an den Verteidiger, Generalgouverneur Charles Georges Gordon. «El-Machdi» erhielt selbstredend keine Antwort auf sein ritterliches Anerbieten. Am Vorabend der Entscheidungsschlacht erließ Mohammed Achmed trotzdem noch einmal einen kategorischen Befehl an seine Truppen. «Wer Hand an ihn legt», hieß es darin, «ist nicht mehr einer der Unsrigen!»

Der Mond erleuchtete beinahe taghell die einzigartige tropische Kulisse, doch die erschöpften Verteidiger waren unaufmerksam. Der Sturm auf die ausgehungerte Stadt begann zunächst unbemerkt. Um 3.30 Uhr in der Morgenfrühe durchwateten die islamischen Krieger einen verschlammten Wassergraben, den ein Deserteur als schwache Stelle der Verteidigung verraten hatte. Die Angreifer überrannten, ohne auf nennenswerten Widerstand zu stoßen, die Befestigungen und eroberten binnen einer halben Stunde praktisch die ganze Stadt. Gordon Pascha hatte in dieser letzten Nacht seines Lebens einen schlechten Schlaf. Der Einundfünfzigjährige, der nur zwei Tage später seinen Geburtstag gefeiert hätte, erhob sich und kleidete sich sorgfältig in seine weiße Paradeuniform mit den goldenen Fangschnüren und allen Orden. Einziger Farbtupfer war der rote Fez auf dem mächtigen Haupt. Die Linke ruhte lässig auf dem Säbelknauf, in der Rechten hielt er einen Revolver. Die Angreifer stürmten gerade zu seinen Privatgemächern hinauf, da erschien er am Fußende der großen Freitreppe. Augenzeugenberichten zufolge ruhte ein verächtliches Lächeln auf seinem Gesicht. Bei seinem Anblick vergaßen die Anstürmenden die Befehle «El-Machdis». Ihr Anführer schrie: «Verfluchter! Deine Zeit ist abgelaufen!» Seine Lanze stieß tief in die Brust des Unglücklichen. Von Lanzenstichen durchbohrt, fiel er zu Boden. Mit einem Säbelhieb trennte man seinen Kopf vom Rumpf und brachte ihn, auf eine Lanze ge-

170

steckt, augenblicklich in das Zelt «El-Machdis» in Omdurman. Mohammed Achmed war wie von Sinnen und glaubte zunächst nicht an diese flagrante Mißachtung seiner Befehle. Erschüttert rief er nach dem in seiner Gefangenschaft festgehaltenen österreichischen General und früheren Gouverneur der Provinz Darfur, Rudolf Karl Freiherr von Slatin Pascha. Dieser identifizierte den Kopf. «Ein tapferer Soldat fiel auf seinem Posten. Er ist glücklich zu schätzen, weil er tot ist. Seine Leiden sind zu Ende!», sagte Slatin Pascha. In den Mauern der gefallenen Stadt rief bald darauf der Muezzin zum ersten Morgengebet. Doch niemand kümmerte sich in diesem Augenblick des Triumphes um die heiligen Worte. Binnen sechs Stunden ermordeten die Eroberer rund viertausend Menschen. Überlebende Kinder und Frauen wurden das Eigentum der Krieger. Die Entsatztruppen kamen zu spät und machten sich, als sie der Katastrophe gewahr wurden, eilig auf den Rückzug. Zehn Monate später erst drang die Nachricht vom Tod Gordon Paschas endlich bis nach London. Vierzehn Jahre darauf folgte die Rache. Zweiundzwanzigtausend Soldaten mit den damals modernsten Waffen gelang die Rückeroberung von Chartum. Siebenundzwanzigtausend von vierzigtausend muselmanischen Kriegern ließen bei dieser Massenschlächterei ihr Leben. «El-Machdi» freilich wurde nicht mehr Zeuge dieser späten Niederlage. Ihn hatte der Tod bereits am 21. Juni 1885 ereilt, nur ein halbes Jahr nach seinem Gegner.

Der Glaube an «El-Machdi» bei der einfachen islamischen Bevölkerung geht bis in das siebte Jahrhundert unserer Zeitrechnung zurück. Er fand erstmals zu Lebzeiten der Söhne des (rechtmäßigen) vierten Kalifen Ali Ibn Abu Talib Verbreitung, der ein Schwiegersohn des Propheten und der Ehemann von dessen Tochter Fatima war. Viele Schiiten («Schiat Ali» ist die «Partei Alis») glauben noch immer an eine messianische Wiedergeburt eines rechtmäßigen Nachfolgers des Propheten. Dieser Glaube entspricht etwa dem jüdischen an den Messias und dem christlichen an Jesus von Nazareth als Gottes Sohn. Die muselmanische Messiashoffnung stützt sich immerhin auf einen Ausspruch Mohammeds. «Streit und Hader wird herrschen unter den Menschen ... Und dann wird ‹El-Machdi› hervorkommen als ein Mann meines Stammes ... Er wird herrschen nach dem Vorbild eures Propheten ... ‹El-Machdi› wird sieben Jahre die Welt regieren und dann wieder dahinscheiden.»

Die Araber, die im vorigen und in unserem Jahrhundert unter die Herrschaft der europäischen Kolonialmächte gerieten, erblickten bald ihre ineinander fließenden weltlichen und religiösen Erlösungshoffnungen in der Wiederkunft «El-Machdis». In keiner Gestalt entfalteten sie, noch vor den Höhepunkten der europäischen Kolonialherrschaft über weite Gebiete des einstigen Arabischen Weltreiches, größere Kraft als in Mohammed Achmed. Doch der «zündende Funke» seiner Rebellion gegen die britische Kolonialherrschaft sprang nicht auf die anderen arabischen Gebiete des zerfallenden Osmanischen Reiches über. In seiner Gestalt, die am Anfang des arabischen Freiheitskampfes stand, erlebten nach dem Propheten Mohammed und dem Ajjubidensultan Salach Eddin religiöse Sehergabe und politisch-militärisches Führertalent zum bislang letztenmal eine bedeutungsvolle und typische Synthese. Mohammed Achmeds Pech war, daß die Provinzen des ehemaligen Arabischen Weltreiches in den vierhundert Jahren der türkischen Kolonialherrschaft unterschiedliche und häufig gegensätzliche Interessen entwickelt hatten und sein Aufstand daher auf den Sudan beschränkt blieb.

Die Landnahmen der europäischen Kolonialmächte – sie begannen im Jahre 1830 mit der Besetzung Algeriens durch die Franzosen – weckten freilich überall nationale Widerstände. Nur zwei Jahre nach der Eroberung Algeriens proklamierte der von der Prophetentochter Fatima abstammende Emir Abdel Kadir den Heiligen Krieg

172

«Dschihad». Bis 1847 lieferte er den Okkupanten wechselvolle und blutige Kämpfe. Erst dann kapitulierte er vor der Übermacht, und man verbannte ihn nach Damaskus. Dort starb er 1883. Im gleichen Jahr legte Frankreich seine Hand auch auf Tunesien. Marokko war bereits seit 1860 praktisch französisches Protektorat; formell wurde es das jedoch erst 1912. Doch überall, wo sich die Europäer festsetzten, regte sich rasch die Rebellion.

Die Araber hatten schon die türkische Vorherrschaft nur widerwillig ertragen, obwohl sie immerhin von Glaubensbrüdern ausgeübt wurde und der Sultan gleichzeitig islamischer Kalif war. Begreiflicherweise war ihnen der schlechte Tausch zwischen der türkischen Oberherrschaft und der Kolonialherrschaft europäischer christlicher Mächte sehr zuwider.

«El-Machdi» war zwar der zunächst erfolgreichste, aber keineswegs der erste und einzige moderne Kämpfer für die Befreiung der Araber. In Zentralarabien war es schon um die Mitte des 18. Jahrhunderts zu der ersten – allerdings vorwiegend religiös motivierten – Freiheitsbewegung gekommen. Der Theologe Mohammed Ibn Abdel Wahhab, dessen Leben und Lehren verblüffend denen des Propheten glichen, predigte die Rückkehr zum Koran und zog gegen Heiligenverehrung, Prunksucht, Tabak- und Alkoholgenuß zu Felde. Zunächst verspottete und vertrieb man ihn überall, wie einst Mohammed. Doch dann verband er sich mit der zentralarabischen Beduinensippe es-Saud. Die Aufstandsbewegung breitete sich von nun an rasch aus, und Anfang des 19. Jahrhunderts eroberte sic Mekka und Medina und schließlich die gesamte Arabische Halbinsel. Erst das brachte die «Hohe Pforte» zur Gegenwehr. Der Sultan erkannte die durch den Verlust der heiligen Stätten des Islams für seine weltliche Herrschaft hervorgerufene Gefahr. Es kam zu einem mehrjährigen Feldzug gegen die Wahhabiten. Sie unterlagen schließlich. Man deportierte ihren Anführer Abdullah Ibn Saud nach Stambul und enthauptete ihn öffentlich auf dem Platz vor der «Hagia Sophia». Die Reformation Mohammed Ibn Abdel Wahhabs und der Freiheitsdurst der Wüstenaraber lebten jedoch fort und führten etwa hundert Jahre später zur Einigung Zentralarabiens unter seinem späteren ersten König Ibn Saud dem Großen.

Das Zentrum der modernen politischen Freiheitsbewegung der Araber wurde freilich Syrien. Dort entstanden in der zweiten Hälfte des vorigen Jahrhunderts als Vorläufer der späteren nationalistischen Parteien Geheimbünde, die von der alten Sehnsucht nach der Wiedergeburt des Arabischen Reiches ebensosehr beeinflußt waren, wie von den modernen Idealen der Französischen Revolution, die ihnen die Berührung mit Europa vermittelt hatte. Aus ihrem Schoß kam nach dem Ersten Weltkrieg fast die gesamte politische Führungselite der arabischen Nationalstaaten.

In Ägypten wurde der aus einer oberägyptischen Fellachenfamilie stammende Oberst Achmed Arabi Pascha zum Vater der modernen Unabhängigkeitsbewegung. Auch für ihn war die schon bei Sultan Salach Eddin, bei dem zentralarabischen Reformer Mohammed Ibn Abdel Wahhab und bei «El-Machdi» Mohammed Achmed feststellbar gewesene Synthese zwischen religiöser Erneuerungshoffnung und politischem Freiheitsdrang charakteristisch. Arabi war zunächst Student an der religiösen Hochschule «El-Ashar» in Kairo. Erst dann ging er in die Armee und machte dort rasch Karriere. Die Nationalbewegung, der er vorstand, hatte zum erstenmal jedoch auch eine soziale Note. Die Fellachen ohne eigenen Landbesitz, die unter den hohen Pachtgebühren an die Großgrundbesitzer stöhnten, setzten auf ihn ebenso ihre Hoffnung wie die von drückenden Steuerlasten bedrängten Großgrundbesitzer. Den größten Rückhalt fand er jedoch in der Armee. Die Abkömmlinge der sozial benachteiligten Familien aus Bauernstand und städtischem Kleinbürgertum hatten schon damals nur in den Streitkräften Karrierechancen. Zu ihrem Wortführer machte sich Arabi.

174

Seine Parole «El-Misr el-Misrijin» («Ägypten den Ägyptern») fand insbesondere bei seinen Offizierskollegen flammenden Widerhall. 1881 erzwangen sie die Ernennung ihres Idols zum Kriegsminister, und zwar durch den Chediven («Vizekönig»), da Ägypten formell noch immer dem Osmanischen Reich unterstand. Der Vizekönig bekam jedoch vor der Welle nationalistischer Begeisterung Angst und fürchtete um seinen Thron. Am 13. September 1882 landete ein britisches Expeditionskorps mit Zustimmung des Chediven in Tell el-Kebir und lieferte den Truppen Arabis eine vernichtende Schlacht. Achmed Arabi Pascha geriet in Gefangenschaft und wurde vom Chediven zum Tode verurteilt. Ironischerweise verhinderten nur die Engländer die Vollstreckung des Urteils. Sie verbannten ihn für zwanzig Jahre nach Ceylon und erlaubten ihm erst 1903 die Rückkehr in seine ägyptische Heimat, die 1883 zu einem britischen Protektorat geworden war. Dort starb er 1911.

Doch der Funke war inzwischen auf Ostarabien übergesprungen. Die Geheimbünde, in denen sich dort die intellektuellen Sprößlinge der Oberschicht zusammengefunden hatten, führten schließlich zur Bildung moderner politischer Parteien nach westlichem Muster. In Damaskus gründete der christliche Lehrer Michel Aflak, ein Jahr vor dem Tod Arabis geboren, nach dem Pädagogikstudium in Paris 1942 die «El-Hizb el-Baath el-Ischtiraki el-Arabi» («Partei der Arabischen Sozialistischen Renaissance»). Aflak verlor später zwar jeglichen politischen Einfluß, und seine Partei erlebte mehrere Spaltungen. Sie bestimmt aber bis heute die politischen Geschicke in Syrien und dem Irak und hatte zeitweilig großen Einfluß auch im Libanon, in Jordanien und Ägypten. Was ihr allerdings bis jetzt nicht gelang, ist die zu ihren Hauptprogrammpunkten gehörende Wiederherstellung der historischen politischen Einheit zwischen Syrien, dem Zweistromland, Transjordanien, Palästina und dem Libanon. Das verhinderte nicht nur die Gründung Israels in einem Teil Palästinas. Die Rivalitäten in den ostarabischen Nationalstaaten, welche von den europäischen Kolonialmächten nach dem Ersten Weltkrieg künstlich geschaffen worden waren, blieben freilich stärker als die immer wieder aufbrechende Einigungssehnsucht. An diesem Dualismus scheiterte später auch der kurzlebige und von der «Baath»-Partei aktiv geförderte Zusammenschluß zwischen Syrien und Ägypten zur «Vereinigten Arabischen Republik».

In Ägypten, dem geographischen Zentrum der arabischen Welt zwischen Zentralarabien und dem arabischen Osten auf der einen und Nordafrika auf der anderen Seite, griff vierzig Jahre nach Achmed Arabis Tod ein anderer junger Oberst nach der Fackel der Freiheit. Er hieß Gamal Abdel Nasser.

Warten auf den neuen Saladin

Beni Mor ist ein unbedeutendes Landstädtchen in Oberägypten. Sechs Eisenbahnstunden südlich von Kairo liegt es etwas weiter nördlich als die Provinzhauptstadt Assiut an einem Seitenarm des komplizierten Kanalbewässerungssystems auf dem Ostufer des Nils. Noch in den sechziger Jahren war es eher ein Dorf mit etwa fünftausend Einwohnern. Umgeben von Palmenhainen, drängten sich die Häuser aus sonnengetrockneten Lehmziegeln eng um die ungepflasterten Gassen. Es gab weder Elektrizität noch fließendes Wasser oder ein Abwässersystem. Das Trinkwasser kam aus artesischen Brunnen. Tagaus, tagein drehte sich ein Gamusenbüffel mit Scheuklappen, angetrieben von einem Hütejungen, im Joch der für diese Gegend typischen «Sakkija» und beförderte das kostbare Naß in roten Tonkrügen an die Oberfläche. Auf den Kanälen besorgten Felukkas, langgestreckte flache Boote mit hohen Segeln, den kargen Warenverkehr. Am Ufer badeten die Fellachen ihre mageren Tiere und sich selbst und wuschen die Dorffrauen ihre Wäsche. Dieses Gebiet war seit tausend Jahren das Ziel einwandernder Beduinen von der Arabischen Halbinsel. Die Wüste konnte sie häufig nicht mehr ernähren, und so suchten sie über das Rote Meer ihre Zuflucht im grünen Tal des Nils. Dort wurden aus den Nomaden seßhafte Fellachen. Doch das Heimweh nach der endlosen Weite und Freiheit ihrer Wüstenheimat verließ sie nie. Beni Mor ist, sein Name erinnert noch daran, eine ihrer Gründungen. Der Name bedeutet, verdeutscht, «Stamm der Bitteren».

Im 18. Jahrhundert wurde hier ein Mann namens Sultan ansässig. Einer seiner Söhne nannte sich Chalil Sultan, und einer von dessen Söhnen hieß Hussein Chalil. Dieser wiederum hatte fünf Söhne. Einen von ihnen, Abdel Nasser Hussein, hielt es schon in jungen Jahren nicht mehr in den armseligen Verhältnissen seines Geburtsortes. Er ging nach Alexandria und fand, durch verwandtschaftliche Vermittlung, eine Beschäftigung als Postbeamter. Er brachte es zu einem eigenen Häuschen im Araberviertel Bacos und heiratete Fachima, die Tochter eines gleichfalls aus Oberägypten stammenden wohlhabenden Geschäftsmannes. Diese gebar ihm am 15. Januar 1918 den Sohn Gamal. Mit vollständigem Namen hieß er Gamal Eddin Abdel Nasser Hussein Chalil Sultan. In Ägypten hängt man an den eigenen Namen den des Vaters und der männlichen Vorfahren. Wörtlich übersetzt lautete der klangvolle Name «Der schöne Diener des Siegreichen». Fünfunddreißig Jahre später machten amerikanische Reporter, mit den ägyptischen Sitten unvertraut, aus dem «Diener des Siegreichen» den «Siegreichen» selbst und nannten den ägyptischen Präsidenten zur heimlichen Belustigung seiner Anhänger einfach «Nasser».

Gamals Vater führte ein unstetes Leben. Der Sohn jedoch sollte es einmal besser haben. Man schickte ihn zu einem im Staatsdienst beschäftigten Onkel in die Hauptstadt Kairo. Gamal ging dort zur Schule und kam dadurch und durch die Gespräche mit dem nationalistisch eingestellten

Onkel schon früh in Berührung mit der Politik. Bereits als Schüler war er Teilnehmer an Demonstrationen gegen die Engländer. Er geriet sogar vorübergehend in Polizeigewahrsam und war Anfang der dreißiger Jahre zum erstenmal Held eines Zeitungsberichtes. Der Jüngling plante zunächst ein Jurastudium, doch es hielt ihn nur ein Semester lang auf der Universität. Sein Lebensziel erblickte er in der Befreiung seiner Heimat vom kolonialistischen Joch. Ihm konnte er nirgends aussichtsreicher dienen als in der Armee. 1936, als neue britisch-ägyptische Verträge dem Nilland die Wehrhoheit gaben, bewarb er sich um die Aufnahme in die Militärakademie El-Abbassia. Er konnte jedoch weder die geforderten bildungsmäßigen Voraussetzungen vorweisen, noch kam er aus einer sogenannten «guten Familie». Also erschwindelte er sich, sicher nicht ohne das stillschweigende Einverständnis der Rekrutierungskommission, die Aufnahme.

Der hochgewachsene, athletisch gebaute junge Mann erwarb trotz der ihm angeborenen Zurückhaltung rasch das Wohlwollen seiner Vorgesetzten. Als Mitglied der ägyptischen Mannschaft für die Berliner Olympiade von 1936 machte er seine erste Auslandsreise. Die Massendisziplin, mit der Hitler die Weltöffentlichkeit von seiner Macht überzeugen wollte, blieb auf den blutjungen Kadetten nicht ohne tiefen Eindruck. In Ägypten wurde er bezeichnenderweise Mitglied der faschistischen Partei «Misr el-Fatat» («Junges Ägypten»). Deren paramilitärische Formationen trugen grüne Hemden. Auf das Konto der Grünhemden gingen damals viele Attentats- und Sabotageversuche. Gamals Ernst verhalf ihm nur schwer zu Freunden. Zwei Freundschaften, die für sein weiteres Leben von entscheidender Bedeutung waren, schloß er jedoch schon in El-Abbassia: Die Kadetten Abdel Hakim Amir, der spätere Vizepräsident und Oberbefehlshaber, und Mohammed Anwar es-Sadat, der heutige Staatschef, wurden seine ersten überzeugten Anhänger.

1936 bestieg, begleitet von den Freiheitshoffnungen aller

Ägypter, ein strahlender schlanker junger Mann den Thron Ägyptens: Faruk I. wurde, was damals noch niemand ahnte, der letzte König. Den Engländern entrang er als erstes größere Freiheiten. Im Inneren versprach er umfangreiche politische und soziale Reformen. Durch seine Märchenhochzeit mit der Schwester des heutigen Schahs Mohammed Risa Pachlawi von Persien verband er seine Dynastie mit einer der einflußreichsten orientalischen Herrscherfamilien. Doch es blieb beim guten Willen. Die Engländer behielten auch weiterhin das Heft in der Hand, die Reformen versandeten in Mißwirtschaft und Korruption. Unter dem Einfluß seiner ehrgeizigen Mutter und einer zwielichtigen Hofkamarilla wurde aus dem hoffnungsvollen jungen König unaufhaltsam ein fetter Lüstling. Sein einziges Interesse galt bald nur noch amourösen Abenteuern. Nach seinem Sturz fand man in seinen Privatgemächern im Kairoer Abdin-Palast die größte jemals zusammengetragene Pornographie-Sammlung. Auf seinem Nachttisch schmückten silberne Rahmen mit der goldenen Königskrone billige Fotografien sexueller Massenorgien.

Anfang der vierziger Jahre stieß der deutsche Generalfeldmarschall Erwin Rommel bei seinem siegreichen Afrikafeldzug bis an die Westgrenze Ägyptens, nach El-Alamein vor. Die Ägypter hofften mehr als je zuvor auf die Befreiung von der britischen Kolonialherrschaft. Am weitesten war diese Hoffnung im Offizierskorps der Armee verbreitet. General Asis el-Masri knüpfte direkte Verbindungen zum Hauptquartier Rommels. Der spätere Präsident es-Sadat arbeitete eng mit zwei Agenten zusammen, die von der deutschen Spionageabwehr auf das Hausboot einer Bauchtänzerin eingeschleust worden waren. Der König und seine Regierung sympathisierten zwar insgeheim gleichfalls mit den Achsenmächten, fürchteten aber die Sprengkraft der nationalistischen Ideen in den Streitkräften. Unzuverlässig scheinende Offiziere versetzte man eilig in weit entfernte Provinzen. Unter ihnen befand sich auch Gamal Abdel Nasser. Er tat zunächst im Sudan Dienst und später in der ganz in der Nähe der Heimat seiner Familie in Oberägypten gelegenen Garnison Mankabad bei Assiut. Dort gründete er mit seinen beiden Freunden aus der Militärakademie und neun weiteren Offizierskameraden die revolutionäre Geheimzelle «Komitee der Freien Offiziere» oder, wie man sie auch gelegentlich nannte, «Bund der Reinen».

Durch die fortdauernde britische Kolonialherrschaft gedemütigt und von den Verfallserscheinungen in Staat und Gesellschaft abgestoßen, plante man von nun an den Umsturz. In Kairo kam es während des scheinbar unaufhaltsamen Vormarsches des deutschen «Afrika-Korps» zu immer heftigeren Demonstrationen gegen die Engländer. Studenten, Angehörige der militanten «Ichwan el-Muslimin» («Moslem-Bruderschaft») unter dem wenig später ermordeten legendären Scheich Hassan el-Banna und Offiziersschüler zeigten dabei unter anderem Transparente mit der Aufschrift: «Hinaus mit den Engländern!» und «Wir alle sind Soldaten Rommels!» Die Engländer erstickten jedoch den sich anbahnenden Aufstand im letzten Augenblick im Keim. Am 4. Februar 1942 kam es zu einer schmachvollen Szene. Britische Panzer umstellten den inmitten Kairos gelegenen Abdin-Palast, britische Infanteristen besetzten sämtliche Tore, und ein Rolls-Royce mit dem «Union Jack» am Bug rollte vor das Hauptportal. Mit dem geladenen Revolver in der Hand stürmte der Botschafter Seiner Britischen Majestät, Sir Miles Lampson, unangemeldet und ohne die Empfangsformalitäten abzuwarten, in das Arbeitszimmer des überraschten Königs und verlangte ultimativ die Abberufung der amtierenden legalen Regierung und die Ernennung eines probritischen Ministerpräsidenten. Faruk beugte sich, was zu seinem späteren Sturz wesentlich beitrug.

Die Gegenoffensive des Feldmarschalls Bernard Law Montgomery wendete bald darauf das Blatt in Nordafrika. Ein antibritischer Aufstandsversuch scheiterte auch

180

im Irak. Die Invasion in der Normandie wurde zum Anfang vom Ende des Nazireiches. 1945, als die Waffen schwiegen, war im Nahen Osten die kolonialistische Welt scheinbar wieder vollständig in Ordnung. Die Wende war jedoch schon programmiert; sie kam 1948. Die Vereinten Nationen, als Friedensinstrument gegründet und als Reaktion auf die Herausforderung der gesamten zivilisierten Welt durch Hitler, beschlossen als Antwort auf das erst nach Kriegsende entdeckte fürchterliche Ausmaß der nationalsozialistischen Judenverfolgung die Gründung eines jüdischen Staates in Palästina. Die Araber akzeptierten das nicht, und Großbritannien verzichtete schließlich freiwillig auf sein Mandat über Palästina, das ihm nach dem Ersten Weltkrieg vom Völkerbund übertragen worden war.

Am 14. Mai 1948 proklamierten die zionistischen Selbstverwaltungsorgane den Staat Israel, der unmittelbar darauf von den Vereinigten Staaten und der Sowjetunion diplomatisch anerkannt wurde. Fünf arabische Staaten, darunter Ägypten, erklärten sofort den Krieg. Ägypten trug auch die größte Schuld an der gänzlich unerwarteten Niederlage. Das Oberkommando unter einem ägyptischen Kondottiere scheiterte auf ganzer Linie. Kein Teilnehmerstaat sandte die vorher versprochenen Armeekontingente in voller Mannschaftsstärke. Der Waffen- und Munitionsnachschub geriet ins Stocken. König Faruk und seine Hofkamarilla verdienten am Waffenschmuggel Millionensummen. Mit Staatsgeldern sollten nämlich hochwertige moderne Waffen und Geräte angekauft werden, doch die Soldaten an der Front bekamen nur minderwertiges Material, und die Differenz floß in die Privatschatulle Faruks. Nur ein einziger höherer ägyptischer Offizier zeigte in diesem Palästinafeldzug außergewöhnliche Tapferkeit: der General und spätere vorübergehende Staatchef Mohammed Nagib. Das brachte ihn in enge Berührung mit den revolutionär gesinnten «Freien Offizieren» unter Gamal Abdel Nasser. Dieser und die meisten seiner Offizierskameraden kämpften ebenfalls auf dem Kriegsschauplatz in Palästina. Gamal war dort Garnisonskommandant von El-Faludscha.

Dieser Flecken liegt im fruchtbaren hügeligen Vorland der Negevwüste, inmitten von Eukalyptushainen und blühenden Feldern. Die ägyptische Garnison, von den Truppen der israelischen «Haganah» eingeschlossen, hielt sich hier bis zum Zustandekommen des Waffenstillstandes von Rhodos (1949) unbesiegt. Der spätere «Rais» («Führer») hatte in dem heutigen israelischen Außenminister und damaligen General Jigal Allon einen ebenbürtigen, aber ritterlichen Gegner. Einmal lud er den Befehlshaber der Belagerten in sein eigenes Hauptquartier, wo er mit ihm tiefsinnige militärische, politische und philosophische Diskussionen hatte, und zeigte ihm einige Kibbuzim sowie die Hauptstadt Tel-Aviv. Mit dem israelischen Offizier, der ihn damals betreute, führte der ägyptische Präsident später noch einen jahrelangen persönlichen Briefwechsel und tauschte mit ihm über internationale Kanäle Geschenke für die Kinder. In El-Faludscha steht noch heute die von Einschüssen übersäte Festungsanlage. Gamal erkannte damals – so schilderte er es in seinen Memoiren «Die Philosophie der Revolution» –, sein eigentliches Schlachtfeld sei nicht Palästina, sondern seine Heimat Ägypten. Bei der Rückkehr nach Ägypten, nachdem seine Soldaten die seitdem im israelischen Kernland gelegene Festung ungeschlagen verlassen hatten, feierte man ihn als «Tiger von Faludscha». Das Prestige, das er jetzt genoß, brachte seiner Offiziersverschwörung ungeahnten Zulauf. Die Umsturzpläne traten in das Stadium praktischer Planung. Gamal vernachlässigte jedoch keineswegs sein Privatleben. Inzwischen hatte er Tachia geheiratet, die Tochter eines wohlhabenden Geschäftsmannes aus einer ursprünglich persischen Einwandererfamilie. Im Stadtteil Manchiet el-Bakri des Kairoer Vororts Heliopolis baute er sich ein bescheidenes Haus. Er bewohnte es auch während seiner Präsidentschaft weiter, nur geringfügig ausgebaut, mit seiner aus drei Söhnen und zwei Töchtern bestehenden Familie und schloß dort auch am 28. September 1970 im Alter von nur etwas mehr als zweiundfünfzig Jahren die Augen.

Im Palästinafeldzug hatte er einen begabten jungen Journalisten namens Mohammed Hassanein Heikal kennengelernt. Dieser war durch eine mit rücksichtsloser Offenheit geschriebene Reportageserie über die Schwächen der ägyptischen Kriegführung bekannt geworden. In seinem Haus traf sich der junge Verschwörer von nun an öfter mit dem schon erwähnten General Mohammed Nagib. Der alte Haudegen und der jugendliche Verschwörer fanden aneinander Gefallen und waren sich über die Unvermeidlichkeit baldiger politischer und sozialer Veränderungen einig. In der Nacht zum 23. Juli 1952 kam der Augenblick des Handelns. Die Gelegenheit war günstig. König, Hof und Regierung befanden sich, wie jedes Jahr um diese Zeit, auf der Flucht vor der Sommerhitze in dem klimatisch günstiger gelegenen Alexandria. Am Abend des 22. Juli unterrichtete Gamal den General Nagib über seinen bevorstehenden Staatsstreich und bot ihm das Amt des Staatschefs an. Auf der Fahrt von seinem Gespräch mit dem General zu seinem Hauptquartier gab es eine beinahe lebensgefährliche Panne. Ein Polizist stoppte den von dem Verschwörer selbst gesteuerten Wagen und verlangte seine Papiere. Gamal rechnete schon mit seiner Verhaftung, doch es ging lediglich um ein defektes Rücklicht. Der Oberst erreichte noch zur vereinbarten Zeit das Armeehauptquartier und gab die verschlüsselten Befehle. Die Kommandanten der mit ihm zusammenarbeitenden Truppeneinheiten besetzten die strategischen Punkte der Hauptstadt und waren im Morgengrauen ohne jegliches Blutvergießen Herren der Lage.

In Alexandria blieb man zunächst über den Ernst der Situation im unklaren. Dem Premierminister, der sich telefonisch erkundigen wollte, was denn überhaupt los sei, kappte man einfach die Telefonleitung. Kein Regime gab sich jemals leichtfertiger auf als das König Faruks. Sein Untergang ist vielleicht nur mit dem des antiken Römerreiches vergleichbar. Dort wie hier frönte die Oberschicht rücksichtslos einem phantastischen Wohlleben und den ausgefallensten perversen Genüssen. Im Land draußen herrschten indessen Mißwirtschaft, Korruption und Unterdrückung, und die Bevölkerungsmassen kannten nur nagenden Hunger. Für Faruk reservierte man in den sündhaft teuren Nightclubs der ägyptischen Hauptstadt regelmäßig einen Tisch. Jeden Abend erschien der fettleibige Monarch, dessen Impotenz Tagesgespräch war, in einer anderen Lasterhöhle. Gefiel ihm ein Mädchen, selbst wenn es sich in männlicher Begleitung befand, lud er es durch den Manager oder eine seiner Hofschranzen an seinen Tisch. Bei den meisten, die sich nicht zu widersetzen wagten, hatte er Glück. Sie folgten ihm widerstandslos in eines seiner Liebesnester und manchmal sogar in den Palast. Sein Jugendfreund und engster Vertrauter, ein schmieriger ehemaliger italienischer Friseur, kümmerte sich fast ausschließlich um die Heranschaffung immer neuer Geliebten. Er genoß aber auch unvorstellbaren politischen Einfluß und stürzte sogar Minister und ganze Kabinette. Niemand gelangte gegen seinen Willen zum Monarchen. Dem Ex-Figaro krümmte das Revolutionsregime indessen kein Haar. Noch lange nach dem Sturz seines Herrn führte er in Kairo ein unauffälliges Leben als wohlhabender Geschäftsmann.

Die Niederlage in Palästina hatte zuvor zu immer heftigeren Massendemonstrationen gegen das korrupte Regime und die Fremdherrschaft geführt. Faruk und seine Regierung waren sich über die Volksstimmung durchaus im klaren. Bewußt lenkten sie sie gegen die Engländer, die aufgrund der Verträge von 1936 noch immer in der Suezkanalzone stationiert waren. Gegen sie richteten sich häufig blutige Guerillaüberfälle. Im Herbst 1951 kündigten die Ägypter einseitig die bewußten Verträge und proklamierten Faruk zum «König von Ägypten und dem

184

Sudan». Großbritannien ignorierte dieses Vorgehen, unternahm allerdings auch keine Gegenmaßnahmen. Dieses Stillhalten – für die ägyptischen Volksmassen ein Schwächezeichen – führte zu neuen Ausbrüchen der nationalistischen und fremdenfeindlichen Leidenschaften. Der Höhepunkt kam am berüchtigten «Schwarzen Samstag», dem 26. Januar 1952. Im Abdin-Palast feierten die Spitzen der ägyptischen Gesellschaft mit dem König die Geburt des Thronfolgers Prinz Achmed Fuad. Am Nachmittag zog eine mehrtausendköpfige Menschenmenge durch die Straßen der Innenstadt. Die Massendemonstration führte rasch zu blutigen Ausschreitungen. Der Pöbel tötete ausländische Passanten, plünderte und brandschatzte ausländische Bankfilialen und Handelsniederlassungen und stürmte schließlich das weltberühmte «Shepherd's Hotel». Der Botschafter Belgiens, der im Dachgarten-Restaurant dinierte, wurde mit seinen Familienangehörigen in die Tiefe gestürzt. Das Hotel brannte bis auf die Grundmauern nieder. Während Kairo in Flammen stand und dichte Rauchschwaden ihren Geruch bis in die Palastgärten trugen, stand der König am Fenster eines seiner Privatgemächer und blickte bewegungslos auf das schreckliche Schauspiel. Von nun an regierte er noch auf den Tag genau ein halbes Jahr.

Als im Morgengrauen des 26. Juli 1952 Panzereinheiten den Palast «Ras et-Tin», den Sommersitz Faruks in Alexandria umstellten, wußte der Monarch sofort, was jetzt bevorstand. Während sich die Rohre der Panzer drohend auf den Palast richteten, telefonierte er aufgeregt mit dem amerikanischen Botschafter und bat um dessen Schutz. Der Diplomat erschien sofort und leistete dem zitternden König Gesellschaft. Er war über die Vorgänge in Kairo bereits im Bild. Als eine Offiziersdelegation hereingeführt wurde, salutierte und Faruk wortlos die vorbereitete Abdankungsurkunde vorlegte, riet der Botschafter zur Unterschrift und garantierte, auf Faruks Wunsch, ausdrücklich die persönliche Sicherheit des Königs.

Im Revolutionsrat, den man unterdessen in Kairo gebildet hatte, kam es zu scharfen Auseinandersetzungen über das Schicksal Faruks. Viele Mitglieder waren für einen Prozeß mit anschließender Hinrichtung. Doch die Stimme Gamal Abdel Nassers, dem jedes Blutvergießen zuwider war, gab schließlich den Ausschlag. Faruks Leben wurde verschont. Er verzichtete zugunsten seines Sohnes Achmed Fuad, der formell unter einem Regentschaftsrat König wurde, auf die Krone des albanischen Abenteurers und ehemaligen Tabakhändlers Mohammed Ali. Zweihundert Koffer und Kisten füllte er hastig mit seinem privaten Besitz und ging dann mit seiner zweiten Frau, der ägyptischen Bürgerlichen Narriman Sadik, dem Thronfolger und seinen drei Töchtern aus der Ehe mit der Schwester des Schahs von Persien, begleitet vom amerikanischen Botschafter, an Bord der im Hafen ankernden Jacht «Mahrussa». Mit einundzwanzig Salutschüssen verabschiedeten die revolutionären Offiziere den zehnten König aus der Dynastie Mohammed Ali. Faruk ging zunächst nach Capri und später nach Rom. Königin Narriman ließ sich dort von ihm scheiden und kehrte nach Ägypten zurück. Nach zahlreichen Liebschaften mit mehr oder weniger zwielichtigen «Damen» starb der dicke Faun, frühzeitig gealtert, in seinem römischen Exil. Seiner sterblichen Hülle verweigerte die Republik die Heimkehr in das Land seiner Ahnen nicht. Sie kam mit einer Maschine der staatlichen Fluggesellschaft bei Nacht und Nebel nach Kairo und ruht heute in der Familiengruft der ägyptischen Könige.

Gamal Abdel Nasser hielt sich nach seiner geglückten Revolution zunächst im Hintergrund. Chef des Revolutionsrates wurde General Nagib, mit den Regierungsgeschäften wurde ein ziviler Politiker betraut. Gamal glaubte, nach seinem eigenen Zeugnis, lange an die für die angestrebte politische Erneuerung ausreichende «befreiende Tat» des Umsturzes. Doch Politiker und Parteien widersetzten sich auch nach dem Verschwinden der Monarchie hartnäckig selbst den geringsten Reformen. Ein Jahr nach dem Sturz Faruks wurde die Abschaffung der Monarchie zum Wendepunkt der «unvollendeten Revolution». Die Republik wurde ausgerufen und General Nagib ihr erster Präsident und Regierungschef. Die Parteien wurden verboten und man gründete stattdessen eine überparteiliche Massenorganisation. Der Chef des «Komitees der Reinen» begnügte sich mit der nach außen hin unbedeutenden Schlüsselposition des Innenministers. Gamal Abdel Nasser erkannte aber bald, daß die von Präsident Nagib versprochene Rückkehr zu demokratischen Verhältnissen seine revolutionären Ziele gefährdete. Ende 1954 stürzte er den in der Bevölkerung außerordentlich populären Staatschef, stellte ihn unter Hausarrest und setzte sich selbst an dessen Platz. Ägypten und die arabische Welt hatten einen neuen Saladin.

Der «Rais», wie er sich von nun an nennen ließ, erzwang den britischen Abzug aus der Suezkanalzone und vervollständigte damit die Souveränität Ägyptens. Siebzig Jahre britischer Kolonialherrschaft waren endlich zu Ende. Am 23. Juni 1954 wählten ihn die Ägypter in einer Volksabstimmung mit der überwältigenden Mehrheit von 99 Prozent aller abgegebenen Stimmen auch formell zum Staatsoberhaupt.

Die Vereinigten Staaten standen, wie man heute weiß, zunächst durchaus auf der Seite der Revolutionäre. Beim Gelingen ihres Staatsstreiches und in der Periode unmittelbar danach spielten die CIA-Agenten Kermit Roosevelt und Miles Copeland in Ägypten eine nie vollständig aufgeklärte Rolle, letzterer als persönlicher Berater Gamal Abdel Nassers. Dem Washingtoner State Department unter dem eigenwilligen John Foster Dulles kamen jedoch bald Bedenken. Der Volkstribun im Niltal wurde zu mächtig. 1955 gelangte er auch noch in den Besitz angeblicher tschechischer und in Wirklichkeit sowjetischer Waffenlieferungen. Doch in Washington herrschte damals offenkundig keine einheitliche Beurteilung der Entwicklung in Ägypten. Die CIA tolerierte das windige Waffengeschäft mit dem Ostblock. Die Lieferungen als tschechischen Ursprungs auszugeben, war sogar angeblich eine Idee des CIA-Agenten Copeland. Im State Department jedoch stießen die Kontakte zwischen dem Nildiktator und den Neutralismuspropheten Tito, Nehru und Sukarno wie gesagt auf Mißtrauen. Dennoch hatten sich die USA zunächst bereit erklärt, das ehrgeizige Projekt eines neuen Hochstaudammes bei Assuan zu finanzieren, mit dessen Hilfe man die landwirtschaftliche Produktionskapazität dem Bevölkerungszuwachs anpassen wollte. Dulles erblickte darin das Mittel, den seiner Ansicht nach immer übermütiger werdenden «Rais» wieder an die Kandare zu bekommen. Ägyptens Präsident konferierte gerade auf der Adriainsel Brioni mit dem jugoslawischen Staatschef Tito, als man ihm Dulles' persönliche Absage, das Staudammprojekt zu finanzieren, überbrachte.

Der «Rais» fühlte sich zutiefst gedemütigt und betrogen und mißtraute von nun an den Amerikanern bis zu seinem Tod. Er flog unverzüglich in die Sowjetunion und erreichte dort eine Finanzierungszusage des Kremls. Am 23. Juli 1956 führte er den Gegenschlag. Er verstaatlichte mit einem Federstrich die Einrichtungen der Suezkanalgesellschaft und rief unter dem frenetischen Beifall einer vieltausendköpfigen Menschenmenge: «Mit den Einnahmen aus der Kanalschiffahrt bezahlen wir jetzt unseren Damm!»

Das war eine offene Kriegserklärung an den Westen. Die Vereinigten Staaten, die sie provoziert hatten, entzogen sich jetzt zwar den Folgen. Doch Großbritannien und Frankreich rüsteten im Verein mit Israel zur militärischen Revanche. Abdel Nasser sollte gestürzt werden. Kurze Zeit nach der Kanalverstaatlichung traf sich unter strikter Geheimhaltung der israelische Premierminister David Ben-Gurion mit den Außenministern Frankreichs und Englands in Paris. Der stellvertretende britische Außen-

188

minister Anthony Nutting nannte das Treffen «die Suez-verschwörung» und trat ihretwegen später zurück. Großbritannien und Frankreich starteten von Zypern aus einen großangelegten Angriff, während Israel auf der Sinai-Halbinsel vorstieß. Die Intervention seiner beiden Verbündeten erwies sich indes als mangelhaft vorbereitet und schlecht koordiniert und geriet bald ins Stocken. Die Sowjetunion drohte mit der Beschießung der westlichen Hauptstädte durch interkontinentale Raketen, und die Vereinigten Staaten, deren Außenminister die Hauptschuld an diesem letzten kolonialistischen Abenteuer trug, drohte den Angreifern mit wirtschaftlichen Sanktionen. Ägypten stand zwar unmittelbar vor der militärischen Niederlage, errang aber einen diplomatischen Sieg. Die Interventionsmächte räumten die zeitweilig besetzten Gebiete ohne jede Gegenleistung. Gamal Abdel Nasser wurde so endgültig zum Idol der arabischen Massen zwischen Atlas und Hindukusch und der sich in immer rascherem Tempo befreienden jungen Nationen der «dritten Welt». Das Zeitalter des Kolonialismus war endgültig vorbei. Vorbei war es auch mit dem westlichen Einfluß im Nahen Osten, und Großbritannien und Frankreich verloren dort nach und nach sämtliche Restpositionen. Israel war für lange Zeit diskreditiert, nicht nur als Helfershelfer des Kolonialismus, sondern, schlimmer noch, als imperialistischer Vorposten im Herzen der arabischen Welt.

Der «Rais» stürmte von nun an von Sieg zu Sieg. 1958 kam es zur Gründung der «Vereinigten Arabischen Republik» (VAR) mit Syrien. Im gleichen Jahr stürzte General Abdel Kerim Kassim die haschimitische Monarchie im Irak und proklamierte den beabsichtigten Zusammenschluß auch seines Landes mit der neuen VAR. Umsturzversuche am laufenden Band erschütterten auch das haschimitische Königreich Jordanien, das als einziges arabisches Land außer dem weitgehend neutralen Libanon noch prowestliche Sympathien hegte. 1962 stürzte der Oberst Abdullah es-Sallal die autokratische Monarchie im Jemen und rief in dem sich daraufhin entspinnenden Bürgerkrieg mit den Royalisten und für die Modernisierung des rückständigen Landes Ägypten zu Hilfe. 1967 verließ Großbritannien nach einem blutigen, aber erfolglosen Untergrundkrieg gegen die dort operierenden beiden revolutionären Gruppen seine letzte arabische Kolonie Aden. 1969 beseitigte Oberst Moammer el-Gaddafi als letzten Triumph für Gamal Abdel Nasser die angestammte Monarchie in Libyen und drängte von nun an auf die Vereinigung mit Ägypten. Im Rückblick erscheint das wie eine zwangsläufige und folgerichtige Entwicklung. Zweifellos ist die unstillbare Sehnsucht nach Wiederherstellung der einstigen Einheit und Größe des Arabertums noch immer eine der dynamischsten Antriebskräfte der arabischen Politik. Das zeigt sich nicht zuletzt auch am Beispiel der palästinensischen Widerstandsbewegung. Sie beschränkte sich nie nur auf den aktiven Kampf gegen den Zionismus, sondern argumentierte nach dem Vorbild des «Rais», eine revolutionäre Entwicklung in den Nachbarländern Israels sei die Voraussetzung für einen Sieg gegen die Zionisten und die Erneuerung der arabischen Welt. Diese Strategie führte schließlich zu dem blutigen «Schwarzen September» 1970 in Jordanien und zur aktiven Teilnahme der Freischärler am Bürgerkrieg im Libanon.

Zum Verhängnis für Gamal Abdel Nassers Ziel einer Einigung der arabischen Welt unter seiner Führung wurde schließlich vor allem seine eigene Ungeduld. Der «Rais» hatte zu wenig Verständnis für die mit den Einigungshoffnungen der Massen konkurrierenden gleichwertigen Interessen und Interessengegensätze, die in den nach dem Ersten Weltkrieg geschaffenen arabischen Nationalstaaten bestanden. Als dem Autokraten vom Nil dämmerte, daß sich die panarabische Massenbewegung zu langsam gegen diese Strömungen durchsetzen werde, griff er zur Selbsthilfe. Das Zustandekommen der VAR wurde von der syrischen «Baath»-Partei zwar aktiv gefördert. Ausschlaggebend für die Proklamation des kurzlebigen neuen Staatengebildes waren jedoch die Intrigen ägyptischer Geheimagenten. Im Verein mit dem Damaszener Geheimdienstchef Oberst Abdel Hamid es-Sarradsch erfanden sie einen unmittelbar bevorstehenden kommunistischen Putschversuch gegen die legale syrische Regierung und bewogen so den amtierenden Präsidenten Schukri el-Kuwatli zu dem Angebot an Gamal Abdel Nasser, beide Länder sofort zu vereinigen. Die Ägypter zeigten aber in der Folgezeit wenig Geschick im Umgang mit anderen Arabern. In Syrien wurden sie bald zu einer verhaßten Besatzungsmacht. Sie drangsalierten die Bevölkerung und unterdrückten jede politische Aufsässigkeit. Ihre Offiziere machten sich ungeniert an die rücksichtslose Plünderung der Reichtümer Syriens. Die Wirtschaft lag bald darnieder. Wie in Syrien benahmen sich die Ägypter auch in anderen arabischen Ländern. Kairoer Agenten hatten bei allen Verschwörungen der fünfziger und sechziger Jahre die Hände im Spiel. In Jordanien und dem Libanon wurden sie zu Anstiftern unzähliger politischer Morde. Ägyptische Soldaten verübten auf dem Kriegsschauplatz im Jemen unvorstellbare Grausamkeiten.

Der mitreißende Schwung, auf den Gamal Abdel Nasser bei seinen panarabischen Einigungsbemühungen gehofft hatte, blieb aus. Der Irak ging – wegen zunächst unlösbarer innenpolitischer Gegensätze und wegen des Bürgerkrieges gegen die kurdische Minderheit, aber auch geschockt durch das mißliche Schicksal Syriens unter ägyptischer Herrschaft – bald wieder seine eigenen Wege. In Jordanien und vor allem auch in Saudi-Arabien behaupteten sich die konservativen Monarchien trotz allen von Ägypten angezettelten und finanzierten Verschwörungen. So groß die Einheitssehnsüchte auch waren, als ebenso groß erwies sich die geheime Furcht der kleinen, fast menschenleeren arabischen Nachbarländer vor dem volksreichen und mächtigen ägyptischen Koloß. Die VAR, die aus zwei zu weit voneinander entfernt liegenden Teilen ohne Landverbindung bestand, erwies sich als Fehlkonstruktion. Im Herbst 1961 putschten antiägyptische Offiziere erfolgreich gegen den Kairoer Statthalter Abdel Hakim Amir. Sie ergriffen ihn im Schlafanzug und setzten ihn in die nächste Maschine nach Kairo. Dies war der Anfang vom Ende.

In Ägypten zeitigte die schmähliche Niederlage zunächst keinerlei Wirkung. Der «Rais» stützte sich hier längst nicht mehr auf die ihm in der Anfangszeit so uneingeschränkt zuteil gewordene Bewunderung der Massen, sondern mehr und mehr auf das Schreckensregiment seiner Geheimpolizei. Politische Gegner verschwanden bei Nacht und Nebel auf Nimmerwiedersehen in den oberägyptischen Konzentrationslagern oder verloren nach Schauprozessen ihren Kopf. Der Jemenkrieg wurde zu einem furchtbaren Aderlaß. Fünfzigtausend Soldaten standen zuletzt in dem fernen Land am Rand der arabischen Welt, und das Abenteuer kostete das unter wachsenden Rüstungslasten, explodierendem Bevölkerungszuwachs und wirtschaftlichen Krisenerscheinungen leidende Nilland zuletzt täglich eine Million Dollar. Der Druck, der dadurch ausgelöst wurde, zwang das nasseristische Ägypten zu immer engerem Zusammengehen mit der Sowjetunion. Das Nilland wurde schließlich vollständig von der sowjetischen Rüstungs- und Wirtschaftshilfe abhängig. Sie reichte jedoch für die Bewältigung der immer drängenderen wirtschaftlichen Probleme nicht aus. Die Kommunisten errangen zwar immer größeren Einfluß auf die Führung der Staatsgeschäfte, fanden aber auch kein Rezept für eine dauerhafte Besserung. Der «Rais» wurde immer mißtrauischer und verdrängte nach und nach sogar seine engsten früheren Mitkämpfer von der Macht. Im Jemen kostete der Bürgerkrieg immer größere Opfer an Menschen, Material und Mitteln. Im Niltal weinten Tausende verhärmter Mütter um ihre gefallenen

192

Söhne. Sie kannten meistens nicht einmal die genaue geographische Lage des Kriegsschauplatzes. Die Bekanntgabe von Todesanzeigen wurde verboten. Heimkehrer brachte man meistens unverzüglich in entlegene Wüstengarnisonen. Sie sollten keinesfalls erzählen können, was sie erlebt hatten. Viele von ihnen waren verstümmelt, denn die Jemeniten schnitten ihren Gefangenen häufig Ohren, Nase oder Finger ab und trieben sie dann über die Front zurück. In Kairo galoppierte unterdessen die Inflation, und der Lebensmittelmangel der hungernden Massen wurde zu einem immer ernsthafteren Problem. Die Sowjets wußten keine Hilfe. Sie hatten zwar Waffen im Überfluß und lieferten sie auch bereitwillig an den Nil. Aber von dem dringender benötigten Weizen hatten sie selbst zu wenig.

In dieser ausweglosen Situation griff der «Rais» zu der bewährten Methode aller Diktatoren. Er unternahm ein außenpolitisches Ablenkungsmanöver. Im Frühjahr 1967 sprach er plötzlich immer häufiger und drohender von der nunmehr unmittelbar bevorstehenden militärischen Revanche in dem seit Jahren auf kleiner Flamme gehaltenen Palästinakonflikt. Er beließ es nicht bei Worten, sondern schritt, den im Jahre 1956 geschlossenen internationalen Verträgen zum Trotz, schließlich zur Tat. Im Mai sperrte er die Meerenge von Tiran, Israels einzige Seeverbindung zu den südlichen Gewässern, für die gegnerische Zivilschiffahrt. In Israel hatte man mehrfach deutlich zu erkennen gegeben, dies sei für den Judenstaat ein «casus belli». Die Weltöffentlichkeit zeigte sich zwar konsterniert, aber kopflos. US-Präsident Lyndon B. Johnson beschränkte sich auf diplomatische Warnungen und Sandkastenspiele mit einer nie zustande gekommenen gemeinsamen westlichen Seemacht zur Freikämpfung der «Straße von Tiran». UN-Generalsekretär U Thant kuschte, wie im Hochsommer 1976 sein Nachfolger Kurt Waldheim, vor der Gewalt. Ohne den UN-Weltsicherheitsrat zu konsultieren, wie es satzungsmäßig vorgeschrieben war, akzeptierte er das einseitige ägyptische Vorgehen. Auf arabischer Seite meinte man damals, Gamal Abdel Nasser sei dadurch völlig überrascht worden. Ihm sei es lediglich um einen diplomatischen Sieg gegangen, um von seinen inneren Problemen abzulenken, keineswegs aber um einen Krieg. Hätten sich die Vereinten Nationen damals der Schließung der Meerenge am Südzipfel des Golfes von Akaba widersetzt, hätte er, wie arabischerseits weiter argumentiert wurde, in den Augen der Araber wie ein Held dagestanden, gleichzeitig aber ein Nachgeben plausibel motivieren können. Zu seinem Unglück sanktionierte der Asiate U Thant bei einem Krisenbesuch in Kairo jedoch ausdrücklich die völkerrechtliche Zulässigkeit des ägyptischen Vorgehens. Neun Jahre später beging der Europäer Waldheim einen ähnlichen Fehler. Er verurteilte, ebenfalls in Kairo, die in völkerrechtlich durchaus zulässiger Notwehr erfolgte Befreiung von rund hundert Geiseln, welche durch palästinensische «Hijacker» in einem französischen Verkehrsflugzeug nach dem ugandischen Flughafen Entebbe entführt worden waren. Das sei ein Anschlag auf die Souveränität eines UN-Mitgliedstaates; über die vorausgegangenen völkerrechtswidrigen Aktionen der Geiselnehmer verlor er aber kein Wort. Der amtierende Präsident der UN-Vollversammlung, der Luxemburger Gaston Thorn, hüllte sich trotz weltweiter Proteste bemerkenswerterweise in Schweigen. Die Terroristen waren hoffähig geworden. PLO-Chef Jassir Arafat war, entgegen dem Sitzungsreglement mit umgeschnallter Pistole, längst hofierter Gast der Weltorganisation. Der Sechstagekrieg, der erst durch die rechtswidrige und von den westlichen Sicherheitsratsmitgliedern unbegreiflicherweise stillschweigend geduldete Kompetenzüberschreitung U Thants unvermeidlich geworden war, hatte die höchsten Vertreter der Menschheit nichts gelehrt.

Der «Rais» erhielt Ende Mai 1967 von seinem zweifelhaften Freund U Thant jedenfalls einen sehr problemati-

194

schen «Persilschein». In der Woche, die ihm noch bis zu der unausweichlichen, entscheidenden Niederlage seiner Karriere blieb, biß er wie eine in die Ecke getriebene Ratte um sich. Er sprach von der nunmehr unvermeidlich gewordenen militärischen Revanche im Palästinakonflikt und weckte bei den arabischen Massen einen unerschütterlichen Glauben an den scheinbar sicheren Sieg. Der Chef der «Palästinensischen Befreiungs-Organisation» (PLO), ein obskurer ehemaliger Jerusalemer Advokat namens Achmed esch-Schukeiri, machte sich zu seinem verlängerten demagogischen Arm: «Wir waten durch Ströme von Blut nach Tel-Aviv und werfen die Juden ins Meer!» Die PLO schmiedete sogar schon Pläne für die Zukunft Palästinas. Israel sollte ausgelöscht werden, und die eingewanderten Juden müßten in ihre Heimatländer zurückkehren. Bleiben dürften nur die vor der Gründung Israels in Palästina geborenen Juden und ihre Nachkommen. Die PLO brachte sogar eine eigene Streitmacht von etwa zwanzigtausend Mann auf die Beine, die sich allerdings an den Kämpfen nicht beteiligte. Der «Rais» rasselte unterdessen immer lauter mit dem Säbel. Truppen- und schwere Waffentransporte durchquerten unter den Augen der ausländischen Diplomaten die Straßen von Kairo. Man verlegte Artillerie-, Panzer- und Infanterieeinheiten auf die Sinaihalbinsel. Dennoch glaubte bis zuletzt niemand an einen von Ägypten ausgelösten Präventivkrieg. Gamal Abdel Nasser wird sich, so dachte man, mit einem militärischen Aufmarsch und einigen diplomatischen Erfolgen begnügen, um die leichtgläubigen arabischen Massen zu beeindrucken. Zu einem wirklichen Kampf um die lebenswichtigen südlichen Handelsverbindungen des Judenstaates würde es nicht kommen. Doch der «Rais» hatte zu hoch gereizt.

Im Morgengrauen des 5. Juni 1967 überflog Welle auf Welle israelischer Kampfflugzeuge Sinai und Suezkanal und zerstörte fast das gesamte Luftwaffenpotential der Ägypter noch am Boden. Die Kairoer Generalität ließ ihren Präsidenten über die plötzlich hereingebrochene Katastrophe viele Stunden lang im unklaren. Unterdessen rollte der Vormarsch der israelischen Landtruppen fast unbehindert und in großer Schnelligkeit in Richtung Suezkanal. Jordanien und Syrien glaubten lange an die pausenlosen Siegesmeldungen von Radio Kairo. Ihnen zufolge stand Tel-Aviv in Flammen, und die ägyptischen Streitkräfte befanden sich im Vormarsch auf die Negevgrenze. Der «Rais» selbst wiederholte, als er schon die Wahrheit wußte, noch immer diese Lügen in einem vom israelischen Geheimdienst aufgefangenen Telefongespräch mit dem jordanischen König Hussein. Dieser vertraute seinem Verbündeten, obwohl dieser ihn schon so oft getäuscht hatte, und befahl seinerseits den Angriff. Er ignorierte die ihm noch kurz vorher über UN-Kanäle im geteilten Jerusalem zugeleitete Warnung des israelischen Ministerpräsidenten Levi Eschkol.

Die Araber wurden vernichtend geschlagen, und am Ende stand Israel am Ostufer des Suezkanals, auf den Golanhöhen eine Autostunde vor der syrischen Hauptstadt Damaskus und beherrschte ganz Jerusalem und den größten Teil des nach seiner Gründung von Transjordanien okkupierten Restpalästinas. Die Sowjetunion verhinderte im pausenlos tagenden UN-Weltsicherheitsrat, in Unkenntnis der wirklichen Kriegslage, mit Rücksicht auf ihre scheinbar siegreichen arabischen Verbündeten lange einen Feuereinstellungsbeschluß und ermöglichte nicht zuletzt dadurch den totalen israelischen Sieg an allen Fronten. Auf arabischer Seite ging die Zahl der Todesopfer in die Zehntausende. Die ägyptischen Soldaten warfen ihre Schuhe weg und flohen mit nackten Füßen durch den glühendheißen Wüstensand. Dennoch machte Israel Tausende von Gefangenen. Den Suezkanal sperrten die Ägypter schon zu Beginn der Kampfhandlungen durch die Selbstversenkung mehrerer Schiffe. Ein Konvoi von sechzehn Frachtern unter mehreren internationalen Flaggen verrottete seitdem in den Bitterseen.

Am 9. Juni 1967 war alles vorbei. Gamal Abdel Nasser streckte die Waffen und bat um eine Feuerpause. Im Fernsehen nahm er alle Schuld auf sich und erklärte seinen Rücktritt. Ernst war es ihm damit freilich nicht. Noch während er sprach, mobilisierte die von seinem moskaufreundlichen Vizepräsidenten Ali Sabri geleitete Einheitspartei «Arabische Sozialistische Union» (ASU) Zehntausende bezahlter Demonstranten in den Straßen von Kairo. Der «Rais» hätte diese bestellten Jubler gar nicht nötig gehabt. Überall in der arabischen Welt löste die nicht zu verbergende katastrophale Niederlage einen nachhaltigen Schock aus; der eigentliche Schock war jedoch der Rücktritt Gamal Abdel Nassers. Die Araber scharten sich im Augenblick ihrer tiefsten Erniedrigung wie ein Mann um ihren einzigen intakt gebliebenen Mittelpunkt. Am nächsten Tag widerrief der ägyptische Präsident seine Demission. Er stempelte seinen ältesten persönlichen Freund, den langjährigen Ersten Vizepräsidenten und Armeebefehlshaber Feldmarschall Abdel Hakim Amir zum Hauptschuldigen und trieb ihn – wie Hitler einst seinen Generalfeldmarschall Rommel – in den Selbstmord. Politische Gegner des «Rais» glauben bis heute sogar an Mord.

Gamal Abdel Nassers Prestige erlitt von nun an immer schwerere Rückschläge. Die auf den Sechstagekrieg folgende panarabische Gipfelkonferenz im Herbst 1967 in Chartum widersprach zwar einmütig den von Israel verlangten direkten Verhandlungen zur endgültigen Beilegung des Palästinakonfliktes. Ägypten erhielt von Saudi-Arabien und Kuweit eine regelmäßige Finanzhilfe, welche den Wegfall der Suezkanalgebühren ausgleichen sollte. Sie war jedoch mit demütigenden Bedingungen verknüpft: Das ägyptische Expeditionskorps mußte den Jemen verlassen. Dort kam es daraufhin zu einem Kompromiß zwischen Republikanern und Royalisten. Radio Kairo mußte seinerseits auf seinen Propagandakrieg fortan verzichten, und die ägyptischen Provokateure hat-

197

ten ihre Wühlarbeit gegen die konservativen arabischen Regierungen einzustellen. Die Sowjetunion wiederum errichtete sogleich eine Dauerluftbrücke und ersetzte den Ägyptern das gesamte verlorene Kriegsmaterial. Sie lieferte ihnen nicht nur die modernsten verfügbaren Waffensysteme, sondern entsandte auch etwa zwanzigtausend Militärinstrukteure. Doch gegen den wachsenden sowjetischen Einfluß und die zunehmende Abhängigkeit von der Sowjetunion regte sich in Offizierskorps und Bevölkerung der Widerstand. Es kam zu Säuberungen und Verhaftungen.

Im Sommer 1970 unternahm der damals gesundheitlich schwer angeschlagene und innen- wie außenpolitisch in die Enge getriebene «Rais» einen verzweifelten Versuch zur Festigung seines unaufhaltsam dahinschwindenden Prestiges. Er machte sich im Bürgerkrieg zwischen den Palästinensern und Jordaniern im Königreich Transjordanien zum Vermittler. Als Gastgeber einer panarabischen Gipfelkonferenz in Kairo unternahm er wiederholt den Versuch einer Versöhnung zwischen PLO-Chef Jassir Arafat und König Hussein. Doch das Blutbad im Ammaner «Schwarzen September» konnte er nicht mehr verhindern. Fünftausend Freischärler verloren in der offenen Machtprobe mit den regulären jordanischen Truppen ihr Leben. Der Rest verließ Jordanien, und die PLO verlor jeglichen Einfluß in diesem Nachbarland Israels, das für ihre Ziele strategisch am günstigsten gelegen war. Am Ende der Gipfelkonferenz machte der ägyptische Präsident einen resignierten Eindruck. Bei der Verabschiedung des Emirs von Kuweit auf dem Kairoer Flughafen befiel ihn ein Unwohlsein und man fuhr ihn in seine nahegelegene Privatwohnung. Sein Vertrauter Mohammed Hassanein Heikal überlieferte seine letzten Stunden. Am Flughafen schon oder auf dem Nachhauseweg erlitt er nach der Feststellung seiner Ärzte eine erste Herzattacke. Man bettete ihn im bescheidenen Schlafzimmer von Manchiet el-Bakri, wo er fast sein ganzes Leben als erwachsener

198

Mann und Familienvater gelebt hatte, zur Ruhe. Während ihn drei Ärzte versorgten, versammelten sich im Vorzimmer neben seiner Frau Tachia die Vizepräsidenten und seine engsten politischen Vertrauten. Am frühen Nachmittag folgte ein weiterer Herzanfall. Er wurde jedoch von einer leichten Besserung abgelöst. Um fünf Uhr griff der «Rais», der nur noch wenige Minuten zu leben hatte, nach dem Kofferradio auf seinem Nachttischchen und hörte die arabischen Nachrichten von Radio Kairo. Dann sagte er, und es waren seine letzten Worte: «Ich habe nicht gefunden, was ich erwartete!» Er schloß ermattet die Augen, und während sein Arm kraftlos herabsank, tat sein geschwächtes Herz den letzten Schlag.

Arabiens Führer, der größte seit Mohammed und Salach Eddin, war tot, und durch die arabische Welt zwischen Atlas und Hindukusch ging ein Aufschrei namenlosen Schmerzes. Der Fellachenjunge aus Oberägypten, dessen Vorfahren aus Zentralarabien herübergekommen waren und dessen Vater ein einfacher Postbeamter gewesen war, stand am Ziel seiner einzigartigen Karriere. Seine Herrschaft über Ägypten war nach allen gültigen politischen Kriterien zwar eine Diktatur gewesen. Und doch hatte der Nildiktator auf einzigartige Weise die Hoffnungen und Sehnsüchte aller Menschen in seinem Land und in der arabischen Welt verkörpert. Seine Person hatte am Ende der antikolonialistischen Selbstbefreiung der Araber gestanden, und die Araber hatten durch ihn ein neues Selbstwertgefühl und einen neuen Sinn für ihre nationale Würde erlangt. Die nur drei Jahre nach seinem Tod unternommene Herausforderung des Westens durch die Ölkrise wäre ohne das Nachwirken seiner Persönlichkeit unmöglich gewesen. Inzwischen sind in Ägypten die Attribute des mit dem «Rais» getriebenen Personenkultes aus der Öffentlichkeit verschwunden. Man spricht nur noch selten von ihm. Der Staudamm von Assuan, den er, wie die Pharaonen die Pyramiden, zu seinem gigantischen Denkmal ausersehen hatte, erfüllte die in ihn gesetzten Erwartungen nicht. Der sich dahinter erstrekkende riesige Stausee trägt zwar noch seinen Namen, aber er schenkte den Fellachen nicht den versprochenen Wohlstand. Sie verloren ihre Heimstätten, und ihre neuen Felder, die nicht wie die alten vom Nilschlamm gedüngt werden, erbringen keine drei Jahresernten. Man registrierte im Gegenteil, trotz massiven Kunstdüngereinsatzes, zurückgehende Ernteerträge. Und im Nildelta versalzen die landwirtschaftlichen Kulturen.

Die Wiederherstellung der arabischen Einheit blieb eine Chimäre. Im Augenblick von Gamal Abdel Nassers Tod waren die Araber zerstrittener als je zuvor in ihrer wechselvollen Geschichte, und sie blieben es bis auf den heutigen Tag. Der Kampf um die Rückgewinnung Palästinas, der seit seiner Zeit als junger Garnisonskommandant in El-Faludscha sein Ziel geblieben war, hatte mit katastrophalen Niederlagen geendet. Er, der es als einziger ungefährdet hätte tun können, hatte den erlösenden Weg zum Frieden nicht beschritten. Und dennoch war er ein großer Mann, die größte politische Führerpersönlichkeit der arabischen Welt dieses Jahrhunderts. Wie kein anderer befand er sich stets im absoluten Einklang mit ihren Hoffnungen, Sehnsüchten und Leidenschaften. Er ruht, verborgen wie die Leichname der Pharaonen, an einem unbekannten Platz unter dem Fundament der nach ihm benannten neuen Moschee, die unweit seines Hauses in Manchiet el-Bakri errichtet worden ist. Nur wenige halten hier noch zuweilen eine stille Andacht. Doch liegen immer frische Blumen auf der Grabplatte. Und als einmal ruchlose Grabräuber, mit der hellen «Galabiah» der Fellachen bekleidet, nach Reliquien suchten, ergriffen die Wachtsoldaten die Flucht. Befragt, warum sie nichts unternommen hätten, gaben sie zur Antwort: «Wir glaubten fest, es seien Engel!»

Als hätten sie Furcht, ducken sich die niedrigen und mit Schilfrohr gedeckten Lehmziegelhütten eng aneinander. In den schmalen Gassen treibt ein milder Nachtwind spielerisch die Sandkörner vor sich her. Hier und da röhrt ein Esel im Schlaf, und ein hungriger Ziegenbock gibt ihm meckernd Antwort. Das Vogelgezwitscher klingt erst verhalten. Die Hähne plustern sich auf und stecken dann doch noch einmal den Kopf ins Gefieder. Noch scheint ein fahler Mond, und es ist noch Zeit bis zum Sonnenaufgang und dem ersten Hahnenschrei. Die Nachtwächter übermannt in dieser Stunde, wenn alle Gefahr vorbei zu sein scheint, am leichtesten der bleierne Schlaf. Fröstelnd hüllen sie sich in ihre Decken. Die Musketen entfallen ihren klammen Fingern, und sie wechseln über in das Reich der Träume. Keiner vernimmt das leise Hufgetrappel vor den verschlossenen Stadttoren. An einer schadhaften Stelle der Mauerbefestigung verhalten die nur schemenhaft erkennbaren Reiter. Ein hünenhafter vollbärtiger Mann in den Zwanzigern gibt leise seine Befehle. Die Reiter sitzen ab und klettern mit ihren Gewehren, Schwertern und Messern über das Mauerwerk. Niemand bemerkt etwas.

Die Fremden kennen sich aus. Die Familie ihres Anführers hatte hier seit Menschengedenken ihren Erbsitz. Der Sohn ist, nachdem er im Kindesalter aus der angestammten Heimat vertrieben wurde und mit dem von feindlichen Kriegern geschlagenen und verjagten Vater lange das bittere Brot der Emigration essen mußte, zurückgekommen, um sich wieder zu holen, was ihm rechtens gehört. Der Handstreich gelingt. Ehe der Muezzin vom Minarett der Hauptmoschee im aufgehenden Sonnenlicht seinen melodiösen Ruf zum ersten Morgengebet erschallen läßt, befindet sich die ganze Stadt in der Hand der Eroberer. Ihr Anführer kniet dankbar auf dem vor ihm ausgebreiteten Gebetsteppich, verneigt sich in Richtung

Mekka und betet mit kräftiger Stimme die uralten Verse: «Allah ist Allah! Es gibt keinen Gott außer Gott! Und Mohammed ist sein Prophet!»

Man schreibt das Jahr 1902. Er-Riad, seit 1821 Stammsitz der Scheichfamilie es-Saud, ist von nun an Hauptstadt des werdenden Staates Saudi-Arabien. Abdel Asis III. Ibn Abderrachman Ibn es-Saud ist heimgekehrt in die Stadt seiner Väter.

Er-Riad war damals ein bedeutungsloses Städtchen mitten in der Wüste. Eine Oase, deren Wasser die Palmen und die Früchte auf den kargen Äckern seiner anspruchslosen Bewohner wachsen läßt, eine Handvoll jämmerlicher Lehmhütten, die sich um die denkbar einfachen Moscheen drängen. Das ist alles. Von hier wird jedoch von nun an die erfolgreichste Einigungsbewegung der Arabischen Halbinsel seit dem Auftreten des Propheten Mohammed ausgehen. Saudi-Arabien, wie sich der künftige Staat nach seiner Gründerfamilie einmal nennen wird, greift zwar nicht mehr direkt nach der Weltherrschaft wie die Nachfolger Mohammeds. Aber es wird der Tag kommen, an dem er die übrige Welt mit einer nicht weniger lebensgefährlichen Herausforderung konfrontiert. Abdel Asis – den die Seinen später «Ibn Saud den Großen» nennen – ahnt von alledem nichts. Er-Riads Zurückeroberung in der gnadenlosen Stammesauseinandersetzung mit der verfeindeten Sippe der Raschidis ist für ihn zunächst nur der erste Schritt zur Festigung seiner Macht in dem angestammten Kernland seiner Familie, dem Nedschd. Um sie zu sichern, fördert er mit sicherem Instinkt die Niederlassung der nomadisierenden Beduinen. Er weiß, daß sich nur Seßhafte einer politischen Zentralgewalt zu unterwerfen bereit sind, kaum aber die stolzen Söhne der Wüste. Abdel Asis stammt zwar aus einem eher unbedeutenden Clan. Die Stammesscheiche seiner Familie lassen sich nicht, wie die der vornehmeren Konkurrenten, bis auf die Familie des Propheten zurückverfolgen. Mit derjenigen, die traditionell in Mekka herrscht und in dem

202

Haschimitenfürsten Hussein sogar den König des benachbarten Hidschas stellt, verbindet ihn nichts als Feindschaft. Doch eine seiner Vorfahrinnen verband sich vor hundert Jahren in einer «politischen Heirat» mit einem bedeutenden zentralarabischen Reformator des Islams. Wie Mohammed wetterte dieser gegen die Entartung des reinen Glaubens an Allah und tat Götzendienst, Alkohol und Tabak in Acht und Bann. Aus dieser Verbindung war die Sekte der Wahhabiten entstanden, genannt nach ihren Gründern, und hervorgegangen aus einer schon von Mohammed vorexerzierten Verknüpfung von religiösem Sehertum und wirtschaftlicher Macht. Hat sich Abdel Asis vorgenommen, das Wunder von Mekka zu wiederholen und Arabien abermals im Zeichen von Halbmond und Schwert zu einigen? Niemand weiß es. Der Nedschd wird jedenfalls binnen eines Jahrzehntes zu einem straff organisierten und religiös und politisch geeinten Zentralstaat. Die bindungslose Nomadengesellschaft weicht allmählich einer urbanen Oasenkultur. Ihr geistliches und politisches Oberhaupt in einer Person ist Abdel Asis.

Die «Hohe Pforte» merkt lange nichts und verschließt, wie immer in solchen Fällen, zunächst fest die Augen. Erst 1914, als sie an der Seite der sogenannten Mittelmächte Deutschland, Österreich und Italien in den Ersten Weltkrieg eintritt und sich von äußeren Feinden schlimmer als jemals zuvor bedrängt fühlt, legalisiert sie die längst zur Tatsache gewordene Vorherrschaft Abdel Asis' über ein Drittel der Arabischen Halbinsel. Gönnerhaft macht sie ihn zum türkischen «Wali» («Gouverneur») der abgelegenen Provinz. Die Türken scheinen nichts begriffen zu haben. Kein Mensch erinnert sich in Istanbul des erst rund hundert Jahre zurückliegenden Wahhabitenaufstandes. Damals ließ der Sultan dessen Oberhaupt einfach in seine Hauptstadt transportieren, und ganz Istanbul erlebte auf dem Platz vor der ehrwürdigen «Hagia Sophia» seine Enthauptung. Heute macht der Sultan den Nachfahren zum Gouverneur. Man wird doch wohl noch mit dem unbedeutenden Stammesscheich in dieser entlegenen Provinz fertig werden. Sicher hat er das schimpfliche Schicksal seines allzu übermütigen Vorfahren noch im Gedächtnis. Hauptsache, er greift nicht wieder nach den heiligen Stätten des Islams. Die Fahne des Propheten und der Schlüssel zur Kaaba ruhen sicher in den Tresoren des türkischen Großwesirs, Allah sei Dank! Die Pforte merkt nicht, daß der ehrenwerte Nachkomme des Propheten, der Scherif Hussein von Mekka, dort längst seine eigene Suppe kocht und mit den Engländern konspiriert. Und Hussein wiederum ahnt nichts von der ihm drohenden Gefahr aus dem benachbarten Nedschd. Nicht er, der Haschimitensproß, dessen Familie älter ist als der Prophet, und der sich noch 1917 in einzigartiger Verkennung der innerarabischen Machtverhältnisse selber zum König von Arabien und 1924 sogar zum Kalifen des Islams ernannte, sondern der Emporkömmling Abdel Asis «erbt» schließlich die in Istanbul aufbewahrte Reliquie aus den Resten der Prophetenfahne und den goldenen Schlüssel zur Heiligen Kaaba.

Als Abdel Asis den «Ferman» – den Erlaß des Padischahs – über seine Ernennung zum türkischen «Wali» des Nedschd entgegennimmt, weiß er sich jedenfalls seinem Ziel nahe. Der Weltkrieg, der sich unterdessen außerhalb seines kleinen Wüstenreiches abspielt, ist für ihn ohne Interesse. Mit seherischer Klarheit erkennt er allerdings die Absichten der in ihn verstrickten Mächte ebenso wie seine eigenen Chancen. Im Gegensatz zu seinen alten Gegenspielern, den Emiren Ibn Raschid des Hail, die sich auf die türkische Seite schlugen, und zu dem ehrgeizigen Hidschaskönig Hussein aus dem Haus der Haschimiten, der auf die britische Karte setzte, entscheidet er sich für die Neutralität. Am Ende sind Türken und Briten samt ihren zentralarabischen Parteigängern die Betrogenen. Die Raschidis diskreditieren sich selbst durch ihre Nibelungentreue zu den Türken; die Haschimiten indessen werden von den Engländern hereingelegt. Sie lachen nur über die völlig unrealistischen Ansprüche des Scherifen Hussein auf den Königsthron Arabiens und die Kalifenwürde des Islams. Was weder Hussein noch Abdel Asis wissen: Arabien wurde längst aufgeteilt, und zwar zwischen Großbritannien und Frankreich. Zwei ehrenwerte Gentlemen, ein britischer Sir und ein französischer Monsieur namens Sykes und Picot hatten die Grenzen gezogen, wie es ihnen – oder besser gesagt: ihren auftraggebenden Regierungen – gerade so paßte.

Dies ist die Stunde Abdel Asis'. Für Albion, das perfide, ist der Nedschd ebenso uninteressant wie für den auf der Seite des Feindes stehenden Hail. Vom Erdöl, das man hier einmal finden und das die Welt nachhaltiger verändern wird als die auf schrecklichen Wortbrüchen beruhenden Geheimverträge der sehr ehrenwerten Herren Sykes und Picot, hat man noch kaum eine Ahnung. Nicht auszudenken, was sonst passiert wäre. Ein bißchen mehr Weitblick bei dem britischen Adligen und seinem französischen Helfershelfer, nach dem bis heute eine Beiruter Straße benannt ist, hätte der westlichen Welt vielleicht sogar die Erdölkrise der siebziger Jahre erspart ... Abdel Asis jedenfalls war sich über die wahren Ziele der beiden europäischen Mächte nur zu sehr im klaren. Geschickt entzog er sich ihren Umarmungen. Gestützt auf den ihm von den Engländern zuerkannten Sultanstitel, machte er sich zunächst an die Abrechnung mit seinem Todfeind Ibn Raschid. Dieser hatte auf das falsche Pferd gesetzt, auf das inzwischen aufgelöste Osmanische Reich. Die Kämpfe erstreckten sich über die Jahre 1921 und 1922, und an ihrem Ende stand die Unterwerfung der heutigen Provinz Hail unter die Wahhabitenherrschaft. Abdel Asis bekam – und das hatten die Engländer nicht vorausgesehen – jetzt erst richtigen Appetit. Nach einer zweijährigen Atempause überfiel er seinen letzten bedeutenden Gegenspieler, den früheren Verbündeten der inzwischen wortbrüchig gewordenen Briten und tragikomischen «König von Arabien», Scherif Hussein von Hidschas. 1925 war

205

der Wahhabitensultan auch im Besitz der heiligen Stätten von Mekka und Medina, und Hussein ging in die Emigration. Die Unterwerfung des Emirates Asir als vierter Provinz seines Reiches war danach nur noch eine Formsache. Kuweit verschonte er nur, weil der dortige Emir ihm einst Asyl gewährt hatte! An der Eroberung der übrigen Duodezfürstentümer an der Küste des Persischen Golfes hinderte ihn die britische Anwesenheit. Der Griff nach dem Jemen erwies sich als zu großer Brocken.

1927 machte sich Abdel Asis zum König und nannte sein Land Saudi-Arabien. Seine innenpolitischen Hauptziele blieben auch jetzt die Seßhaftmachung der nomadisierenden Beduinenstämme und die Schaffung einer urbanen Gesellschaftsform als sicherer Grundlage für die Herrschaft seiner Dynastie. Gegenüber den selbstbewußten und einflußreichen Stammesscheichen trieb der Monarch, dem man eine legendäre Manneskraft nachsagte, eine geschickte Heiratspolitik. Jedem Clan, der etwas zu sagen hatte, war die Entsendung eines seiner weiblichen Mitglieder in den Harem des Königs eine Ehre.

Im Dualismus der europäischen Kolonialmächte der Zwischenkriegszeit verhielt sich der Monarch ebenso neutral wie im Zweiten Weltkrieg. Seit 1930 stand die wirtschaftliche Entwicklung in dem riesigen Wüstenreich im Zeichen zunehmender Erdölförderung. In weiser Voraussicht vergab er die Konzessionen nur an die «Arabian American Oil Company» (ARAMCO). Die Amerikaner hatten, wie er richtig spekulierte, keinerlei imperialistische Ambitionen im Nahen Osten. 1945 war der Wüstenkönig bereits eine der interessantesten Figuren auf dem Schachbrett der Weltpolitik. Auf einem im Suezkanal ankernden amerikanischen Flugzeugträger speiste er mit dem tief von ihm beeindruckten Präsidenten Franklin Delano Roosevelt. Seine letzten Lebensjahre galten der Sicherstellung der dynastischen Zukunft seiner Familie. Er hatte vierundvierzig Söhne, doch im Gegensatz zur arabisch-islamischen Tradition zwang er seine unmittelbaren

Nachkommen zur Anerkennung des Erstgeburtsrechts. Abdel Asis hat einmal gesagt, die schönsten Perlen in seiner Krone seien seine Söhne. Er machte sich allerdings keine Illusionen über ihre unterschiedlichen Fähigkeiten und charakterlichen Mängel. Dennoch ernannte er seinen ältesten überlebenden Sohn Saud noch zu seinen Lebzeiten zum legalen Thronfolger. Auf dem Totenbett zwang er den ungleich fähigeren jüngeren Sohn Feisal zur Anerkennung dieser Entscheidung. Feisal hielt sich getreulich an sein Versprechen und entthronte seinen Bruder erst im Augenblick höchster Gefahr für den Fortbestand der Monarchie und des Reiches. Am 9. November 1953, als in Ägypten gerade erst die panarabische Revolution eines unbekannten jungen Fellachenobersten namens Gamal Abdel Nasser begonnen hatte, schloß der alte König in dem Luftkurort Taif die Augen.

Die Verschwendungssucht des neuen Königs, der bei seiner Thronbesteigung gerade fünfzig Jahre alt geworden war, führte Saudi-Arabien binnen einem Dutzend Jahren an den Rand des Ruins. Zu schaffen machten ihm aber auch die zunehmenden subversiven Aktivitäten der Ägypter. 1964 stand das durch seine Erdölproduktion unermeßlich reich gewordene Land praktisch vor dem Staatsbankrott. Gedrängt von seiner Familie und der von der Prunksucht des Herrschers abgestoßenen puritanischen Geistlichkeit, übernahm Kronprinz Feisal das Ruder. Anfang 1965 stürzte man Saud. Er ging ins Exil, konspirierte sogar noch mit seinem einstigen Todfeind Gamal Abdel Nasser gegen den eigenen Bruder, starb aber 1969 frühzeitig gealtert als schwerkranker Mann in Athen.

Feisal war nicht nur ein tiefreligiöser Mensch so ganz nach dem Geschmack der wahhabitischen Puritaner (zeitlebens hatte er nur eine Ehefrau und befleißigte sich eines relativ bescheidenen Lebensstils), sondern er war auch ein politisches Naturtalent. Als Vierzehnjähriger schon stellte er seine staatsmännischen Fähigkeiten als offizieller Vertreter seines Landes bei Verhandlungen in

London unter Beweis. Als König gelang ihm das scheinbar Unmögliche. Im Handumdrehen sanierte er die zerrütteten Staatsfinanzen, drängte den Einfluß des lebenssüchtigen Prinzenclans zurück und begann eine am Islam ausgerichtete vorsichtige, aber zielstrebige Reformpolitik. Die Ölmilliarden flossen von nun an fast ungeschmälert in die Entwicklung des Landes. Städte wurden modernisiert, Straßen, Flugplätze und Hafenanlagen wurden ausgebaut, Krankenhäuser, Schulen und Universitäten entstanden, und eine echte Revolution war schließlich die Zulassung von Frauen zu den Lehranstalten. Die Geistlichkeit war allerdings der Ansicht, Neuerungen wie diese seien des Teufels. Doch keiner kam gegen das Verhandlungsgeschick des Königs auf. Das berichtet eine für ihn sehr bezeichnende Anekdote. Eine Abordnung der islamischen Geistlichkeit beklagte sich bei einer Audienz im Königspalast bitter über die Einführung des obligatorischen Schulunterrichtes für Mädchen. «Wo kommen wir hin, wenn wir alles nachäffen, was uns die Ungläubigen vormachen?», argumentierten sie. «Von solchen Dingen steht doch, Allah sei unser Zeuge, kein Wort im Heiligen Koran!» Feisal lächelte nur fein und gab einem Diener einen halblauten Befehl. Dann verabschiedete er, ohne etwas entschieden zu haben, seine konsternierten Gäste. Sie suchten im Palasthof vergeblich nach ihren dort geparkten Luxuswagen. «Davon steht auch nichts im Koran!», sagte der unbemerkt hinter sie getretene König.

In der Endphase seiner Herrschaft entwickelte sich Feisal zum von allen anerkannten interarabischen Schiedsrichter. 1967, nach dem verlorenen Sechstagekrieg, reichte er dem früheren Todfeind seiner Dynastie die Hand zur Versöhnung und hielt Gamal Abdel Nasser durch seine Millionenzuwendungen über Wasser. Er setzte sich sogar mit dem Revolutionär Jassir Arafat an den Verhandlungstisch und war einer der entschlossensten Verfechter der arabischen Ansprüche auf Palästina. Die Existenz Israels war für ihn vor allem eine religiös verstandene Provokation. Dennoch ließ er häufig durchblicken, er sei nicht prinzipiell gegen die Existenz des Judenstaates in Palästina. Sein größter Wunsch, vor seinem Tod, dessen Nähe er vorausahnte, noch einmal im geheiligten islamischen Tempelbezirk von «El-Kuds» (Jerusalem) beten zu können, ging allerdings nicht in Erfüllung. Feisal rettete das Lebenswerk seines Vaters vor einem frühzeitigen Untergang. Doch erntete er, vor allem in der eigenen Familie, wenig Dank dafür. Ein Prinz seines eigenen Hauses, Hippie und möglicherweise Revolutionär, erschoß ihn während einer Massenaudienz im Innenhof des Königspalastes von Er-Riad. Mit letzter Kraft bat der Sterbende um Gnade für den Attentäter. Über den urteilte ein Geheimgericht. Dem Schuldspruch folgte die öffentliche Enthauptung auf dem Fuß. Die Saud-Familie scheute das Waschen schmutziger Wäsche in der sensationslüsternen Öffentlichkeit. Viele für die Zukunft des Wüstenkönigreiches lebenswichtige Fragen blieben deshalb unbeantwortet. Handelte es sich lediglich um eine innerfamiliäre Abrechnung? Immerhin gehörte der jugendliche Mörder zum engeren Clan des von Feisal vom Thron verdrängten Vorgängers Saud I. Oder war der offensichtlich rauschmittelsüchtige Prinz der verlängerte Arm arabischer Gegner des saudischen Königshauses, wie etwa des halbverrückten libyschen Militärdiktators Oberst Moammer el-Gaddafi?

Neuer König wurde Chalid, Kronprinz wurde Fachd, beides jüngere Brüder des ermordeten Herrschers und wie er Söhne des Staatsgründers. Die Reformpolitik wurde zielstrebig fortgesetzt, die meisten Schlüsselpositionen in Politik und Verwaltung blieben in den Händen von Mitgliedern der Königsfamilie. Die Dynastie des unbekannten Duodez-Emirs aus dem leeren Wüsteninneren der Heimat des Propheten Mohammed bewies erneut ihre Lebenskraft. Das zeigte sich besonders bei der sogenannten Ölkrise im Herbst 1973. Ohne Saudi-Arabien wäre sie kaum durchzusetzen gewesen. Doch Saudi-Arabien setzte ihr auch die Grenzen. Die Wüste verzichtete auf einen billigen Triumph. Die Zivilisation zu zerstören, lag nicht in ihrem Interesse; sie wollte an ihr teilhaben. Abdel Asis' Saat war aufgegangen. Die Araber gehörten – vierzehnhundert Jahre nach dem Auftreten ihres Propheten Mohammed – endlich wieder zu den Mitgestaltern der Weltgeschichte.

Piraten-Dhaus im Wind des «schwarzen Goldes»

Die Wächter vom Bab el-Kebir und vom Bab es-Sekir verkünden mit weithin schallender Stimme die Schließung der Stadttore. Glutrot versinkt die Sonne hinter den dünnen Wolkenbänken am Horizont. Dunkel legt sich schlagartig auf das Meer und die Wüste. Die Passanten entzünden eilig die Petroleumlämpchen vor ihrer Brust, und ihr Flackern erhellt als einzige Beleuchtung ihre bärtigen und windgegerbten Gesichter. Das Abendgebet in der Moschee ist die letzte Verrichtung des Tages. Danach strömt alles nach Hause. Die Straßen gehören den Nachtwächtern und den streunenden Hunden.

Im Palast zählt ein verkniffener alter Mann mit gierigen Augen sein Geld. Wie Walt Disneys Dagobert Duck mißtraut er Banken und hortete früher sein ständig wachsendes Vermögen in Münzen und Goldbarren. Der Mangel an Platz zwang ihn jedoch zum Umtausch in Geldscheine. Beim Zählen stellt er fluchend fest, daß die Ratten wieder mehr von seinem Geld aufgefressen haben, als er selbst verbraucht. Zornig stößt er die alten blechernen Keksdosen, in denen er seinen Schatz aufbewahrt, wieder unter seine Bettstatt und legt sich schlafen. Am Morgen wird er aufgeregt nach dem britischen Agenten rufen und von ihm Gift und Fallen gegen die Rattenplage verlangen. Der Vorschlag des konsternierten Diplomaten, den immer größer werdenden Reichtum einer Bank anzuvertrauen, stößt auf taube Ohren. Seine Hoheit Sultan Said Bin Taimur ist ein sehr eigenwilliger Herr. Niemand soll von seinem Schatz wissen. Er will ihn für sich allein behalten. Von wirtschaftlicher Entwicklung hält er nicht das geringste. «Meinen Untertanen geht es gut genug», räsoniert er. «Wenn ich sie auf die Schule schicke, lernen sie nur, nach dem Thron zu trachten!»

Muskat, wo der mittelalterliche Despot regierte, ist die Hauptstadt des Sultanats Oman. Früher einmal war es ein sehr reiches Land. Omanische Seefahrer durchpflügten mit ihren schnellen Segel-Dhaus schon im dritten vorchristlichen Jahrtausend die südlichen Meere und trieben Handel mit Ostafrika und dem Fernen Osten. Sie exportierten Muskatnüsse und Weihrauch und importierten Seidenstoffe, Gewürze und Sklaven. Auf der soliden Grundlage des dadurch geschaffenen wirtschaftlichen Wohlstandes entwickelten sich in dem ganzen Küstengebiet zwischen Muskat und Aden großartige Hochkulturen und hinterließen bis heute bestehende kostbare Werke der Baukunst. Der Reichtum weckte bald die Begehrlichkeit mächtiger Nachbarn, und der Küstenstreifen erlebte mehrere einander abwechselnde Fremdherrschaften. In den ersten nachchristlichen Jahrhunderten waren es die Perser. Im siebten Jahrhundert folgten ihnen die Araber und bekehrten Oman als erstes Gebiet außerhalb Zentralarabiens zum Islam. Im sechzehnten Jahrhundert kamen die Portugiesen.

1869 versetzte die Eröffnung des Suezkanals dem omanischen Seehandel den Todesstoß. Die Europäer hatten schnelle Dampfschiffe, die Omanis nur Segler. Seit dem Ende des achtzehnten Jahrhunderts geriet das Gebiet unter britischen Einfluß und wurde nach der Einweihung des Suezkanals als Protektorat ein wichtiges Verbindungsstück zwischen den britischen Besitzungen westlich und östlich von Suez. Die Engländer verschlossen das Land hermetisch von der Außenwelt und taten für seine politische Modernisierung und wirtschaftliche Entwicklung nichts. 1963 entdeckte man jedoch die ersten

Erdölquellen und schon 1967 begann die sich rasch steigernde und zum erstrangigen Wirtschaftsfaktor entwickelnde Erdöl-Ausfuhr. Eine neue Zeit war angebrochen.

Der alte Sultan erkannte ihre Zeichen nicht. Im Sommer 1970 stürzte ihn sein in Europa erzogener Sohn Kabus Bin Said in einem unblutigen Staatsstreich. Mit dem Aufbau einer funktionsfähigen Zivilverwaltung bahnte sich zugleich eine rasante wirtschaftliche Entwicklung an. Die Erdölmilliarden floßen in den wirtschaftlichen Aufbau, man begann mit dem Abbau anderer Mineralien, der Entwicklung der Landwirtschaft, der Intensivierung der Fischerei und der Ansiedlung von Industrien. Die Omanis sind talentierte und leicht lernende Arbeiter, und man gibt ihren Exportprodukten große Chancen in den benachbarten asiatischen und afrikanischen Staaten.

Die politische Modernisierung hielt mit dem wirtschaftlichen Aufbau jedoch ebenso wenig Schritt, wie in den unmittelbar benachbarten Duodez-Scheichtümern an der ehemaligen Piratenküste. Diese Kleinstaaten lebten noch zu Anfang unseres Jahrhunderts ausschließlich von Perlenfischerei, Falkenjagd und Fischerei. Das Erscheinen Großbritanniens an der Küste des Persischen Golfes und die mehr oder weniger erzwungenen Schutzverträge mit den Scheichen bereiteten dem einträglichsten Erwerbszweig, dem Sklavenschmuggel, ein Ende. Die Perlentaucherei verlor nach dem Aufkommen der japanischen Zuchtprodukte ebenfalls ihre Bedeutung. Diese trostlosen Zukunftsaussichten hatten sich erst durch die Entdeckung der ersten Erdölquellen geändert. 1932 sprudelte das «schwarze Gold» aus dem Boden der Bachrein-Inseln. Kuweit und Katar hatten bald darauf ähnliches Glück. In Bachrein und Kuweit, das über die größten bis jetzt bekannten Rohölreserven verfügt, ermöglichte dies einen atemberaubenden wirtschaftlichen Aufstieg.

In Bachrein, das schon mit der Planung für die Zeit nach dem Versiegen des Ölreichtums begonnen hat, entstanden leistungsfähige Exportindustrien, und die Inselgruppe entwickelte sich zum bedeutendsten Handelsmittelpunkt am Persischen Golf. Kuweit, dessen Bevölkerung zur Hälfte aus Ausländern besteht, ging einen anderen Weg. Es wurde zu einem vorbildlichen Sozialstaat. Seine niedrige Bevölkerungszahl und seine geringe räumliche Ausdehnung zwangen es darüber hinaus zur wirtschaftlichen Expansion. Es beteiligte sich an Entwicklungsprojekten in anderen arabischen Staaten, gab ihnen umfangreiche Kredite und erwarb schließlich auch europäische Industriebeteiligungen, von denen es sich die finanzielle Sicherung seiner Zukunft erhofft. Der plötzliche Wohlstand dämpfte die politische Unruhe in den Kleinstaaten an der zentralarabischen Küste jedoch keineswegs, sondern vergrößerte sie noch. In Bachrein gab es schon in den dreißiger Jahren die ersten Streiks, und eine selbstbewußte Arbeiterschaft drängt heute auf raschere und tiefergreifende Reformen als die, welche die um ihre Throne fürchtenden Emire und Scheiche zuzugestehen bereit sind. In Kuweit bilden die rund fünfzigtausend palästinensischen Emigranten ein Element ständiger sozialer Unruhe; in den übrigen Kleinstaaten warten straff organisierte revolutionäre Untergrundgruppen auf ihre Stunde.

Der Ölreichtum sicherte also die Überlebensfähigkeit der Scheichtümer nicht und verschaffte ihnen auch keinen politischen oder auch nur wirtschaftlichen Einfluß auf das Weltgeschehen. Als Großbritannien seine Kronkolonie Aden räumte, fiel die von ihm protegierte «Südarabische Föderation» in deren Hinterland wie ein Kartenhaus in sich zusammen, und die Duodezfürsten verschwanden von der Bühne (1967). Ähnliches zu erwarten steht für die übrigen kleinen Küstenstaaten. Der Sultan von Oman behauptet sich seit Jahren gegen die von der «Demokratischen Volksrepublik Südjemen» mit ihrem marxistischen Regime im Süden unterstützten «Dhofar-Rebellen» nur mit persischer, jordanischer und britischer Hilfe. Sollte es zu politischen Verwicklungen an der ehemaligen

213

Piratenküste kommen, dürfte deren Zukunft von den beiden großen Golfanrainern Persien und Saudi-Arabien unter sich ausgemacht werden. Kuweit seinerseits befindet sich seit langem in einem ständigen Spannungsfeld zwischen Er-Riad und Bagdad. König Ibn Saud der Große verzichtete im Zug der Einigung seines Reiches nur aus Dankbarkeit für das einst gewährte politische Asyl auf die Annexion, und der Irak bequemte sich nur mühsam zur Anerkennung der Souveränität Kuweits. Niemand kann ausschließen, daß beide Seiten im richtigen Augenblick die alten Ansprüche wieder aus den Schubladen holen und ihre Hand auf das kleine Ölparadies zu legen versuchen. Es ist leicht vorauszusehen, daß dieses ganze Gebiet spätestens beim Abklingen des Ölbooms für lange Zeit zu einem permanenten interarabischen Krisenherd avancieren wird.

Die beiden Jemen oder: Die Qual der Wahl

«Arabia felix» («Glückliches Arabien») nannten die Römer das geheimnisvolle Land am Südzipfel des zentralarabischen Wüstengürtels. Hier, in den fruchtbaren und klimatisch begünstigten Gebirgstälern, entstanden – anders als in der angrenzenden menschenleeren und menschenfeindlichen Wüste – schon sehr früh die antiken Hochkulturen der Minäer, Sabäer und Himjariten. Von hier kam die biblische Königin von Saba mit einer prächtigen Karawane und brachte dem weisen König Salomo Weihrauch, Gold und Silberschmuck. Der Legende zufolge zeugte sie mit ihm den Ahnherrn der äthiopischen Kaiserdynastie. Naturkatastrophen wie der Dammbruch von Marib und die Invasion der Abessinier und Perser führten im sechsten nachchristlichen Jahrhundert zur Zerstörung der alten Herrlichkeit. Der Kalif Abu Bekr, der Schwiegervater des Propheten Mohammed, eroberte das Land zwischen 632 und 634 und bekehrte die Bevöl-

214

kerung zum Islam. Eine Zeitlang bewahrte es jedoch sein Eigendasein. Bis 840 gab es noch ein jakobitisches christliches Bistum in der späteren Hauptstadt Sana und bis zur Gründung Israels im Jahr 1948 eine damals über fünfzigtausend Seelen zählende jüdische Gemeinde. Doch das einst blühende Paradies glitt unaufhaltsam in eine lange Stagnationsperiode hinüber. 1517 wurde es für vierhundert Jahre zum Protektorat des Osmanischen Reiches. Die lokale Macht hatten seit Anfang des zehnten nachchristlichen Jahrhunderts die Imame der Saiditen, einer schiitisch-islamischen Sekte erobert, doch wurde dieser langwierige Prozeß erst mit dem Zusammenbruch der Türkei im Ersten Weltkrieg vollendet.

Seit 1918 waren die Imame weltliche und geistliche Herrscher ganz Jemens. 1926 machte sich Imam Jachja zum König. Der Jemen wurde unter seiner Herrschaft zu einem der verschlossensten und geheimnisvollsten Länder der Erde. Einreisevisa wurden nur außerordentlich selten erteilt. Ganze Archäologie-Expeditionen verschwanden spurlos bei ihren Ausgrabungen in der Wüste. 1948 ermordete man den Imam. Sein Sohn Achmed sammelte eilig ein Heer ergebener Stammeskrieger und zog nach Sana. Die Hauptstadt wurde erstürmt, und Achmed proklamierte sich auf dem Dach des Imamspalastes, seinen Krummsäbel über dem Kopf schwingend, zum neuen König. Die Unbotmäßigkeit seiner Untertanen bestrafte er mit der Hinrichtung von dreitausend mutmaßlichen Verschwörern und verlegte seine Residenz in die Stadt Tais. Eine der ersten staatsmännischen Taten des neuen Herrschers war die Ausweisung fast der gesamten jüdischen Kolonie, als Reaktion auf die Gründung des jüdischen Staates in Palästina im gleichen Frühjahr. Mit der «Aktion Fliegender Teppich» holte man die Unglücklichen in Charterflugzeugen heim ins Gelobte Land. Der Imam trug dadurch nicht unwesentlich zur Stärkung des Menschenpotentials Israels bei, und der Jemen verlor auf einen Schlag fast seine gesamte Handwerkerschicht.

Achmed knüpfte zwar zu den wichtigsten arabischen und internationalen Mächten vorsichtige Beziehungen. Sein Land blieb jedoch so verschlossen wie vorher. Allerdings konnte er die Abwanderung Zehntausender von Untertanen, die in der Heimat kein Auskommen fanden, in die britische Kolonie Aden nicht verhindern. In den dortigen Gewerkschaften kamen sie mit modernen politischen Ideen und sozialrevolutionärem Gedankengut in Berührung, was der mittelalterlichen Dynastie schließlich zum Verhängnis wurde. Die Loyalität der Bergstämme sicherte sich Achmed am liebsten durch die Gefangennahme der Lieblingssöhne ihrer Scheiche. In Tais behandelte man sie im großen und ganzen als Gäste; wurden ihre Stammesbrüder jedoch unbotmäßig, steckte man sie in Ketten in fensterlose Kellerverliese. Über alle noch so geringfügigen Vorgänge in seinem Reich entschied der Imam höchstpersönlich. Für Bittsteller bildeten telegrafische Gesuche den einzigen Zugang zu ihm. Seine Entscheidungen kritzelte der Imam eigenhändig auf kleine weiße Zettel. Sie waren Gesetz, und gegen sie gab es keinen Einspruch. Straftäter und politische Gegner wurden, meistens im Beisein des Imams, öffentlich enthauptet. Wegen seiner Grausamkeit erhielt der König in der ganzen arabischen Welt den Spitznamen «Achmed der Dämon». Der Despot überlebte mehr als achtzig Attentate. Sein von Narben übersäter Körper glich, nach Indiskretionen ausländischer Ärzte, einem Schlachtfeld. Er starb jedoch friedlich im Bett.

Bei seinem Tod im Jahre 1948 gab es ganze vierzehn Schulen in seinem Land. Die Getreideernte war innert fünfzehn Jahren um die Hälfte zurückgegangen und die Kaffeeproduktion um über sechzig Prozent gesunken. Es gab nur drei Krankenhäuser, und Epidemien wie Typhus, Tuberkulose, Blattern und Malaria waren an der Tagesordnung. Der neue Imam Mohammed el-Badr war ein wohlmeinender Mann mit gemäßigten Reformneigungen. Noch zu Lebzeiten seines Vaters umgab er sich vorübergehend mit sowjetischen und chinesischen Beratern. Von ihm wäre eine rasche Modernisierung Jemens zu erwarten gewesen. Doch dazu sollte es nicht kommen, und zwar deshalb, weil Mohammed als erstes fast sämtliche politischen Gefangenen befreit hatte, darunter auch den von «Achmed dem Dämon» der Rebellion bezichtigten Obersten Abdullah es-Sallal. Diesen, auf dessen Dankbarkeit er zählte, hatte der neue Herrscher zum Befehlshaber seiner Palastwache gemacht. Eine Woche später unternahm es-Sallal einen teilweise erfolgreichen Militärputsch. Mit Panzern, Geschützen und Maschinengewehren wurde der Palast umzingelt und im Morgengrauen in Trümmer geschossen. Imam Mohammed entkam jedoch durch einen unterirdischen Geheimgang – manche behaupten, unter Anspielung auf seine angeblichen homosexuellen Neigungen, in Frauenkleidern – und floh auf abenteuerlichen Schleichpfaden durch die Wüste nach Saudi-Arabien. Während der vorwiegend sunnitische Süden sich zu der von es-Sallal und seinen Mitverschwörern ausgerufenen Republik bekannte, sammelte Mohammed im Grenzgebiet die königstreuen schiitischen Stämme aus der Urheimat seiner Dynastie um sich und sicherte sich saudi-arabische Waffenhilfe. Die Republik geriet rasch in Bedrängnis und rief ägyptische Truppen ins Land. Es entspann sich ein ungewöhnlich grausamer Bürgerkrieg von fünfjähriger Dauer. Zeitweilig bestand die Republik trotz der Anwesenheit von fünfzigtausend ägyptischen Elitesoldaten und pausenlosen Napalm-Bombardementen auf die royalistischen Bergfestungen und imamtreuen Dörfer nur noch aus dem südlichen Städtedreieck Sana-Tais-Hodeida, und die Königlichen standen mehrfach direkt vor den Toren der Hauptstadt. 1967 kam es zum Abzug der Ägypter. Der Bürgerkrieg endete unentschieden, und die Royalisten erhielten wieder Einfluß auf die Geschicke des Landes. Dieses blieb allerdings Republik, und die königliche Familie lebte weiterhin im Exil. In der Folgezeit kam es zu mehreren unblutigen

Staatsstreichen. Zivile und militärische Regierungen lösten einander ab, und zu guter Letzt behielt die Armee auch in der Politik das letzte Wort.

Fast genau mit der Beendigung des unentschieden gebliebenen Bürgerkrieges fiel die Unabhängigkeitserklärung der früheren britischen Kronkolonie Aden zusammen, die zur «Demokratischen Volksrepublik Südjemen» wurde. 1839 hatten die Engländer sich hier festgesetzt, die Aden zielstrebig zur wichtigsten militärischen Garnison am Kreuzpunkt ihrer kolonialen Interessen in Afrika, dem Nahen und Fernen Osten ausbauten. Adens rasch wachsende Bedeutung als Stützpunkt, Bunkerstation für die Weltschiffahrt und Standort moderner verarbeitender Industrien, wie zum Beispiel einer bedeutenden Erdölraffinerie, und die Zuwanderung großer ausländischer Minderheiten wie Jemeniten, Ostafrikaner und Inder begünstigten schon früh das Aufkommen antibritischer nationalistischer Strömungen und sozialrevolutionärer Umtriebe durch einflußreiche und straff organisierte Gewerkschaften. Abdullah el-Asnadsch, ein blutjunger Clerk der britischen Luftfahrtgesellschaft «Aden Airways», wurde als Gewerkschaftschef in den sechziger Jahren die Seele des nationalistischen Widerstandes gegen die britische Kolonialherrschaft. Blutige Zusammenstöße führten zur Auflösung der lokalen Selbstverwaltung durch den britischen Gouverneur, was aber gleichzeitig die Gründung der militanten Untergrundorganisation «Front für die Befreiung des besetzten Südjemens» (FLOSY) provozierte. Sie operierte vom Nordjemen aus und erhielt massive ägyptische Unterstützung. Daneben bildete sich unter dem späteren ersten Präsidenten der Republik, dem ehemaligen Lehrer Kachtan esch-Schaabi, als zweite Untergrundbewegung die «Nationale Befreiungsfront» (NLF). Beide Gruppen, die sich auch gegenseitig bekämpften, lieferten den Engländern von nun an einen schreckenerregenden Guerillakrieg. Attentate, Bombenanschläge und Überfälle waren an der Tages-

218

ordnung. Verhandlungen blieben ebenso ergebnislos wie die Einschaltung der Vereinten Nationen.

Vom Dachgarten des im britischen Kolonialstil erbauten «Crescent-Hotels» in der Nähe des Hafens von Aden genießt man einen der schönsten Ausblicke im ganzen arabischen Orient. Im Sonnenlicht liegen die weißen Häuser der Stadt. Im Hafen schaukeln Hunderte von Dhaus aller Größen und jeglicher Gestalt. Am Horizont vereinigen sich die Gebirge allmählich mit dem blauen Himmel. Aden gilt als eine der heißesten Städte der Erde. Ausländische Besucher, die Mitte 1967 hierherkamen, waren jedenfalls dieser bestimmten Ansicht, denn eben war vor dem Postamt ein allzu sorgloser deutscher Fernsehreporter erschossen worden. Das «Crescent-Hotel» lag inmitten einer belagerten Festung. Überall Stacheldrahtverhaue mit scharfen und häufig entwürdigenden Kontrollen der arabischen Passanten durch die britischen Besatzungssoldaten. Bei Einbruch der Dunkelheit zeigte sich niemand mehr auf den Straßen. Die Nächte gehörten den Terroristen, und fortwährend zerrissen Detonationen und Schüsse die Stille. Als ich eines Morgens aufwachte und das Hotelfenster öffnete, drang mir beißender Rauch in die Augen, und ganz in der Nähe stiegen helle Flammen zum Himmel. Ich zog mich rasch an und eilte auf die Straße. Gegenüber, direkt neben einem kleinen und mit Stacheldrahtverhauen versperrten Park mit dem Denkmal der Königin Viktoria in der Mitte, brannte ein flaches Haus. Es war das «Marina-Hotel» mit dem angrenzenden Store von Menachem Yahooda. Er war einer der letzten in dieser Hölle ausharrenden Juden. Die anderen waren längst ausgewandert. Nun war sein Besitz das Opfer von Brandstiftern geworden. Die Besatzung des direkt danebenliegenden Polizeireviers hatte angeblich nichts gehört und nichts gesehen. Der alte Mann überlebte diese persönliche Katastrophe nicht und starb bald darauf. Als Letzten beerdigte man ihn auf dem alten jüdischen Friedhof über dem Dhau-Hafen. Die Brandstiftung wurde, was wohl beabsichtigt war, zum auslösenden Element für die Massenemigration auch der letzten bis dahin noch ausharrenden Ausländer.

Der Sechstagekrieg mit seinem für die Araber vernichtenden Ausgang führte noch einmal zu einer furchtbaren terroristischen Aufwallung. Bei einer Zwischenlandung am 9. Juni 1967 in Aden gelangte ich nur in einem Panzerspähwagen in den Gouverneurspalast, und eine halbe Stunde nach meinem Weiterflug sprengten Terroristen sämtliche am Boden befindlichen Maschinen der «Aden Airways» auf dem Flughafen in die Luft. In dem Machtkampf zwischen FLOSY und NLF senkte sich die Waagschale inzwischen zugunsten der wesentlich radikaleren NLF. Ein Kompromiß war nicht mehr möglich. Am 21. November 1967 war ich Zeuge der Verhandlungen zwischen dem letzten britischen Generalgouverneur Sir Humphrey Trevelyan und einer NLF-Delegation unter Führung von Kachtan esch-Schaabi in Genf. Zu verhandeln blieb jedoch nur noch über den Zeitpunkt der Unabhängigkeitserklärung. Schon eine Woche darauf sank der «Union Jack» vom Flaggstock des Gouverneurspalastes hoch über der in einem erloschenen Vulkankrater liegenden Stadt. Die Briten verließen die Kronkolonie, und Kachtan esch-Schaabi wurde der erste Präsident des jüngsten unabhängigen arabischen Staates.

Die Armee, seit langem zielstrebig von NLF-Sympathisanten unterwandert, schlug sich sofort auf die Seite des neuen Regimes. Dennoch kam es immer wieder zu Aufständen der Stämme des Hinterlandes. Diese trauerten begreiflicherweise um die geflohenen oder verjagten Duodez-Herrscher in den Kleinstaaten der ehemaligen «Südarabischen Föderation», die Aden angegliedert worden war. Vom Jemen aus machte den neuen Herren auch immer noch die FLOSY zu schaffen. Das Verschwinden der vorwiegend aus Ausländern gebildeten wirtschaftlichen Mittelschicht und der Verlust der Arbeitsplätze bei der aufgelösten britischen Garnison führten zu anhaltenden

220

wirtschaftlichen Schwierigkeiten und Massenarbeitslosigkeit. Die Schließung des Suezkanals im Gefolge des Sechstagekrieges hatte auch den Verlust der einstigen Position Adens als Bunkerstation der internationalen Handels- und Passagierschiffahrt zur Folge. Großbritannien, das selbst mit finanziellen Schwierigkeiten zu kämpfen hatte, verweigerte die geforderte umfangreiche und langfristige Finanzhilfe und wurde dadurch an der rasch zunehmenden innenpolitischen Radikalisierung in dem neuen Staat mitschuldig. Kachtan esch-Schaabi, der alte Revolutionär, der sein halbes Leben im Untergrund verbracht und im Kreis seiner Freunde und Anhänger im Kairoer Exil von der Befreiung seiner Heimat geträumt hatte, konnte die Früchte seines unruhigen Lebens nicht lange ernten. Eineinhalb Jahre nach der Unabhängigkeitserklärung stürzte ihn eine Linksfronde in der NLF, die als einzige Partei noch zugelassen war, und neun Monate später kam er wegen einer angeblichen Verschwörung ins Gefängnis. Anstelle esch-Schaabis regierte seitdem ein mehrköpfiger Präsidentschaftsrat mit dem überzeugten Marxisten Salim Ali Rubaiji an der Spitze, einem der Teilnehmer der Genfer Unabhängigkeitsverhandlungen. Das Regime ging sofort, ebenso auf die sozialrevolutionären Traditionen in den Gewerkschaften wie auf das noch immer fortlebende krypto-marxistische Ideengut der Karmaten-Sekte gestützt, an eine umwälzende politische und soziale Umgestaltung nach den Prinzipien des wissenschaftlichen Marxismus. Die Grundstimmung der arbeitenden Massen und die katastrophalen wirtschaftlichen Verhältnisse ließen ihr gar keine andere Wahl. Zu den einzigen Verbündeten wurden die Sowjetunion und in geringerem Masse China, die Finanz- und Entwicklungshilfe leisteten. Die Sowjets erhielten auf den zu Aden gehörigen vorgelagerten Inseln Stützpunkte und stellten ihre «Bauern» frühzeitig auf das Schachbrett – für das nach Wiedereröffnung des Suezkanals losgehende weltpolitische Spiel um den Einfluß in dem ehemaligen britischen

Kolonialreich zwischen der Levanteküste im Norden, dem Persischen Golf im Osten und Afrika im Westen.

Die Wiedervereinigung beider Jemen, welche den ältesten und wichtigsten Programmpunkt der Revolutionäre von Aden darstellt, wurde bisher allerdings nicht verwirklicht. Die eher konservative Regierung des Nordjemens fürchtet nichts mehr als die sozialrevolutionären Einflüsse aus dem marxistisch beherrschten Nachbarland. Man hat hierzulande ein langes Gedächtnis. Die feudalistischen Stammesscheiche im gebirgigen nordjemenitischen Hinterland erinnern sich noch immer schaudernd an die Kriegszüge der Karmaten im zehnten Jahrhundert unserer Zeitrechnung. Damals waren sie über Oman und den Hadramaut bis tief in den Jemen hinein vorgedrungen, hatten die Sympathie der unterdrückten Bauern gewonnen, die Städte geplündert und sich rund fünfundzwanzig Jahre lang gegen die überlegene Streitmacht des Kalifen gehalten. Früher oder später, so fürchten sie heute, könnte sich das wiederholen. Die Jemeniten haben bis dahin nur die Qual der Wahl zwischen den beiden politischen Extremen Feudalismus und Marxismus . . .

Der Traum von Groß-Syrien

Damaskus ist eine der ältesten dauernd bewohnten Städte der Erde. Seit mindestens viertausend Jahren leben hier Menschen. Die Stadt wirkt auf den, der sie zum erstenmal betritt, wie ein Mirakel in der Wüste. Wenn man vom Osthang des Antilibanongebirges, zu dessen Füßen es liegt, hinunterschaut, erkennt man am besten sowohl seine auf allen Seiten von der Wüste bedrängte als auch seine einzigartig günstige Lage. Die Oase Ghuta unterhalb des Dschebel Kassiun wird vom Baradafluß bewässert und ist ein uralter Handelsplatz am Kreuzungspunkt der Karawanenwege zwischen Beirut und Bagdad nach Teheran und zwischen Istanbul über Aleppo nach Kairo.

222

Hier begann einst auch die nach Mekka führende Hidschasbahn. Damaskus war die erste Hauptstadt des islamischen Weltreiches nach dem Ausbruch der Araber aus Zentralarabien. Die Moschee der Omaijaden, eines der beeindruckendsten sakralen Bauwerke aus der Frühzeit des Islams, gilt nach der Heiligen Kaaba in Mekka und dem Haram esch-Scharif in Jerusalem als drittes Heiligtum der Muselmanen.

Der Charakter dieser Stadt wird von einem nicht leicht erfaßbaren Menschenschlag geprägt. Er ist aufsässig bis zum Exzeß und besitzt gleichzeitig einen für Araber nicht gerade typischen Sinn für Realitäten. Die Damaszener haben es nie verwunden, daß ihre Stadt nach der Verlegung der Metropole des Arabischen Reiches nach Bagdad, Mitte des achten Jahrhunderts unserer Zeitrechnung unter den Abbasiden, zu einem bedeutungslosen Provinznest herabsank. Nur für knapp hundert Jahre war Damaskus damals die Hauptstadt einer Weltmacht. Diese kurze Periode blieb jedoch weitaus tiefer in seinem Gedächtnis haften als die darauffolgende lange Periode politischer Einflußlosigkeit. Die Unruhe, die in jüngster Zeit ständig von hier ausging, wurzelt denn auch in den betrogenen Hoffnungen auf die Wiedergeburt der alten Macht und Herrlichkeit. Der Glaube an eine Renaissance arabischer Weltgeltung war schon unter türkischer Vorherrschaft nirgendwo ausgeprägter als in dieser Stadt. Bezeichnenderweise nennt sich die seit dem Zusammenbruch der Kolonialherrschaft hier tonangebende Partei «Partei der arabischen Wiedergeburt». Die Krieger, die unter dem Haschimitenprinzen Feisal und dem britischen Geheimdienstoffizier und Abenteurer T. E. Lawrence im Ersten Weltkrieg im heutigen Saudi-Arabien zu ihrem legendären «Feldzug in der Wüste» aufbrachen, hatten den Schlachtruf auf den Lippen: «Nach Damaskus!»

Doch die Stadt wurde 1920, im Gefolge des mehrfach erwähnten britischen Wortbruches gegenüber den Arabern durch das «Sykes-Picot-Abkommen», nur zur Hauptstadt des künstlich geschaffenen französischen Völkerbundsmandates «Syrien». Was sich Syrien nannte, war von nun an nur noch ein Bruchteil des einstigen Machtbereiches der Syrer. Aus dem Libanon machte man eine christliche Enklave und schuf damit die Ursache zu dem späteren grauenhaften Bürgerkrieg. Aus Transjordanien wurde ein künstlich geschaffenes Beduinenemirat. In Palästina entstand ein jüdischer Staat, der Ursache zu vier Kriegen wurde. Was übrig blieb, war je zur Hälfte Steppenland und Wüste mit den Städten Aleppo, Hama und Homs, dem Mittelmeerhafen Latakia und der plötzlich wieder auf sich selbst zurückgeworfenen Oase von Damaskus. Der Traum von Groß-Syrien blieb jedoch lebendig und wurde zur Ursache ständiger Unruhe. Die Unruhe ist zwar ein unsichtbarer Bestandteil des Uhrwerks, doch ohne sie bleibt es stehen und registriert die Zeit nicht mehr.

In diese Unruhe mischten sich seit der nach dem Zweiten Weltkrieg zustande gekommen Befreiung von der französischen Kolonialherrschaft neben politischen auch soziale Bestandteile. Noch 1958 befand sich die Hälfte des Kulturbodens im Besitz von drei Prozent der Bevölkerung, und siebzig Prozent der Bauern waren besitzlose Landarbeiter oder Pächter. Die Hälfte der Ernten gehörte den Großgrundbesitzern; hinzu kamen drückende Steuerlasten und eine endlose Verschuldung. Erst 1958, im Zusammenhang mit der Entstehung der kurzlebigen «Vereinigten Arabischen Republik», begann man mit einer Landreform. Der Grundbesitz wurde beschränkt. Die Pächter erhielten die von ihnen bestellten Parzellen zu Eigentum. Langfristige und zinsgünstige Staatskredite förderten ihre Entschuldung. Man bildete landwirtschaftliche Produktionsgenossenschaften. Die Industrialisierung machte trotz 1960 entdeckter Rohölvorkommen nur langsame Fortschritte. Hauptursache dafür war allerdings die innenpolitische Unrast, die nach dem Zusammenbruch der «Vereinigten Arabischen Republik» einsetzte.

Auch die Verstaatlichung der Banken und der Industrie hatte zunächst nachteilige Folgen. Für Syrien blieb die starke wirtschaftliche und untergründig auch politische Konkurrenz zwischen seinen großen städtischen Zentren, vor allem zwischen der Hauptstadt Damaskus und der fast gleich großen Handelsmetropole Aleppo, bis heute kennzeichnend. Was bei den Beduinen die Bindung an Familie und Sippe ist, die man derjenigen an den Staat noch immer überzuordnen pflegt, wirkt in der urbanen syrischen Gesellschaft als Stolz auf die eigene Stadt. Diesen Dualismus noch zu fördern, war für ein Vierteljahrhundert lang wohlweislich die Politik der französischen Mandatsverwaltung.

Seit der Unabhängigkeitserklärung jedoch wurde das politische Schicksal des Staates, der um den größten Teil seines traditionellen Hinterlandes gebracht worden war, von zentrifugal wirkenden Kräften bestimmt. Die Damaszener «Groß-Syrer» träumten von der Wiedervereinigung mit dem Libanon und dem Anschluß Transjordaniens und Palästinas. Eine andere Richtung wünschte eine Föderation mit dem Irak, und eine dritte propagierte seit den fünfziger Jahren, vorübergehend mit durchschlagendem Erfolg, den Zusammenschluß mit Ägypten. Erster parlamentarisch gewählter Staatschef war im Jahre 1946 der syrische Nationalist Schukri el-Kuwatli geworden. Doch das parlamentarische System hatte keine Tradition und wich schon bald einer Militärdiktatur. 1948 stürzte die Armee, Sammelbecken des revolutionär bewegten Mittelstandes, die Regierung. Der Präsident ging ins Kairoer Exil. Militärdiktator Oberst Husni es-Saim amtete jedoch nur von März bis August, dann endete er durch standrechtliche Erschießung. Militärdiktator Nummer zwei wurde Oberst Sami el-Hinnaui; er hielt sich bis Dezember. Militärdiktator Nummer drei, Oberst Fausi es-Silu, fungierte infolge mehrerer Experimente mit der Wiedereinführung einer Zivilregierung bis Dezember 1951. Militärdiktator Adib esch-Schischakli, Nummer vier in dieser

Obristengalerie, stürzte sogar erst im Frühjahr 1954, und zwar durch einen Militärputsch seiner Kameraden. Vor den für sie unlösbaren innenpolitischen Problemen kapitulierten auch sie, so daß Schukri el-Kuwatli erneut Staatschef wurde. Die Gegensätze zwischen den Feudalherren und dem städtischen Bürgertum von Aleppo und Damaskus auf der einen Seite und den sozialrevolutionären Zielen der Kleinbürger in der erstarkenden «Baath»-Partei auf der anderen Seite vermochte er ebenfalls nicht auszugleichen, zumal die panarabische Propaganda aus Kairo dies erschwerte. Ägyptische Agenten schürten die Unruhe in der Bevölkerung und schmiedeten mit dem machthungrigen syrischen Geheimdienstchef gegen die legale Regierung ein Komplott nach dem anderen.

Anfang 1958 überzeugte der Geheimdienst den resignierenden Staatschef von einem angeblich unmittelbar bevorstehenden kommunistischen Staatsstreichversuch. Ihn könne nur der sofortige Zusammenschluß mit Ägypten verhindern. Die «Vereinigte Arabische Republik», die daraufhin proklamiert wurde, war der erste sichtbare panarabische Triumph Gamal Abdel Nassers. Dessen Siegeszug erschien eine Zeitlang als unaufhaltsame Konsequenz. Im Irak stürzte die Monarchie. In Jordanien kam es zu permanenten Unruhen. Im Libanon demonstrierten die panarabisch gesinnten Massen. Die Begeisterung der Syrer, die durchaus echt gewesen war, wich indessen bald der Ernüchterung. Die Ägypter zeigten im Umgang mit den neuen Volksgenossen nicht das leiseste Geschick. Sie verboten die politischen Parteien und dekretierten die Gründung einer Einheitspartei nach Kairoer Vorbild. Dabei stießen sie nicht nur die Bourgeoisie vor den Kopf, die von nun an ohnehin nicht mehr viel zu sagen haben sollte, sondern auch die durchaus fortschrittlich eingestellten politischen Kräfte wie den «Baath», der auf die neue Massenorganisation keinen nennenswerten Einfluß erhielt. Die Geheimpolizei, von Ägyptens Kaderleuten neu organisiert und geleitet, machte jeder vermeintlichen oder tatsächlichen oppositionellen Regung den Garaus. Immerhin hinterließ Ägypten, wie gerechterweise gesagt werden muß, beim Scheitern der Union nach nur dreieinhalb Jahren Grundlagen zu der längst überfälligen sozialen Neuordnung Syriens, die es selbst nicht so rasch zustande gebracht hätte. Der «Nordprovinz» der Vereinigten Arabischen Republik (VAR), wie das Land damals hieß, verpaßte man ein umfangreiches Agrarreformprogramm nach ägyptischem Muster. Eingeführt wurde auch die für den ganzen arabischen Orient bis heute vorbildlich gebliebene moderne Sozialgesetzgebung mit Mindestlöhnen und Gewinnbeteiligung der Arbeiter. Die geplante Ansiedlung ägyptischer Fellachen in Syrien brachte das Faß jedoch zum Überlaufen. Großgrundbesitzer und Bourgeoisie verbanden sich für einmal mit den unzufriedenen Kleinbürgern, mit den unter der Bevormundung durch die allmächtige ägyptische Bürokratie leidenden Beamten und den sich durch ihre ägyptischen Kollegen benachteiligt fühlenden Offizieren. Am 28. September 1961 gelang ein unblutiger Staatsstreich. Ägyptens Statthalter Feldmarschall Mohammed Abdel Hakim Amir, den der «Rais» in richtiger Einschätzung der explosiven Situation in der Nordprovinz als «Feuerwehrmann» nach Damaskus geschickt hatte, verließ achtundvierzig Stunden darauf das nun wieder selbständige Land.

Der erst dreieinhalb Jahre zurückliegende frenetische Beifall für Gamal Abdel Nasser war vergessen, und man wagte es noch einmal mit der parlamentarischen Demokratie. Sie bekam die soziale Unruhe, die durch die erwähnten ägyptischen Maßnahmen noch vergrößert worden war, jedoch nicht mehr in den Griff. Ein halbes Jahr später unternahm eine Gruppe baathistischer Offiziere einen neuen Umsturz. Seitdem bestimmt der «Baath» in einer Koalition mit anderen linksgerichteten Parteien die Geschicke des Landes. Das Staatsschiff allerdings brachte auch er nicht in ruhigeres Fahrwasser. Man näherte sich außenpolitisch der Sowjetunion, und deren Waffenliefe-

rungen machten die syrischen Streitkräfte zu den best-
gerüsteten des Nahen Ostens. Den Abschluß eines
Freundschafts- und Beistandspaktes mit dem großen roten Bruder nach ägyptischem und irakischem Vorbild
vermied man klüglich. Im Innern kam es zu einem politischen und wirtschaftlichen Linksruck, der aber bis in die
Reihen des «Baath» hinein auf Widerstand stieß. Wiederholt kam es auch zu vorwiegend innenpolitisch motivierten, aber von außen her geschürten Unruhen. Die Ver-
staatlichungsmaßnahmen auf dem Landwirtschafts- und
Industriesektor führten zu Produktionsrückgängen.
Zwei Generäle bestimmten in dieser Periode die Geschicke des Landes. Amin el-Hafis und Salach ed-Dschedid. Der eine löste den anderen schließlich ab, und Anfang 1966 kam es erneut zu einem militärischen
Staatsstreich. Er war gleichbedeutend mit einem weiteren
Linksrutsch, zum erstenmal beteiligte man auch die Kommunisten an der Macht. Gleichzeitig wurde eine Wieder-
annäherung an das gleichfalls ganz ins kommunistische
Fahrwasser abgeglittene Ägypten eingeleitet. Ihr folgte im
Winter 1966 der Abschluß eines Militärpaktes zwischen
Damaskus und Kairo. Die Weichen für den Ausbruch des
Sechstagekrieges waren gestellt. Das Fiasko in diesem
dritten Versuch einer militärischen Regelung des Palästinakonfliktes, der Verlust dicht besiedelten syrischen Ter-
ritoriums samt der von ihm ausgelösten Flüchtlingswelle,
anhaltende wirtschaftliche Krisenerscheinungen und die
zunehmende Unzufriedenheit in breiten Bevölkerungsschichten führten Ende 1970 zu einem erneuten Flügel-
kampf im «Baath». Sieger blieb die nationalistisch-prag-
matische Richtung unter dem Verteidigungsminister
General Hafis el-Assad. Der General wurde zunächst Premierminister, und im darauffolgenden Frühjahr wählte
man ihn zum Staatspräsidenten. Mit ihm begann in der
Geschichte des unruhigen arabischen Kernlandes Syrien
ein neues Kapitel.
El-Assad bildete eine breitgefächerte «Mitte-Links-Koali-

tion» aus allen Flügeln des tonangebenden «Baath» und einigen anderen Linksparteien bis hin zu den Kommunisten. Die Errungenschaften der Sozialisierungspolitik für die sozial benachteiligten Massen wurden beibehalten, doch beschnitt man die bürokratischen und ideologischen Auswüchse und förderte in der Wirtschaft wieder die Privatinitiative. Im Einverständnis mit den eher nationalistisch eingestellten Kommunisten erwehrte man sich auch einer allzu festen Umarmung durch die Sowjetunion. Das enge Bündnis mit Ägypten wurde beibehalten. Dort war Präsident Gamal Abdel Nasser unterdessen gestorben, und sein Nachfolger Mohammed Anwar es-Sadat ging nach der zielstrebigen Ausschaltung seiner Widersacher – wie er selbst sagte – an die «Korrektur der Revolution». Genau dasselbe tat el-Assad. Dessen Politik lief konsequent auf pragmatische Kompromisse zwischen den politischen und gesellschaftlichen Gruppen hinaus. Diese Korrekturfunktionen des Ägypters es-Sadat und des Syrers el-Assad bildeten zwischen ihnen eine Zeitlang ein bindendes Element. Später überwogen freilich, zum Schaden beider Länder und der arabischen Sache, die persönlichen Animositäten zwischen den beiden Männern. Im Bürgerkrieg im Libanon, der im Frühjahr 1975 ausbrach, ergriff dann Ägypten aus Furcht vor einem syrischen Prestigezuwachs in Ostarabien und auch wegen der erwähnten Abneigung zwischen den beiden Staatschefs, plötzlich die Partei der aggressiven Palästina-Guerilleros. Doch einstweilen war es noch nicht so weit.

Ägyptens Präsident hatte seit seinem Machtantritt immer wieder auf eine politische Lösung des Palästinakonfliktes gedrängt und auf eine Räumung der seit 1967 besetzten arabischen Gebiete durch Israel. Israels Desinteresse an einer Kompromißlösung veranlaßte ihn schließlich zu einem Präventivkrieg. Als Verbündeten hatte er, ohne daß die Weltöffentlichkeit dessen gewahr wurde, das Syrien el-Assads gewonnen. Im Oktober 1973 begann der «Ramadan-Krieg». Israel erlebte den ersten Angriff einer vereinigten arabischen Streitmacht seit seiner Gründung im Jahre 1948. Ägypten stieß in einem großangelegten Überraschungsfeldzug bis weit über den Suezkanal vor, und auch Syrien befand sich zeitweilig ganz in der Offensive. Der Judenstaat erholte sich schnell von seiner Überraschung. Die dritte ägyptische Armee geriet auf dem Sinai in einen unentrinnbaren Kessel. Israelische Elitetruppen unter dem Kommando des Haudegens Ariel Scharon überquerten erstmals den Suezkanal und standen auf dem afrikanischen Festland Ägyptens. In der Endphase der Kämpfe gerieten auch die Syrer wieder in die Defensive und verloren erneut an Boden. Auch diesmal rettete nur die Intervention der Supermächte, zum erstenmal auch der Vereinigten Staaten, die Araber vor einer erneuten militärischen Niederlage.

Militärexperten beurteilten die arabische Strategie – und dies bewirkte in Israel einen heilsamen Schock – jedoch anders als in den vorangegangenen Feldzügen. Gelobt wurde nicht nur die gegen jede Indiskretion abgesicherte und hervorragend funktionierende Koordination zwischen den ägyptischen und syrischen Operationen. Die Welt und vor allem die Israelis staunten speziell auch über den entschlossenen Kampfwillen der Araber. Die ägyptischen Offiziere, die sich in den früheren Feldzügen schon beim ersten Schußwechsel in die Etappe abgesetzt hatten oder von den vorstürmenden Israelis mit ihren Lustknaben in den Unterständen erwischt worden waren, kämpften diesmal in vorderster Linie. Diesmal hatten die Fellachensoldaten keineswegs Gewehre und Schuhe von sich geworfen, um regellos zu flüchten, sondern hatten verbissen um jeden Quadratmeter Wüstenboden gekämpft. Dieser Wandel hatte zwei Ursachen: In Ägypten wie in Syrien herrschten nicht mehr Diktatoren ohne jegliche Antenne für den Volkswillen, sondern Regierungen mit einem sicheren Gespür für die Sehnsüchte, Hoffnungen und Leidenschaften der Massen. «The man of the street» erlebte in der Zwischenkriegszeit von 1967 bis

230

1973 eine spürbare Besserung seiner allgemeinen Lebensumstände. Hatte man früher für eine fremde Sache –
Palästina – gekämpft, so tat man es diesmal für die Befreiung der eigenen Heimat von fremden Besatzern, also
im Bewußtsein einer guten Sache. Das alles verschaffte
den Arabern zum erstenmal seit der Gründung Israels wenigstens einen halben Sieg. Und der gab ihnen für Verhandlungen das nötige Selbstbewußtsein.
Im Dezember 1973 kam es zur Genfer Friedenskonferenz.
Doch es blieb bei den Eröffnungsformalitäten. Die Rivali-
tät der Supermächte, die zunehmende Radikalisierung
unter den frustrierten Insassen der palästinensischen
Flüchtlingslager und vor allem die jetzt mit unverminder-
ter Heftigkeit wieder aufflammenden interarabischen
Zwistigkeiten verhinderten ihre Fortsetzung. Das Bündnis
zwischen Ägypten und Syrien, einst in der kurzlebigen
«Vereinigten Arabischen Republik» vereint, erwies sich
abermals als Episode. Als US-Außenminister Henry Kissinger, der deutsche Jude in amerikanischen Diensten,
mit viel gutem Willen, aber voller Ignoranz gegenüber
den vielschichtigen interarabischen und arabisch-israe-
lisch-palästinensischen Gegensätzen, sich – wie der ewige
Jude Ahasver – in eine hektische Reisediplomatie auf
höchster Ebene stürzte und in der Vermittlung bilateraler
Truppenentflechtungsabkommen einen ersten Schritt zu
einer endgültigen Friedensregelung zu tun meinte,
bewerkstelligte er neben einem letzten Endes unbedeutenden israelischen Truppenrückzug und der dadurch
immerhin möglich gewordenen Wiedereröffnung des
Suezkanals – die aber niemand dienlicher war als der glo-
balen Sowjetstrategie – nichts als eine weitere Verschär-
fung der alten interarabischen Gegensätze. Das zeigte
sich besonders im ägyptisch-syrischen Verhältnis.
Die Damaszener mißtrauten der Kairoer Bereitschaft, geringfügige Bodengewinne gegen weitgehende politische
Zugeständnisse einzutauschen. In ihren Augen war der
Preis für die Räumung des Suezkanalostufers nichts

geringeres als die faktische Anerkennung der Existenzberechtigung Israels durch Ägypten. Als ehrliche Geschäftsleute, die sie waren, erkannten die Syrer das bauernschlaue Doppelspiel des Fellachen es-Sadat erst wesentlich später als die Israelis selber. In Jerusalem wußte man nur zu genau, daß die anderen nichts verschenkt hatten. In Damaskus glaubte man es jedoch felsenfest. Man glaubte, Präsident es-Sadat hätte ohne jegliche Gegenleistung wieder die Verfügungsgewalt über den Suezkanal bekommen. Die tatsächliche Anerkennung Israels umging er dabei geschickt. Dieses fügte sich dem schlechten Geschäft nur unter massivem amerikanischem Druck – einem Druck, den ausgerechnet der ehemalige deutsche Jude Kissinger ausübte. In Damaskus – wo man seit altersher gewohnt war, anständig zu handeln oder gar nicht – kam man erst im Verlauf des eineinhalb Jahre später ausbrechenden libanesischen Bürgerkrieges auf die Wahrheit. Plötzlich machte nämlich der angeblich so friedens-, verständigungs- und kompromißbereite Ägypter es-Sadat wieder mit den Palästina-Guerilleros gemeinsame Sache. Die Syrer waren sich zwar darin einig, daß man ihnen damit eines auswischen wollte. Aber es-Sadats aufsehenerregender Kurswechsel, das erkannte man auch in Damaskus, hatte tiefere Ursachen als den eigentlich erst seit dem Scheitern der «Vereinigten Arabischen Republik» aufgekommenen ägyptisch-syrischen Gegensatz. Hier zeigt sich der in allen Gesellschaftsordnungen aufeinanderprallende Gegensatz zwischen fortschrittlicher urbaner Stadtkultur und dem konservativen und immer etwas «schlitzohrigen» ländlichen Element. Bauer also kontra Bürger, das war auch hier das wahre Problem. Der Bauer es-Sadat behielt immer eine Karte im Ärmel, die städtischen Syrer hatten keine mehr auszuspielen.

Während sich die Meinungsverschiedenheiten mit Ägypten vergrößerten, gelang den Syrern jedoch anderswo der Abbau alter Gegensätze. Es kam zu einer allerdings nur vorübergehenden Beilegung der Spannungen zum Irak,

232

die wegen des Baus eines Staudammes auf syrischem Gebiet und wegen der dadurch durcheinandergeratenen Verteilung des Euphratwassers aufgetreten waren. Doch das Bagdader «Baath»-Regime blieb der unversöhnlichste Gegner des «Baath»-Regimes in Damaskus. Als Syrien sich im Frühsommer 1976 zu einer militärischen Intervention mit dem Ziel einer Beendigung des libanesischen Bürgerkrieges gezwungen sah, konzentrierte der Irak eine Zehntausend-Mann-Armee an der Ostgrenze Syriens. Mit einem anderen Nachbarn hatten die Syrer mehr Glück. Nachdem syrische Panzereinheiten noch im «Schwarzen September» 1970 versucht hatten, zugunsten der Palästina-Freischärler in den innerjordanischen Bürgerkrieg einzugreifen, beendete schließlich ein Abkommen über eine politische, militärische und wirtschaftliche Zusammenarbeit die jahrelangen Feindseligkeiten mit Jordanien.

Diese Aussöhnung wurde allerdings zu einer der Ursachen für das Zerwürfnis zwischen Palästinensern und Syrern. Syrien war – seit 1948 – der entschiedenste und kompromißloseste Wortführer der palästinensischen Interessen im Nahostkonflikt. Als nach dem «Ramadan-Krieg» jedoch der Gedanke an einen selbständigen palästinensischen Rumpfstaat neben Israel auftauchte, zeigten sich die ersten Interessengegensätze. In Damaskus waren die Ereignisse des «Schwarzen September» doch nicht ohne Eindruck geblieben. Die Syrer sahen voraus, daß ein arabischer Palästinastaat nicht allein, wie man israelisccherseits fürchtete, revanchistische Ziele verfolgen würde, sondern auch ihre eigene äußere und innere Sicherheit bedrohen könnte. Diese Erkenntnis hatte wohl vor allem zu der erwähnten Annäherung an Jordanien geführt, das gleichfalls an einem aggressiven Palästinastaat an seiner Westgrenze kein Interesse haben konnte. War er erst einmal entstanden, würde Transjordanien sehr wahrscheinlich sein erstes Opfer. Eine solche Entwicklung wäre dann zwangsläufig auch für Syrien gefährlich geworden. Die Probe auf dieses Exempel kam in dem im Frühjahr 1975 ausbrechenden Bürgerkrieg im Libanon. Solange es dort vorrangig um eine gerechtere Machtverteilung zwischen Christen und Moslems ging und um die längst überfälligen sozialen Reformen und solange sich die dortigen Palästina-Freischärler aus dieser Auseinandersetzung heraushielten, begnügte man sich in Damaskus mit freilich erfolglosen Vermittlungsversuchen zwischen den streitenden Parteien. Die Radikalen unter den Guerillagruppen kämpften jedoch bald aktiv an der Seite der linksgerichteten innerlibanesischen Moslems. Dieses Engagement mündete, zunächst fast unmerklich, in einen erneuten Griff der in der «Palästinensischen Befreiungs-Organisation» (PLO) zusammengeschlossenen Freischärlergruppen nach der Macht in einem arabischen Gastland – genau wie im jordanischen «Schwarzen September».

In Damaskus machte man sich über die von den «Fedaijin» ausgehende revolutionäre Sprengkraft keine Illusionen mehr. Präsident el-Assad erkannte die drohende Gefahr für das innerlibanesische und interarabische politische Gleichgewicht und befahl die militärische Intervention in dem Nachbarland. Damit rettete er die bereits in die Defensive gedrängten libanesischen Christen vor dem ihnen zugedachten Massaker. El-Assad nämlich kennt die Lage andersgläubiger oder andersrassiger Minderheiten aus eigener Anschauung. Er ist Alauite, Angehöriger einer kleinen und von den übrigen Moslems verachteten syrischen Minderheit. «El-Assad» heißt «Der Löwe». Die Politik dieses Mannes, der bei Beginn seines Eingreifens in den libanesischen Konflikt bereits knapp sechs Jahre – für syrische Verhältnisse eine erstaunlich lange Zeit – an der Spitze seines Landes stand, weist ihn jedoch eher als einen schlauen Fuchs aus. Er, dessen Haltung den Offizier nie verleugnet, kam als Außenseiter in die Politik.

Geboren wurde er 1928 in dem alauitischen Bergdörfchen Kirdacha in der Nähe der Hafenstadt Latakia. Seine

Eltern waren Kleinbauern. Für begabte Sprößlinge aus einem solchen sozialen Milieu und zudem noch aus einer Alauitenfamilie gab es nur *eine* Aufstiegsmöglichkeit: die Armee. Der junge Hafis entschied sich für die Luftwaffe, wo er am raschesten vorankommen konnte, und war schon als Fünfunddreißigjähriger deren Befehlshaber. Damals errang gerade der «Baath», dem er schon als Schüler beigetreten war, in Damaskus die Macht. 1966 verstrickte sich el-Assad in den Staatsstreich seines alauitischen Glaubensgenossen Salach ed-Dschedid. Er fand Gefallen an der Politik und strebte von nun an unaufhaltsam zur Macht. Er nahm sie sich jedoch nicht durch einen Militärputsch, sondern leistete das, was man auch in westlichen Parteien kennt und dort als «Knochenarbeit an der Parteibasis» und «Ochsentour» bezeichnet. Ganz allmählich brachte er erst den «Baath» und dann seine Offizierskollegen hinter sich. 1970 war er Verteidigungsminister und bekleidete damit in der Regierung die Schlüsselposition. Unter Umgehung des mißtrauischen Diktators überzeugte er schließlich auch den Moskauer Verbündeten, daß er der bessere Vertreter seiner Interessen sei. 1971 war er soweit; er wurde zunächst Minister- und dann Staatspräsident. Seitdem bescherte er dem seit seiner Gründung praktisch unaufhörlich von Regierungskrisen und Staatsstreichen geschüttelten arabischen Herzland im «Fruchtbaren Halbmond» die bisher längste Periode friedlicher innerer und äußerer, wirtschaftlicher und sozialer Aufwärtsentwicklung. In der Arabienpolitik blieb el-Assad zunächst zwar der kompromißloseste Gegner Israels und der entschiedenste Fürsprecher der Palästinenser. Gerade er legte sie aber auch am festesten an die Kette. Er ließ es nie zu, daß Syrien – wie vorher Jordanien bis zu dem schon erwähnten blutigen «Schwarzen September» 1970 – Ausgangsbasis des Guerillaterrors wurde. Im «Ramadan-Krieg» vom Oktober 1973 trug er dann wesentlich zu dem arabischen Teilsieg bei. Typisch für ihn ist die Regelung seines Verhältnisses zur Sowjetunion. Anders als sein ägyptischer Kollege es-Sadat suchte er nie den offenen Eklat. Viele halten ihn bis heute für den verläßlichsten Bundesgenossen des Kremls in Arabien. In Wirklichkeit ist er nichts anderes als ein syrischer Patriot. Er verlangte und bekam aus Moskau jedes Waffensystem. Doch der sowjetische Einfluß war in Syrien immer geringer als in Ägypten.

Was will el-Assad? Seine Politik wird erst verständlich, wenn man sie vor dem Hintergrund der schon geschilderten altsyrischen Großmachtträume sieht. Damaskus fühlt sich seit dem Mittelalter als das wahre Herz des arabisch-muselmanischen Orients und als Zentrum eines groß-syrischen Reiches. Kein Staatsmann brachte die Damaszener der Wiederbelebung dieses Traumes bisher näher als el-Assad. Das Geheimnis seines Erfolges ist, daß er nicht mit schwerem Säbel ficht, sondern mit dem Florett; nicht mit großen Gesten Politik macht, sondern mit füchsiger Schläue. Israel betrachtet er, der in großen Zeitabständen denkt, als vorübergehende Erscheinung. Ein el-Assad treibt keine Juden ins Meer. Er glaubt warten zu können, bis sich – was er für unvermeidlich hält – das demographische Kräfteverhältnis innerhalb des heutigen zionistischen Staates zugunsten der arabischen Minderheit verändert. Im engsten Kreis ließ er einmal durchblicken, wie er sich die fernere Zukunft der Region denkt, deren Herz Syrien bildet. Kein Gedanke an einen groß-syrischen Einheitsstaat. Seine Vision ist ein föderatives Staatengebilde aus Syrien, Libanon, Transjordanien und («Wenn es sein muß, warum eigentlich nicht?») Israel.

In der Öffentlichkeit wirkt der Ex-General alles andere denn wie ein Volkstribun. Große Worte sind nicht seine Sache. Er spricht eher leise und langsam. Doch er überzeugt erstaunlicherweise sogar die sonst so leicht erregbaren Syrer. Er ist einfach glaubwürdig, was hierzulande bei einem Politiker noch nicht allzu oft vorgekommen ist. Aus der Ferne wirkt sein längliches Gesicht mit dem militärisch kurz geschnittenen Haar über den schmalen

236

Augenschlitzen und dem Schnauzbart über den dünnen Lippen wie das Urbild eines holzgeschnitzten Nußknackers. Erst im persönlichen Gespräch entwickelt er einen spröden Charme. Er lächelt nur selten und verhalten und verbirgt seine wahren Absichten gern hinter außerordentlich klugen sibyllinischen Sätzen. Seine Persönlichkeit enthüllt sich vielleicht am klarsten im Vergleich zu seinem einstigen Verbündeten und späteren Intimfeind es-Sadat. Der Ägypter sieht von weitem wie ein Weltmann aus. Doch der Luxus, mit dem es-Sadat sich zu umgeben pflegt, wirkt von der handgearbeiteten Dunhill-Pfeife über die Platinuhr von Piaget bis zu den Maßanzügen von Cardin irgendwie aufgesetzt. Es-Sadat blieb trotz allem ein typischer Fellache. Er ist ein Bauer, bauernschlau und bis in seine letzte Regung undurchschaubar. Kein Mann, von dem man – wie die Amerikaner sagen – einen Gebrauchtwagen kaufen würde. El-Assad hat wenig Weltmännisches. Auch er ist verschlossen, stets auf der Hut. Aber er ist im besten Sinn ein Bürger. Mit ihm kann man reden. Er ist zuverlässig und redlich. Er meint, was er sagt.

US-Außenminister Kissinger, mit abwertenden Urteilen über seine nahöstlichen Gesprächspartner König Feisal, Golda Meir, Jitzchak Rabin und Mohammed Anwar es-Sadat nicht gerade staatsmännisch zurückhaltend, nannte el-Assad bezeichnenderweise «den bedeutendsten Mann des Nahen Ostens». El-Assad ist verheiratet mit einer grazilen schlanken Frau, die den Vergleich mit der ägyptischen «grande dame» Dschihan es-Sadat durchaus aushält, und hat eine Tochter sowie vier halbwüchsige Söhne. Er ist ein Familienmensch und verbringt seine ganze freie Zeit mit Frau und Kindern. Sein privater Lebenszuschnitt ist – es gibt kein anderes darauf passendes Wort – von bescheidener Bürgerlichkeit. Für Syrien dürfte von der Dauer seiner Herrschaft viel abhängen. Was ihm in den ersten fünf Jahren seiner Regierungszeit noch nicht vollständig gelungen zu sein scheint, ist die

Bildung sicherer politischer Grundstrukturen. Ob er das noch schafft, hängt weitgehend von der Entwicklung im Libanon ab. Kann er das Feuer dort austreten, oder mündet der Bürgerkrieg in einen neuen allgemeinen Nahostkonflikt? Ein solcher risse sicher auch ihn in seinen Strudel.

Die «Schweiz des Orients» ertrinkt im Blut

Wenn man die direkt vor der Küste steil aus den grünlichblauen Gewässern aufsteigenden weltberühmten Taubenfelsen hinter sich läßt und die Anhöhe zum Stadtinneren hinaufsteigt, durchquert man zunächst endlose stille Villenviertel an sauberen Straßen mit schattenspendenden Bäumen. Wer sich auskennt, findet leicht, wenn auch nach einem ziemlich ausgedehnten Fußmarsch, die nicht minder berühmte Scharia el-Hamra, eine der früher häufig mit den Pariser Champs-Elysées, der Zürcher Bahnhofstraße, der Londoner Regent Street, der Brüsseler Avenue Louise, dem Berliner Kurfürstendamm oder der New Yorker Fifth Avenue verglichenen großen Einkaufsstraßen der Welt. Die Lichtspieltheater zeigen die neuesten Filme aus aller Herren Ländern. Die Boutiquen führen nur die sündhaft teuren Schöpfungen der französischen «Haute Couture». In den Luxusrestaurants speisen die «oberen Zehntausend». Die Bars verpflichten ausschließlich erstklassige Schönheitstänzerinnen aller Hautfarben. Auf den Kaffeehausterrassen buhlen gutaussehende Playboys um die Gunst schöner Touristinnen. Gleißende Lichtreklamen tauchen abends alles in erregende Helligkeit. Die Luxusautos fahren Stoßstange an Stoßstange im Schrittempo. Geht man weiter in Richtung auf das Große Serail und die dahinterliegenden Sûks, umfängt einen bald nur noch das trübe Licht vereinzelter Laternen. Aus den Seitengassen dringt infernalischer Gestank. Bettelnde Gören und Halbwüchsige beiderlei Geschlechtes mit

238

mehr oder minder anrüchigen Angeboten sind hier noch das kleinste Übel. Die Armut guckt aus allen Fensterlöchern. In Beirut, dem «Paris des Orients» und der Hauptstadt der «Schweiz des Nahen Ostens», hockt sie dicht neben dem protzigen und herausfordernden Reichtum.

Heute gibt es das alles nicht mehr. Der Bürgerkrieg, der hier wütete, zerstörte die Luxushotels und Prachtvillen ebenso wie die Bankpaläste, die Warenhäuser ebenso wie die Arme-Leute-Quartiere. In Minet el-Hosn, dem Viertel der feudalen Touristenkarawansereien, sind die riesigen Hotels nur noch ausgebrannte Ruinen. Hinter dem Märtyrer-Platz stanken die Leichen der ermordeten und bestialisch verstümmelten Freudenmädchen so lange gen Himmel, bis sich endlich mitleidige Seelen ihrer erbarmten und sie in einem Massengrab verscharrten. Der Tod machte alles gleich und wurde, noch ehe etwas entschieden war, der einzige Sieger. Fünfzigtausend Tote kostete der im Frühjahr 1975 ausgebrochene Bürgerkrieg allein in den ersten fünfzehn Monaten.

Eingeweihte hatten das schon lange vorher kommen sehen. Im Mai 1967, kurz vor dem Ausbruch des arabisch-israelischen Sechstagekrieges, saß ich mit einem alten Arabienkenner auf der laubumrankten Terrasse eines Restaurants an der Scharia el-Hamra bei einem aus vielen kleinen Küchengeheimnissen bestehenden arabischen Mittagessen. Er war ein etwas schrulliger Ex-Diplomat, der den auswärtigen Dienst seines Landes verlassen hatte, weil man dort, wie man sich erzählte, weder seine arabistischen Spezialstudien noch seine guten Ratschläge zu schätzen wußte. Er kannte die ganze schillernde Welt zwischen Bagdad und Tanger, Teheran und Chartum, Aden und Damaskus. Er war an den Lagerfeuern der Beduinen und der mittelalterlichen Stammeskrieger im Jemen ebenso zu Hause wie in den Palästen der Emire. Auf dem spiegelnden Parkett diplomatischer Empfänge bewegte er sich ebenso sicher wie in einem Nomadenzelt. Einmal versuchte er sogar ein ägyptisches Konzentrationslager zu rekognoszieren und machte unliebsame Bekanntschaft mit der Geheimpolizei Gamal Abdel Nassers. Er war ein frommer Christ und gleichzeitig ein überzeugter Freund der Araber. Nicht gerade ein T. E. Lawrence oder H. St. John B. Philby, aber doch so etwas in dieser Richtung. Ich selbst stand damals eher auf der anderen Seite. Ich hatte den Mann durch die Vermittlung eines gemeinsamen Bekannten kennengelernt. Dieser, ebenfalls Ex-Diplomat, beschäftigte sich nebenberuflich hingebungsvoll mit humanitären Wohltaten. Er finanzierte Leprösendörfer, versorgte die Palästina-Flüchtlinge mit Ambulanzfahrzeugen und stiftete ihnen einen Kindergarten und sammelte Geld für die damals von aller Welt verlassenen königstreuen Stämme im jemenitischen Bürgerkrieg. Er wußte von meiner bevorstehenden mehrmonatigen Reise durch fast alle arabischen Länder, drückte mir vor dem Abflug ein paar Tausender in die Hand und bat mich um den Einkauf von Antibiotika und Vitaminpräparaten. «Mein Kontaktmann in Beirut wird sie dir abnehmen und sie weiterleiten!», sagte er mir. Ich verständigte ihn telegrafisch und bat ihn, mich abzuholen.

Doch niemand war am Flughafen. Der Zoll glaubte natürlich, in den unzähligen Röhrchen und Kapseln und Gläschen seien keineswegs Antibiotika und Vitaminpräparate, mindestens müsse es sich um Haschisch handeln. Nachdem man an jeder einzelnen Tablette gerochen und geleckt und sämtliche Fahndungsbücher erfolglos nach meinem Steckbrief abgesucht hatte, saß ich endlich entnervt im Taxi. Ich nannte die Adresse des Kontaktmannes. Er wohnte, wie sich herausstellte, in einem Hochhaus am Stadtrand. Am Lift glänzte natürlich schadenfroh das Schild: «Außer Betrieb!» Gottergeben machte ich mich mitsamt meinen Koffern und Taschen an den Aufstieg. Nach Luft japsend stand ich endlich vor seiner Wohnungstür und drückte auf die Klingel. Sofort ertönte furchterregendes Hundegebrüll. Erst, als ich mehrfach geklingelt hatte, öffnete sich die Tür um einen winzigen

240

Spalt. In ihm erschienen zwei Köpfe. Unten der eines gewaltigen Viehs, das mich geifernd beroch, und darüber der des Hausherrn. Ich ließ ihn gar nicht erst zu Wort kommen, sondern deutete nur auf die kostbare humanitäre Fracht.

«Was soll ich denn damit?», schnappte er. «Ich will damit nichts zu tun haben!» Er werde mich abends in meinem Hotel aufsuchen, fügte er hinzu, und schon fiel die Tür krachend ins Schloß.

Das war wirklich nicht die feine Lebensart. «Rüppel!», knurrte ich wütend und schleppte meine Last wieder sämtliche Treppen hinunter und in das gottlob gleich auf der anderen Straßenseite gelegene Hotel. Dort lief zufällig einer der mir persönlich bekannten jemenitischen Prinzen über meinen Weg, ein degeneriertes dürres Männchen mit verschleiertem Blick. Dem knallte ich die überdimensionale Hausapotheke wütend vor die Füße und ging meiner Wege.

Am Abend schlich, vorsichtig überallhin witternd, mein sonderbarer Zeitgenosse in die Hotelhalle. Die Geschenke, die ich für seine Frau und die Kinder mitgebracht hatte, wollte er nicht haben, und er verzichtete sogar auf einen Drink. Dafür fragte er wie ein gelernter Geheimagent nach meinen Reiseplänen und lud mich schließlich für den nächsten Tag zu einem Mittagessen in den Presseklub ein. Er ließ offenkundig niemand in seine vier Wände. Doch auch in der Öffentlichkeit konnte man leicht meinen, er leide unter Verfolgungswahn. Er stand, wie ich erst viel später erfuhr, schon lange auf der Abschußliste palästinensischer Guerilleros. Als einer der ganz wenigen ausländischen Beobachter durchschaute er schon damals ihre wahren Ziele. Ein Jahrzehnt vorher prophezeite er bereits, was geschehen werde. Und so etwas war lebensgefährlich.

Sechstagekrieg und «Ramadan-Krieg» waren längst vorbei und im Libanon fielen die ersten Schüsse. Da erinnerte ich mich plötzlich wieder an die Prophezeiung bei unserem gemeinsamen Mittagstisch in Beirut. Im Libanon würden, wenn es einmal so weit sei, weder Christen noch Moslems, sondern die Palästina-Flüchtlinge zum auslösenden Faktor eines Bürgerkrieges. Der Prophet hatte recht behalten. Der Konflikt zwischen den innerlibanesischen Volks- und Religionsgruppen entzündete sich schließlich am Flüchtlings- oder, genauer gesagt, Guerillaproblem. Die Palästinenser, frustriert von ihren immer wieder betrogenen Hoffnungen auf eine Rückkehr in ihre angestammte Heimat und der Aussichtslosigkeit ihrer Nadelstiche gegen die Zionisten, inszenierten nach dem «Schwarzen September» in Jordanien nun auch im Libanon einen Weltuntergang.

Der Libanon ist geographisch ein Bestandteil Syriens. Er war es meist auch in politischer Hinsicht. Seit Kreuzfahrerzeiten bildeten sich auf seinem Gebiet jedoch immer wieder mehr oder weniger autonome Kleinstaaten. Die Mehrheit bestand hier traditionell aus Maroniten und Drusen, die Moslems waren in der Minderheit und stellten die Unterschicht. Die Maroniten sind eine mit dem Vatikan unierte christliche Gemeinschaft. Ihr Name leitet sich von dem um 423 gestorbenen heiligen Maro ab. Die Drusen sind eine im elften Jahrhundert vom schiitischen Islam abgespaltene Sekte. Sie bekennen sich zu einer Geheimreligion, die nur wenigen Auserwählten Zugang zu ihren Heiligen Schriften gewährt. 1840 zwang Frankreich die «Hohe Pforte» zur Anerkennung seiner Schutzherrschaft über die Christen des Libanongebirges. Dies wurde der erste Schritt zum Aufbau einer eigenen Verwaltung und zur Eigenstaatlichkeit. 1920 wurde das Gebiet, aufgrund des mehrfach zitierten «Sykes-Picot-Abkommens» formell französisches Völkerbundsmandat. Frankreich vergrößerte das Ländchen um einige syrische Gebiete und machte daraus ein selbständiges Mandatsgebiet «Groß-Libanon». Damals gab es hier eine geringfügige christliche Bevölkerungsmehrheit. 1945 erklärte das Land seine Unabhängigkeit.

Die Gettosituation inmitten einer Überzahl von Muselmanen veranlaßte einerseits seit den letzten Christenmas-
sakern von 1860 etwa eine halbe Million Christen zur
Auswanderung, vorwiegend nach Nord- und Südamerika.
Andererseits weckte sie aber auch starke Abwehrkräfte.
Die Christen setzten schon früh auf ein Bildungsideal
nach europäischem Muster und stützten darauf ihren
wachsenden politischen, wirtschaftlichen und sozialen
Einfluß. Sie betrieben konsequente Familienplanung und
sicherten sich einen großen Bildungsvorsprung. Die Moslems verließen sich hingegen vorwiegend auf das Gesetz
der größeren Zahl. Bereits zur Zeit der Unabhängigkeitserklärung entsprach das damals ausgehandelte politisch-
religiöse Proporzsystem sehr wahrscheinlich nicht mehr
den eigentlichen Kräfteverhältnissen. Dem System gemäß
wurde jeweils ein maronitischer Christ Staatspräsident,
während der Regierungschef ein sunnitischer und der
Parlamentssprecher ein schiitischer Moslem waren. In
der Abgeordnetenkammer erhielten die Christen ein
leichtes zahlenmäßiges Übergewicht. Der Bildungsvorsprung, den die Christen sich zu verschaffen verstanden
hatten, sicherte ihnen jetzt in Staat und Gesellschaft den
entsprechend stärkeren Einfluß. Das Resultat war, insbesondere auch wegen der im ganzen arabischen Orient
einmaligen liberalen politischen Verhältnisse, ein zunehmender wirtschaftlicher Wohlstand. Die Wirtschaft des
Landes hatte jedoch letzten Endes verhängnisvolle sub-
stantielle Schwächen. Sie stützte sich hauptsächlich auf
die Dienstleistungsindustrie wie Transithandel, Banken
und Fremdenverkehr.
Der Nahostkonflikt im Gefolge der Gründung Israels tan-
gierte daher immer häufiger auch den faktisch neutralen
Libanon. Jeder Zusammenstoß zwischen Arabern und Juden führte zu Störungen des Transithandels, dem Abzug
von Bankguthaben und einem Rückgang des Fremden-
verkehrs. Nach 1948 verstärkten zudem etwa dreihunderttausend vorwiegend muselmanische Palästina-Flücht-

linge die moslemische Bevölkerungsgruppe. Aus Furcht vor einer Verschiebung des numerischen Gleichgewichtes zu ungunsten der Christen verzichtete man seit der Unabhängigkeitserklärung auf eine formelle Volkszählung. Aus dem nämlichen Grund verweigerte man den Flüchtlingen die Naturalisierung und die wirtschaftliche und soziale Eingliederung. Die Flüchtlingslager entwickelten sich im Lauf der Zeit zwar zu festen Siedlungen und ihre Insassen bekamen Zugang zum libanesischen Arbeitsmarkt, aber sie blieben von der Außenwelt abgekapselte Fremdkörper. Der Sechstagekrieg vom Juni 1967 versetzte der libanesischen Dienstleistungswirtschaft dann den ersten schweren Schlag. Die Ölscheiche verlagerten ihre Millionenguthaben aus dem unsicher gewordenen Beirut nach europäischen Bankplätzen. Der Touristenstrom wurde für längere Zeit zum dünnen Rinnsal. Die Oberschicht konnte zwar von den in den guten Jahren angesammelten Fettpolstern zehren, doch die Lohnabhängigen litten stark unter der Arbeitslosigkeit. Das Ergebnis waren wachsende soziale Spannungen.

Wer behauptet, im Libanon seien die Christen die Reichen und die Moslems die Armen, vereinfacht zweifellos. Die Masse der Christen besteht nämlich aus Kleingewerbetreibenden und Bauern, und bei den Moslems gibt es regelrechte Plutokraten, wie die mehrfachen Premierminister Saeb Salam und Raschid Kerami oder den millionenschweren Feudalherrn und Drusenemir Kemal Dschumblat. Dschumblat beispielsweise gehören riesige Ländereien mit mehreren Dörfern. Das hinderte ihn nicht, den Leninpreis entgegenzunehmen und den Anführer der muselmanischen Linksparteien zu spielen. Im großen und ganzen gehören die Christen jedoch eher zur Ober- und die Moslems mehr zur Unterschicht. Das soziale Gefälle zwischen den beiden Gemeinschaften weckt natürlich immer wieder alte religiöse Animositäten, die zu den Ursachen des blutigen Bürgerkrieges beitrugen. Die Christen waren sich allerdings schon seit längerem

244

über die Notwendigkeit tiefgreifender wirtschaftlicher und sozialer Reformen, die auch das politische Proporzsystem einbezogen hätten, im klaren. Die Explosion wäre daher höchstwahrscheinlich vermeidbar gewesen, hätte es nicht die Palästina-Flüchtlinge gegeben.

Die «Palästinensische Befreiungs-Organisation» (PLO), wegen der katastrophalen arabischen Niederlage im Sechstagekrieg zu einem selbständigen machtpolitischen Faktor geworden, hatte im «Schwarzen September» 1970 zum erstenmal versucht, durch einen gewaltsamen Umsturz in Jordanien eine Ausgangsbasis für ihren Kampf gegen den Zionismus zu gewinnen. Wider Erwarten behauptete sich die Haschimitenmonarchie gegen den Ansturm. Die PLO-Freischärler flohen aus Jordanien über Syrien, wo sie gleichfalls nicht willkommen waren, in die Flüchtlingslager im Libanon. Dort besaßen sie bereits weitgehende Autonomierechte, die ihnen in einem von Präsident Gamal Abdel Nasser vermittelten Abkommen zugesprochen worden waren. Diese Rechte ermöglichten es ihnen, die Flüchtlingslager zu unkontrollierbaren, waffenstarrenden Festungen auszubauen und den Guerillakrieg gegen Israel aus dem von ihnen praktisch okkupierten und in ein «El-Fatach-Land» verwandelten Südlibanon fortzusetzen. Das führte zu einer Massenflucht der dortigen Zivilbevölkerung in den Norden, welche die sozialen Spannungen erneut verschärfte. Hinzu kam eine ungeschickte israelische Vergeltungsstrategie, die vor allem die unbeteiligten libanesischen Zivilisten in Mitleidenschaft zog und den Fortbestand des fragilen politischen Gleichgewichtes gefährdete. Der «Ramadan-Krieg» vom Oktober 1973 erfüllte die Hoffnung der Flüchtlinge auf eine gewaltsame Revision der vollendeten Tatsachen in Palästina abermals nicht. Gleichzeitig versetzte er der libanesischen Dienstleistungswirtschaft einen neuen und diesmal tödlichen Schlag.

Im Frühjahr 1975 kam es zu der so lange befürchteten Explosion. Jugendliche Christen kühlten ihr Mütchen an einigen muselmanischen Dorfbewohnern, militante Moslems rächten sich an den christlichen Insassen eines Autobusses. Vielleicht war es auch umgekehrt, genau wird sich das wohl niemals feststellen lassen. Jedenfalls pfiffen plötzlich überall die Kugeln. Innerlibanesische, syrische und mehrere panarabische Vermittlungsversuche zeitigten kein Ergebnis. Fünfzehn Monate später bestand noch immer keine Aussicht auf einen dauerhaften Friedensschluß. Beirut war nur noch ein einziges Trümmerfeld, und man zählte, wie erwähnt, etwa fünfzigtausend Tote. Über eine halbe Million vorwiegend christlicher Libanesen ging in die vorübergehende oder dauernde Emigration.

Am Anfang waren die Christen rasch in die Defensive geraten. Die mit den Palästina-Freischärlern verbündeten Moslems hatten die stärkeren Bataillone. Es kam zu einer faktischen Teilung des kleinen Landes in christliche und muselmanische Enklaven. Die Christen verteidigten mit schwindenden Kräften ihre Rückzugsbastionen. Als der legale christliche Präsident Suleiman Frandschiej vorzeitig zurücktreten sollte, floh er aus seinem unter Beschuß genommenen Amtssitz in das ausschließlich von Christen bewohnte Küstenstädtchen Dschuniej nördlich von Beirut. Die Wahl des ebenfalls christlichen Staatsbankchefs Elias Sarkis zu seinem Nachfolger führte keineswegs zur Beendigung des grausamen Blutbades. In diesem Augenblick entschloß sich Syrien zum militärischen Eingreifen. Reguläre syrische Truppeneinheiten in einer Stärke von zunächst dreizehn- und später sechzehntausend Mann überschritten die Grenze zum Libanon. Auch sie erreichten keine Einstellung der Kämpfe. Die Ruhe wurde jedoch in den Landesteilen, die sie besetzten, wieder hergestellt, der Waffen- und Munitionsnachschub der Linken zu Land, Luft und See konnte abgeschnitten werden, und für die Christen lockerte sich die tödliche Umklammerung.

Die Strategie der Syrer lief offensichtlich darauf hinaus,

246

den vollständigen Sieg einer der Bürgerkriegsparteien über die andere zu verhüten. Hauptgrund des syrischen Eingreifens war jedoch die Furcht Damaskus' vor einer direkten Machtergreifung der Palästinenser in dem Nachbarland. Dies wäre für die politische Stabilität im eigenen Land eine Gefahr gewesen und hätte auch den Nahostkonflikt wieder entflammt. Israel hätte nicht tatenlos zusehen können, und ein fünfter Palästinakrieg wäre unvermeidlich geworden. Schon bald nach der syrischen Intervention ergriffen wieder die Christen die Initiative. Über den von ihnen kontrollierten Hafen Dschuniej erhielten sie ausreichende Waffen-, Munitions- und Lebensmittelmengen. Im Sommer 1976 verstärkten ihre Milizen unter stillschweigender syrischer Duldung die Angriffe auf die palästinensischen Basen. In Beirut erstürmten sie nach mehrwöchiger hartnäckiger Gegenwehr der Insassen die drei wichtigsten Flüchtlingslager. Dabei stellte sich heraus, daß deren Besatzung seit längerem kaum noch aus Frauen und Kindern bestanden hatte, sondern vorwiegend aus aktiven «Fedaijin». Die Opfer der früheren israelischen Vergeltungsangriffe auf diese Lager waren also durchaus keine Unschuldigen, wie man es von seiten der Palästinenser hatte glauben machen wollen. Der verbissene Widerstand der Verteidiger bestätigte auch eine bis anhin häufig angezweifelte Behauptung des israelischen Geheimdienstes «Mossad»: Die Lager waren waffenstarrende Festungen und keine Flüchtlingsunterkünfte. Nach der Einnahme fand man ganze unterirdische Bunkersysteme mit Waffen- und Munitionsdepots und geheimen Ausgängen zur Außenwelt.

Im Hochsommer 1976 – das Thermometer zeigte vierzig Grad Celsius im Schatten und in den trümmerübersäten Straßen und den ausgebrannten und zerschossenen Ruinen stanken verwesende Leichen und in Gärung übergehende Müllhaufen zum Himmel – klärten sich endlich die Fronten. Hier standen nicht mehr religiöse oder soziale Gegensätze auf dem Spiel; ganz offenkundig handelte es sich nur noch um den Abwehrkampf eines kleinen Landes gegen eine fremde Aggression. «Rechte» Christen kämpften nicht mehr gegen «linke» Moslems, wie bis dahin simplifizierend behauptet worden war, sondern Libanesen gegen Palästinenser. Das bestätigten unfreiwillig die Ende Juli von dem libyschen Ministerpräsidenten Abdessalam ed-Dschallud vermittelten Verhandlungen zwischen dem syrischen Präsidenten el-Assad und dem PLO-Chef Jassir Arafat. Sie waren die wirklichen Kontrahenten in diesem auf dem Rücken der Libanesen ausgetragenen Konflikt. Eine Lösung schien nicht in Sicht. Die Christen vertraten die Ansicht, dies sei nur ohne die Palästinenser möglich. Die «Fedaijin» müßten verschwinden oder ein für allemal entwaffnet werden. Eine Vertreibung der Flüchtlinge scheitert jedoch an den Realitäten. Syrien und Jordanien sind zu deren Aufnahme nicht bereit, was nach den Erfahrungen im Ammaner «Schwarzen September» von 1970 und dem Beiruter «Schwarzen Sommer» von 1976 verständlich ist. Wer setzt sich schon freiwillig Läuse in den Pelz? Das früher jordanische Restpalästina, nach dem Vorschlag der Supermächte und dem Wunsch der arabischen Staaten und der gemäßigten Palästina-Flüchtlinge die künftige Heimat eines selbständigen arabischen Palästinastaates, steht noch unter israelischer Verwaltung. Die Bevölkerung in diesem Gebiet fürchtet trotz ihrer antiisraelischen Gefühlslage und ihrer Sympathien für die Guerillabewegung die revolutionäre Sprengkraft der wurzellosen Flüchtlingsmassen. Eine Regelung dieses Problems, so unmöglich sie zu sein scheint, bleibt jedoch die wichtigste Voraussetzung für eine dauerhafte Neuordnung im Libanon. Jede Kompromißlösung birgt den Keim zu neuen Ausbrüchen in sich.

Ein Trostpreis für die «Hüter des Brunnens»

Die Terrasse des «Philadelphia» ist einer der romantischsten Plätze des arabischen Orients. Schattige Eukalyptusbäume sorgen für Kühle. Blumenrabatten verströmen einen lockenden Duft. Die Laternen tauchen das davorliegende steinerne Halbrund des römischen Amphitheaters in ein mildes Licht. Man könnte träumen, der Imperator trete jeden Moment aus seiner hoch über den Rängen gelegenen Loge und gäbe das Zeichen zum Beginn der Gladiatorenkämpfe. Im Halbdunkel der zweitausendjährigen Mauern geben sich jedoch nur noch die Liebespärchen ein Stelldichein. Der Muezzin ruft vom unweit gelegenen Minarett der Hauptmoschee zum Abendgebet, und das melodische «Allahu Akbar!» («Allah ist groß!») bricht sich in den engen Straßen und Gassen zwischen den sieben Hügeln der Stadt zu einem hundertfältigen Echo. Ein bärtiger Mann in grünen türkischen Pluderhosen, einem goldbestickten Leibchen und den unvermeidlichen roten Fez auf dem Haupt, serviert schweigend den Kaffee. Aus der «Petit Bar» in der schläfrigen Halle ertönt leise melancholische arabische Musik.

Kaum glaublich, daß hier noch vor gut fünf Jahren die Höllenhunde Bluthochzeit feierten. Damals schossen «Fedaijin» («Todesmutige»), wie sich die palästinensischen Guerilleros nennen, aus den Nischen des Amphitheaters, stürmten das Hotel, verschanzten sich auf den Dächern und beschossen die Soldaten des Königs. Panzer rasselten durch die Gassen, Häuser brannten, und überall lagen Leichen. Der «Schwarze September», die Machtprobe zwischen den Freischärlern und dem Haschimitenkönig Hussein, scheint nur noch eine böse Erinnerung. Die Schäden wurden längst beseitigt, und in der Hotelfassade erkennt man die Scharten der Einschüsse und Querschläger nur noch, wenn man ganz genau hinsieht. Das PLO-Hauptquartier auf dem Dschebel Luweibdeh ist verschwunden; wo es sich befand, dehnt sich jetzt eine leere Fläche. Auch die bettelnden Weiber mit ihren langen bestickten Kleidern wurden aus dem Straßenbild entfernt.

Der Sechstagekrieg hatte damals weitere hunderttausend Palästina-Flüchtlinge in die ohnehin schon berstenden transjordanischen Lager verschlagen. Jordanien gewährte ihnen als einziges arabisches Land die eigene Nationalität und erlaubte und förderte ihre wirtschaftliche und soziale Eingliederung. Der Anteil der Palästinenser an der politischen Macht, an Verwaltung, Intelligenz und Geschäftsleben überstieg zuweilen um ein Vielfaches den der transjordanischen Beduinen. Die Palästinenser waren hier so etwas wie die Christen für den Libanon. Die Niederlage von 1967 hatte bei den Transjordaniern eine Welle der Hilfsbereitschaft geweckt. Bettelnde Palästinenserinnen erhielten überall milde Gaben. Viele Familien rückten enger zusammen und gewährten den Flüchtlingen Unterkunft. Die Gäste traten jedoch bald immer herausfordernder auf. Die Lagerinsassen verschafften sich Waffen und entzogen sich der Kontrolle der legalen Behörden. Guerilleros in Tarnanzügen und umgehängten Maschinenpistolen fuhren eigene Militärstreifen durch die Straßen der Stadt. Bewaffnete Eintreiber kassierten bei den Geschäftsleuten gegen Quittung eigene Steuern. Nichts und niemand war mehr vor dem Zugriff der immer anmaßenderen Freischärler sicher. König Hussein hatte mit Gegenmaßnahmen allzu lange gezögert. Erst als man von seiner Abdankung sprach und seinen jüngeren Bruder Hassan auf den Thron setzen wollte, beugte er sich dem Druck seiner eigenen Armee und holte zum Gegenschlag aus. Vorher noch hatten palästinensische Hijacker eine Anzahl von Verkehrsflugzeugen entführt, auf einem verlassenen britischen Militärflugplatz in der jordanischen Wüste in die Luft gesprengt und die unglücklichen Passagiere drangsaliert.

Unmittelbar vor seinem plötzlichen Tod hatte Ägyptens Präsident Gamal Abdel Nasser noch einen verzweifelten

250

Vermittlungsversuch unternommen. In Kairo brachte er König Hussein und PLO-Chef Arafat an einen Tisch. Arafat warnte er dringend vor einer Machtprobe seiner Freischärler mit einer regulären Armee. Er könne sie nicht gewinnen. Vergeblich. Der «Schwarze September» endete mit einer vernichtenden Niederlage der Guerilleros und, nach ihren eigenen Angaben, mit fünftausend Toten.

Heute ist Amman wieder eine der ruhigsten und sichersten Städte des Nahen Ostens. Das verschlafene ehemalige Beduinendorf gewinnt unmerklich großstädtische Züge. Die ockerfarbenen, kubusförmigen Häuser kriechen immer weiter die steilen Hänge hinauf, bis zu den Gipfeln der Hügel, wo die von Bäumen und Gärten umgebenen Villen der Reichen stehen. In der Innenstadt gibt es jetzt sogar Verkehrsampeln. Der Sûk quillt über von Waren und Lebensmitteln aus aller Herren Ländern. Die Polizisten in ihren schwarzen Uniformen mit dem von einer silbernen Spitze gekrönten Tropenhelm sorgen für Ruhe und Ordnung. Sogar nachts ist ein Spaziergang von den Anhöhen durch die menschenleeren Straßen hinunter ins Zentrum ungefährlicher als in jeder vergleichbaren westlichen Großstadt.

Doch was war vorher – noch vor dem «Schwarzen September» – alles geschehen? Im Frühjahr 1948 fuhr eine schwere schwarze Limousine mit verhängten Fenstern und einer tief verschleierten Araberin als Insassin über die damals schon streng bewachte Demarkationslinie zwischen dem jüdischen und dem muselmanischen Teil Palästinas die gewundene Bergstraße hinauf nach Amman. Am Portal des Basman-Palastes empfing sie der alte Emir Abdullah. Die Araberin war die spätere israelische Außenministerin und Ministerpräsidentin Golda Meir. Der Emir empfand Respekt für die resolute Jüdin und unterhielt sich lange mit ihr über die düsteren Zukunftsaussichten. Das Palästinamandat der Engländer war an die Vereinten Nationen zurückgefallen, die Ausrufung des Staates Israel beschlossene Sache, die Araber drohten mit Krieg. Golda Meir hoffte auf das Stillhalten des Emirs. Sie gewann den Eindruck, Abdullah habe nichts gegen einen jüdischen Staat. Bei einem zweiten Treffen sagte er jedoch mit trauriger Stimme: «Ich kann nichts mehr tun!» Der Druck der übrigen Araberstaaten schien ihm zu sehr zu schaffen zu machen. Außerdem erhoffte er sich wohl ein Stück von dem bald herrenlos werdenden Brocken. Für Israel wurde die hochdisziplinierte «Arabische Legion» unter dem Kommando des britischen Generals John B. Glubb Pascha zum, wie sich herausstellte, gefährlichsten Gegner in seinem Unabhängigkeitskrieg. Sie eroberte den Ostteil Jerusalems und Palästinas. Man vereinigte es mit Transjordanien zum «Haschimitischen Königreich Jordanien». Doch der Brocken lag den Haschimiten schwer im Magen. 1951 bereits traf den greisen König nach dem Freitagsgebet auf den Stufen der El-Aksa-Moschee im geheiligten Jerusalemer Tempelbezirk die tödliche Kugel eines fanatischen palästinensischen Mörders.

Die Palästinenser waren überzeugte Republikaner und empfanden die ihnen aufgezwungene Monarchie als Fremdherrschaft. Sie wurden in der fortan von inneren Krisen und unzähligen Mordanschlägen gekennzeichneten Atmosphäre zu einem Element ständiger Unruhe. Abdullah war zu seinem Wüstenreich ohnehin nur wie ein unvorsichtiges Mädchen zu einem unehelichen Kind gekommen. Mit seinem älteren Bruder Feisal war der jüngere Sohn des Hidschaskönigs Hussein im Ersten Weltkrieg einer der beiden arabischen Anführer des probritischen «Aufstandes in der Wüste» gegen das Osmanische Reich. 1920 proklamierte ein Arabischer Nationalkongreß in Damaskus daraufhin Feisal zum König von Syrien. Die Franzosen, denen das berüchtigte «Sykes-Picot-Abkommen» Syrien als Mandat zugesprochen hatte, leisteten jedoch Widerstand. Abdullah ging in Akaba an Land und sammelte in dem Städtchen Maan ein Beduinenheer. Er zog bis nach Amman, und dort huldigten ihm die Stammesscheiche. Die Engländer befürchteten kriegerische Verwicklungen und eine Trübung der britisch-französischen Beziehungen und verlegten sich aufs Verhandeln. Winston Churchill persönlich zeichnete, wie gelegentlich behauptet wurde, in Jerusalem die Grenzen eines neuen Staates mit Lineal und Rotstift in eine Generalstabskarte des britischen Teiles der im «Sykes-Picot-Abkommen» aufgeteilten Gebiete. Palästina behielt man unter direkter Verwaltung der britischen Krone; «Transjordanien», wie man das künstlich geschaffene Wüstengebiet nannte, bot man Abdullah als Fürstentum unter britischem Protektorat an. Der Prinz griff kurzerhand zu. Er war sich über die Aussichtslosigkeit einer offenen Machtprobe mit den Kolonialmächten wohl nur allzu klar. Feisal, dem gegenüber die Engländer ein schlechtes Gewissen hatten, erhielt als Abfindung für seine syrischen Ansprüche die Krone des neugeschaffenen Irak.

Die Haschimiten sind die vornehmste arabische Dynastie. Der Prophet Mohammed war einer ihrer Abkömmlinge. Seit damals gehörte ihnen das islamische Kernland Hidschas auf der Arabischen Halbinsel. Traditionell waren sie die «Hüter des Brunnens», jener heiligen Quelle Zemzem in Mekka, die Allah sprudeln ließ, um die von Abraham in der Wüste ausgesetzte Sklavin Hagar und ihren Sohn Ismail, den legendären Stammvater der Araber, vor dem Verdursten zu retten. Die Haschimiten galten nach dem Zusammenbruch des Osmanischen Reiches als die natürlichen Anwärter auf den Thron eines arabischen Reiches. Diese Hoffnung hatten die Kolonialmächte durch ihr betrügerisches Manöver mit dem «Sykes-Picot-Abkommen» durchkreuzt. König Hussein wurde wenig später vom damals noch fast unbekannten Beduinenemir Ibn Saud von seinem Thron vertrieben. Gemessen an dem, was sie verloren hatten, war Transjordanien für die Haschimiten ein armseliger Trostpreis.

Abdullah verschaffte sich mit Geschick und Einfühlungsvermögen die Treue der transjordanischen Beduinensippen. Diese erkannten rasch die Vorteile eines eigenen Staates für ihre Interessen. Als Bestandteil der angrenzenden Staaten Syrien, Irak und Saudi-Arabien wäre Transjordanien, so rechneten sie sich aus, nur eine abgelegene und benachteiligte Wüstenecke. Von Amman aus konnten die Haschimiten jedoch wesentlich besser für sie sorgen. Das Land blieb zwar arm, entwickelte aber ungewöhnlich rasch stabile innenpolitische Verhältnisse. Das änderte sich erst mit dem Anschluß Restpalästinas. Von da an sollten die Gegensätze zwischen den urbanen Palästinensern und den rückständigen Beduinen unversöhnlich aufeinanderprallen. Gleichzeitig kam es jedoch zu einer engen Verflechtung zwischen den beiden Bevölkerungsgruppen. Den Aufschwung auf wirtschaftlichem und sozialem Gebiet, dessen man sich hierzulande erfreute, verdankte man vorwiegend dem Talent der Palästinenser. Auch nach dem Verlust Restpalästinas im Sechstagekrieg vom Juni 1967 hatte das schwerwiegende Folgen. Die Hälfte der Bevölkerung bestand noch immer aus Palästinensern. Kam die Gründung eines arabischen Palästinastaates für die etwa drei Millionen Insassen der Flüchtlingslager in dem seit 1967 israelisch besetzten Gebiet zur Sprache, brachte das sofort auch das künftige Schicksal Transjordaniens wieder ins Gerede. Israelis wie Palästinenser waren sich bemerkenswerterweise darin einig, daß das zum Königreich gewordene ehemalige Emirat ohnehin ein Kunstprodukt sei und daher so oder so in einem vergrößerten Palästina aufgehen müsse. König Hussein, der 1952 anstelle seines geisteskranken Vaters Talal auf den Thron gelangt war, verlor seinerseits nie die Hoffnung auf eine Rückgewinnung der verlorenen Gebiete. Seine Politik lief daher auf die Bildung einer transjordanisch-palästinensischen Föderation unter seiner Krone hinaus. Dieser Vorschlag stieß bei den konservativen Notabeln auf dem Jordanwestufer ebenso wie in Israel auf Sympathie. Für Israel nämlich wäre die Entstehung einer höchstwahrscheinlich linksextremistischen

254

Republik Palästina, die möglicherweise auch eine sowjetische Militärbasis abgäbe, wegen deren unmittelbaren Nähe eine ständige Gefahrenquelle. Die Bevölkerung dieses Gebietes hat gleichfalls nichts mehr zu fürchten, als die bei einem Zurückströmen der Flüchtlingsmassen unausweichlichen tiefgreifenden politischen und sozialen Umwälzungen. Eine Entscheidung steht einstweilen noch aus.

Mord im Zweistromtal

Bagdad war vor zwölfhundert Jahren die glanzvolle Hauptstadt des arabisch-islamischen Weltreiches der Abbasiden. Ihr Mittelpunkt war der prunkvolle Palast des Märchenkalifen Harun er-Raschid. Moscheen und Paläste aus Marmor und kunstvollen Mosaiken inmitten blühender Parkanlagen mit exotischen Bäumen und Blumen und kunstvollen Springbrunnen wetteiferten in ihrer Schönheit. Dichtung und Philosophie, Astronomie und Medizin, Handel und Wandel standen in hoher Blüte. Die Araber waren auf dem Höhepunkt ihrer welthistorischen Macht.

Doch von diesem Glanz ist nichts geblieben. 1393 und 1401 überfiel der Mongolenführer Timur zweimal die Kalifenstadt. Die Brandschatzungen und Plünderungen seiner Krieger ließen von der einstigen Herrlichkeit kaum etwas übrig. Heute wirkt Bagdad wie eine einzige große Baustelle. Das ist es schon seit vielen Jahren. 1968 war ich am Tigris. Die möglicherweise nötig werdende Rettung der bedrängten jüdischen Gemeinde mußte vorbereitet werden. Vorher studierte ich wochenlang Stadtpläne. Was darauf wichtig war, hatte ich mir genau eingeprägt. Doch ich fand mich keineswegs so gut zurecht, wie ich hoffte. Straßenkreuzungen, die ich mir gemerkt hatte, waren verschwunden. Ganze Stadtviertel suchte ich vergeblich. Ich fühlte mich wie in einer unheimlichen, unfertigen Megalopolis. Nur auf einer der Terrassen am Tigrisufer ahnte man noch etwas von der reizvollen Lage der einstigen Weltstadt. Der Erdölreichtum, dessen sich das Zweistromland in den letzten Jahren in wachsendem Ausmaß erfreut, hatte die gigantomanische Bauwut offenbar noch verstärkt. Die Altstadt, die allerdings auch wenig Malerisches an sich hatte, wich allmählich gesichtslosen modernen Hochhausvierteln.

Die Metropole Harun er-Raschids ist längst eine Stadt fast wie vom Reißbrett. Seit Timurs Beutezügen hatte sie ein ganz ähnliches Schicksal wie Damaskus. Unter türkischer Herrschaft wurde sie zu einem bedeutungslosen Provinznest an der Grenze des osmanischen Machtbereiches. Hier fand man sich allerdings auch seit je mit der türkischen und später britischen Fremdherrschaft schlecht ab. Dort, wo die Glanzzeit der arabisch-islamischen Weltherrschaft am längsten gedauert hatte, war die Erinnerung natürlich auch noch am lebendigsten. Der Haß der aufsässigen Bevölkerung entlud sich immer wieder in einer endlosen Reihe von blutigen Aufständen und politischen Morden. Gleichzeitig prallten die durch die Grenzlage noch vergrößerten ethnischen, rassischen, religiösen und sozialen Gegensätze nirgendwo härter als im Zweistromtal aufeinander. Die Bevölkerung zeigt hier ein außerordentlich vielgestaltiges Bild. Das fruchtbare Mesopotamien war seit altersher ein Sammelbecken der Völker und Rassen und Religionen. Neben Arabern leben hier Kurden und Perser. Neben Moslems sunnitischer und schiitischer Richtung, die sich nicht gut miteinander vertragen, gibt es Juden, die hier seit assyrischer Zeit nachgewiesen sind, und Christen verschiedener Glaubensbekenntnisse. Die Herrschaft einer hauchdünnen Oberschicht aus feudalistischen Großgrundbesitzern und der reichen Kaufmannschaft über die Unterschicht armer Fellachen, die erst nach der Revolution von 1958 allmählich abgebaut werden konnte, erlaubte eine jahrhundertelange gnadenlose Ausbeutung der rechtlosen Massen und hinterließ so tiefe soziale Gegensätze, daß sie bis heute nicht vollständig bewältigt werden konnten.

Die Haschimitenherrschaft, die dem Land nach dem Ersten Weltkrieg von den Engländern aufgezwungen worden war, erwies sich als Unglück. Kein anderes Regime war unfähiger und korrupter und trieb größere Mißwirtschaft und rücksichtsloseren Raubbau an den natürlichen Reserven des Landes als das der Haschimiten. In der Nacht zum 14. Juli 1958 stürzte General Abdel Kerim Kassim die Monarchie. Der Mob übte an dem letzten König Feisal II. fürchterliche Rache. Ihn und seinen zwielichtigen Onkel Abdul Illah, den durch seine Verschwendungssucht, seine Lebensgier und seine Bestechungs- und Bereicherungsaffären Hauptschuldigen am schlechten Ruf der niemals richtig heimisch gewordenen haschimitischen Dynastie, zerriß man buchstäblich in Stücke. Premierminister Nuri es-Said entkam zunächst in Frauenkleidern. Doch man erkannte oder verriet den alten Lebemann. Die Menge ergriff ihn, schlug ihn tot und schleifte seine Leiche durch die Straßen Bagdads. Der Blutrausch war aber noch lange nicht zu Ende. Der Berufsmilitär Kassim war nicht der rechte Mann zur Lösung der ungeheuren innenpolitischen Probleme. Statt zwischen den rivalisierenden Gruppen Kompromisse anzustreben, verband er sich einmal mit dieser und ein andermal mit jener Partei. Seine Aktivität erschöpfte sich bald in der Niederhaltung seiner immer zahlreicher werdenden Gegner und in der Erhaltung der eigenen Machtposition. Das mußte schiefgehen. Kassims Anlehnung an die hierzulande straff organisierten und einflußreichen Kommunisten bedeutete für ihn schließlich das Todesurteil. Am 8. Februar 1963 umstellten Panzer den Präsidentenpalast, putschende Soldaten überwältigten die Leibwache und stürmten in das Arbeitszimmer Kassims. Er wurde unverzüglich standrechtlich erschossen. Danach kam es zu einem widerlichen Schauspiel, das selbst eine an unmenschliche Grausamkeiten gewohnte Welt abstoßen mußte. Im Fernsehen zeigte man den von Schüssen durchsiebten Leichnam des ermordeten Revolutionärs, und eine Hand zog seinen Kopf bestialisch an den Haaren.

Die Verschwörungen gingen jedoch weiter. Oberst Abdessalam Arif, der zum Feldmarschall ernannte Nachfolger, hatte auch keine glücklichere Hand. Er stützte sich zwar auf den irakischen Zweig der «Baath»-Partei, fand aber aus den Gegensätzen zwischen ihrem radikalen sozialistischen und ihrem gemäßigten Flügel keinen Ausweg, und noch weniger zwischen der panarabischen und der nationalistischen Richtung. Seine Herrschaft war eine endlose Abfolge von Komplotten. 1966 wurde Arif das Opfer eines Hubschrauberunfalls, der wahrscheinlich auf Sabotage zurückging. Nachfolger wurde sein Bruder Abderrachman Arif. Dieser lockerte die Militärdiktatur und suchte mit den aufsässigen Kurden einen Vernunftsfrieden. Seine Autonomieversprechungen konnte er aber nicht durchsetzen, und so kam es erneut zu einem Kurdenaufstand unter dem legendären General Mustafa Mulla el-Barsani. Mitte 1968 kam es zu einem neuen, diesmal unblutig verlaufenden Staatsstreich. Präsident wurde General Achmed Hassan el-Bakr, den man dem gemäßigten «Baath»-Flügel zurechnete. Die Verfassung, die bald darauf erlassen wurde, verankerte den Sozialismus als Staatsideologie und erhob die Kurden neben den Arabern erstmals in den Rang eines gleichberechtigten Staatsvolkes. Die Kurdenunruhen hörten jedoch nicht auf, und es kam wiederholt zu Putschversuchen rivalisierender Offiziersgruppen. Ende 1969/Anfang 1970 fällten Revolutionstribunale abschreckende Todesurteile gegen Regimegegner sowie unliebsam aufgefallene Mitglieder der jüdischen Gemeinde wegen angeblicher Spionage. Das barbarische Ritual der öffentlichen Hinrichtung verschaffte dem Militärdiktator el-Bakr den Namen «Judenschlächter».

Die Folgezeit stand außenpolitisch im Zeichen einer Annäherung an die Sowjetunion, mit der ein auf fünfzehn Jahre befristeter Freundschafts- und Nichtangriffspakt abgeschlossen wurde. Der Irak erhielt in großem Umfang sowjetische Waffen, geriet in der arabischen Politik jedoch in zunehmende Isolation. Im Inneren wurde die Sozialisierung vorangetrieben. Sie entsprach freilich auch am ehesten den Bedürfnissen der unterprivilegierten Massen und war nicht zuletzt die Konsequenz der vorangegangenen jahrhundertelangen Ausbeutung durch die Feudalherren. Präsident el-Bakr beschränkte sich schließlich wegen seines angegriffenen Gesundheitszustandes vorwiegend auf repräsentative Funktionen. Dadurch gelangte der aus dem Heimatort des Sultans Salach Eddin gebürtige «zweite Mann» des Regimes ans Ruder, Saddam Hussein et-Takriti, der Reorganisator der nationalen «Baath»-Partei. Der Irak fand in ihm zum erstenmal in seiner unruhigen modernen Geschichte einen ebenso zielstrebigen wie integrationsfähigen Politiker. Er erreichte zwischen den widerstreitenden Interessen in Partei und Staat einen Ausgleich und sorgte gleichzeitig für ein langfristiges wirtschaftliches und soziales Entwicklungsprogramm. Dabei kamen ihm die Beendigung des Kurdenkonfliktes und die wachsenden Einnahmen aus dem Erdölexport zustatten; erstere resultierte aus dem irakisch-persischen Abkommen über den bisher umstrittenen Grenzverlauf am Schatt el-Arab, wo Euphrat und Tigris zusammenfließen.

Der Irak konnte sich vor allzu starkem sowjetischem Einfluß bewahren und knüpfte auch wieder entwicklungspolitische Beziehungen zum Westen. Nirgendwo klarer als hierzulande zeigte sich, wie wichtig die Mobilisierung der eigenen Entwicklungs- und Rohstoffreserven für ein so lange unterdrücktes und benachteiligtes Land war.

Dogubayazit ist ein abgeschiedenes Dorf an der türkisch-sowjetischen Grenze. Etwas außerhalb des Dorfkerns steht ein niedriger Schuppen aus schlampig aneinandergefügten und oberflächlich verputzten unregelmäßigen Quadern. Als Dach dient rostiges Wellblech. Davor rammte man einige dürre Stecken in die steinige Erde und bedeckte sie als Sonnenschutz mit getrocknetem Blätterwerk. Auf einfachen Hockern mit geflochtenen Sitzen unterhalten sich hier bei einem Glas Tee und einer Wasserpfeife die Bauern und Hirten aus der Umgegend über die Ernteaussichten oder die Wollpreise. Hinter den Hügeln, zu deren Füßen das Dorf liegt, verläuft die Grenze zur Sowjetunion. Sie wird hier nicht sonderlich gut bewacht. Die Landschaft ist zu beiden Seiten ziemlich öde, und es gibt nur wenige Menschen. Fremde fallen hier sofort auf.

Zu Anfang der sechziger Jahre verirrte sich ein hochgewachsener schlanker Ausländer in das karge Teehaus. Er war sichtlich erschöpft; offenbar lag ein langer und beschwerlicher Fußmarsch hinter ihm. Am Dorfrand verabschiedete er sich stumm von seinen Begleitern in Bergbauerntracht. Diese verschwanden wie der Blitz wieder dahin, woher sie gekommen waren, in das unübersichtliche hügelige Hinterland. Der Fremde wankte mehr, als daß er ging, zu dem Teehaus. In hartem Arabisch, dann in holprigem Russisch und endlich in leisem Englisch verlangte er ein Glas Tee. Dann zündete er sich zitternd eine englische Zigarette aus einer arg zerknitterten Packung an und fischte in seiner zerschlissenen Kleidung fahrig nach einer flachen Whiskyflasche. Gierig und in langen Zügen trank er Schluck für Schluck. Das beruhigte ihn. Doch während er langsam seinen heißen Tee schlürfte, sah er immer wieder nervös suchend über den dampfenden Glasrand hinweg nach allen Seiten. Er wartete auf jemand. So saß er stundenlang und blickte immer häufiger

260

auf die teure Uhr an seinem Handgelenk. Wie aus dem Erdboden gewachsen stand plötzlich eine kleine Gruppe gedrungener Männer mit wettergegerbten bäuerlichen Gesichtern und flachen Patschkappen auf den breiten Schädeln vor der Teestube. Niemand hatte gesehen, woher sie kamen. Sie mußten sich regelrecht angeschlichen haben. Sie setzten sich an das wackelige Tischchen neben dem Fremden, unterhielten sich ungeniert in perfektem Türkisch und verlangten lautstark nach Tee. Als er dampfend vor ihnen stand, beugte sich einer der Ankömmlinge zu dem Fremden. Halblaut fragte er: «Gospodin Philby?» Der Angesprochene nickte erleichtert. Die kleine Rechnung wurde bezahlt, und der Wortführer der zuletzt Angekommenen erklärte dem Teestubenbesitzer: «Der Herr hat den gleichen Weg. Wir nehmen ihn mit!» H. A. R. Philby war am Ende seines langen und schweren und gefährlichen Weges. Die Gruppe entfernte sich in Richtung auf die sowjetische Grenze. Monate später stellte sich der möglicherweise zwar nicht erfolgreichste, aber doch bisher am längsten unentdeckt gebliebene kommunistische Spion in Moskau der Weltpresse. Seinen Fluchtweg aus Beirut, wo er zuletzt als Nahost-Korrespondent zweier angesehener britischer Wochenblätter tätig gewesen war, gelegentlich auch für den Londoner SIS und dauernd für das sowjetische KGB, erwähnte er mit keinem Wort.

Fünfundzwanzig Jahre lang spielte dieser zwielichtige Sohn eines nicht ganz unzwielichtigen Vaters meisterhaft seine Doppelrolle als britischer Diplomat und Geheimagent sowie als sowjetischer Spion. Erst dann war man ihm auf die Spur gekommen. Nachdem er durch seine scheinbar objektiven freundlichen Kommentare über den damals längst im roten Schlepptau segelnden ägyptischen Diktator Gamal Abdel Nasser und durch seine niemals völlig durchleuchteten Aktivitäten an der Seite des ägyptisch-sowjetischen Vertrauensmannes Abderrachman el-Beidani nach dem Sturz der Monarchie im Jemen noch einmal viel Schaden angerichtet hatte, war endlich auch für ihn die Stunde der Wahrheit gekommen. SIS-Agenten konfrontierten ihn mit ihren Erkenntnissen und entlockten ihm ein halbes Geständnis. Das Beiruter «Deuxième Bureau» verweigerte zunächst Hilfsdienste für die britischen Kollegen. Zu einer freiwilligen Rückkehr nach England war der Spion nicht bereit. Seine Beseitigung kam nicht in Frage. Wahrscheinlich wäre er noch heute ein mit einem nicht ganz sauberen Ruf behafteter Journalist und für seine Auftraggeber noch immer ein nützlicher Zuträger. Doch er verlor die Nerven und ergab sich dem Alkohol. Die Sowjetbotschaft in der libanesischen Hauptstadt geriet dadurch in große Bedrängnis. Im Normalfall hätten sie ihren Mann sicher kurzerhand umgebracht. Die Libanesen waren von den Engländern über dessen Doppelrolle informiert worden und hätten seinen Tod sicher dem SIS angelastet. Doch Philby, der Sohn des nicht lange vorher in Beirut gestorbenen legendären Arabienkenners Harry St. John B. Philby, war offensichtlich ein zu wertvoller Besitz. Man mußte ihn herausbringen, ehe er völlig durchdrehte.

Der SIS und andere Geheimdienste rätseln bis heute über die Umstände seiner Flucht. Jedenfalls verschwand er eines schönen Tages auf dem Weg von seiner Wohnung zu einer Diplomatenparty aus dem Taxi. Wahrscheinlich nahm ihn ein zufällig gerade im Beiruter Hafen ankerndes sowjetisches Frachtschiff an Bord. Dies jedenfalls schien am wahrscheinlichsten. Doch alle irrten sich. Eine Fahndungstruppe des israelischen Geheimdienstes «Mossad» kam nicht lange nach der geheimnisvollen Flucht auf die richtige Spur: Das KGB hatte für seinen Top-Spion schon längst totgeglaubte Verbindungen zu neuem Leben erweckt. «Gospodin Philby» überschritt in der Nacht seines Verschwindens mit einem syrischen Dauervisum die libanesische Grenze. Von Damaskus aus schleusten ihn sowjetische Agenten auf Schleichwegen in das Grenzgebiet zum Irak. Dort verfügte das KGB über alte und niemals ganz eingeschlafene Beziehungen. Dem Spion wurde allerdings nichts geschenkt. Auf Schusters Rappen oder auf dem Rücken widerborstiger Maultiere folgte er mürrischen und keineswegs redseligen Führern durch das unwegsame Bergland nördlich von Mossul im irakisch-syrischen Grenzgebiet und überschritt mit ihrer Hilfe unbemerkt die Grenze zu dem sich zwischen die beiden Araberstaaten und die Sowjetunion schiebenden östlichsten Zipfel der Türkei. Dort war er zeitweilig auf sich allein gestellt. Die «Bergtürken» sympathisierten zwar stark mit ihren Stammesbrüdern jenseits der arabischen wie der sowjetischen Grenzen. Aber nicht einmal wegen ihres langjährigen Meisteragenten wollte die Sowjetregierung diplomatische Verwicklungen mit dem NATO-Partner Türkei riskieren. In Sicherheit war er erst nach der Ankunft im armenischen Eriwan. Dort erwartete ihn eine Militärmaschine für den Flug nach Moskau. Das KGB brannte natürlich darauf, ihn wie eine Zitrone restlos auszuquetschen. Spionageerkenntnisse verwelken nämlich so schnell wie frischer Salat. Philby verbrachte seine Tage und Nächte nun nicht mehr auf den versoffenen Diplomatengesellschaften im Orient oder im Londoner Westend, sondern in der «Lubjanka». Freilich nicht als einer der zahllosen unglücklichen Häftlinge, sondern als gefeierter und mit Dankesbezeugungen überschütteter «Held der Arbeiterklasse».

Wer hatte ihm geholfen? Wie überwand er diese letzte und gefahrvollste Etappe seiner düsteren Karriere? Der «Mossad» kam, wie gesagt, schließlich auf die richtige Spur. Kein Geheimdienst – außer dem am meisten betroffenen SIS – konnte schließlich mehr daran interessiert sein als er. Für den SIS markierte die Flucht als solche, für den «Mossad» der Fluchtweg eine Niederlage im geheimen Krieg der Nachrichtendienste.

Die geheimen Helfershelfer waren die Kurden. Dieses Bergvolk im Grenzgebiet zwischen Syrien, Irak, Türkei, Persien und Sowjetunion kämpfte seit dem Zusammenbruch des Osmanischen Reiches vergeblich um das ihm im Gegensatz zu den Arabern vorenthaltene Selbstbestimmungsrecht. Die internationalen Friedenskonferenzen hatten es ebenso ignoriert wie der menschenfreundliche amerikanische Präsident Woodrow Wilson mit seinen «Vierzehn Punkten» und der Genfer Völkerbund. Die Türken begannen nun gegen die widerspenstige Minderheit im äußersten Südosten ihres stark dezimierten Staatsgebietes einen regelrechten Ausrottungsfeldzug und machten aus den überlebenden Kurden einfach «Bergtürken». In Syrien und der Sowjetunion war ihre Zahl zur Durchsetzung ihrer Forderungen ohnehin viel zu gering. Ein Element von starker ethnischer Bedeutung bildeten sie nur in Persien und im Irak. Beide Länder erwehrten sich seit dem Ende des Ersten Weltkrieges denn auch nur mühsam der von den Kurden ausgehenden Unruhe. Die Ignoranz der Versailler Friedensstifter in dieser Frage verschaffte der jungen Sowjetunion und ihrer unverändert von Zar Peter dem Großen übernommenen Nahostpolitik binnen kürzester Frist bereits den zweiten von ihr zielstrebig genutzten Ansatzpunkt. (Das «Sykes-Picot-Abkommen» war der erste. Die Bolschewiki fanden nach der Oktoberrevolution eine Kopie des Vertrages im Archiv des Petersburger Außenministeriums und erkannten sofort seine Sprengkraft. Sie informierten insgeheim die «Hohe Pforte» und diese den englandfreundlichen Scherifen Hussein von Mekka. Doch dieser glaubte zu seinem Unglück nicht an den dadurch bewiesenen Wortbruch Großbritanniens.) Schon 1920 veranstaltete die Komintern in Baku den «Ersten Kongreß der Völker des Ostens». Der Kongreß gründete einen «Propaganda- und Aktionsrat der Ostvölker» und stand damit am Anfang der seither zu beobachtenden sowjetischen Nahostpolitik mit ihrer unbeirrbar expansionistischen Zielsetzung. Diese Politik hatte schon bald eine erste aggressive Auswirkung, nämlich die heute fast vergessene Landung eines sowjetischen Expeditionskorps im persischen Hafen

264

Enzeli am Südwestufer der Kaspischen See und die Gründung der freilich nicht einmal ein Jahr überdauernden sogenannten «Sowjetrepublik Gilan» auf persischem Gebiet im Frühling 1920. Die Kurden, die ja in unmittelbarer Nachbarschaft lebten, betrachteten das als Fanal. Der «Mossad» ist überzeugt, daß die später bekanntgewordenen Beziehungen zwischen Sowjets und Kurden bereits damals angeknüpft wurden.

Die Kurden sind ein Bauern- und Hirtenvolk wahrscheinlich indogermanischer Herkunft. Sie leben im Zentrum Vorderasiens in einem seit dem Zusammenbruch des Osmanischen Reiches unter fünf Staaten aufgeteilten Siedlungsgebiet von etwa zweihunderttausend Quadratkilometern Größe. Es besteht vorwiegend aus unwirtlichen Gebirgen mit tiefen Einschnitten und schwer zugänglichen Hochebenen ohne dauernd passierbare Verkehrsverbindungen. Diese ungünstige Lage verhinderte auch die Entstehung eines geistigen und politischen Mittelpunktes. Im Mittelalter bildeten sich in Kurdistan mehr oder weniger autonome und mehr oder weniger langlebige lokale Fürstentümer. Schon damals veranstalteten sowohl die Türken als auch die Perser mehrfach grausame Rachefeldzüge gegen die freiheitslustigen Kurden, die zum Teil auch in Massen deportiert wurden. Seinen Höhepunkt erlebte der langwierige Freiheitskampf jedoch erst nach dem Ersten Weltkrieg. Die Strafexpeditionen der Türken und Perser, die aufeinander abgestimmt worden waren, erreichten jedoch keineswegs eine vollständige Unterdrückung. Die Kurden – verlassen, wie sie waren – erblickten anscheinend schon damals ihre einzige Chance in einer Partnerschaft mit der jungen und ebenfalls von äußeren Gefahren bedrohten Sowjetunion. Nach «Mossad»-Quellen knüpfte der aus dem polnisch-jüdischen Mittelstand stammende Komintern-Funktionär Karl Bernhardowitsch Sobelsohn, der sich später Radek nannte und den Stalin 1939 ermorden ließ, schon auf der erwähnten Moslemkonferenz von Baku die ersten Kontakte zu den Kurden. Sein Gesprächspartner war wahrscheinlich einer der beiden Brüder Scheich Achmed oder Mustafa Mulla el-Barsani. Beide entstammten einem der größten und einflußreichsten nordirakischen Kurdenstämme, die enge Familienbeziehungen auch zu den in Persien lebenden Rassengenossen unterhielten, und aus einer der vornehmsten und reichsten Familien ihres Stammes. Das hinderte Mustafa später allerdings nicht, einen ganz eigenen Beitrag zur sozialen Modernisierung seiner Heimat zu leisten. Er veranstaltete so etwas wie eine «private Landreform» und verteilte den seiner Familie gehörigen Großgrundbesitz entschädigungslos an die früheren Kleinpächter. El-Barsanis soziales Gewissen war jedenfalls stark genug ausgeprägt, um ihn zum Gesprächspartner der Bolschewiki zu machen.

Es läßt sich nicht mit letzter Sicherheit nachweisen, wann der spätere Kurdenführer zum erstenmal mit den Moskowitern in Berührung kam. Die Kurden ließen darüber verständlicherweise nie etwas verlauten, die Moskauer Archive bleiben wohl für immer fest verschlossen, und der «Mossad» mit seinen tief in die ostjüdische Welt hineinreichenden Beziehungen hüllt sich ebenfalls in Schweigen. Fest steht jedenfalls folgendes: Vom Beginn der dreißiger Jahre an erhielten die Kurden unter der Führung Mustafa Mulla el-Barsanis aktive sowjetische Unterstützung. Das Resultat waren beinahe ununterbrochene blutige Verwicklungen im Nordirak in der Zeit zwischen 1930 und 1945. Iraker und Engländer standen durch den Einsatz schwerer Waffen und pausenloser Bombardemente endlich scheinbar vor dem Sieg. Mustafa Mulla el-Barsani verlor den Mut und floh mit einigen Tausend seiner Stammeskrieger über die persische Grenze. Mitten in einem eisigen Winter schlugen sich die Kurden, am Ende durch Entbehrungen, Krankheiten, Hunger und Kälte dezimiert, bis zu der von den Sowjets inzwischen geschaffenen Auffangposition durch. Diese hatten im Zweiten Weltkrieg Ostpersien besetzt und dort die Gründung einer sogenannten «Kurdischen Volksrepublik Mahabad» erzwungen. Sie wurde zur Zuflucht der Flüchtlinge aus dem Irak. Doch nicht nur das. El-Barsani wurde auf Befehl Stalins General der Roten Armee, Oberkommandierender der lokalen Streitkräfte von rund dreißigtausend Mann und Verteidigungsminister. Eine solche Karriere wäre für einen Nichtkommunisten wenig wahrscheinlich gewesen.

Internationale Rücksichten zwangen die Sowjets jedoch 1946 zum Abzug aus Persien. Dreiviertel Jahre später zerbrach die Kurdenrepublik unter dem Ansturm der regulären persischen Streitkräfte. El-Barsani floh in den Irak zurück, geriet aber auch dort bald wieder durch angreifende irakische Truppen in Bedrängnis. Der Kurdenführer marschierte mit etwa dreitausend treu ergebener Krieger abermals durch Nordpersien bis in die Sowjetunion. Dort empfing man den rotarmistischen General mit allen Ehren. Er durchlief mehrere Militärakademien und richtete später über «Radio Eriwan» in kurdischer Sprache stark kommunistisch gefärbte, flammende Freiheitsappelle an seine Landsleute im Irak, in Persien und in der Türkei. Die Behauptung, er habe sich in Moskau als einfacher Handschuhmacher durchgeschlagen, ist sehr wahrscheinlich eine bloße Zwecklegende. Seit 1953 lebte er im Prager Exil. 1958, im Zusammenhang mit dem Flirt des Militärdiktators Kassim mit den Kommunisten, schlug endlich die Stunde seiner Heimkehr in den Irak. Das Einvernehmen mit dem Bagdader Regime war jedoch nur von kurzer Dauer. Ein Staatsstreich beseitigte den Diktator und es kam zu einer gnadenlosen Jagd auf die Kommunisten. El-Barsani floh erneut in das nordirakische Bergland und organisierte wieder einmal den Widerstand der Kurden. Die Sowjetunion leistete umfangreiche Waffenhilfe, erkannte jedoch irgendwann in dieser Zeit den größeren Nutzen einer Zusammenarbeit mit dem Irak. Die «Baath»-Partei entwickelte sich dort unaufhaltsam nach links, rehabilitierte die Kommunisten und knüpfte ihrerseits die ersten Fäden zum Kreml.

Die Kurden suchten enttäuscht nach anderen Bundesgenossen. Einen fanden sie in Persien, das von der Sowjetunion bedroht wurde und wegen des unklaren Grenzverlaufes im Schatt el-Arab auch mit den Irakern in Streit lag. Teheran wurde alsbald zum neuen Waffenlieferanten und gewährte bedrängten kurdischen Partisanen über die offengehaltene Grenze Asyl. In Israel, das in einen nicht endenwollenden Abwehrkampf gegen die arabischen Vernichtungsdrohungen verstrickt war, suchte man damals ebenfalls nach Bundesgenossen im nahöstlichen Raum. Einen fand man in den teilweise christianisierten Negerstämmen des Südsudans. Israel unterstützte sie, wie man heute weiß, von Uganda aus jahrelang aktiv in ihrem Guerillakrieg gegen die Zentralregierung in Chartum. Diese Unterstützung endete erst mit der aufsehenerregenden proarabischen Kursschwenkung des ugandischen Militärdiktators Feldmarschall Idi Amin Dada und führte rasch zur Beendigung des südsudanischen Buschkrieges. Für Israel waren die Kurden als potentielle Bundesgenossen gleichfalls hochinteressant. Sie waren keine Semiten und kämpften wie die Israeli zäh und verbissen gegen die Araber. Anfang der sechziger Jahre verfügten die Kurden plötzlich auch über israelische «Uzi»-Maschinengewehre. Angeblich stammten sie aus iranischen Heeresbeständen. Bewiesen werden konnte das nie. Jedenfalls gab es damals auf verschiedenen geheimen Ebenen direkte und indirekte Kontakte zwischen Israel und den Kurden. Die Israelis rechneten stets auch mit der nie ganz auszuschließenden Teilnahme der verhältnismäßig starken und disziplinierten irakischen Streitkräfte an einem neuen Krieg mit den Arabern. Je mehr irakische Soldaten aber im Bürgerkrieg mit den Kurden gebunden waren, desto geringer war diese Gefahr.

Die israelisch-kurdische «Mesalliance» war von kurzer Dauer. Im Januar 1963 verschwand der sowjetische Meisterspion H. A. R. Philby. Ein Kairoer Agent des «Mossad» war auf dessen Agentenrolle im Sold des KGB schon lange vorher aufmerksam geworden. Selbst die wohlorganisierte sowjetische Spionageorganisation war gegen undichte Stellen nicht gefeit. Philby selbst war zwar ein Mann eiserner Selbstdisziplin und meisterhafter Mimikry. Doch wenn er besoffen war und sich unbeobachtet fühlte, plauderte er schon einmal aus der Schule. Trotz seiner heimlichen weltrevolutionären Leidenschaften war Philby, der Sproß der dekadent-überheblichen britischen Oberschicht, geradezu von einer elitären Verachtung für vermeintlich unter ihm Stehende besessen. Ein Zuhörer dieser Kategorie, den er niemals ernst genommen hätte, lauschte jedoch aufmerksam – aufmerksamer als ihm lieb sein konnte – seinen unter Gestotter und Gestammel hervorgebrachten Tiraden. Der Zuhörer trug zwar keine Westminsterkrawatte und statt des teuren Maßanzuges aus der Londoner Bond Street kleidete ihn die schlechtsitzende Kluft eines ägyptischen Schneiders an der Kairoer Scharia Kasr en-Nil. Doch er konnte zwei und zwei zusammenzählen und wußte, daß dabei nicht drei herauskam. Die Fassade des eingebildeten Gentlemans aus Cambridge verbarg offenkundig nichts weiter als einen ganz ordinären Kommunisten. Einen Kommunisten zudem von der üblen Sorte der kommunistischen Herrensöhnchen der späteren siebziger Jahre. Wie Philby waren und sind diese ja keineswegs Verräter ihrer Klasse. Ihnen geht es in ihrem elitären Hochmut in Wirklichkeit ja um nichts anderes als um die Rettung ihrer Privilegien, die in der immer egalitärer werdenden westlichen Gesellschaft aufs höchste gefährdet sind. So einer war auch Philby. Er wollte oben bleiben, um jeden Preis. Deshalb wurde er Kommunist, und nicht aus quasi-religiöser Überzeugung. Von dieser Erkenntnis war es bis zur Wahrheit nicht mehr weit. Anders als fast alle westlichen Journalistenkollegen hatte Philby jederzeit bei den ägyptischen Staatsfunktionären «open house», bis hinauf zu dem sonst alles andere als pressefreundlichen «Rais». Er traf sich auch unauffällig – aber doch nicht so unauffällig, daß es gänzlich unbemerkt geblieben wäre – mit ortsbekannten KGB-Residenten. Der «Mossad» übermittelte diese Erkenntnisse selbstverständlich sofort dem britischen SIS. Dieses Beweismaterial (und keineswegs allein ihre jahrelangen eigenen Recherchen, wie die gelackmeierte Londoner Spionageabwehr später glauben machen wollte) brach Philby schließlich das Genick. Er verlor die Nerven und floh, wie erwähnt, in die Sowjetunion. Dort gehört der alt und fett gewordene Ex-Spion, wozu er in seiner britischen Heimat auch ohne seine Entlarvung längst nicht mehr gehören würde: zur privilegierten Oberschicht des Systems.

Für den «Mossad» bedeutete das jedoch ebenfalls eine Enttäuschung. Er entdeckte am schnellsten den wahren Fluchtweg Philbys: Von Damaskus führte er ihn ziemlich direkt in das kurdische Siedlungsgebiet in Nordostsyrien. Dort war er in Sicherheit. Die Kurden schleusten den von der Moskauer Zentrale avisierten Spion über das von ihnen beherrschte syrisch-irakisch-türkische Dreiländereck auf türkisches Gebiet bis nach Dogubayazit an der sowjetischen Grenze. Dort erwarteten ihn KGB-Agenten in der von Kemal Atatürk eingeführten Proletarierkluft der türkischen Bauern. General Mustafa Mulla el-Barsani hatte seinen Moskauer Herren wieder einmal einen unschätzbaren Dienst erwiesen. Die pompöse olivgrüne Uniform mit den steifen, leuchtend-roten Achselklappen, in der er in Moskau einst stolz einherspaziert war, erwies sich als lohnende Investition für den Weltkommunismus. Im «Mossad»-Hauptquartier aber, dem zum militärischen Sperrbezirk erklärten ehemaligen Bereich des deutschen Templerordens am Stadtrand von Tel-Aviv, schrillten die Alarmglocken. Die Kurden waren wohl doch nicht die rechten Bundesgenossen.

Nichts war richtiger als diese späte Einsicht. 1965 kam ich in Europa mit führenden Mitgliedern der «Kurdischen

Demokratischen Partei» (KDP) Mustafa Mulla el-Barsanis in engen Kontakt. Ich entdeckte bald, was sie wirklich war. Es handelte sich um nichts anderes als um eine getarnte, straff organisierte, elitäre kommunistische Kaderpartei. Höher als der eigentliche Freiheitskampf ihres Volkes stand für sie die Weltrevolution. Die KDP war nichts als ein verlängerter Arm der KPdSU und des KGB und mißbrauchte die Freiheitshoffnungen der Kurden rücksichtslos für ihre eigensüchtigen Ziele. In Münsingen auf der Schwäbischen Alb beschäftigte sich eines ihrer Mitglieder sogar mit der Ausspionierung des von deutschen und französischen Truppen benutzten Übungsplatzes und behauptete allen Ernstes, diese Tätigkeit diene seinen patriotischen Zielen. Die Behörden waren zwar gewarnt worden, konnten ihm aber nichts nachweisen. Eines Tages verschwand er unter Hinterlassung eines unglücklichen Mädchens.

Sofort nach der abenteuerlichen Flucht Philbys kappte Israel seine Hilfslinien für die Kurden. Die Perser wurden gewarnt und bemühten sich um einen friedlichen Grenzausgleich mit dem Irak von nun an stärker als bisher. Den Preis des kommunistischen Intrigenspiels bezahlte freilich das Volk der Kurden. Über fünfzig Jahre lang hatte es für sein Selbstbestimmungsrecht gekämpft. Zehntausende von Toten waren zu beklagen. Die Städte, Dörfer und Siedlungen waren zerstört. Viele Kurden standen vor den Trümmern ihrer Existenz und derjenigen ihrer Kinder. Die KDP-Führung unter Mustafa Mulla el-Barsani hatte sich eben jahrzehntelang auf einen kompromißlosen Kurs des Alles-oder-Nichts kapriziert. Dabei wußte der vom feudalistischen Saulus zum kommunistischen Paulus gewordene Mann besser als jeder andere seines Volkes die Wahrheit. Die Wahrheit war, daß die Kurden nur *mit* den Arabern und nicht *gegen* die Araber überleben konnten. Dem Kreml war das ganz egal. Und egal war es auch el-Barsani. Sein Schäfchen war im Trockenen. Als man seiner Dienste nicht mehr bedurfte, ging er allerdings nicht

wie der mit irdischen Gütern nicht gerade gesegnete
Philby in das «Vaterland aller Werktätigen». Er emigrierte vielmehr in das Reich des Schah-in-Schah Mohammed Risa Pachlawi. Dieser war in seinen Augen zwar
nur der Sohn eines einfachen Eseltreibers. Doch bei ihm
war er nicht, was er in Moskau gewesen wäre: der Emp-
fänger eines zwar generösen, aber doch proletarischen
Gnadenbrotes. Der Sohn des Eseltreibers hatte ihn zwar
einst bekämpft, aber in dessen Obhut erwartete ihn auch
sein längst in Sicherheit gebrachtes Vermögen.

Mohammed Risa, der so viel erlebt und dem so viele nach
dem Leben getrachtet hatten, bezeigte auch dem alten
Feudalrevolutionär seine Gnade. Irgendwo in Persien verbringt er, unter milder Bewachung durch die Geheimpolizei, seinen Lebensabend, den der – wie er glaubt – ihm
zustehende Luxus nur ein wenig verschönt. Der Freiheitskampf der Kurden endete allerdings nicht mit dem Ausscheiden des Generals von Stalins Gnaden. Im Nordirak
wird noch immer geschossen. In dem wilden Bergland
zwischen Taurus und Zagros an der Grenze von fünf Ländern und an den Kreuzwegen dreier Erdteile ist die
Fackel der Freiheit noch nicht erloschen.

Stalins General als Kostgänger des Königs der Könige

Der Vater des Mannes, bei dem der alte Revolutionär aus
dem noch älteren Nobelgeschlecht der el-Barsani Kost-
gänger wurde, hütete in seiner Jugend selbst noch die
Esel. Vom einfachen Kosakensoldaten hatte er es bis zum
Schah von Persien gebracht. Als er, vor allem infolge der
Intrigen der revolutionären Weltmacht Sowjetunion ab-
danken mußte, folgte ihm sein Sohn Mohammed Risa als
König der Könige auf den fünftausendjährigen Pfauenthron. Sein Reich war damals allerdings von inneren und
äußeren Gefahren bedroht. Fremde Besatzungstruppen
standen im Land, die benachbarte Sowjetunion meldete

272

territoriale Ansprüche an, und unter führender Beteiligung eben jenes Stalin-Generals Mustafa Mulla el-Barsani hatte sich auf persischem Gebiet die sogenannte «Kurdische Volksrepublik Mahabad» gebildet. Außerdem agitierten die feudalen Großgrundbesitzer gegen die «Eseltreiberfamilie» auf dem Pfauenthron – später sollten ihre Söhne diesen Kampf unter dem Deckmantel revolutionärer Schlagworte fortsetzen –, und das Riesenreich befand sich in sozialer Gärung.

Der Emporkömmling Pachlawi, als Kronprinz eher ein weicher Playboy mit zahllosen Weibergeschichten und scheinbar ohne ernsthaftes Interesse an der hohen Politik, wandelte sich nach Emigration und Tod des Vaters (im südafrikanischen Exil) jedoch erstaunlich rasch in einen Staatsmann mit eisernem Willen. Daß er seine Herrschaft erst einmal durch den rücksichtslosen Einsatz seiner Soldaten und Geheimpolizisten gegen seine zahllosen Gegner sicherte, stimmt durchaus. Doch wer waren denn diese Gegner? Die Revolution, die sie predigten, stützte und stützt sich hierzulande ja keineswegs auf proletarische oder auch nur bäuerliche Massen. Die «Tudeh»-Partei, das Sammelbecken der hiesigen Kommunisten, war seit je eine reine Kaderpartei. Tonangebend waren in ihr schon immer Intellektuelle und Abkömmlinge aus den feinsten Familien Persiens. Einig waren sie sich in erster Linie in ihrer Abneigung gegen die Plebejer Pachlawi auf dem Thron. Konnte man sie – die Pachlawi – nicht vertreiben, mußte man ihn – den Thron – einfach ganz abschaffen. Doch Mohammed Risa verstand sich zu wehren. Nur einmal verlor er die Nerven und floh vor dem gleichfalls aus dem feudalistischen Klüngel hervorgegangenen Premierminister Mohammed Mossadegh (1953). Doch das war ihm eine heilsame Lehre. Seit seiner Rückkehr aus dem freilich nur wenige Tage dauernden Exil in Rom bestimmte er selber die Richtlinien der Politik.

Diese Politik hatte in ihrer ersten Periode verblüffende Ähnlichkeit mit der eines kommunistischen Politikers:

Wie János Kádár in Ungarn nach dem Volksaufstand von 1956 unterdrückte der Schah zwar rigoros die innenpolitische Opposition, begann aber gleichzeitig mit umwälzenden wirtschaftlichen und sozialen Reformen. Sein erstes Ziel wurde die Beseitigung der traditionellen Feudalstruktur in der Landwirtschaft. Anfang der sechziger Jahre verteilte er riesige Ländereien aus Staatsbesitz und aus dem Eigentum seiner Familie fast entschädigungslos an die kleinbäuerlichen Pächter. 1963 zwang ein Landreformgesetz die Großgrundbesitzer gegen vom Staat gewährte Entschädigungen zur Abtretung ihrer Ländereien an die besitzlosen und jahrhundertelang rücksichtslos ausgebeuteten Bauern. Die Hoffnung des Schahs, die dadurch freigesetzten Mittel flössen in die industrielle Entwicklung des Landes, erfüllte sich allerdings nur zu einem kleinen Teil. Die Feudalherren brachten ihre Vermögen lieber auf ausländische Banken, und ihre Sprößlinge intrigierten, gestützt auf ihre unermeßlichen Familienvermögen, nur noch haßerfüllter gegen den Thron. Der Schah ließ sich jedoch nicht beirren. Die Streitkräfte wurden zu einer «Armee des Wissens», und ihre Angehörigen gingen als Lehrer und Entwicklungshelfer aufs Land. Der Analphabetismus wurde bekämpft, das Unterrichtswesen ebenso ausgebaut wie Gesundheits- und Hygienevorsorge. Ein gutes Stück näher kam man auch der sozialen Gleichstellung der Frau. Damit waren die Voraussetzungen für einen auf dem Rohstoffreichtum des Landes beruhenden wirtschaftlichen und sozialen Aufstieg Persiens geschaffen.

Während die übrigen Rohstoffquellen zunächst noch kaum erschlossen wurden, hatte die Rohölförderung bereits eine lange Tradition. Die ersten Quellen sprudelten schon 1914. Im Jahre 1968 verfügte Persien über zwölf Prozent der damals bekannten Rohölreserven und nahm nach den Vereinigten Staaten, der Sowjetunion und Venezuela den vierten Platz in der Rangliste der Welterdölproduktion ein. Ein Ereignis, mit dem die Perser nur indirekt zu tun hatten, wurde schließlich zum Auslöser des «großen Sprunges über die Jahrtausende». Die Araberstaaten verhängten im Herbst 1973 einen totalen Öllieferungsboykott über die westliche Welt. Persien selbst beteiligte sich zwar nicht daran, wurde dann jedoch zum entschiedensten Wortführer einer extensiven Hochpreispolitik. Die Mittel, die ihm dadurch zuzufließen begannen, wurden zum Transmissionsriemen eines der erstaunlichsten Wirtschaftswunder der moderneren orientalischen Geschichte. Im Frühjahr 1976 startete die staatliche persische Fluggesellschaft «Iran Air» mit einem Aufwand von einer Million Schweizer Franken allein im deutschen Sprachgebiet einen bezeichnenden Propagandafeldzug. Er begann mit der Werbung für die Luftflotte der «Iran Air», die durch den Ankauf von zahlreichen «Boeing 747-SP» schneller als jede andere vergleichbare Fluglinie geworden war. Nächster Schritt war die Ankündigung, der Iran werde bald die fünftgrößte Industriemacht der Welt sein.

Dem Pfauenthron gehörte damals bereits eine fünfundzwanzigprozentige Beteiligung an einem der wichtigsten Zweige des Krupp-Imperiums. Er investierte Mitte 1976 weitere 250 Millionen Dollar in eine Beteiligung an der amerikanischen «Occidental Petroleum Corporation», die ausgerechnet vom Sohn des Gründers der Kommunistischen Partei, einem Patenkind Lenins, geleitet wurde. Zum gleichen Zeitpunkt wurde Persien zum Hauptlieferanten Westeuropas auf dem Erdgassektor, was bisher die Niederlande gewesen waren. Einem Bericht der «National Iranian Gas Company» für die Londoner Weltgaskonferenz zufolge verfügen die Perser allein innerhalb des nächsten Jahrzehntes über ein exportfähiges Erdgasvolumen von 67 Milliarden Kubikmetern. Zum Vergleich: Die Niederländer erzielten aus dem Erdgasexport in die EG-Mitgliedstaaten in einem einzigen Jahr einen Nettogewinn von sechs Milliarden Gulden.

Dreizehn Jahre nach der sozialen Umschichtung, welche

durch die Landreform eingeleitet worden war, gab der Schah, Anfang 1976, seinem Volk eine Frist von nur noch zwölf Jahren bis zum Eintritt in das «Zeitalter der großen Zivilisation». Im Sportstadion von Teheran erhielten über vierzehntausend Industriearbeiter aus seiner Hand «Volksaktien» der sie beschäftigenden Unternehmen. Bereits im Vorjahr hatte ein Gesetz die neunundvierzigprozentige Beteiligung der Arbeiter am Grundkapital ihrer Betriebe festgelegt. Der Iran griff endlich, als zweites Entwicklungsland nach Brasilien, sogar zur Atomkraft als Energie der Zukunft. Mitte 1976 vergab er einen Importauftrag im Gesamtwert von elf Milliarden Mark an die Kernkraftindustrie der Bundesrepublik. Der Auftrag über den Bau von zwei leistungsstarken Atomkraftwerken war gleichbedeutend mit der Sicherstellung von über zwölftausend deutschen Arbeitsplätzen für seine sechsjährige Dauer. Lange vor dem Ende der Erdölära trat Persien in das Atomzeitalter ein. Wie groß das Selbstbewußtsein der Iraner geworden war, bewies gleichzeitig ein genau drei Zentimeter hohes einspaltiges Inserat im Rundfunkprogramm der «Frankfurter Allgemeinen Zeitung»: «Die Stimme Irans», hieß es darin, «teilt folgende Frequenzänderung mit: Das deutsche Programm von Radio Iran wird ab 20. Juni 1976 für den europäischen Raum auf 11770 kHz (25-Meter-Band) in der Zeit von 19.00 bis 19.30 Uhr GMT ausgestrahlt». Das Morgenland gab endlich Antwort auf die durch die Kreuzfahrer eingeleitete jahrhundertelange einseitige zivilisatorische Herausforderung durch das Abendland.

Der atemberaubende Aufstieg des extrem unterentwickelten, durch innere Konflikte zerrissenen und von äußeren Feinden bedrohten Landes zu einer tonangebenden modernen Macht blieb allerdings nicht ohne schwerwiegende Folgen. Die Erdölpreise erwiesen sich schließlich doch als überhöht. Mitte 1976 senkte sie Persien, zusammen mit Saudi-Arabien und Kuweit, um 0,05 bis 0,07 Dollar je Barrel (159 Liter). Gezwungen wurde es dazu durch

276

die von der Ölkrise entweder ausgelösten oder doch verschärften Rezessionserscheinungen in der westlichen Wirtschaft und die dadurch hervorgerufene Absatzflaute. Es handelte sich dabei keineswegs um den ersten Preisnachlaß. Vorher schon hatten gerade die arabischen Scharfmacher der Erdölkrise von 1973 wesentlich niedrigere als die von der «Organisation Erdölexportierender Länder» (OPEC) festgelegten Höchstpreise angeboten. Vorreiter dabei waren vor allem radikale Araberstaaten wie Libyen und der Irak gewesen. Libyen litt wegen seiner milliardenschweren Unterstützungszahlungen für die anarchistischen Untergrundgruppen in aller Welt unter leeren Kassen, und der Irak brauchte dringend Geld für seine ehrgeizigen wirtschaftlichen Entwicklungsprojekte. Auch Persien hatte sich, wie sich jetzt herausstellte, übernommen. Anfang 1976 mußte es britische Industrieexporte von einer Produktionserhöhung durch das im Iran tätige Erdölkonsortium unter Führung der «British Petroleum» abhängig machen. 1973/1974 stützten sich die persischen Entwicklungspläne noch auf scheinbar unerschöpfliche Deviseneinnahmen aus dem Erdölexportgeschäft. 1975 blieben die tatsächlichen Einnahmen um etwa zwei Milliarden Dollar hinter den offiziellen Schätzungen zurück. Die Rohölpreise hatten sich zwar vervierfacht, und Persien hatte sich infolgedessen zu einer Hilfe in Höhe von 1,2 Milliarden Dollar für den Ausgleich des Zahlungsbilanzdefizites Großbritanniens verpflichtet. Die Londoner Regierung sah davon zunächst nur 400 Millionen Dollar, also einen Drittel. Großbritanniens Exporte nach Persien beliefen sich jedoch in dem einzigen Jahr 1975 bereits auf einen Gesamtwert von 500 Millionen Pfund Sterling. Fatal daran war, daß das BP-Konsortium zwar, wie es der Schah wünschte, jederzeit die Produktionsziffern hochtreiben konnte, doch fehlten die nötigen Absatzmärkte. Der zehnprozentige Absatzrückgang, der sich schließlich als unvermeidlich erwies, führte zu einer fühlbaren Verlangsamung des Entwicklungstempos. Als erstes stornierte man vorher beabsichtigte Aktienkäufe in der westlichen Automobilindustrie und Luftfahrt. Auch die Modernisierung des Eisenbahnnetzes und die Einführung eines von Fernmeldesatelliten gesteuerten modernen Kommunikationssystems mußten zurückgestellt werden. Gedrosselt wurden weiter auch die Investitionsgütereinfuhren, was wiederum retardierend auf die Exportwirtschaft mehrerer westlicher Länder wirkte. Mitte 1976 zog die staatliche iranische Industriekreditbank am Euromarkt einen Hundert-Millionen-Dollar-Kredit zum Zinssatz von eindreiachtel Prozent und einer siebenjährigen Laufzeit.

Diese Entwicklung hatte nicht nur wirtschaftliche Fehlprognosen der iranischen Planer, sondern auch eine außenpolitische Fehlspekulation des Schahs zur Ursache. Nach jahrzehntelang eher feindseligen Beziehungen zu dem großen östlichen Nachbarn Sowjetunion hatte der Schah um 1960 etwa das Verhältnis seines Landes zu Moskau ebenso wie zu den Araberstaaten neu geregelt. Die Erkenntnis, welche dieser außenpolitischen Neuorientierung zugrundelag, war durchaus richtig: Persien durfte sich nicht länger einseitig auf den Westen stützen, sondern bedurfte als orientalisches Land von zunehmender politischer und wirtschaftlicher Bedeutung auch zu den direkten Nachbarn eines guten Verhältnisses. Der Kreml machte erfreut seinen Frieden mit dem bis dahin als Handlanger des westlichen Imperialismus und als rückständigen Autokraten kritisierten König der Könige. Die politischen Beziehungen wurden gutnachbarlich, die handels- und entwicklungspolitischen erlebten eine kräftige Ausweitung. In den sechziger Jahren wurde der Iran ein bevorzugter Import- und Exportpartner der Sowjetunion. Zehn Jahre darauf stagnierten diese Beziehungen wieder und wiesen weitere fünf Jahre später sogar eine rückläufige Tendenz auf. 1975 betrug der sowjetische Anteil am persischen Außenhandel nur noch drei Prozent. Bei Isfahan errichtete die Sowjetunion, im Austausch gegen Erdgaslieferungen, ein Stahlwerk, doch erfüllte es die gehegten Erwartungen nicht.

Mehr Glück hatten die Perser mit ihrer Annäherung an die Araber. Den Weg dazu hatte der formelle Verzicht auf die bis dahin für die iranische Krone beanspruchten Bachrein-Inseln freigemacht. Er ermöglichte eine Aussöhnung zwischen den früher miteinander verfeindeten Dynastien Persiens und Saudi-Arabiens. Beide großen Anrainerstaaten wehren sich seitdem gemeinsam gegen die von sowjetischer Seite unterstützte prokommunistische Subversion und sichern zusammen den Frieden in der Region des Persischen Golfes. Nächster Schritt war das persische Disengagement im Kurdenkonflikt. Der Schah verzichtete auf die aktive Unterstützung der nordirakischen Rebellen, während der Irak dafür die persische Version des vorher nicht eindeutig festgelegten Grenzverlaufs im Schatt el-Arab akzeptierte. Bagdad beendete außerdem seine antipersische Agitation unter den arabischsprachigen Stämmen jenseits seiner Grenze. Im «Ramadan-Krieg» vom Oktober 1973 blieb Persien neutral und sicherte unverändert die Rohölversorgung Israels. Zum erstenmal übte der Schah jedoch unverhohlene Kritik an der Politik des Judenstaates. Bei etwaigen neuen Konflikten ist ein persisches Ölembargo gegen Israel deshalb nicht mehr auszuschließen.

Persien verbesserte inzwischen auch seine Beziehungen zu den gemäßigten Araberstaaten wie Ägypten. Berücksichtigt man das starke Interesse Teherans an engen außenpolitischen Beziehungen mit den nicht-arabischen Nachbarstaaten Pakistan, Afghanistan und Türkei, gewinnt man über die langfristigen weltpolitischen Ziele Persiens rasch Klarheit. Es fühlt sich schon jetzt als regionale Großmacht, die auf dem Weg zur überregionalen Großmacht ist und sich zudem als Mittelpunkt einer weltpolitisch selbständigen Achse zwischen Vorderasien und Nordafrika sowie zwischen Kleinasien und der Arabischen Halbinsel versteht. Diese Politik hat auch einen nicht zu unterschätzenden wirtschaftspolitischen Aspekt. Der Iran verfügt praktisch als einziges vorderorientalisches Land nicht nur über die nötige räumliche Ausdehnung und die rohstofftechnischen Ressourcen, sondern auch bereits über ein ausreichendes intellektuelles Potential und die klimatischen Vorbedingungen für einen Wirtschaftsaufschwung nach westlichem Muster. Der Schah rechnet sehr wahrscheinlich auf die Araber als gelehrige Schüler. Seine Exportwirtschaft braucht außerdem Absatzmärkte. Die günstigsten wären die geographisch nahegelegenen Araberstaaten.

Man kann bezweifeln, daß die – abgesehen vom Erdöl – meistens rohstoffarmen und in einer klimatisch ungünstigen Zone gelegenen Araberstaaten jemals ein mitbestimmender Faktor der Weltwirtschaft und damit der Weltpolitik werden können. Ihr jetziger Einfluß, wie er sich in der Ölkrise von 1973 zum erstenmal und seitdem durch die Preisgestaltung auf dem Weltrohstoffmarkt noch mehrmals bemerkbar machte, endet sehr wahrscheinlich mit dem Versiegen der Ölquellen oder, wohl noch früher, durch den Einsatz neuer Energien. Mohammed Risa selber hat die engen Grenzen seiner Großmachtträume längst erkannt. Wie auch die Sowjetunion besitzt er scheinbar unerschöpfliche Rohstoffquellen, aber keine ausreichenden Getreidevorräte zur Ernährung seiner wachsenden Bevölkerung. Persien importiert Weizen aus den Vereinigten Staaten. Erpressungsversuche auf dem Rohstoffsektor würden also, wenn es darauf ankäme, sehr wahrscheinlich trotz Landreform und trotz atemberaubender Modernisierung und Intensivierung der eigenen Landwirtschaft an diesem keineswegs so rasch zu behebenden Mangel scheitern. Der Iran wurde deshalb, nach anfänglicher Scharfmacherei bei der Preisgestaltung nach der Ölkrise von 1973, bereits zum mäßigenden Element im Kreis der OPEC-Mitglieder.

Zu erwarten ist auch, daß der vom Schah und seiner «neuen Klasse» von Technokraten auf dem Reißbrett vorgezeichnete «Sprung über die Jahrtausende» nicht so weit wie vorgesehen reichen dürfte. In Persien gehören heute etwa vier Fünftel des landwirtschaftlich genutzten Bodens den Bauern. Die Rohstoffvorkommen befinden sich dagegen vollständig in Staatsbesitz. Auch die Grundstoffindustrien werden staatlich kontrolliert, und vorgeschrieben ist unter anderem die Gewinnbeteiligung der Arbeiter. Die Frauen besitzen das aktive und passive Wahlrecht. Wer Persien kennt und die Entwicklung der letzten fünfzehn Jahre unvoreingenommen und ohne ideologische Scheuklappen beurteilt, muß von diesen durchaus revolutionären Veränderungen angezogen sein. Läßt man aber Teheran einmal hinter sich und sieht sich auf dem flachen Land um, wird man der Ansicht des Schahs zustimmen, wonach das Land und seine Menschen für ein modernes politisches System nach Art der westlichen parlamentarischen Demokratien noch nicht reif ist. Es läßt sich sogar bezweifeln, ob dies überhaupt jemals der Fall sein wird.

Im Westen hat man gelernt, daß wirtschaftliche Wohlfahrt unlösbar mit politischer Liberalisierung verbunden sein muß. In Persien ist die angestrebte Wohlfahrt für alle jedoch keineswegs das Ergebnis einer Liberalisierung. Die Kritiker des Schahs werfen ihm sogar vor, er «besteche» mit wirtschaftlichen Mitteln das politische Bewußtsein der Perser und hindere sie dadurch an der selbständigen politischen Willensbildung. Sicher ist Mohammed Risa ein absoluter Monarch. Doch er steht, wohlgemerkt als Folge einer Revolution unter seinem Vater, an der Spitze eines fünf Jahrtausende alten patriarchalischen Systems, das sich bestimmt nicht innert fünfzig Jahren vollständig umkrempeln läßt. Er hat es keineswegs geschaffen, wohl aber innert fünfzehn Jahren bereits gründlich reformiert. Das Parlament hat praktisch nur beratende Funktion, und das Einparteien-System ist nichts als eine Akklamationsmaschinerie, die als demokratisches Feigenblatt dient. Der Schah hat jedoch sicher recht, wenn er

281

argumentiert, die politische Bewußtseinsbildung müsse nicht oben beginnen, also auf der Ebene der von den Angehörigen der Oberklasse und den Intellektuellen beherrschten politischen Parteien, sondern an der Basis. Deshalb kommt der von ihm eingeleiteten Dezentralisierung der Verwaltung große Bedeutung zu. Geplant ist die Wahl von vierhundertvierzig Stadt- und fünfzigtausend Dorfräten auf unterster und von hundertdreiundfünfzig Provinzräten auf mittlerer Ebene mit kommunalem und regionalem Mitspracherecht. Diese Reform wird früher oder später in eine Demokratisierung auch auf höchster Ebene münden. Als erste Voraussetzung dafür ist bereits das rasche Anwachsen der Mittelschicht zu beobachten.

Persien befindet sich trotzdem noch für unabsehbare Zeit in einer der gefahrvollsten Perioden seiner moderneren Geschichte. Ein Sieg des Schahs kann weder der Sowjetunion noch der intellektuellen Linken seines Landes gleichgültig bleiben. Doch solange der von ihm eingeleitete Modernisierungsprozeß vorankommt, wäre sein Verschwinden von der politischen Bühne mit dem Stocken dieses Prozesses gleichbedeutend. Er weckte zudem bei den Bauern und Arbeitern große Erwartungen. Jedes Industriearbeiterproletariat, und wenn es ihm wirtschaftlich noch so gut geht, ist ein fruchtbarer Nährboden für die Agitation der Linken. Rückschläge in der wirtschaftlichen und sozialen Entwicklung, wie sie etwa im Gefolge der geschilderten rückläufigen Absatztendenzen auf dem Weltrohstoffmarkt durchaus auftreten könnten, sind daher jedesmal sowohl für die Person des Schahs wie auch für das noch unvollendete politische System seines Landes eine akute Gefahr.

Die «Tudeh»-Partei, deren Führungskader sich in der Sowjetunion und der DDR im Exil befinden, stellt gegenwärtig keine Gefahr dar. Der Kreml tut aus Rücksicht auf seine gutnachbarlichen Beziehungen mit Persien gegenwärtig wenig Erkennbares zu ihrer Unterstützung. Die Geheimpolizei «Savak» hält ihre Anhänger unter strenger

Kontrolle. Die Arbeiterschaft erfreut sich erst einmal ihrer neuen Vergünstigungen und ihres ungewohnten Status als privilegierter Klasse und ist politischer Agitation vorerst nicht zugänglich. Die Anhänger des 1953 gestürzten linksgerichteten Premierministers Mohammed Mossadegh, der inzwischen gestorben ist, sind durch die Verwirklichung fast aller ihrer Reformforderungen durch den Schah befriedigt. Dennoch bleiben viele Fragezeichen, solange sich dem wirtschaftlichen Aufstieg der bisher unterprivilegierten Massen nicht auch eine raschere Erziehung zur politischen Selbstbestimmung hinzugesellt.

Arabiens Ferner Westen

«El-Magrib» heißt auf deutsch «Der Westen». Für einen Beduinen Zentralarabiens oder einen Araber des «Fruchtbaren Halbmondes» gehören die arabischen Staaten Nordafrikas kaum noch zu seinem überschaubaren Gesichtskreis. Sie haben für ihn etwa den gleichen Stellenwert, wie ihn der amerikanische «Ferne Westen» für einen New Yorker Börsenmakler des vorigen Jahrhunderts hatte.

Die Arabisierung unter den muselmanischen Kalifen hinterließ hier durchaus nicht weniger tiefe Spuren als in den anderen Gebieten, die nach dem Tod des Propheten Mohammed erobert und dem islamischen Weltreich einverleibt worden waren. Die Entfernung von den wechselnden arabischen Machtzentren ermöglichte Nordafrika jedoch immer eine gewisse Eigenentwicklung, machte es jedoch auch früher und nachhaltiger zum Opfer des europäischen Kolonialismus. Das Ergebnis, das man heute beobachten kann, ist eine nicht immer glückliche Synthese zwischen Europa und Afrika. Tanger ist unbestreitbar eine arabische Stadt, und gerade deshalb noch immer, wenn auch in schwindendem Maß, ein Mekka zeitweilig ausgeflippter junger Europäer. Wer jedoch Kairo oder

Dschidda oder Amman kennt, wird sehr wohl merken, wieviel Unzugehöriges dieser Stadt aufgepfropft worden ist. Und wer einmal am Tigrisufer spazieren ging, durch den Sûk von Damaskus bummelte oder sich an den kunstvoll verzierten Fassaden von Sana erfreute, für den ist Tunis nichts als eine typische südfranzösische Provinzstadt, in die ein Bürgermeister mit einer heimlichen Vorliebe fürs Exotische eine arabische Kasba und einen unechten Basar verpflanzte. In Algier war es, wenigstens noch unter französischer Herrschaft, nicht anders. Die Stadt war in meinen Augen nur das südliche Gegenstück von Marseille.

Frankreichs Einfluß, der natürlich nicht nur nachteilige Folgen hatte, ist am stärksten in Marokko bemerkbar. Das gilt vorwiegend für die Küstengebiete und die großen Siedlungszentren. Marokko erhielt 1956 seine Unabhängigkeit. Anders als in den beiden übrigen Staaten dieser Region stand sein Sultan und späterer erster König Mohammed V. persönlich an der Spitze des Unabhängigkeitskampfes gegen die ausländische Kolonialherrschaft. Leider starb er jedoch bereits 1961. Der Thronfolger Hassan II. erfüllte die in ihn gesetzten Erwartungen nicht. Er erließ zwar eine moderne Verfassung nach westlichem Muster, aber sie wurde nie vollständig verwirklicht. Er arrangierte sich auch nicht mit den in seinem Land bestehenden politischen Parteien. Die Autokratie, auf die er sich zunehmend stützte, und die von der Königsfamilie ausgehende Korruption, welche die gesamte politische und wirtschaftliche Entwicklung hemmte, führten bereits zu zwei militärischen Staatsstreichen gegen die Monarchie. 1975 lenkte König Hassan die zunehmende innenpolitische Unruhe geschickt auf ein außenpolitisches Problem. Er mobilisierte zur «friedlichen Invasion» der von Marokko beanspruchten früheren spanischen Saharakolonie dreihundertfünfzigtausend Marokkaner. Es kam zwar nicht zur Überschreitung der Grenze, doch erklärten sich die Spanier schließlich mit einer faktischen Aufteilung der Kolonie zwischen den angrenzenden Staaten Marokko und Mauretanien einverstanden. Das Resultat waren erhöhte Spannungen mit Algerien und Libyen. Innenpolitisch kam dem Monarchen jedoch eine Welle nationaler Verbrüderung als Ergebnis des Kampfes um den Besitz der phosphatreichen Sahara zugute. Marokko ist einer der bedeutendsten Phosphatproduzenten der Welt und besitzt im Massentourismus eine weitere wichtige Einnahmequelle. Ein Sturz der Monarchie kann jedoch nicht ausgeschlossen werden. Dann käme es entweder zu einer mit den Regimes in Algier und Tripolis sympathisierenden Militärdiktatur, zu längeren innenpolitischen Wirren oder zu einem politischen Linksruck.

Tunesien ist das Europa am nächsten liegende arabische Land. Unter Habib («El-Habib» heißt «Der Liebling») Bourguiba, der es seit seiner Unabhängigkeitserklärung ununterbrochen regiert, erlebte es trotz fast völlig fehlender Rohstoffquellen eine erstaunliche wirtschaftliche Aufwärtsentwicklung. Ihre Grundlage war der Massentourismus, der von der erwähnten geographischen Nähe zu Europa und den klimatischen Verhältnissen begünstigt wurde. Bourguiba regiert sein kleines Land wie ein aufgeklärter Autokrat, und sein Regierungsstil hat mit dem des Schahs von Persien viel Ähnlichkeit. Als Präsident auf Lebenszeit stützt er sich auf eine Beliebtheit, die von seiner Führungsrolle im antikolonialistischen Kampf gegen die Franzosen herrührt und sich im übrigen auf die Furcht der rivalisierenden politischen Gruppen gründet, daß es nach seinem aus Altersgründen absehbaren Ausscheiden aus der politischen Führung zu Wirren kommen könnte. In der ersten Periode nach seinem 1956 erfolgten Machtantritt war Bourguiba einer der radikalsten Reformer der arabischen Welt. Die Abschaffung der religiösen Gerichtsbarkeit und die Einführung der Gleichberechtigung aller Bürger vor dem Gesetz war eine seiner ersten Maßnahmen. Ihr folgte das Verbot der Polygamie und die Einführung einer zivilrechtlichen Scheidung für beide

Geschlechter. Tunesien ist seitdem in vieler Hinsicht das sozial fortschrittlichste arabische Land. Trotzdem zwingen die geringen Verdienstmöglichkeiten Jahr für Jahr Tausende von Tunesiern zur zeitweiligen Auswanderung. Sie finden ihr Auskommen nicht nur als Gastarbeiter in Frankreich und anderen Mitgliedstaaten der Europäischen Gemeinschaft, sondern auch in Algerien und Libyen. Dort kommen sie natürlich mit der sozialrevolutionären Staatsideologie der Gastländer in Berührung. Da Bourguiba es versäumt hat, rechtzeitig einen überzeugenden Nachfolger heranzubilden, und da das von ihm präsidierte Einparteien-System dem politischen Entwicklungs- und Bewußtseinsstand längst nicht mehr entspricht, bleibt Tunesiens Zukunft recht ungewiß.

Der Unterschied zwischen Stadt und Land ist hier nicht weniger groß als in den Nachbarstaaten. Die Städter sind stark europäisch beeinflußt und offen für moderne politische und soziale Ideen. Auf dem Land dagegen, wo der Großgrundbesitz noch immer tonangebend ist, findet eine allzu rasche Modernisierung starken Widerstand. Außenpolitisch zählt Tunesien zu den gemäßigtsten arabischen Staaten. Schon zu einer Zeit, da die arabischen Nachbarn Israels noch von einer gewaltsamen Vertreibung der Juden träumten, riet Bourguiba zu einer friedlichen Regelung. Bei einem einige Jahre zurückliegenden Staatsbesuch in Luxemburg gab er illusionslos zu, daß seinem Land in der Periode nach seinem Ausscheiden Gefahren drohten. Er vertraut darauf, daß sich die rivalisierenden innenpolitischen Richtungen dann solange gegenseitig in Schach halten, bis sich ein für die Mehrheit akzeptabler politischer Führer seines eigenen Ranges herausgeschält hat. Eine Zeitlang glaubte er wohl, ihn in seinem Sohn Habib junior zu sehen. Er förderte dessen politische Karriere und machte ihn zu guter Letzt zum Außenminister. Doch der inzwischen auch schon in den Fünfzigern Stehende, der seinem Vater äußerlich sehr ähnlich sieht, erwies sich als substanzloser politischer Playboy. Ihm fehlt

286

jedes politische Gespür. Beim Staatsbesuch in Luxemburg erschien er nach einem ausgedehnten Bummel durch die Nachtlokale mit zwei sehr zweifelhaften Damen am Portal der großherzoglichen Residenz und provozierte beinahe einen diplomatischen Zwischenfall. Der Vater fand ihn schließlich mit einem lukrativen Posten in der Wirtschaft ab. Das Land war allerdings um eine Hoffnung ärmer. Der Name Bourguiba und seine magische Anziehungskraft wären für die Fortsetzung einer ruhigen inneren Reformpolitik nach dem Tod seines legendären ersten Inhabers vielleicht die beste Garantie gewesen.

Algerien galt lange als unverzichtbarer integrierender Bestandteil Frankreichs. Begünstigt durch die geographische Nähe, hatte die 1830 einsetzende Kolonisierung hier tiefere Spuren als in jedem anderen von den Europäern beherrschten Gebiet hinterlassen. Und doch reichten auch hundertdreißig Jahre französischer Herrschaft nicht aus, um Algerien an Frankreich zu binden und den Freiheitswillen der Algerier auszulöschen. Die Geschichte der französischen Herrschaft erscheint heute wie eine nur von kurzen Beruhigungsperioden unterbrochene Folge von blutigen Aufständen. Beide Seiten bezahlten dabei einen furchtbaren Blutzoll. Schon 1943 forderte der gelernte Apotheker und spätere Exilregierungschef Ferhat Abbas öffentlich die Autonomie für Algerien. Noch früher hatte Messali Hadsch die im Lauf des Unabhängigkeitskrieges allmählich ins Hintertreffen geratende «Algerische Volkspartei» gegründet. Messali Hadsch, der Vater der algerischen Freiheitsbewegung, starb später vergessen im Exil.

Die Abendnachrichten des Kairoer Senders «Es-Saud el-Arab» («Die Stimme der Araber») begannen am Abend des 1. November 1954 mit einer flammenden Proklamation an die arabische Nation. «Algerien beschritt heute mutig und entschlossen den Weg des Arabismus. Algerien eröffnete einen großartigen Kampf für Freiheit, Arabismus und Islam. Algerien ist eine Festung des nordafrikanischen Arabismus und die Zitadelle der Helden des Magrib. Algerien hat seinen heroischen und glorreichen Kampf für die Freiheit begonnen!» Die Nacht zuvor war ein blutiges Menetekel für die französische Kolonialherrschaft gewesen. Überfälle auf Polizeistationen, Bombenanschläge, Attentate, Brandstiftungen und Sabotageakte hielten die Behörden ständig in Atem. Es war der Beginn eines heute schon fast vergessenen und ungemein blutigen siebenjährigen Freiheitskrieges. Die Grausamkeiten beider Seiten übertrafen jedes bis dahin gekannte Ausmaß. Später ist behauptet worden, für das Losschlagen ausgerechnet zu diesem Zeitpunkt, dem eine verhältnismäßig lange friedliche Periode vorausgegangen war, seien die inneren Zerfallserscheinungen in der Untergrundbewegung ausschlaggebend gewesen. Wie dem auch sei, der Sieg gehörte den Aufständischen, trotz verbissener, kräftezehrender und kostspieliger französischer Gegenwehr und trotz einer Staatskrise, die General de Gaulle wieder an die Macht brachte.

Im Mai 1958 war es in Algier zur offenen Rebellion der dortigen französischen Militärführung gekommen. In Paris befürchtete man einen militärischen Staatsstreich und rief nach de Gaulle. Auch die Algerienfranzosen erhofften sich von dem General die Rettung. Dessen Machtübernahme war denn auch mit einem klaren Bekenntnis zu Algerien als integralem Bestandteil der französischen Nation verknüpft. Die Algerienfranzosen waren zuletzt, wie man vereinfachend sagen könnte, die Betrogenen. Der General hielt das ihnen gegebene Versprechen nicht. Er wußte zu genau, daß man die Algerier nicht mehr länger gegen ihren eigenen Willen als Franzosen behandeln konnte und ihnen die Freiheit zurückgeben mußte. Als einziger damaliger französischer Staatsmann besaß er dafür die nötige Autorität. Es kam zwar noch zu mehreren Aufstandsversuchen radikaler französischer Siedler und militärischer Rebellen. Doch de Gaulle arbeitete von nun an unbeirrt auf das nationale Selbstbestimmungsrecht für

288

Algerien hin. Im Frühjahr 1962 regelte er in dem sogenannten «Abkommen von Evian», einem Badeort am
Ufer des Genfersees, den Übergang zur Unabhängigkeit.
Am 1. Juli 1962 erklärte sich die überwältigende Mehrheit
der Algerier in einem Plebiszit für die Unabhängigkeit,
und im September des gleichen Jahres bildete Mohammed Ben-Bella die erste provisorische Regierung. Im Jahr
darauf wählten ihn seine Landsleute ohne Gegen-
kandidaten zum Staatschef. Nach dem Verbot aller anderen Parteien wurde die «Nationale Befreiungsfront»
(FLN) zur nationalen Einheitspartei. Ben-Bella entwickelte sich jedoch so sehr zum hybriden Autokraten,
daß ihn das Militär schließlich stürzte. Sein Nachfolger,
gleichfalls mit diktatorischen Vollmachten, wurde der
Verteidigungsminister und Generalstabschef Oberst
Houari Boumedienne.
Präsident Boumedienne verwirklichte von nun an schritt-
weise einen, wie er es nannte, «arabischen Sozialismus».
Er verstaatlichte die Banken, Grundstoffindustrien und
Ölkonzerne, gewährte Gewerkschaften und Arbeitern
weitgehende betriebliche Mitbestimmungsrechte, verwirklichte die Selbstverwaltung in den landwirtschaftlichen Großbetrieben und entschloß sich zur Einführung
eines kostenlosen staatlichen Gesundheitssystems. Der
Staat unternahm große Anstrengungen zur Seßhaftmachung der nomadisierenden Beduinen, konnte aber die
anhaltende Landflucht und die Entstehung eines städtischen Lumpenproletariates nicht verhindern. Dies war
für fast alle arabischen und übrigen Entwicklungsländer
ein kaum lösbares Problem. Gestützt auf umfangreiche
Erdöl- und Erdgasvorkommen, erlebte das Land eine rasche wirtschaftliche und soziale Aufwärtsentwicklung.
Die Bevölkerung, zu einem Drittel noch aus Analphabe-
ten bestehend, vermißte das Fehlen politischer Mitbestimmungsrechte offenbar nicht. Präsident Boumedienne hielt
sich jedenfalls bereits über ein Jahrzehnt lang an der
Macht. Die Beziehungen zum einstigen Mutterland

Frankreich verloren allmählich ihren Sondercharakter. Algerien blieb außenpolitisch bei einem neutralen – wenn auch leicht ostblockfreundlichen – Kurs und legte Wert auf korrekte Beziehungen zu den Staaten beider weltpolitischen Lager. Bei Problemen der «dritten Welt» befand es sich allerdings prinzipiell immer an der Seite der Radikalen.

Im Zusammenhang mit dem Streit um den Besitz der ehemals spanischen Saharakolonie kam es zu einer überraschenden Annäherung zwischen den Militärdiktatoren Algeriens und Libyens. Beide Staaten bekennen sich, Algerien mehr und Libyen weniger, zu einem revolutionären arabischen Sozialismus und unterhalten gute Beziehungen zur Sowjetunion. Während Algerien sowjetischen Marineeinheiten gewisse Stützpunktrechte einräumte, befaßte sich Libyen jedoch in erster Linie mit der aktiven Unterstützung der unterschiedlichsten internationalen Anarchistengruppen. Ob die gemeinsame Frontstellung gegen das feudalistische und reaktionäre monarchistische Regime in Marokko der Eintracht zwischen den Diktatoren, die beide um eine panarabische Führungsrolle nach dem Beispiel Gamal Abdel Nassers ringen, genug Dauerhaftigkeit verleiht, um dem alten Plan einer Magribföderation neuen Auftrieb zu verleihen, ist eine offene Frage. Allein oder auch zusammen sind die beiden Nachbarstaaten trotz ihrer räumlichen Ausdehnung und den einstweilen noch unerschöpflich scheinenden Rohstoffquellen für eine eigenständige weltpolitische Rolle nicht stark genug. Am klarsten erkannte das der libysche Oberst Moammer el-Gaddafi. Will er sein Ziel erreichen, ein zweiter «Rais» zu werden, braucht er dafür die Herrschaft über das volkreiche und zentral gelegene Ägypten . . .

Moammer el-Gaddafi – ein zweiter «Rais»?

Die Große Syrte ist in der Gegend von Misurata ein liebliches flaches Steppenland mit unbegrenztem Blick auf das grünlich schillernde Meer oder den blauen Horizont. Die Nomaden wandern hier nur zwischen eng begrenzten Weideflächen, weiden ihre Kamelherden in saftigem Buschwerk und tränken sie an selten versiegenden Brunnen. Ihre schwarzen Zelte stehen oft monatelang oder immer an der selben Stelle. Sie lieben dieses Land, das sich von dem der gewaltigen gelben Sandflächen und riesigen Wanderdünen in den Wüsten des Ostens und Südens so sehr unterscheidet, und es prägt ihre Persönlichkeit.

In einem dieser weit voneinanderliegenden Zelte – die Hirten hier lieben die Einsamkeit und die Zwiesprache mit ihrem Gott – lebt, er weiß selbst nicht mehr, wie lange schon, ein steinalt wirkender Mann von fast neunzig Jahren. Das Alter hat ihn nicht beugen können. Er ist noch immer schlank und hochaufgerichtet, und seine Haltung hat die natürliche Würde des Beduinen. Ein weißes Kopftuch, das in ein gleichfalls weißes Gewand übergeht, umrahmt ein edles Gesicht mit tiefen, von Wind und Sonne eingegerbten Runen und einem schmalen schneeweißen Kinnbart. Er nennt sich Mohammed Abdessalam Ibn Hamid Ibn Mohammed. An seiner Seite lebt jetzt nur noch seine einzige Frau. Sie heißt, wie die Lieblingsfrau des Propheten, Aischa. Ihr Gesicht (die Frauen tragen hier keinen Schleier) ist noch immer von großer Schönheit. Das Leben der beiden Alten ist schwere Arbeit. Nichts änderte sich je in dieser harten Nomadenidylle. Bei Sonnenuntergang bäckt Aischa auf einem einfachen niedrigen Backsteinofen flache Brotfladen und brüht in einer kunstvoll ziselierten Messingkanne duftenden Kaffee. Der Hausherr liest weltvergessen in seinem offenkundig stark benutzten Koran oder lauscht der Stimme des Vorlesers und den religiösen Gesängen aus dem Transistorradio.

291

Dieser ist ein Geschenk des Sohnes. Seine Besuche sind die einzige Abwechslung für das alte Paar. Für sie gibt es keine größere Freude. Er ist, wie sie sagen, der liebevollste Sohn. Besonders für die Mutter ist er das kostbarste Geschenk ihres Lebens. Wann wird er sie wieder einmal besuchen? Meistens taucht er ganz unverhofft auf. Setzt sich an das Steuer seines kleinen Wagens und braust in halsbrecherischem Tempo ganz allein über die in westlicher Richtung dem Mittelmeerufer entlang laufende Piste. Mit der Mutter gibt es jedesmal eine stürmische Begrüßung. Mit dem Vater diskutiert er ernst und lange über Gott und die Welt. Wenn ihm danach ist, meditiert er hier, wo er geboren wurde, auch Tage und Wochen. Hier ist sein Kraftzentrum, und man kann sich nur schwer vorstellen, was dieser Mann wäre ohne das einfache Nomadenzelt in der Großen Syrte.

Der Mann heißt Moammer el-Gaddafi, ist noch nicht einmal fünfunddreißig und seit Herbst 1969 Präsident der Arabischen Republik Libyen. Aufgewachsen als Hütejunge, lernte er schon in frühester Kindheit die Verse des heiligen Korans. Die Eltern waren bitterarme Leute, und ihre Herde war nicht ihr Eigentum. Trotzdem schickten sie ihren einzigen Sohn in die Schule nach Misurata, was ein großes Opfer war. Geld für ein Quartier besaßen sie nicht, und so schlief er in der Moschee. Der Zehnjährige wanderte an jedem Feiertag zu Fuß die dreißig Kilometer lange Wegstrecke durch die Einsamkeit der Steppe zum Zelt seiner Eltern. Der Knabe zeigte sich ungewöhnlich begabt, und man schickte ihn, unter noch größeren Opfern, auf das Gymnasium. Dort kennt er nur zwei Helden, den Propheten Mohammed, von dessen Lehren er ebenso fasziniert ist wie von seinen Feldzügen, und den damals gerade wie ein strahlender Stern über der arabischen Welt aufgehenden ägyptischen «Rais» Gamal Abdel Nasser. Als Gymnasiast ist Moammer rasch der unbestrittene Anführer einer kleinen Schar von Schulkameraden. Sie alle gehen später auf die Militärakademie, und Moammer

292

sammelt sogar in Großbritannien seine ersten Auslandser-fahrungen. Fünfzehn Jahre später ergreifen sie in ihrem Land die Macht.

Unter Moammers Führung hatten Mitte der sechziger Jahre zwölf Kadetten nach ägyptischem Vorbild den «Bund Freier Offiziere» gebildet. Als König Idris es-Se-nussi im Herbst 1969 eine Auslandsreise unternahm, war die unblutige Revolution gelungen. Die Monarchie fiel wie eine wacklige Lehmhütte in sich zusammen. Sie hatte sich auf die religiöse Sekte der Senussis gestützt, die im Landesinneren über einen gewissen Einfluß verfügte. Idris selbst galt als bedeutender Korangelehrter. Richtig heimisch geworden war die Sekte jedoch nie. Ihre Herr-schaft war damals die rückständigste in der ganzen arabi-schen Welt, zumal die Öleinnahmen zu einem großen Teil in die Taschen der vielen korrupten Mitglieder der Königsfamilie flossen.

Als Präsident kündigte el-Gaddafi bald nach seinem Machtantritt die Verträge über die britischen und ameri-kanischen Militärstützpunkte, enteignete den auslän-dischen Grundbesitz und nationalisierte Banken, Versi-cherungen sowie Groß- und Einzelhandel. Die stufen-weise Übernahme der Erdölgesellschaften bildete zu-nächst den wirtschaftspolitischen Schlußstein der Reformen. Außenpolitisches Hauptziel wurde eine staatli-che Vereinigung mit Ägypten, und seit dem Tod des «Rais» betrachtete sich el-Gaddafi als dessen natürlichen politischen Erben. In Kairo zeigte ihm der Nachfolger Mohammed Anwar es-Sadat jedoch ebenso die kalte Schulter wie kurz darauf der tunesische Präsident Habib Bourguiba in Tunis. Die Ägypter waren zwar an einer Teilhabe am libyschen Erdölreichtum stark interessiert, mißtrauten als geborene Pragmatiker aber dem religiösen Rigorismus und den immer radikaler werdenden politi-schen Zielen el-Gaddafis. Dieser verbot zwar die bis da-hin üblichen Kinderehen und gab auch den Ehefrauen ein gesetzlich verankertes begrenztes Scheidungsrecht, wet-

293

terte aber in Anwesenheit der ägyptischen «First Lady» Dschihan es-Sadat in einer öffentlichen Diskussion mit Kairoer Frauenrechtlerinnen vehement gegen die Gleichberechtigung der Frau. In Libyen betrieb er unter anderem eine totale Arabisierung des öffentlichen Lebens. Lateinische Inschriften unterlagen seitdem einem absoluten Verbot. Verboten wurde auch der Alkoholgenuß, und man beschlagnahmte die mitgebrachten Spirituosen einreisender Ausländer.

Die Libyer hatten zunächst große Hoffnungen auf die Revolution gesetzt. Das riesige, menschenleere Land verfügte über unermeßliche Vorräte an Bodenschätzen. Wegen seiner geographischen Nähe zu den europäischen Absatzmärkten war und ist es der gegebene Exporteur von Rohöl und Erdgas. Die Einigkeit im Revolutionsrat hielt jedoch nicht lange vor, und schon bald kam es zu Meinungsverschiedenheiten und wenig später zur Verhaftung und zur Flucht von Ratsmitgliedern. El-Gaddafi betrachtete Libyen schon früh nicht mehr als ausreichendes Betätigungsfeld. Um das zu verstehen, muß man noch einmal an seine Herkunft erinnern. Seine «Wiege» stand in einem Nomadenzelt. Die Nomaden kennen traditionsgemäß kaum eine Loyalität gegenüber dem Staat, schon gar nicht gegenüber den von den Kolonialmächten nach dem Ersten Weltkrieg geschaffenen arabischen Nationalstaaten. Libyen war seit 1912 eine italienische Kolonie gewesen und nach dem Zweiten Weltkrieg als Schöpfung der Vereinten Nationen wiedererstanden. Über die Stammesverbände hinaus kannte die Bevölkerung hier also nie etwas anderes als die gemeinsame Abneigung gegen die Fremdherrschaft. Daneben gab es nur noch die Gemeinschaft der islamischen Gläubigen und die immer fortlebende Sehnsucht nach der Wiederherstellung des Gottesreiches des Propheten. Der Oberst aus dem Nomadenzelt zog nach dem Scheitern seiner Unionsversuche mit Ägypten und Tunesien daraus eine für ihn und seine Herkunft ganz bezeichnende Konsequenz. Was Allah nützte, war recht, was dem Islam schadete, war unrecht. Das hatte er gelernt. Und das blieb die einzige Triebfeder seines Handelns.

El-Gaddafi vernachlässigte fortan die wirtschaftliche und soziale Entwicklung Libyens, was sich für ihn einmal verhängnisvoll auswirken könnte. Waren die Einnahmen aus dem Erdölexport vorher in die weit geöffneten Taschen einer korrupten Hofkamarilla geflossen, so versickerten sie fortan in den trüben Kanälen der internationalen Guerillaszene. Diese Politik begann mit der an sich noch logischen aktiven Unterstützung der «Palästinensischen Befreiungs-Organisation» (PLO). Die PLO erhielt Geld, Waffen, Munition und Ausbildungsmöglichkeiten von Libyen. Für die Förderung der schwarzafrikanischen Untergrundbewegungen gegen die weiße Vorherrschaft gab es gleichfalls noch einleuchtende Argumente. Ins Abseits stellte sich el-Gaddafi erst durch die Unterstützung der radikalen Parteien im Bürgerkrieg in Nordirland und der internationalen Anarchistenbewegung. Flugzeugentführer erhielten in Libyen Asyl, und Tripolis wurde neben Aden zu einem der beiden verläßlichen Stützpunkte der Anarchisten. Geheimdienstquellen zufolge ist auch der international gesuchte Gewaltverbrecher «Carlos» alias Iljitsch Ramirez Sanchez Gast el-Gaddafis. Dieser hielt zwar an den islamischen Prinzipien fest und bekämpfte offiziell weiterhin den atheistischen Kommunismus. Im Zusammenhang mit seinen wachsenden Sympathien für die anarchistischen Untergrundzirkel in aller Welt kam es indes auch zu einer außenpolitischen Annäherung an die Sowjetunion, so daß Libyen im Nahen Osten in eine praktisch totale Isolation geriet.

Letztes Zwischenspiel:
Von Lust und Liebe

Es gibt nichts Gutes und nichts Schlechtes;
Begriffe sind's, nicht wahr, nicht recht.
Was nützlich ist, das heiss' ich gut,
Was ärgert mich und quält, ist schlecht.
Mal so, mal so und pipapo.
Von Tugend kann auch Laster sprechen
Und gut kann morgen lauthals heißen,
Was heute Sünde und Verbrechen.

Diese an den Münchner Eulenspiegel Eugen Roth erinnernden Verse des orientalischen Dichters Hadsch Abdel Jesdi sagen über die arabische Mentalität mehr aus als alle historischen, politischen oder sozialen Untersuchungen. Die Araber kann man nur dann ganz begreifen, wenn man ihr Verhältnis zu den natürlichen Phänomenen des menschlichen Daseins versteht.

Der Islam kennt nur sehr wenige repressive Tabus. Er unterdrückt die allzu menschlichen Regungen und Bedürfnisse seiner Gläubigen keineswegs. Die Araber haben daher ein von dem unsrigen völlig verschiedenes Verhältnis zur Sexualität und eine wesentlich «normalere» Sexualmoral. Wüßte man nicht, daß die christlichen Sexualtabus, wie vorehelicher und außerehelicher Geschlechtsverkehr, Geschlechtsverkehr nur als Lustbefriedigung, Selbstbefriedigung und gleichgeschlechtliche Unzucht entweder aus den zeitlichen Zusammenhängen der alttestamentlichen Geschichtsschreibung gerissen oder von engstirnigen mittelalterlichen Eiferern hinzuge-

fügt wurden, so erschiene uns Mohammed wie ein herz-haft normales Mannsbild, Jesus hingegen wie ein ge-schlechtsloses unirdisches Wesen. Christliche Gläubige werden dem entgegenhalten, die sexuelle Libertinage des Islams wecke ja gerade oder begünstige wenigstens den sprichwörtlichen Anarchismus der Araber. Sicher besteht zwischen Sexualfreiheit und Mißtrauen gegen die Obrig-keit, wie wir an uns selbst nur allzu genau feststellen kön-nen, ein ebenso enger Zusammenhang wie zwischen dem zivilen Hang zur Anarchie und dem politischen Trend zur Diktatur bei den Arabern. Eines bedingt hier gewiß das andere.

Die Menschen des Morgenlandes sind jedoch, und das dürfte niemand ernsthaft bezweifeln können, vor allem wegen ihrer viel natürlicheren Einstellung zu Lust und Liebe, um die es hier geht, im großen und ganzen glückli-cher als die des Abendlandes. Eine Welt, die persönliches Glück und kollektives Wohlergehen als unvermeidbare Gegensätze auffaßt, ist angesichts der sicher auch sexuell begründbaren Auflehnung der westlichen Jugend zum Untergang verurteilt. Beim Sex der Araber denkt man im Abendland zwangsläufig vor allem an zwei Phänomene: Harem und Tausendundeine Nacht. Die Märchen aus Tausendundeiner Nacht entstanden zwar schon im neun-ten bis sechzehnten Jahrhundert unserer Zeitrechnung und in sie gingen auch viele nichtarabische Einflüsse ein. Doch bis heute blieben sie, nach George Allgrove, «zwei-felsohne das größte und ausdrucksvollste Selbstporträt, das jemals eine Gesellschaft von sich hergestellt hat». Das Frauenbild in Tausendundeiner Nacht unterscheidet sich von dem der abendländischen Tradition sehr deut-lich. Der Islam kennt keine Klosterfrauen, und die Araber kennen auch keine geschlechtslosen Nur-Mütter wie wir im Mittelalter und noch im viktorianischen England, im nationalsozialistischen Dritten Reich oder in der puritani-schen Sowjetgesellschaft. Der Islam stellt die Frauen auch nicht auf ein Piedestal wie die frauenarme Männer-

298

gesellschaft der amerikanischen Pionierzeit. Für einen Araber ist jede Frau – und sei es die unscheinbarste – ein erotisches Wesen. Seine Frau ist für ihn in erster Linie die Geliebte. Das erklärt übrigens den großen Reiz, den arabische Männer auch auf europäische Frauen ausüben.

Die Araberin ist trotz dieser «Deformierung zum reinen Sexualobjekt», wie abendländische Rabulistiker jetzt einwenden könnten, in der Regel glücklich und befriedigt und gewöhnlich eine unendlich liebevolle Mutter. Man muß einmal beobachtet haben, mit welcher Hingabe eine junge Frau, die am Rinnstein einer belebten Kairoer Geschäftsstraße in ihrem Bauchladen Schnürsenkel, Rasierklingen, Seife oder Nähgarn verkauft, vor den Augen der Passanten ihr Kleinstes stillt, als sei es die natürlichste Sache von der Welt. Die Größeren spielen indessen zu ihren Füßen im Straßenstaub, von den wachsamen Augen der Mutter vor den Gefahren des Verkehrs behütet. Arabische Mütter haben mit ihrer häufig großen Kinderschar unendlich viel Geduld. Sogar die ärmste von ihnen – dieses Gefühl hatte ich sehr häufig – ist eine bessere Mutter als eine Europäerin, die ob ihrem wohlgeordneten Haushalt und den zahlreichen Küchengeräten im komfortablen Einfamilienhaus sehr oft das Wohl ihrer Kinder vergißt. Arabische Söhne lieben ihre Mütter dafür abgöttisch und suchen sogar noch als Ehemänner oft ihren Rat.

Die Rolle der Frau im arabischen Orient ist denn auch gänzlich anders, als es uns unsere geilen Haremsphantasien vorspiegeln. Die Mehrehe ist übrigens bereits in den meisten arabischen Staaten eingeschränkt oder ganz verboten worden. Und auch dort, wo es sie noch gibt, befindet sie sich auf dem Rückzug. Sieht man von dem vielgestaltigen Sexualleben morgenländischer Herrscherdynastien ab, war der Harem als erotisches Reservoir nie sehr weit verbreitet. Einen Harem mit ständig aufgefrischtem jungem Blut besaßen nur wenige Reiche, die es ihrem jeweiligen Herrscher nachtun wollten. Für die anderen wäre der Unterhalt viel zu kostspielig gewesen, und sogar

der Ankauf von Sklavinnen war ja nach Entrichtung des
Kaufpreises mit weiteren finanziellen Verpflichtungen
verbunden.
Die Mehrehe hat im Islam zwei Wurzeln: Die eine war
sicher die unstillbare sexuelle Potenz des Propheten Mo-
hammed. Dieser hatte übrigens eine merkwürdige Vor-
liebe für entweder sehr viel ältere Damen, wie seine erste
Frau Chadidscha, oder sehr viel jüngere wie seine spätere
Lieblingsfrau Aischa. Die Feldzüge Mohammeds waren
so verlustreich, daß in seinem Herrschaftsbereich ständig
akuter Männermangel herrschte. Die Polygamievorschrif-
ten waren deshalb vor allem ein Mittel zur Versorgung der
Witwen seiner gefallenen Krieger. Im übrigen begrenzte
der Koran ja die Zahl der erlaubten rechtmäßigen Ehe-
frauen auf vier, und auch das nur, wie es bezeichnender-
weise heißt, wenn der Ehemann sie alle gleich gerecht zu
behandeln verstehe. Für moderne islamische Theologen
und fortschrittliche arabische Regierungen wurde das zu
einem Hauptargument gegen die Polygamie. Denn wer
könne sich schon zutrauen, argumentierten sie, vier
Frauen gleichzeitig ein gerechter und guter Ehemann zu
sein?
Die Sexual-, Ehe- und Familienvorschriften bedeuteten
eine empfindliche Einschränkung der in der vorislami-
schen Beduinengesellschaft herrschenden lockeren Sitten.
Manche Stämme begrenzten früher den für ihr Nomaden-
leben hinderlichen Frauenüberschuß auf grausame Art
und Weise. Neugeborene Mädchen wurden häufig bei le-
bendigem Leib im Wüstenboden begraben. Die Frauen-
feindlichkeit des Nomadendaseins war sicher auch eine
der Wurzeln für die arabische Einstellung zur gleichge-
schlechtlichen Liebe. Frauen brauchten die Beduinen nur
zur Zeugung von Nachwuchs, darüber hinaus waren sie
ein Hindernis. Geschlechtliche Befriedigung fand man
unproblematischer und folgenlos auch mit jungen Män-
nern. Dieses unkomplizierte Verhältnis hat sich übrigens
bis auf den heutigen Tag erhalten.
300

Die Araber bevorzugen keusche Partnerinnen als Ehegefährtinnen. Das strenge voreheliche Keuschheitsgebot für die jungen Mädchen erfuhr in den letzten Jahren jedoch manche Lockerung. In Kairo und Teheran sind die jungen Damen heute genau so selbstbewußt wie die jungen Herren und einem Flirt und noch etwas mehr durchaus nicht mehr gänzlich abgeneigt. Zuweilen suchen sie sich sogar schon selbst ihre Sexualpartner. Dennoch finden sie später noch einen Ehemann. Stellt sich heraus, daß seine eben Angetraute nicht mehr unberührt ist, hat der Mann freilich noch immer den besten aller Scheidungsgründe. Doch ganze Arztpraxen spezialisierten sich mittlerweile auf die künstliche Wiederherstellung des Jungfernhäutchens als Keuschheitsbeweis. Jeder weiß das, und jeder zwinkert darob mit den Augen.

In manchen Gebieten Arabiens, darunter sogar in den ländlichen Teilen Ägyptens, kennt man noch die barbarische Sitte der Frauenexzision. Die operative Beseitigung der Klitoris hat in den Vorschriften des Korans allerdings nicht den geringsten Rückhalt. Diese Verstümmelung wurzelt irgendwo tief in gewissen psychopathologischen Schichten des sexualfeindlichen Volksglaubens. Erotik, richtig verstanden, bedarf ja durchaus einer gewissen gesellschaftlichen und kulturellen Bewußtseinsstufe. Der Sex der Proletarier dient in der Regel einzig der Fortpflanzung. Dafür drei Beispiele: Die Oase el-Charga liegt in der westlichen Wüste, unweit der Heimat des verstorbenen Nildiktators Gamal Abdel Nasser. Dort kannte ich einen einfachen Fellachen mit elf Kindern. Er versicherte mir glaubhaft, er habe seine Frau noch nie nackt gesehen. Für ihn diente sie lediglich der Fortpflanzung, und die Fortpflanzung diente der Vermehrung der Arbeitskräfte in seiner Landwirtschaft. Er war ein entschiedener Anhänger der Klitorisbeseitigung. «Ich brauche keine Frau», erklärte er mit entwaffnender Offenheit, «deren Lust mich schwächt und von meiner Arbeit abhält!»

In Kairo war ich lange mit einem aus gutem Haus stammenden ägyptischen Offiziersanwärter befreundet. Ein Bild von Mann, Bodybuilder, mit einem ganzen Urwald dichter Haare auf dem durchtrainierten, muskulösen braunen Oberkörper. Gern trug er einen winzigen schwarzen, dreieckigen Slip, wenn wir zusammen schwimmen gingen, und war auf seinen wohlgestalteten riesigen Penis und seine nie erlahmende Manneskraft sehr stolz. Bei Frauen hatte er unwahrscheinlichen Erfolg und ständig umgab ihn ein ganzer Schwarm aufregender und aufgeregter europäischer Touristinnen. Einmal hatte ich einen Europäer, einen Homosexuellen, zu Gast. Der war natürlich von meinem ägyptischen Freund, der am liebsten in seiner flotten Uniform paradierte, sofort hingerissen. «Ob man mit dem wohl?», fragte er mich. «Das mußt du ihn schon selbst fragen!», war meine Antwort. Er tat's tatsächlich und bekam erstaunlicherweise keine Absage. «Eigentlich mache ich mir ja nichts aus Männern», sagte mein Freund. «Aber man soll ja alles einmal versuchen. Vielleicht macht's mir Freude!» Die beiden zogen zusammen ab.

Ich weiß nicht, ob's an dem warmen Klima liegt, jedenfalls stieß mein Europäer wenige Tage darauf bei der Besichtigung einer oberägyptischen Düngemittelfabrik wieder auf «seinen Typ», diesmal einen jungen Arbeiter. Ich riet ihm ab, aber er wollte nicht hören und wartete am Nachmittag am Fabriktor auf den ausersehenen Jüngling. Kaum hatte er ihn angesprochen und ihm sein eindeutiges Angebot gemacht, war auch schon die schönste Prügelei im Gang. Der Arbeiter hatte sich tödlich beleidigt gefühlt.

Die Frauenexzision, von der wir ausgingen, ist also das Problem intellektuell unterentwickelter dörflicher und städtischer Unterschichten. Sie dient nicht nur der Beseitigung jeglichen weiblichen Lustempfindens, sondern verhindert auch den Orgasmus. Die Unzufriedenheit, die darauf beruht, führt später zu Ehekrisen. Der Mann fühlt sich als Versager und greift zur Potenzsteigerung zu Rauschmitteln. Haschisch erfüllt diese Funktion aber nur bei *mäßigem Gebrauch. Es entsteht somit ein Teufelskreis, aus dem es für beide Partner, sofern man sie überhaupt als solche bezeichnen kann, kein Entrinnen gibt. Die Sitte ist vor allem auch deshalb barbarisch, weil die Verstümmelung fast nie von einem Arzt oder einer Krankenschwester vorgenommen wird, sondern in den meisten Fällen von einer «weisen Frau» oder einem weiblichen Familienmitglied. Die Kairoer Regierung hat sie inzwischen längst verboten, doch bei vielen Fellachenfamilien ist sie noch immer Brauch.*

Einen ganz anderen Sinn hat die Männerbeschneidung. Sie gehört zu den religiösen Vorschriften des Korans und ist gleichbedeutend mit der Mannbarwerdung des Jünglings. Die Juden kennen die Beschneidung kurz nach der Geburt des männlichen Kindes, die Araber erst im Jünglingsalter. In Kairo sah ich nach dem Beschneidungsfest häufig Jünglinge, die beide Hände in den Taschen ihrer Galabiah stecken hatten, um diese möglichst weit vom Körper abzuhalten. Sie waren gerade auf die denkbar einfachste und nicht sehr hygienische Weise beschnitten worden und wollten verhüten, daß der Stoff ihres Gewandes an der brennenden Wunde scheuerte. Dazu ein bezeichnender ägyptischer Standardwitz. Ein Passant sah im Schaufenster eines Ladens an der Scharia Ramses einmal ein Fernsehgerät. Er wollte es kaufen, betrat den Laden und fragte nach dem Preis. «Ich verkaufe keine Fernsehgeräte!»

«Ja, warum stellen sie es denn dann aus und mit was handeln sie überhaupt?», fragte der erstaunte Kunde.

«Mein Herr, ich bin Beschneider», bekam er zu hören, «können sie mir vielleicht sagen, was ich sonst ausstellen sollte?»

Die Knabenbeschneidung hat selbstredend keine religiös-rituellen, sondern nur religiös verbrämte hygienische Gründe. Die Araber nehmen es im allgemeinen mit der Reinlichkeit sehr genau. Das liegt ebenfalls an den einschlägigen Vorschriften des Korans. Vor jedem der fünf vorgeschriebenen täglichen Gebete muß der Moslem, bevor er sich gen Mekka verneigt, sich Gesicht, Hände und Füße waschen. Nach dem Geschlechtsverkehr, nach der Masturbation, die keineswegs verboten ist, oder nach einer unbeabsichtigten nächtlichen Pollution ist er zum Waschen des ganzen Körpers angehalten. Ohne diese Waschung gilt er als rituell unrein und ist beispielsweise vom Gebet in der Gemeinschaft der Gläubigen ausgeschlossen.

Bedenkt man, daß es etwa zur Zeit Louis' XIV. im Versailler Schloß noch kaum Bäder gab und die Körperpflege sich darauf beschränkte, daß man sich Gesicht und Hände mit Parfüms benetzte, oder daß der heilige Franziskus von Assisi die Läuse als die Perlen der Armen bezeichnete, erkennt man, daß die uns von den Arabern gelehrte Reinlichkeit als bedeutende historische Kulturleistung einzuschätzen ist. Mit dieser Reinlichkeit ist es freilich auch dortzulande manchmal nicht allzu weit her. In den Wüstengebieten waschen sich die Beduinen aus Wassermangel häufig mit Sand. In Oberägypten sah ich einmal einige Fellachen in ihrer charakteristischen gestreiften Galabiah mit großen braunen Flecken am Gesäß. Die Galabiah ist übrigens ein nachthemdartiger Überwurf, der selbst in der größten Hitze noch eine gewisse Kühlung verschafft. Auf meine Frage, woher diese Flecken kämen, sagte ein junger Ingenieur der Bewässerungsbehörde lachend: «Sehen Sie, Papier ist hier Mangelware, und mit irgend etwas müssen sich die Leute doch den Hintern putzen.» Ein anderes Beispiel: Ein Archäologe störte sich bei Ausgrabungen im Zweistromtal wochenlang an dem infernalischen Gestank, der jeden Morgen von den am Vortag ausgegrabenen und numerierten antiken Scherben ausging. Endlich legte er sich auf die Lauer. Man wird erraten, was sich abspielte. Die Arbeiter benutzten die Tonscherben nach ihrem nur allzu menschlichen Bedürfnis als Ersatz für das fehlende Papier. Der Archäologe meinte, er sei froh, daß sie wenigstens

304

nicht seine Aufzeichnungen auf die gleiche Weise zweck-
entfremdet hätten . . .
Die Stellung der Frau in der arabisch-islamischen Gesell-
schaft stößt im Abendland, wie gesagt, noch immer auf
viele Mißverständnisse. Der Koran macht sie – denn
schließlich handelt es sich ja auch um bereits sechzehn-
hundert Jahre alte Vorschriften – zum Eigentum des Man-
nes. Das war für die damalige Gesellschaft durchaus ver-
ständlich. Mohammed erließ aber erstmals auch sehr
genaue und eindeutige Vorschriften über die Rechte der
Frau, was ein durchaus revolutionärer Fortschritt war.
Das galt nicht nur in bezug auf die Voraussetzungen der
Polygamie. Kommt es zu einer Scheidung, darf der Ehe-
mann von seinen Geschenken nichts zurückverlangen.
Diese Geschenke, die zum Teil heute noch vorwiegend
aus Schmuck und Gold- und Silbermünzen bestehen, sind
ja für den Fall einer Scheidung die einzige materielle Si-
cherung für die Frau. Diese Sicherstellung wird durch de-
taillierte Vorschriften über das Stillen der Kinder, den
Unterhalt der Familie und die Verteilung des Erbes er-
gänzt.
Die Gleichberechtigung der Frau macht in der arabischen
Gesellschaft nur zögernde Fortschritte. Am meisten ist sie
in Tunesien fortgeschritten, wo sie sich auf moderne bür-
gerliche Gesetze stützen kann, und in Ägypten, wo sie in
der Präsidentengattin Dschihan es-Sadat eine einflußrei-
che Vorkämpferin fand. Inzwischen besteht selbst in
Saudi-Arabien eine Schulpflicht auch für Mädchen, und
die Zahl der weiblichen Universitätsabsolventen ist im
Ansteigen begriffen. Die fehlende oder noch mangelhafte
Gleichberechtigung ist jedoch keineswegs mit Unter-
drückung gleichzusetzen. Die Frauen besitzen im Islam
durchaus fühlbaren sozialen Einfluß. Das galt schon für
die erste Frau Mohammeds, Chadidscha, wie für seine
Witwe Aischa. Letztere führte in den Wirren um die
Nachfolge des Propheten sogar höchstpersönlich ihre
Krieger in die berühmte «Kamelschlacht». In späteren

Perioden gewannen vor allem die Mütter der Kalifen, wie die Harun er-Raschids, und hernach die der Osmanensultane, Validesultane genannt, hinter den Kulissen oft immensen politischen Einfluß.

In Ägypten und anderen modernen arabischen Staaten setzt sich allmählich das Ideal der Kleinfamilie mit höchstens drei Kindern durch. Nur in den ländlichen Bezirken stößt die staatlich proklamierte Geburtenkontrolle noch immer auf Schwierigkeiten. Seit Anfang der sechziger Jahre experimentierte hier das nasseristische Regime mit den mannigfaltigsten Verhütungsmitteln. Man begann zunächst mit der sogenannten Spirale. Doch welcher Fellache ließe einen Arzt oder auch nur eine Ärztin widerstandslos an die intimsten Körperteile seiner Frau heran? In den meisten Fällen mußte das Instrument daher einfach auf Verdacht eingepaßt werden, so daß häufig schmerzhafte Erkrankungen der Geschlechtsteile die Folge waren. Daraufhin versuchte man es mit Präservativen. Im Tausch gegen Baumwolle bestellte man sie aus der befreundeten Tschechoslowakei. Der Leser mag selbst entscheiden, ob die folgende Geschichte wahr oder nur gut erfunden ist. Jedenfalls war sie damals Tagesgespräch in der Kairoer Gesellschaft. Der Beamte, der das Tauschgeschäft unter Dach und Fach zu bringen hatte, war wohl ein allzu prüder Mann. Er umschrieb die gewünschte Ware so unpräzise, daß die Prager Lieferanten nicht richtig damit fertig wurden. Jedenfalls sandte man einen Waggon Autoreifen an den Nil. Die waren zwar auch aus Gummi, lösten aber das etwas intimer gelagerte Problem keineswegs. Man versuchte es also noch einmal, und diesmal bekam man das Gewünschte. Doch es klappte wieder nicht. «Warum?», fragte der ahnungslose Ausländer. Prustend und sich vor Lachen ausschüttend sagte sein ägyptischer Gesprächspartner: «Können Sie sich das nicht denken?» Und immer noch lachend: «Die waren für unsere Kaliber doch einfach zu klein!»

Ein Araber ist auf nichts stolzer als auf die Größe seines

Penis, was allerdings über seine sexuelle Potenz nichts aussagt. Die Erotik ist hierzulande in erster Linie ein ausgesprochener Peniskult. Zwischen den (hellhäutigeren) Unterägyptern und den (dunkelhäutigeren) Nubiern Oberägyptens besteht sogar ein regelrechter Konkurrenzneid. Das hat sich auch bei manchen abenteuerlustigen und sexhungrigen Touristinnen aus Europa und Amerika herumgesprochen. Manche von ihnen mieten sich sogar einen Wagen und lassen sich nur wegen eines unvergeßlichen Liebeserlebnisses mit einem stämmigen und wohlgestalteten jungen Nubier bis nach Assuan chauffieren. Und das ist kein Märchen aus Tausendundeiner Nacht!

Märchenhafte Züge aber, wie man sogleich bemerken wird, nimmt das Ende unserer Geschichte über die Geburtenregelung in Ägypten an. Man versuchte es schließlich mit der Pille. Da Devisen knapp waren, wollte man diese zunächst jedoch nicht importieren, sondern selbst produzieren. Unglücklicherweise war der geringfügigste ihrer chemischen Bestandteile jedoch auch der teuerste. Die Pillen «Made in Egypt» verfehlten völlig ihre Wirkung. Denn man hatte den teuren Bestandteil einfach eingespart. Schweren Herzens griff man daraufhin in die Devisenkasse und orderte in den Vereinigten Staaten. Eines Tages erhob sich im Parlament ein Fellachenabgeordneter und fragte den Landwirtschaftsminister: «Exzellenz, wie erklären Sie sich den katastrophalen Rückgang der Eierproduktion im vergangenen Jahr?» Die Exzellenz, nicht auf den Mund gefallen, gab schlagfertig zur Antwort: «Ich erkläre das damit, daß die Frauen die Pillen nicht selber schlucken, sondern den Hühnern zu fressen geben.»

Inzwischen wachen die in fast jedem Dorf eingerichteten staatlichen Gesundheitsstationen darüber, daß die Fellachenfrauen die Pille auch wirklich einnehmen.

Fünfter Akt:
Ein Papst unter dem Halbmond

Die Fahne des Propheten über der Ewigen Stadt

Die berühmten Weissagungen des heiligen Malachias –
1595 in Venedig von dem Benediktinerpater Arnold Wion
aus dem flandrischen Ordenskloster Oudenburg veröffentlicht und fälschlicherweise auf den 1148 in der französischen Abtei Clairvaux gestorbenen irischen Heiligen
und Erzbischof von Armagh zurückgeführt – charakteri-
sieren in lateinischen Wahrsprüchen hundertelf Päpste
bis zum Ende der Welt. Die Weissagungen hatten bis
jetzt, obgleich sie gefälscht sein dürften, eine erstaunliche
Treffsicherheit. Viele Päpste übernahmen sie daher als
ihr Wappenmotto. Dem Nachfolger Pauls VI. widmet die
Malachiasprophetie den Spruch. «De medietate lunae»
(«Von der Hälfte des Mondes»). Danach nennt sie nur
noch zwei Päpste. Die Wahrsprüche, die sie betreffen,
weisen bei etwas phantasievoller Auslegung in die gleiche
Richtung. Sie lauten: «De labore solis» («Von der Mühsal
der Sonne») und «Gloria olivae» («Ruhm des Ölbau-
mes»). Die Weissagung endet mit einer düsteren Prophezeiung. «In persecutione extrema S. R. Ecclesiae sedebit
Petrus Romanus, qui pascet oves in multis tribulationi-
bus, quibus transactis civitas septicollis diruetur et judex
tremendus judicabit populum summ.» («Während der
letzten Verfolgung der Heiligen Römischen Kirche wird
Petrus, ein Römer, regieren. Er wird die Schafe unter vielen Bedrängnissen weiden. Dann wird die Sieben-Hügel-
Stadt zerstört werden und der furchtbare Richter wird
sein Volk richten!»)
Was ist damit gemeint? Kehrt das Christentum in der pro-
phezeiten Endzeit zu seinen orientalischen Quellen
zurück? Die zitierten Wahrsprüche weisen jedenfalls in
diese Richtung. «Die Hälfte des Mondes», ist das nicht
der arabische Orient? «Von der Mühsal der Sonne», verweist das nicht auf den Osten? «Gloria olivae», ist das
nicht eine Anspielung auf das Heilige Land? Vielleicht
werden wir es nie, vielleicht werden wir es nur allzu

rasch erfahren. Berücksichtigt man die erwähnte erstaunliche Treffsicherheit der Weissagungen und mißt man sie an der neuerdings spürbaren Hinwendung der Kirche zu ihren orientalischen Ursprüngen bis hin zu ihrer Aussöhnung mit den jüdischen Christusmördern und ihrer Annäherung an den Islam, gewinnt die Malachiasprophetie, noch bevor sie sich erfüllt hat, eine beinahe unheimliche Vorbedeutung.

Der Papst ernennt, wenn er sich dem Tod nahe fühlt, gewöhnlich eine Reihe neuer Kardinäle. Sie wählen mit den alten, wenn es so weit ist, im Konklave den neuen Papst. Werden sie aus ihrer Mitte wohl einen wählen, auf den die nächste Weissagung zutrifft? Es gibt gegenwärtig nur einen einzigen vatikanischen Würdenträger, auf den sie zutreffen könnte, doch gehört er noch nicht zum Kardinalskollegium. Das will aber nicht viel heißen. Im Jahre 1975 ernannte der Heilige Stuhl den Erzbischof Guido Graf del Mestri zum Apostolischen Nuntius in Bonn. Seine Wiege stand in dem fünfzigtausend Einwohner zählenden jugoslawischen Städtchen Banja Luka an den Ufern des Flüßchens Verbas in der Provinz Bosnien-Herzegowina. Dessen Hauptanziehungspunkt ist die typische muselmanische Altstadt. Bis 1908 gehörte das Städtchen nämlich zur «Hälfte des Mondes», zum Osmanischen Reich. Doch nicht nur das. Der Erzbischof begann seine diplomatische Karriere in vatikanischen Diensten im Orient. Bestiege er als Nachfolger Pauls VI., was nicht auszuschließen ist, den Stuhl Petri, wäre das eine perfekte Bestätigung der zitierten Prophezeiungen.

Die Kirche, die sich so lange als Bollwerk des Abendlandes gegen die «Ungläubigen» des Morgenlandes fühlte, wendet ihr Antlitz ohnehin immer bewußter nach Osten. Der Vatikan erlaubte nach langem Zögern die Errichtung einer Moschee in der Heiligen Stadt der Christenheit, und bald schon wird der Gebetsruf des Muezzins – «Allah ist Allah, und es gibt keinen Gott außer Allah» – mit dem Geläute der Glocken vom Petersdom wetteifern. Wird der

312

Islam dreihundert Jahre nach seiner welthistorischen Niederlage wieder zu einer «Religion im Angriff» und zu einer Herausforderung der Christenheit? Man könnte es meinen.

Im Londoner «Regent's Park» entsteht mitten zwischen alten Bäumen ebenfalls eine neue Moschee. Hundertfünfzigtausend Moslems leben in Großbritannien. Dort gibt es seit längerem bereits zwei Moscheen, und im Bau befindlich sind drei weitere. Den Gebetsruf des Muezzins hört man in Hamburg, wo persische Wohltäter eines' der schönsten islamischen Gotteshäuser außerhalb der islamischen Welt stifteten, ebenso in Paris und Brüssel. Die Moslemgemeinden in Großbritannien stützen sich vorwiegend auf die mit britischen Pässen versehenen indischen und pakistanischen Emigranten aus den ehemaligen Kolonien, in den übrigen europäischen Industriestaaten vor allem auf Gastarbeiter ihres Glaubens. In der Bundesrepublik bekennen sich bereits mehr als eine Million Menschen zur Lehre Mohammeds. Es sind allerdings fast ausschließlich türkische Gastarbeiter. Planmäßige Mission wird nicht betrieben. Indessen wird auch niemand abgewiesen, der konvertieren will. Eine steigende Anziehungskraft übt der Islam hauptsächlich auf junge Menschen aus, die von der westlichen Konsumgesellschaft enttäuscht sind. Diese Anziehungskraft des Islams nach Jahrhunderten der Defensive und der aufgezwungenen geistigen Isolation beschränkt sich keineswegs nur auf religiöse Dinge. Das Arabische, die Sprache des Propheten und noch im Mittelalter die führende Kultursprache der damaligen Menschheit, erlebt gegenwärtig eine erstaunliche Renaissance. Arabisch sprechen immerhin rund hundertfünfzig Millionen Menschen, also wesentlich mehr als beispielsweise deutsch. Es ist die fünftgrößte Weltsprache. Im Deutschen gibt es übrigens heute noch, als Erbschaft der einstigen guten Handels- und Kulturbeziehungen zwischen dem Reich Karls des Großen und den Kalifen, etwa zweihundert Lehnwörter aus dem

Arabischen. Arabisch verlor seine Bedeutung als Wissenschaftssprache erst mit dem Untergang der Kalifenherrschaft. Heute bemühen sich arabische Sprachakademien in Kairo, Damaskus, Bagdad und Rabat um eine Standardisierung der hocharabischen Schriftsprache, um die Unterschiede zwischen den verschiedenen Dialekten zu verringern und um neue Wortschöpfungen vor allem auf wissenschaftlich-technischem Gebiet einzuführen. Es gibt bereits elektrische Schreibmaschinen mit arabischen Schriftzeichen, ein arabisches Morsealphabet und arabisch arbeitende Computer. Die «Gesellschaft zur Förderung der Wirtschaftsbeziehungen mit den arabischen Ländern» in München veranstaltet für eine Gebühr von dreieinhalbtausend Mark einen vierwöchigen Sprachkursus von hundertzwanzig Stunden in einer überall verständlichen panarabischen Umgangssprache. Für den im Libanon, in Ägypten, Kuweit, im Sudan und in Tunesien in fünf verschiedenen Ausprägungen gebräuchlichen Terminus «ich will» beispielsweise lehrt man hier einen überall verstandenen sechsten Ausdruck. Das Arabisch, das hier gelehrt werde, verstehe man in *allen* arabischen Ländern. So der Verein. Die Araber selbst sprächen diese Sprache im Umgang mit Arabern aus anderen Ländern, und es sei die «lingua franca» auch der arabischen Medien.

Die Pariser Couturiers entwarfen in der Sommersaison 1976 zum erstenmal eine spezielle Kollektion für reiche Kundinnen aus den Ölländern, fanden damit aber auch überraschend großen Anklang bei ihren europäischen Abnehmerinnen: Pludrige Haremshosen und seidene Wüstencapes. Den Vogel schoß der Modeschöpfer Jean-Louis Scherrer ab. Er entwarf ein weißes Hosenkostüm, bestickt mit goldenen orientalischen Blumenmustern, nach dem Vorbild der Beduinentracht.

1976 kündigte die österreichische Bundesregierung unter dem Juden Bruno Kreisky die offizielle Anerkennung des Islams als Glaubensgemeinschaft an und begründete dies mit dem Bekenntnis von dreitausend gebürtigen Österreichern zu dieser Religion. Die Regierung Großbritanniens verfügte eine Gesetzesänderung, wonach turbantragende Moslems davon befreit sind, wie die übrigen Motorradfahrer den vorgeschriebenen Sturzhelm zu tragen. In Paris wurde mit großem Erfolg ein Stück von Racine in arabischer Sprache dargeboten. Die Hauptrolle spielte Samiha Ajub, die Ehefrau des ägyptischen Vizekulturministers Saad Eddin-Wachba. Saudi-Arabien stiftete eine Million Dollar für die Einrichtung eines neuen Lehrstuhles für arabische und islamische Studien an der südkalifornischen Universität Los Angeles. Ausstellungen islamischer Kunstschätze gehören unterdessen zum Kulturprogramm vieler europäischer und amerikanischer Städte. Auch der Straßburger Europarat veranstaltete drei Monate lang eine vielbeachtete Exposition.

Die christlichen Konfessionen trugen dieser Entwicklung bereits Rechnung. Der Deutsche Evangelische Kirchentag nahm Vorträge ausgewählter Kenner über den Islam in sein Programm. In der ersten Februarwoche kam es im Beisein von Staatschef Moammer el-Gaddafi, der sich mehrfach an den Diskussionen beteiligte, in der libyschen Hauptstadt Tripolis zu einem vielbeachteten islamisch-christlichen Dialogseminar. Veranstalter waren der Vatikan und die «Arabische Sozialistische Union». An ihm nahmen je sechzehn Theologen beider Religionen und über fünfhundert Beobachter aus fünfzig Staaten der Erde teil. Reise und Aufenthalt aller Teilnehmer bezahlte der libysche Staat. Schon vorher hatte der als bedeutender Religionswissenschaftler geltende Wiener Kardinal König vor dem Auditorium der Kairoer theologischen Hochschule «El-Ashar», die gern als der «Vatikan des Islams» bezeichnet wird, einen Vortrag über den Monotheismus gehalten. In Tripolis hörte man revolutionäre neue Töne. Nach Jahrhunderten politischer und religiöser Feindschaft hieß es nun zum erstenmal seit dem Mittelalter wieder: «Der Dialog zwischen Christentum und Islam ist eine der Grundlagen des Korans.» Unter tosendem Applaus bat der «Weiße Väter»-Missionar Pater Lanfry die fünfhundert Anwesenden, die islamischen Brüder möchten die Beleidigungen vergeben, die den Moslems und ihrem Propheten Mohammed von den Christen angetan worden seien. Es klang fast schon wie ein Rückzugsgefecht, doch ein anderer christlicher Konferenzteilnehmer stellte richtig, daß es nicht um die Bekehrung der Moslems zu Christen oder der Christen zu Moslems gehe, sondern darum, daß die Christen bessere Christen und die Moslems bessere Moslems werden.

Die Anziehungskraft des Islams hat ihre Hauptursache sicher in dem erstarkten wirtschaftlichen und politischen Gewicht der arabischen Ölstaaten. Tatsache ist aber, daß mit diesem Aufstieg eine echte religiöse Erneuerung Hand in Hand ging. Sie hatte es allerdings leichter als vergleichsweise das Christentum. Selbst arabische Kommunisten, die doch eigentlich Atheisten sind, nehmen ihre religiösen Pflichten sehr ernst und sehen zwischen ihrem politischen und ihrem religiösen Bekenntnis keinen Widerspruch. Kaum ein Araber versäumt die fünfmalige tägliche Gebetspflicht in der Moschee, das Fastengebot im Monat Ramadan und die Pilgerfahrt nach Mekka. Sogar in den fortschrittlicheren arabischen Staaten lebte der Islam wieder auf. Die totale Arabisierung des öffentlichen Lebens und das absolute Alkoholverbot in Libyen sind dafür nicht einmal das typischste Beispiel. Algerien erließ für die Frauen strenge Vorschriften für die Kleidung in der Öffentlichkeit. Im Sudan ist der Minirock absolut verpönt. Saudi-Arabien veranlaßte vergleichsweise tolerante Länder wie Ägypten und den Sudan zu einem recht rigorosen Alkoholverbot. Für Minderheiten anderen Glaubens kann das allerdings ähnlich fatale Folgen haben wie für die Juden in der mittelalterlichen abendländischen Gesellschaft. Das Zinsverbot der Kirche drängte die Juden ja geradezu zur Übernahme des gesamten Geldverkehrs. Das wiederum wurde zu einer der Ursachen des

316

Antisemitismus. In der Blütezeit des Islams erlebten die dortigen Christen eine ganz ähnliche Entwicklung. Das Alkoholverbot machte die Erzeugung und den Handel sowie den Ausschank von Spirituosen zu einem rein christlichen Erwerbszweig, so daß man bald von «Schnapschristen» zu sprechen begann. In Ägypten gibt es zudem eine koptisch-christliche Minderheit von sechs Millionen Gläubigen. Sie kann allein schon wegen der liturgischen Weihezeremonien nicht auf den Wein verzichten. Ägyptische wie übrigens auch algerische Weine sind überdies ein nicht zu unterschätzender Exportfaktor. Wie man die Weingärten pflegen und abernten, den Wein keltern und probieren will, wenn die moslemischen Arbeiter mit Alkohol nicht mehr umgehen dürfen, bleibt einstweilen ein Rätsel.

Das Wiedererstarken des Islams äußert sich freilich nicht bloß in solch eher skurrilen Auswüchsen. Die Türkei ist das alarmierendste Beispiel dafür. Der Reformer Kemal Atatürk, übrigens ein bekannter Alkoholiker, hatte die absolute Trennung von Religion und Staat erzwungen, das lateinische Alphabet eingeführt, laizistische Schulen durchgesetzt und den Religionsunterricht an Staatsschulen ebenso verboten wie die Polygamie. Ganz durchsetzen konnte er sich mit diesem Programm allerdings nicht. Auf den Dörfern erhielten die Schulkinder, trotz des Verbotes, von den Mullas weiterhin Religionsunterricht. Diese waren auch häufig bereit, heimlich die religiöse Eheschließung mit einer zweiten oder dritten Frau oder hernach die Scheidung zu vollziehen, sofern nur alle Beteiligten einverstanden waren. Seit den fünfziger Jahren ist zudem eine Rückkehr der bis dahin ausschließlich Europa zugewandten Türkei in die arabisch-islamische Umwelt festzustellen. Sogar der zeitweilige sozialdemokratische Ministerpräsident Ecevit, hervorgegangen aus der kemalistischen «Republikanischen Volkspartei» des Staatsgründers, hatte eine Politik der Neubelebung des Islams betrieben. Sein Nachfolger Süleiman Demirel erlaubte auch wieder die Ausübung des Religionsunterrichtes an den Staatsschulen. Im Sommer 1976 kam es zu der bisher spektakulärsten Maßnahme in diesem Prozeß. Die zwischen 532 und 537 nach Christus erbaute «Kirche der Heiligen Weisheit» der Byzantiner, die nach dem Fall Konstantinopels 1453 in eine Moschee umgewandelt und von Kemal Atatürk 1934 zum Museum gemacht worden war, wurde auf Wunsch des «Internationalen Rates zum Schutz und zur Pflege der Moschee» wieder ein islamisches Gotteshaus!

Der Islam ist, wie schon gesagt, im Abendland keine Missionsreligion. Durchschlagenden Erfolg hatte er dafür bei der schwarzen Minderheit in den Vereinigten Staaten zu verzeichnen. Amerikanische Religionswissenschaftler vertreten bereits die Ansicht, die Lehre Mohammeds werde allmählich zur Religion der schwarzen Amerikaner. Zu ihr bekennen sich jetzt schon rund zweihunderttausend von ihnen, und die Entwicklung zeigt eine rasch steigende Tendenz. Militante Organisationen träumen sogar von einem nicht nur schwarzen, sondern auch muselmanischen eigenen Bundesstaat in den USA. Beispielhaft für diese Entwicklung ist der religiöse Wandel des Boxchampions Cassius Clay. Er konvertierte zum Islam, pilgerte nach Mekka und nennt sich seitdem Mohammed Ali.

Ein ägyptischer Wissenschaftler bezeichnet den Islam als die Religion der Zukunft; ein ägyptischer Dichter sieht in dem von allen Moslems verehrten und in die Heilige Kaaba eingelassenen «Schwarzen Stein» ein wunderbares Zeichen Allahs dafür, daß die Lehre des Propheten die Religion aller Farbigen ist. Der Islam hat denn auch bei den farbigen Völkern der «dritten Welt» die stärkste Anziehungskraft. Das war nicht immer so. Vom Mittelalter bis noch ins vorige Jahrhundert diskreditierten muselmanische Sklavenjäger im Süden der Sahara ihren Glauben scheinbar ein für allemal in den Augen der Negerbevölkerung. In der Blütezeit des europäischen Kolonialismus

318

standen hinter den christlichen Heidenmissionen dann die stärkeren Bataillone. Die Christianisierung erfolgte damals nicht selten mit mehr oder weniger sanfter Gewalt. Für die Oberschicht der Kolonien war die Annahme des Christentums zudem die beste Eintrittskarte zu den Segnungen der abendländischen Zivilisation. Der Niedergang des Kolonialismus führte auch hier zu einer tiefgreifenden Umorientierung. Manche Staatschefs Zentralafrikas, deren Länder an den arabischen Norden grenzten, gingen mit ihrem Beispiel voran. Sie vertauschten das Christentum, dem sie ihre Karriere verdankten, bald nach Erlangung der Unabhängigkeit mit dem Islam oder öffneten ihre Länder zumindest der islamischen Mission. Das galt etwa für Gambia, Dahomé und Nigeria. In Afrika werden sieben von zehn Konvertiten Moslems, und nur noch drei werden Christen. In der nigerianischen Millionenstadt Ibadan entstanden in den letzten Jahren allein sechshundert Moscheen.

Der Islam mit seinem im Koran niedergelegten Sozialsystem wie etwa dem unbedingten Almosengebot entspricht der Denkweise der Menschen in der «dritten Welt» offenkundig besser als der vom Christentum vielfach begünstigte westliche Existentialismus oder der atheistische Kommunismus. Die Araberstaaten erwiesen sich trotz ihrer politischen Annäherung an den Ostblock als erstaunlich immun gegen den Kommunismus. Selbst eingefleischte Parteikommunisten der arabischen Welt pflegen den Islam gegen die kommunistische Indoktrination in Schutz zu nehmen. Im Gegensatz zu den Christen können die Moslems den Kommunisten entgegenhalten, sie besäßen selbst eine grundlegende und durchaus entwicklungsfähige Sozialethik, die in ihrer Religion fest verwurzelt sei. Die Signale für eine progressive soziale Erneuerung des Islams setzte die ägyptische Hochschule «El-Ashar». Chadidscha, die erste Frau des Propheten, war nach ihrer Argumentation die «Urmutter des Sozialismus». Ihre Karawanenführer, unter ihnen auch der jugendliche Mohammed, erhielten für ihre Dienste eine Gewinnbeteiligung. Präsident Gamal Abdel Nassers Verstaatlichungspolitik wurde damals mit dem Teilungsgebot des Korans für die Existenzgrundlagen der frühislamischen Beduinengesellschaft, wie Wasser, Feuer und Weidegründe, gerechtfertigt. Die Anziehungskraft der islamischen Religion auf die farbigen Völker hat etwa die gleichen Ursachen wie die ihrer raschen Verbreitung in der Beduinengesellschaft des Zeitalters Mohammeds. In Zentralarabien gab es damals ja auch vor allem wirtschaftlich starke jüdische und christliche Minderheiten. Sie hatten jedoch kaum nennenswerte Missionserfolge oder verzichteten überhaupt auf jede Missionierung. Der Islam jedoch erwies sich wegen seiner relativen Einfachheit als durchsetzbar. Er verzichtet nicht nur auf die Forderung nach einer grundlegenden Änderung der Sitten, Bräuche und Lebensgewohnheiten seiner Anhänger, sondern kennt auch keine religiösen Dogmen. In diametralem Widerspruch zu der rein monotheistischen Lehre von dem einen Allah stehen die christlichen Dogmen von der Dreifaltigkeit Gottes und von der Fleischwerdung Gottes in seinem Sohn. Aus diesem Grunde sieht der Koran in Jesus von Nazareth nur einen prophetischen Vorgänger Mohammeds. Für Moslems gänzlich unglaubwürdig ist zudem die jungfräuliche Zeugung Christi und dessen Auferstehung.

Den Islam macht zweierlei anziehend. Erstens ist er im großen und ganzen die Religion der Toleranz, und zweitens ist er nicht wie das Christentum die Religion verhaßter Unterdrücker. Beides könnte sich jedoch rasch ändern. Das Alkoholverbot, das schon erwähnt wurde, ist ja nicht allein eine skurrile Nebenerscheinung der geschilderten weltweiten Wiedererweckung des Islams. Sie beruht auf Forderungen einer eher unbedeutenden aggressiv-puritanischen Sekte und eines ebenso puritanischen muselmanischen Diktators, den man zuweilen schon als psychopathischen Fall bezeichnete. Beide, die Wahhabitensekte in Saudi-Arabien und der libysche Staatschef Moammer el-Gaddafi, sind die reichsten und missionsfreudigsten Moslems und finanzieren mit ihren Ölmilliarden die islamische Renaissance. Gerade sie entzogen sich aber schon wiederholt den Wünschen der armen Staaten der «dritten Welt» nach günstigeren Lieferkonditionen für den begehrten Rohstoff und leisteten auch kaum Entwicklungshilfe. Sie argumentieren, die Unterentwicklung der farbigen Länder sei die Schuld der Kolonialmächte und daher nicht ihre Sache. Sollten sie dabei bleiben oder sollten sie jemals versuchen, ihre neue Macht gegenüber den Farbigen politisch auszuspielen, könnte die Ausbreitung des Islams schnell ins Stocken geraten. Denn die Sympathien, die er genießt, werden sicher auch von einer gehörigen Dosis an opportunistischer Spekulation auf den Reichtum seiner Missionare bestimmt . . .

Wie dem auch sei, die Lehre des Propheten Mohammed ist heute jedenfalls wieder eine Großmacht auf religiösem, politischem und wirtschaftlichem Gebiet, eine Großmacht vom selben Rang wie in ihrer Blütezeit vor tausend Jahren. Eine geistige Großmacht im beginnenden dritten Jahrtausend der Menschheitsgeschichte kann er aber nur werden, wenn er die von der Außenwelt noch kaum wahrgenommene theologisch-politische Auseinandersetzung zwischen Rigoristen vom Schlag der Wahhabiten Saudi-Arabiens oder des Libyers Moammer el-Gaddafi und den weltoffenen Reformisten etwa der Hochschule «El-Ashar» zugunsten einer umfassenden Modernisierung entscheidet. Fanatiker sind immer gefährlich, besonders wenn sie so viel Geld haben wie diese beiden, und stehen ihren eigenen Zielen im Wege. Der Islam wartet noch auf seinen Martin Luther.

Es war ein bis heute nicht vergessener Schock. Israel, der vermeintliche Vorposten Europas inmitten einer feindseligen orientalischen Umwelt, erlitt im Herbst 1973 in seinem vierten Krieg gegen die Araber, während der Feste «Jom Kippur» und «Ramadan», eine halbe militärische und eine ganze politische Niederlage. Auf die Juden, denen man im Sechstagekrieg noch begeistert zugejubelt hatte, war also auch kein Verlaß mehr. Die selben Leute, die damals «Hosianna» geschrien hatten, kreischten nun «Crucifige». Doch damit war noch längst nicht alles ausgestanden. Auf den ersten folgte gleich der zweite und noch viel schwerere Schock. Die Mitglieder der «Organisation Arabischer Erdölexportierender Länder» (OAPEC) verhängten ein praktisch vollständiges Lieferungsembargo über die westliche Welt. Diese «Erpressung», wie man es europäischerseits nannte, war die Rache für die Israel gewährte aktive Unterstützung auf politischem, militärischem und finanziellem Gebiet.

Die Folge war eine weltweite Rezession. Die Ölkrise löste sie zwar nicht allein aus, doch sie beschleunigte und verschärfte sie. Westeuropa erschrak, und zwar erheblich stärker als etwa Amerika, das nur zu etwa fünfzehn Prozent von Rohöleinfuhren abhängig war. Erst jetzt erkannte es seine fast totale Abhängigkeit von den nahöstlichen Energiequellen. Erstaunt und zugleich erschrocken über das Resultat ihres Manövers waren aber auch die Araber. Erstaunt waren sie vor allem über die praktisch sofortige und nachhaltige Kursänderung der Nahostpolitik der meisten europäischen Staaten. Die Regierungen fast aller Industrienationen, die Israel bisher offen oder heimlich bewundert und eher verachtungsvoll auf die «arabischen Kameltreiber» herabgeblickt hatten, ließen den Judenstaat wie eine heiße Kartoffel fallen und überboten sich mit Loyalitätsbekundungen für die arabische Seite und mit Sympathieerklärungen für die bis dahin

322

mehr oder weniger ignorierten Rechte und Forderungen der Palästina-Flüchtlinge. Europas Presse, vorher durchwegs israelfreundlich eingestellt, wurde gegenüber den Arabern plötzlich außerordentlich vorsichtig. In der Schweiz verlangten Zeitungsredaktionen, deren Nahost-Korrespondenten früher ausdrücklich darauf hingewiesen worden waren, man veröffentliche prinzipiell keine gegen Israel gerichteten Berichte und Meldungen, von den gleichen Leuten plötzlich eine «ausgewogenere», sprich araberfreundliche Berichterstattung. Wer sich nicht daran hielt, bekam die arabischen Botschaften, Vertretungen der Araberliga oder proarabische Vereinsmeier auf den Hals. Auf dem Buchmarkt folgte der Schwemme von Veröffentlichungen über das «israelische Wunder» plötzlich eine Schwemme von Arabien-Büchern. Manche Araber verachten seitdem die Europäer noch mehr als zuvor, weil dieser Gesinnungswandel, wie sie sehr wohl erkannten, erzwungen war und keinesfalls auf der Einsicht in eigene Fehler beruhte.

Zu dem Erstaunen gesellte sich bald auch Erschrecken. Nach außen hin überboten sich die Abendländer in Loyalitätsbekundungen und Entschuldigungen an die Adresse der Araber, doch im Inneren befleißigten sie sich wider jedes Erwarten einer seit dem Zweiten Weltkrieg nicht mehr erlebten Einigkeit und Entbehrungsfreudigkeit. Die Zentralheizungen wurden von einem Tag auf den anderen heruntergedreht. Die Lichtreklamen an den Schaufenstern gingen aus. Familienväter schraubten schwächere Glühbirnen in die häuslichen Lampen. Die Industrie drosselte fast ohne Produktionsverluste ihren Energiebedarf. Ja die Wohlstandskreaturen verzichteten sogar auf ihr liebstes Spielzeug: Der Wagen blieb in der Garage. Arbeiter, Angestellte und Beamte fuhren wieder mit dem Tram oder der Eisenbahn an ihre Arbeitsplätze. Die von den Regierungen verordneten «autofreien Sonntage» stießen erstaunlicherweise kaum auf Widerstände. Bevorrechtigte mit schwer erhältlichen Sondergenehmigungen machten aus schlechtem Gewissen gegenüber ihren weniger begünstigten Mitbürgern manchmal überhaupt keinen Gebrauch davon. Die Straßen waren wie leergefegt und wurden wie in längst vergangenen und – wie man plötzlich erkannte – besseren, weil ruhigeren Zeiten wieder zur Domäne der spielenden Kinder, der Spaziergänger und Radfahrer. Vereinzelt sah man auch wieder Pferdegespanne und begrüßte ihre rustikal riechende Hinterlassenschaft wie eine Offenbarung. Auf einmal entdeckte man die Mitmenschen wieder als Nachbarn. Ganze Hausgemeinschaften und Straßenzüge unternahmen gemeinsam sonntägliche Radwanderungen. Plötzlich grüßten sich sogar Fremde. Selbst wenn sie auf dem gleichen Flur einander gegenüber wohnten, hatte ihnen der Lift bisher ein Zusammentreffen erspart oder verunmöglicht. Doch nun stand der Lift still, und man begegnete sich im Treppenhaus. Selbst Personen von Rang und Namen gaben sich ungewohnten körperlichen Anstrengungen hin.

In Schloß Sandringham schwangen sich Ihre Majestät Königin Elizabeth und Prinzgemahl Philip auf ihre Stahlrösser und radelten durch die umliegenden Felder. Ihrer Majestät Premierminister schritt seinen feierlichen Staatsempfängen per pedes entgegen. In Holland saß die ganze königliche Familie auf ihren «Fietsen». In Bonn spazierte Bundeskanzler Willy Brandt, von dem seine Nachbarn früher höchstens einmal einen hastigen Blick aus der schwarzen Limousine erhascht hatten, mit Frau Ruth am Arm und den Spazierstock in der Hand über den Venusberg. Und im kleinen Großherzogtum Luxemburg fuhr die Herrscherfamilie mit ihren fünf Kindern hoch zu Stahlroß an der Spitze eines ganzen Heeres von Radfahrern durch die hügelige Vorardennenlandschaft. Europa schwelgte geradezu in einem Jungbrunnen von Solidarität. Einen Augenblick lang tauchten auch die Politiker hinein. In Brüssel bestand Einigkeit: Dieses Europa brauchte zu seiner Einigung ein wesentlich rascheres Tempo als bisher. «Das gute alte Europa wird sich behaupten!», schwor man sich im Palais Berlaymont. Daß später alles rasch wieder vergessen wurde und wie in alten Zeiten das Gezänk über Magermilchpreise, Butterberge, Rindviehsubventionen und Zollvereinheitlichung wieder anhub, änderte nichts an der Tatsache, daß die Einheit Europas in den Herzen seiner Bürger offenbar längst existierte und sich im Augenblick der Not bewährt hatte.

Dieses Schauspiel erstaunte die Welt und überraschte vor allem die Araber. Das hatten sie nicht vorausgesehen. Europa beugte sich zwar, aber es zerbrach nicht. Der Kollaps blieb aus. Immerhin kam es zu einer bis heute nicht vollständig überwundenen Rezession mit lange nicht mehr erlebten Arbeitslosenziffern. Die Währungen blieben jedoch im großen und ganzen stabil oder gewannen wie Schweizer Franken, Deutsche Mark und Gulden noch an Stabilität. Die Sparguthaben wuchsen, und der Wille zur Sparsamkeit blieb auch auf dem Energiesektor erhalten. Den Schaden hatten auch die Erdöllieferanten. Ihre Preisforderungen waren auf die Dauer nicht durchzusetzen und eine Produktionsdrosselung erwies sich als unvermeidlich. Die Herausforderung war gescheitert. Die großen internationalen Ölkonzerne handhabten ihr computergesteuertes Transportsystem so geschickt, daß es nirgendwo schwerwiegende Energielücken gab, obwohl die Ölhähne der arabischen Produzenten zugesperrt waren. Hernach intensivierten sie ihre auf neue Energiequellen gerichteten Entwicklungsprojekte.

Die Verteuerung des Rohöls verstärkte jedoch nicht nur die Rezessionstendenzen im westlichen Wirtschaftsgefüge und drückte damit auf die Abnahmekapazitäten. Sie verteuerte auch die Industrieexporte und brachte dadurch die arabischen Entwicklungsvorhaben für die Periode nach dem Versiegen der Erdölquellen in Schwierigkeiten. Der auf dem Ölmonopol beruhende Erpressungsversuch endete also mit einem Unentschieden. Nur drei Jahre später waren sich alle ernstzunehmenden Experten darüber

325

einig, daß sich die Ölkrise nicht wiederholen werde. Außerdem stellte sich heraus, daß solch monopolistische Manöver gefährliche Abwehrreaktionen wecken. Bis zur Jahrtausendwende könnte sich das Blatt nämlich wenden, wenn auch auf einem ganz anderen Gebiet. Während Westeuropa notfalls auf Nahrungsmitteleinfuhren verzichten kann, werden die Vereinigten Staaten und Kanada um 2000 herum wahrscheinlich über ein Getreidemonopol verfügen. Bereits 1975 produzierten beide Staaten zusammen achtzig Prozent des Importbedarfs aller übrigen Länder an Getreide.

Erinnert man sich daran, daß selbst ein ausgesprochenes Agrarland wie die Sowjetunion nach fünfzigjähriger kommunistischer Herrschaft noch auf Getreideimporte aus den USA angewiesen ist, ergeben sich für die Araber überaus düstere Aussichten: Sand kann man nicht essen und Öl läßt sich nicht trinken. In der Wüste gibt es aber nur viel Sand und sehr wenig Wasser. Selbst künstliche Bewässerung, die kostspielige Veredelung von salzhaltigem Meerwasser in Süßwasser und Aufforstung können nicht alle Wüstengebiete in fruchtbares Kulturland verwandeln. In Indien beispielsweise würden ohne die (häufig nicht einmal bezahlten) amerikanischen Getreidelieferungen Millionen hungern und verhungern. Die arabischen Länder leiden an dem gleichen Getreidemangel. Schon in den fünfziger und sechziger Jahren hatten die unaufhaltsam wachsenden Menschenmassen im Reich des antiwestlichen und amerikafeindlichen Gamal Abdel Nasser nur mit Hilfe der Getreidelieferungen von «Uncle Sam» überleben können. Die Ägypter machten aus den Säcken mit dem Aufdruck «Donated by the People of the United States of America» («Geschenk des amerikanischen Volkes»), die zu Hunderten wohlgefüllt vor jeder dörflichen Bürgermeisterei lagerten, sogar Kissen, Hosen und Kleider. Im Niltal gäbe es heute ohne die Getreideimporte sofort eine Hungersnot, ebenso in Persien. Die Sowjets haben Waffen, aber kein Brot, die Araber haben Öl, aber keinen Weizen. Ein Westen, der diese Umstände genutzt hätte, als die Araber das Ölembargo verhängten, wäre Sieger geblieben. In Arabien hat man das inzwischen längst eingesehen. Das Ölembargo hat sich als stumpfe Waffe erwiesen.

Halbmond über dem Mercedes-Stern

Monsieur Alain Boucheron ist Juwelier. Sein Geschäft hat eine der besten Adressen, befindet es sich doch an der Pariser Place Vendôme, gegenüber dem legendären Milliardärshotel Ritz und in unmittelbarer Nachbarschaft der Pretiosenhändler Van Cleef & Arpels und des Nobeluhrmachers Cartier. Geht Monsieur Boucheron auf Reisen, besteigt er in Gesellschaft von drei Mitarbeitern im Hof seines Hauses ein gepanzertes Auto und fährt zum Aéroport Charles de Gaulle im Vorort Roisy. Dort nimmt ihn ein Sonderkommando schwer bewaffneter uniformierter Polizisten in die Mitte und geleitet ihn zu seinem Sitz in der ersten Klasse. Bis zum Abflug der Maschine der «Air France» bleiben sie in Schußweite. Monsieur Boucheron reist viel. Seine besten Kunden bemühen sich nur selten in sein luxuriöses Geschäft, sondern bestellen ihn – wie weniger reiche, aber immer noch reiche Leute ihren Coiffeur – ins Haus. Dieses Haus ist meistens ein Palast aus Tausendundeiner Nacht und steht mitten in der zentralarabischen Wüste oder in einem der Duodez-Staaten am Persischen Golf. In einem kleinen Saffianlederkoffer transportiert Monsieur Boucheron gelegentlich Juwelen im Wert von dreißig Millionen Schweizer Franken. Seine Kartei enthält die Namen und Adressen der vierzigtausend reichsten Leute der Welt. Zu seinen Kunden gehören der Schah von Persien, König Chalid und die Prinzen des saudi-arabischen Königshauses, der Emir von Kuweit und die Scheiche von Bachrein, Katar und Abu Dhabi. Bei Monsieur Boucheron kostet der billigste Artikel mindestens zehntausend Schweizer Franken. Doch das ist natürlich nichts für Ölscheiche. Einmal zeigte er einem orientalischen Prinzen eine aus Colliers und Ringen bestehende Kollektion im Wert von über zehn Millionen Dollar. Der Mund des Prinzen blieb fest verschlossen. Erst nach der Besichtigung des letzten Stückes aus dem mit blauem Samt ausgeschlagenen Köfferchen entrang sich ihm die erstaunliche Frage. «Wenn ich alles kaufe, bekomme ich dann auch den Koffer?»

Die Exzentrizität der neureichen Ölscheiche, die allerdings aus den ältesten Herrscherdynastien der Welt stammen, treibt seit dem Ölschock die seltsamsten Blüten. König Chalid von Saudi-Arabien übertrumpfte beispielsweise selbst die exzentrischsten Exzentriker des internationalen «Jet-Set». Er kaufte, als erste Einzelperson, einen eigenen Düsen-Jumbo vom Typ «Boeing 747-SP» und bezahlte dafür mit Extras fünfzig Millionen Dollar. Dieser «fliegende Teppich» enthält neben zahlreichen luxuriös ausgestatteten Salons und Bädern auch einen eingebauten Operationssaal. Der König bestellte gleich auch noch ein Transportflugzeug vom Typ «Boeing 747», vier «Boeing 707», eine «Boeing 737» und zwei «Tristar 1011» im Gesamtwert von dreihundert Millionen Dollar. Er stellte dadurch seine Kollegen Moammer el-Gaddafi und den Scheich von Katar weit in den Schatten. Der Scheich, wie der sonst so spartanisch auftretende Diktator aus dem Nomadenzelt hatten nämlich nur eine simple «Boeing 707» zum Preis von lumpigen siebenundzwanzig Millionen Dollar erstanden. Wie der Herr, so besagt ein europäisches Sprichwort, so's Gescherr. Saudi-Arabiens Finanzmakler Adnan el-Khaschoggi bezahlte allein zwei Millionen Dollar für den Umbau eines eigentlich hundert Passagiere fassenden Düsen-Jets vom Gebrauchstyp «Boeing 727». Der Aufenthaltsraum wurde zu einer elf Meter langen Halle mit Marmortisch, weichen Sesseln und einem Farbfernseher. Den Boden bedecken selbstredend kostbare handgeknüpfte Orientteppiche. Das

328

Schlafzimmer gleicht einem modernen Haremstraum. Im Bad gibt es nur goldene Armaturen. Vergleichsweise einfach ist das Büro gestaltet, das über Funkverbindung, Fernschreiber und eigene Telefonverbindungen verfügt. Die Besatzung besteht aus vier Piloten, einer Sekretärin sowie Butler, Haarkünstler und Koch.

Der ebenso reiche wie fette Adnan, der für weibliche Reize viel übrig hat, hält auch die Angetraute mit generösen Geschenken bei Laune. Ein König unserer Tage, der einer Mätresse oder auch nur seiner Königin solche Geschenke machte, verlöre noch am selben Tag seinen Thron. Doch in einer Zeit, in der ein vergleichsweise so «armer» Schauspieler wie Richard Burton seiner Liz Taylor einen Brillantring im Wert von fast drei Millionen Schweizer Franken verehrte und der Industrielle Baron Heinrich von Thyssen dem ihm just angetrauten Fotomodell Niny Dyer eine Insel in der Karabik, ein schwarzes Perlencollier, ein Flugzeug, zwei Sportwagen, vier Araberhengste und einen schwarzen Panther schenkte, sind die Morgengaben el-Khaschoggis fast schon eine Selbstverständlichkeit. Sein geschätztes Privatvermögen beläuft sich ja auch immerhin auf runde zweihundert Millionen Dollar. Seiner Angetrauten Sandra mietete er sogar einen eigenen Nachrichtensatelliten. Die Mietgebühr für das leider nicht verkäufliche Himmelsobjekt beläuft sich auf stündlich fünfzigtausend Schweizer Franken. Doch nun kann die Gute auf ihrer Luxusjacht «Mohammedia» wenigstens die amerikanischen und europäischen Farbfernsehprogramme empfangen.

Der Reichtum, der sich in solchen Exzessen spiegelt, zog die internationale Finanzwelt wie auch die Halb- und Unterwelt zunehmend in ihren Bann. Die Araber interessierten sich jedoch gewöhnlich nur für die «ersten Adressen», die normalerweise für sie nicht erreichbar gewesen wären. Den Reigen eröffnete der Krösus der Krösusse, Schah-in-Schah Mohammed Risa Pachlawi. Er erwarb eine Fünfundzwanzig-Prozent-Beteiligung bei den

329

Krupp-Hüttenwerken. Emir Sabbach es-Selim es-Sabbach sicherte sich etwa vierzehn bis zwanzig Prozent der Aktien von Mercedes Benz. 1975 verhinderte eine deutsche Großbank den Erwerb weiterer Aktienanteile des bundesdeutschen Renommierkonzerns durch den kuweitischen Herrscher. Doch ein Jahr später kaufte angeblich die «Schweizerische Bankgesellschaft» weitere 6,3 Prozent des Aktienkapitals. Einem Branchengerücht zufolge ebenfalls für Kuweit. Anfang 1976 gab es weitere Spekulationen über arabische Kaufabsichten, so auch bei dem größten europäischen Maschinenbaukonzern «Gutehoffnungshütte». Gleichzeitig sprachen Pressemeldungen «aus gewöhnlich zuverlässiger Quelle» von arabischen Interessenten für das Genfer Luxushotel «Président». Die OPEC soll dafür sechzig Millionen Schweizer Franken geboten haben.

Als Sensation wie als nationale Demütigung wurde in Großbritannien der Verkauf des weltberühmten Londoner Nobelhotels «Dorchester» in der am Hyde Park gelegenen Park Lane empfunden: Es war für neuneinhalb Millionen Pfund an eine anonyme arabische Käufergruppe übergegangen. Als die Nachricht bekannt wurde, setzten die Angestellten die Flaggen auf Halbmast. Das Dreihundert-Zimmer-Hotel gehört zu den traditionsreichsten der britischen Hauptstadt. Eine Suite kostet hier bis zu siebenhundert Schweizer Franken, und man erzielte in guten Jahren einen Gewinn von sechshunderttausend Pfund. Das Hotel stammte aus dem Jahr 1931. Queen Mary war hier einmal in einem Lift steckengeblieben. Zu den illustren Gästen gehörten erst indische Maharadschas, dann amerikanische und später arabische Ölmilliardäre, ferner der frühere israelische Außenminister Abba Eban und der weltbekannte Schriftsteller Somerset Maugham. Den Angestellten standen Tränen in den Augen, als die Besitzerfamilie MacAlpine ihnen die Hiobspost beibrachte. Den Arabern, die einen um mindestens das Doppelte überhöhten Preis bezahlten, ging es nach ihren eigenen Angaben nicht um eine Kapitalanlage. Sie wollten das Hotel einfach als Prestigeobjekt – wie andere Superreiche etwa ein Schloß mit einer langen Geschichte kaufen. Schon bekunden sie auch für ähnliche andere Objekte ihr Interesse. Ihnen gehören bereits lukrative Geschäfts- und Bürohochhäuser in der Londoner City und vornehme Landsitze in den Grafschaften der Umgegend.

In London ist das nicht anders als in anderen westlichen Metropolen. In der Bundesrepublik verhinderte nur der Einspruch des damaligen Bundespräsidenten Heinemann, daß über das mit der demokratischen Tradition der Revolutionäre von 1848 eng verknüpfte «Hambacher Schloß» Verkaufsverhandlungen mit arabischen Interessenten geführt wurden. In Paris interessierten sich die Araber für den Erwerb eines der neuen Hochhäuser an der Place da la Défense. In Brüssel erwarben sie ganze Viertel abbruchreifer Altbauten. In Luxemburg schielten sie begehrlich nach einer repräsentativen Häuserzeile. Dort mischen sie auch längst in den modernen Bankpalästen des einst so vornehmen Boulevard Royal mit. Im Jahr 1975 investierten die OPEC-Länder allein in den ersten zehn Monaten einen Viertel ihrer verfügbaren Petrodollarüberschüsse von etwas über dreißig Milliarden Dollar auf dem Eurobankenmarkt, also insgesamt siebeneinhalb Milliarden Dollar. Einer damaligen Schätzung des US-Finanzministeriums zufolge hatten die OPEC-Einnahmen und damit die Überschüsse sogar noch steigende Tendenz. Für 1976 schätzte man die Einnahmen auf insgesamt hundertelf Milliarden Dollar und die Überschüsse auf fünfundvierzig Milliarden Dollar. Das waren drei Milliarden Dollar mehr als im vorangegangenen Jahr. Die Wirklichkeit sah jedoch etwas anders aus: 1974 hatte der Überschuß nämlich noch sechzig Milliarden betragen und 1975 nur noch vierzig Milliarden Dollar. Gleichzeitig war ein steigender Importbedarf der Ölländer festzustellen. Hatte er sich 1974 noch auf siebenunddreißig Milliarden belaufen, so prognostizierte man ihn für 1980 bereits auf neunundachtzig Milliarden und für 1985 sogar auf hundertdreiunddreißig Milliarden Dollar.

Sollten diese Prognosen eintreffen, käme die westliche Investitionsgüterindustrie zu lohnenden Aufträgen. Kuweit plante 1976, binnen drei bis vier Jahren Investitionsgüter im Wert von fünfundzwanzig Milliarden Dollar aus dem westlichen Ausland zu beziehen. Saudi-Arabien sah bis 1980 sogar Investitionen im Gesamtvolumen von hundertzweiundvierzig Milliarden Dollar vor. Erstmals befreundete man sich dortzulande mit dem Einsatz von mindestens einer halben Million Gastarbeitern, und zwar nicht nur aus Ägypten, Pakistan und Indien, sondern auch aus Europa. Eine Gruppe europäischer Großfirmen aus der Bundesrepublik, Griechenland und den Niederlanden baut für mehr als eine Milliarde Dollar vor Damman an der saudi-arabischen Küste einen kompletten neuen Hafen. Der in Staatsbesitz befindliche westdeutsche Konzern «Veba AG» bewarb sich um die Errichtung eines Industriekombinates am Roten Meer im Gesamtwert von vierzehn Milliarden Dollar. Dabei handelte es sich um das größte jemals von einem westdeutschen Unternehmen in Angriff genommene Projekt. Kein Zweifel: Saudi-Arabien ist ein potenter Auftraggeber. Seine frei verfügbaren Devisenreserven beliefen sich 1975 auf dreiundzwanzig Milliarden Dollar. Dieser Überfluß warf selbst streng gewahrte religiöse Tabus über den Haufen. In Mekka, der für «Ungläubige» streng verbotenen Heiligen Stadt des Islams, baut ein Rotterdamer Baukonzern für hundert Millionen Dollar die neue Universität. Die Holländer setzen jedoch trotzdem keinen Fuß in die Geburtsstadt des Propheten. Ein komplettes Fernsehsystem überwacht die Bauausführung durch muselmanische Arbeiter. Die «Deutsche Babcock & Wilcox AG» erhielt im Frühling 1976 von der algerischen Staatsgesellschaft «Somitex» den Auftrag für den Bau einer schlüsselfertigen Textilfabrik im Wert von zweihundert Millionen Schweizer

Franken. Die Bauzeit beläuft sich auf zweidreiviertel Jahre. Angesichts dieser Tatsachen war beispielsweise die Gründung einer «Deutsch-Arabischen Handelskammer» nicht verwunderlich. Auch an energiepolitischen Entwicklungsprojekten im Westen zeigten die Araber Interesse. So zum Beispiel an einem westdeutschen Projekt zur Nutzung der bisher bloß verpuffenden Fernwärme. Würde man sie für die Wärme- und Heißwasserversorgung von Industriebetrieben und Haushalten nutzbar machen, hätte das eine weitere Verringerung des Rohölbedarfes zur Folge und somit eine Streckung der in zehn bis hundert Jahren erschöpften Erdölvorräte unter dem arabischen Wüstensand.

Mithalten wollten bei diesem Jahrtausendgeschäft natürlich auch die ärmeren arabischen Verwandten. Nur zehn Jahre nach dem Scheitern einer eigenen ägyptischen Automobilproduktion mit dem zum «Ramses» verwandelten «NSU-Prinz» wünschte sich der ägyptische Präsident Mohammed Anwar es-Sadat bei seinem Bonner Staatsbesuch die Errichtung eines Volkswagenwerkes am Nil. Aus Schaden wird man offenbar doch nicht so schnell klug.

Noch 1975 war man über die Gründung des von der Arabischen Liga schon seit 1945 geplanten gemeinsamen arabischen Währungsfonds guten Mutes. Im gleichen Jahr waren immerhin mehrere interarabische Produktionsgesellschaften aus der Taufe gehoben worden, darunter ein arabischer Textilverband mit Sitz in Kairo, eine Teppichproduktionsgesellschaft mit Sitz in Kuweit, eine gemeinsame arabische Metallurgieindustrie, eine arabische Bergbaugesellschaft mit Sitz in Amman, eine Viehzuchtgesellschaft in Damaskus und eine Gesellschaft für Pharmazeutika und medizinischen Bedarf in Tripolis. Das Gesamtkapital dieser internationalen Gesellschaften belief sich auf vierhundertdreißig Millionen kuweitische Dinar. Ob es sich bei diesen Projekten um tatsächlich realisierbare Vorhaben oder aber auf Sand gebaute «Fata Morganas» handelt, muß sich erst noch weisen.

Der Industrialisierung der arabischen Welt stehen nach wie vor drei schwerwiegende Hindernisse entgegen: Erstens die Unsicherheit über die Dauer der ungeheuren Einnahmenflut, welche offenbar kaum mehr recht zu kontrollieren ist. Dazu ein Beispiel: Fast sechshunderttausend Dollar betrug der Wert einer im Dezember 1975 auf dem amerikanischen Flugplatz Charleston entdeckten herrenlosen Goldsendung, die aus hundertachtzehn Barren bestand. Recherchen ergaben, daß die Sendung mit einer Chartermaschine von Zürich nach Dschidda in Saudi-Arabien abgeschickt worden war. Offenbar war aber der Pilot über seine kostbare Fracht nicht orientiert worden, und in Saudi-Arabien schien sich um die heikle Ladung niemand gekümmert zu haben. Sie war folglich in der Maschine geblieben und mit ihr monatelang um die Welt gereist. Die US-Zollbehörden fanden sie schließlich bei einer Routinekontrolle, und die beiden Großbanken «Schweizerische Bankgesellschaft» und «Schweizerischer Bankverein» meldeten sich mit Ansprüchen. Der Ausgang der merkwürdigen Odyssee ist unbekannt. Jedenfalls fehlte mehr als die Hälfte der ursprünglichen Goldmenge im Wert von fast eineinhalb Millionen Dollar. Solch märchenhafte Geschichten werden bald nur noch der Vergangenheit angehören. Bereits 1975 waren die Einnahmen der fünfzehn OPEC-Mitglieder um runde zehn Milliarden Dollar geschrumpft. Der Devisenüberschuß der OPEC-Staaten verringerte sich im ersten Quartal 1976 trotz vorangegangener Preiserhöhungen auf knapp sieben Milliarden gegenüber mehr als acht Milliarden Dollar im letzten Quartal 1975. Bereits im Hochsommer 1975 war zudem aus Luxemburg eine alarmierende Meldung gekommen, weil sich die Begehren der Ölproduzenten an den Eurokreditmarkt gehäuft hatten. Außer Saudi-Arabien und Kuweit standen zu diesem Zeitpunkt alle anderen arabischen Rohölproduzenten bei den Eurokreditinstituten schon tief in der Kreide. Ihre Versuche, Staatsanleihen unterzubringen, waren erfolglos geblieben. Das Vertrauen

334

der vorwiegend privaten Anleger in die Stabilität der Auflegerstaaten fehlte ...

Das zweite Hindernis sind die ungünstigen demographischen Verhältnisse in den meisten arabischen Erdölstaaten. Die einen sind für eine aussichtsreiche und dauerhafte industrielle Aufwärtsentwicklung zu klein, während andere zwar groß genug sind, aber nicht genügend Menschen haben. Die dritten wiederum haben zwar Menschen, aber kein Öl. Das erste gilt für Kuweit und die anderen Zwergemirate am Persischen Golf, das zweite für Saudi-Arabien und Libyen und das letzte für Ägypten. In Saudi-Arabien etwa hat man das Ergebnis der letzten Volkszählung wohlweislich nicht veröffentlicht. Offiziell spricht man hier von einer Bevölkerungszahl von sieben bis acht Millionen, Landeskenner vermuten aber höchstens dreieinhalb bis vier Millionen Einwohner. Die Mitgliedstaaten der ölreichen «Vereinigten Arabischen Emirate» zählen bei einer Größe von insgesamt über neunzigtausend Quadratkilometern sogar nur knapp siebenhunderttausend Einwohner, einschließlich der Gastarbeiter aus anderen arabischen Ländern und sonstigen Nachbarstaaten.

Das dritte Hindernis ist die Mentalität der Araber, die mit dem plötzlichen wirtschaftlichen Reichtum nicht Schritt halten konnte. Eine Mentalität, die sich in anderthalb Jahrtausenden entwickelte, vermag sich eben nicht über Nacht zu ändern. Besonders dann nicht, wenn der politische Fortschritt ausbleibt und die obrigkeitlichen und religiösen Strukturen noch dieselben sind oder künstlich auf dem gleichen Stand wie vor fünfzehnhundert Jahren gehalten werden. Dafür zwei charakteristische Beispiele: Scheich Saijid von Abu Dhabi mußte mit eiserner Faust gegen bestechliche Beamte seines Kleinstaates vorgehen. Zwei Ministerialbeamte und neun Angestellte eines lokalen Beratungsbüros hatten sich vor Gericht für Bestechungsgelder in Höhe von sechshundertfünfzigtausend Schweizer Franken zu verantworten und bekamen hohe

Strafen. Die Untersuchungsbehörden ermittelten zum gleichen Zeitpunkt gegen siebzig weitere Beschuldigte. Das orientalische Erbübel der Bestechlichkeit und der Korruption konnte im Zug der durch die Ölmilliarden ermöglichten wirtschaftlichen und sozialen Modernisierung der Araberstaaten noch keineswegs beseitigt werden, sondern treibt gerade wegen der jetzt verfügbaren Mittel die tollsten Blüten. Früher waren Trink- und Bestechungsgelder eine natürliche Folge der Unterbezahlung der Beamten im Osmanischen Reich und in dessen arabischen Nachfolgestaaten gewesen. Doch heute, da sie es gar nicht mehr nötig haben, erwarten viele arabische Beamte noch immer ein mehr oder weniger generöses «Bakschisch». Gerade diese «Bakschisch-Mentalität» ist aber ein Haupthemmschuh für den Aufbau funktionsfähiger Verwaltungsapparate in den Ölstaaten.

Ein anderer Hemmschuh ist natürlich auch die schlechte Arbeitsmoral oder die völlige Arbeitsunlust vieler Araber, was zum Teil auf das ungünstige Klima zurückgeht. Im Fastenmonat Ramadan beispielsweise sinkt die Produktion in der ganzen islamischen Welt rapide, und die Volkswirtschaften erleiden Millioneneinbußen. Viele Araber begnügen sich ohnedies lieber mit einer angenehmen, aber schlecht bezahlten Beschäftigung und scheuen eine zwar gut bezahlte, aber anstrengende Tätigkeit. In Er-Riad trafen ausländische Journalisten einen stämmigen Jüngling, der vom Verkauf von Räucherstäbchen und Gebetszetteln an die Mekkapilger lebte. Sie fragten ihn, warum er sich nicht einen soliden und besser bezahlten Broterwerb suche, etwa als Autowäscher. Der Jüngling wies kichernd auf einen gerade vorbegleitenden chromblitzenden amerikanischen Straßenkreuzer: «Meinen Sie nicht auch, daß dies viel zu viel zu tun gäbe?»

Die Regierung des Königreiches, die von dem Massenbedarf an ausländischen Gastarbeitern für ihre ehrgeizigen wirtschaftlichen Entwicklungsprojekte eine religiöse und soziale Aufweichung der puritanischen Beduinengesellschaft befürchtet, will solche Untertanen jetzt unter Zwang in den Arbeitsprozeß eingliedern. Was dabei herauskommen könnte, zeigt das folgende Exempel. Als Ägypten in seinen klimatisch günstigen ländlichen Oasen Touristenhotels errichtete, verließen die Fellachenkinder scharenweise die väterliche Landwirtschaft und verdienten ihr Brot fortan leichter als Bettler . . .

Letzter Akt:
Die Antwort des Morgenlandes

Der Pfahl im Fleisch

Am Ende der Rechov Dizengoff, dem nach einem früheren Bürgermeister der Stadt benannten beliebtesten Flanierboulevard der israelischen Wirtschaftsmetropole Tel-Aviv, steht inmitten eines kleinen grasbewachsenen Rondells ein leerer Denkmalsockel. Im Sommer 1975 saß ich mit Freunden bei einer Portion Lamm am Spieß, das hierzulande häufig aus mit Lammfett übergossenem Truthahnfleisch besteht, und blickte hinüber zu dem kleinen Platz. «Wäre das nicht die richtige Stelle für ein Hitler-Denkmal?», fragte plötzlich einer der Freunde. Mein Erschrecken war maßlos, und ich wußte keine passende Antwort. «Nun ja», sprach der andere in die Stille hinein, «schließlich hat niemand so viel zu unserem Schicksal beigetragen wie dieser kleine Österreicher mit dem Spritzer jüdischen Blutes in seinen Adern. Ist er nicht der eigentliche Gründer Israels? Ohne ihn hätten wir jedenfalls nicht unseren Staat!»
Die Bösartigkeit dieser Argumentation wird keinesfalls dadurch gemildert, daß sie aus jüdischem Mund kommt. Dennoch ist sie nicht ohne Logik. Die Araber boten – nach 1945 – unzähligen auf der Flucht befindlichen Nazis vorübergehend oder dauernd Asyl. In Ägypten war Hitlers «Mein Kampf» damals ein Bestseller, und die pseudowissenschaftlichen antisemitischen Hetztiraden des «Professors» Johannes von Leers gingen von Hand zu Hand. Leers diente im Geheimdienst und in der Zensurbehörde und starb schließlich ziemlich elend als Halbverrückter. Wie groß sein Einfluß war, zeigt eine kleine Episode: Ich war kaum drei Tage in Kairo, wo ich drei Jahre als Zeitungskorrespondent zu bleiben gedachte, und wohnte noch in einer kleinen Pension am Midan et-Tachrir. Die Adresse kannten nur Ausländerpolizei, Informationsamt und ein Kollege. Als ich am Frühstückstisch saß, klingelte das Telefon. Am anderen Ende des Drahtes Frau Leers: «Wenn Sie weiter so unflätig über meinen Mann

schreiben, waren Sie die längste Zeit in Ägypten!» Den
Einfluß der Ex-Nazis spürte man damals auf Schritt und
Tritt. Ihre Rolle in den Streitkräften war zwar bereits zu
Ende. Dafür saßen sie in den Geheimdiensten, bauten
Flugzeuge und Raketen, die allerdings niemals flogen,
und bastelten an Senfgas und anderen biologischen
Kampfmitteln. Die Angehörigen der deutschen Kolonie,
unter ihnen auch manche Diplomaten der demokratischen Bundesrepublik, gingen mit ihren Wehwehchen
ungerührt in die Arztpraxis eines überführten KZ-Mör-
ders. Noch Mitte der sechziger Jahre verteilte König
Feisal von Saudi-Arabien, ein doch wirklich nicht unver-
nünftiger oder verblendeter Mann, an den journalisti-
schen Troß einer westdeutschen Wirtschaftsdelegation
körbeweise antisemitische Schmähschriften aus der He-
xenküche der Alfred Rosenberg, Julius Streicher und
Leers. Über die Mattscheiben des jordanischen Fern-
sehens flimmerten noch ein paar Tage vor dem Ausbruch
des gerade für dieses Land so katastrophal ausgegangenen Sechstagekrieges antijüdische Karikaturen im «Stür-
mer»-Stil. Die Araber erkannten lange nicht, was unserem israelischen Freund, dessen ganze Verwandtschaft in
den Konzentrationslagern von Auschwitz, Treblinka und
Maidanek vergast worden waren, längst erschreckend
selbstkritisch bewußt war: Der Hauptschuldige an der
Entstehung Israels war niemand anders als Adolf Hitler!
Theodor Herzl hatte zwar, wie man heute rückblickend
bewundernd sagen muß, erstaunlich starke Wurzeln für
den Zionismus gelegt. Die «Balfour-Deklaration» war ein
erstaunlicher Triumph vorweggenommener jüdischer
Staatskunst. Nicht Herzl und nicht Balfour, nicht Weizmann, Ben-Gurion oder Golda Meir, nicht einem von ihnen und nicht allen zusammen gebührt jedoch das Verdienst der Staatswerdung Israels. Der Zionismus schlug
vor dem Ersten Weltkrieg bezeichnenderweise nur im zaristischen Rußland und seinen osteuropäischen Randgebieten Wurzeln. Die Pogrome, zu denen es dort mehr

oder weniger regelmäßig kam, bewerkstelligten aber keine ausreichenden Masseneinwanderungsströme nach Palästina. Die Oktoberrevolution brachte dann ohnedies eine für den Zionismus zeitweilig nicht ungefährliche Wende. Viele Juden standen auf der Seite der Bolschewisten und spielten bis zum Aufstieg Stalins eine führende Rolle im politischen Leben der jungen Sowjetunion. Für Juden wie Nichtjuden unter den Kommunisten war der Antisemitismus kein rassisches, sondern ein soziales Problem und erledigte sich daher mit dem Sieg der Revolution. Von den antijüdischen Exzessen der Stalinzeit und dem Druck auf religiöse Juden in der Periode danach, welcher unter anderem auch der Rücksichtnahme auf die arabischen Verbündeten entsprang, machte man sich damals noch keine Vorstellung. In Deutschland und im Westen Europas war der Zionismus zu dieser Zeit nie etwas anderes als eine ziemlich exotisch wirkende Randerscheinung des jüdischen Lebens. Von dort aus gingen neben wenigen echten Idealisten vorwiegend gescheiterte Existenzen nach Palästina. Nach Hitlers Machtergreifung noch gab es unter den deutschen Juden nur verschwindend wenige Zionisten. Die «Balfour-Deklaration» erwies sich schon bald nach ihrem Zustandekommen als problematisches Hilfsmittel für die Zionisten. Großbritannien unterschätzte anfänglich offensichtlich den arabischen Widerstand. Kaum merkte es aber, wie stark dieser wirklich war, entzog es sich systematisch seinen gegenüber den Juden eingegangenen Verpflichtungen.

Die Zionisten bekamen hinreichenden Zulauf erst nach dem Einsetzen der systematischen Judenvernichtungspolitik durch das Dritte Reich. Trotz zunehmender Einwanderungsziffern zwischen «Kristallnacht» und Kriegsbeginn blieben die Juden im gesamten britischen Mandatsgebiet noch immer eine hoffnungslos unterlegene Minderheit, und auch in dem ihnen im Teilungsplan der Vereinten Nationen schließlich zugesprochenen Teil gab es ebenfalls zunächst noch eine arabische Mehrheit. Das

Zustandekommen dieses Teilungsplanes wurde, wie wir heute wissen, vor allem durch den von den sechs Millionen ermordeten Juden ausgehenden moralischen Druck erzwungen. Die Scham, welche eine untätig gebliebene Weltöffentlichkeit darüber empfand, mischte sich beim Zustandekommen des Teilungsbeschlusses mit durchaus eigensüchtigen Hintergedanken: Die Juden hatten, was niemand bezweifeln mochte, für ihr Sechsmillionen-Opfer Anspruch auf Genugtuung. Doch wohin mit ihnen? Das war für eine Welt, die sie schon auf der kurz vor Ausbruch des Zweiten Weltkrieges in Evian am Genfersee abgehaltenen Flüchtlingskonferenz – als die meisten von ihnen noch zu retten gewesen wären – nicht hatte aufnehmen wollen, auch jetzt wieder die Schlüsselfrage. Die Juden wollten nach Palästina. Warum also sollte man ihnen dies nicht erlauben? Mit den Arabern würden sie schon fertig werden. Und wenn nicht, dann wusch man sich die Hände in Unschuld. Wie stark dieser alles andere als moralische Impuls gewesen sein muß, zeigt die spätere Entwicklung. Solange die Juden mächtig und die Araber schwach waren, applaudierte man Israel zu seinen Siegen. Kaum aber waren die Araber erstarkt und winkten mit der Ölwaffe, ließ man die Juden fallen. Nur Amerika unternahm, wie schon 1947, noch einmal einen aktiven Versuch zur Sicherung der Existenz Israels. Stets geschah das unter anderem auch aus innenpolitischen Gründen. Die USA standen beidemale vor Präsidentschaftswahlen. 1947 nahm Truman und 1975 Kissinger Rücksicht auf die amerikanischen Juden. Ihr politischer und wirtschaftlicher Einfluß ist nämlich weitaus größer als ihr zahlenmäßiger Anteil an der Bevölkerungszahl der USA. Allein in New York, das von einem jüdischen Bürgermeister regiert wird, gibt es mehr Juden als in Israel. Die Araber haben also, alles in allem, keinen Grund zur Dankbarkeit an Hitler. Den haben allerdings auch nicht die Israelis. Man kann darüber streiten, ob der Zionismus die richtige Antwort auf die antisemitischen Tendenzen zur Zeit Herzls

344

war. Herzl war möglicherweise viel zu sehr beeinflußt von den damals herrschenden nationalstaatlichen Vorstellungen in einem Europa der zerfallenden übernationalen Dynastien. Ein prophetischerer Geist hätte die Lösung vielleicht in der damals ja bereits im Gange befindlichen totalen Assimilation gesehen. Streiten läßt sich jedoch nicht darüber, daß – wohl kaum zufällig – Herzls Landsmann Hitler den Zionisten zwar auf die denkbar grausamste Art und Weise zu ihrem Ziel verhalf, die übriggebliebenen Opfer der Konzentrationslager und ihre Nachkommen aber bis heute zum ständigen Überlebenskampf zwingt.

Die Araber verweigerten fünfundzwanzig Jahre lang die Anerkennung des Existenzrechtes Israels. Der «Ramadan-Krieg» dann brachte nur eine Scheinwende. Die Kriegsgegner verzichten seither zwar auf ihre totalen Vernichtungsdrohungen und scheinen sich faktisch mit dem zionistischen Pfahl im arabischen Fleisch abgefunden zu haben. Die Forderung nach der Anerkennung des arabischen Selbstbestimmungsrechtes in Restpalästina ist aber so etwas ähnliches wie die Quadratur des Kreises. Die Israelis sind – wer könnte das noch bezweifeln – ein Volk. Ihr Staat wäre nur zu beseitigen, würde man seine Bewohner bis auf den letzten Mann ausrotten. Die Palästinenser wurden jedoch in den Flüchtlingslagern, was sie bis zu ihrer Vertreibung oder Flucht aus der angestammten Heimat noch keineswegs waren, nämlich ebenfalls zu einem Volk. Als die christlichen Milizen den Verteidigern des am Stadtrand von Beirut gelegenen Flüchtlingslagers Et-Tell es-Saatar («Thymianhügel») im Sommer 1976 verlustreiche Gefechte lieferten, kam von einer alten Palästinenserin die bezeichnende Drohung: «Und selbst wenn sie uns alle ausrotten, dann kämpfen unsere Kinder und Enkel weiter für die Rückkehr in ihre Heimat Palästina!» Das Ende des palästinensischen Widerstandes wäre also wohl ebenso nur um den Preis der Ausrottung dieses ganzen Volkes zu erreichen. Israel muß also befürchten, daß die Gründung eines selbständigen arabischen Staates in Restpalästina nur der erste Schritt ist zu einer neuen «Endlösung». Da es jedoch kaum drei Millionen Palästinenser ausrotten kann, muß es – will es im Nahen Osten bleiben – dennoch diesen risikoreichen Weg beschreiten. Was heute noch wie eine Utopie klingt, kann sich morgen bewahrheiten: Vielleicht absorbiert der für eine gesicherte staatliche Existenz für die Araber in Restpalästina unerläßliche wirtschaftliche und soziale Aufbau die meisten revolutionären und terroristischen Energien aus der Untätigkeit der Flüchtlingslager und die weitschauenden und vernünftigen gemäßigten Kräfte gewinnen die Oberhand. Unmöglich ist das nicht. 1948 hätte wohl auch niemand gedacht, daß die jüdischen Terroristen vom Schlag der «Irgun Zwai Leumi» und der «Stern-Bande» sich einmal zu staatserhaltenden politischen Parteien mausern würden. Niemand hätte sich vorstellen können, daß Israel wirklich sechshundertfünfzigtausend arabische Juden integrieren würde. Warum sollte den Arabern mißlingen, was den Israelis gelang? Warum sollten aus Bombenlegern nicht Architekten eines neuen Staates werden, und warum sollten die Flüchtlinge nicht dort wieder eine neue Heimat finden, wo sie herkamen? Ich kenne einen alten Bauern, der heute im Bayerischen Wald eine kleine Landwirtschaft betreibt. Wenn er einen Stein aufhebt und ihn über den Stacheldrahtverhau hinter dem Grenzstein seines gepachteten Ackers wirft, fällt er jenseits der mitteleuropäischen Demarkationslinie auf den Grund und Boden, der ihm und den Seinen jahrhundertelang gehörte. Will er seinen Fuß noch einmal darauf setzen, muß er einen Umweg von einigen Hundert Kilometern machen und eine Staatsgrenze überschreiten, die hier die Grenze zweier feindlicher Welten ist. Der Egerländer Bauer hat sich mit diesem Verlust auch nicht leicht abgefunden. Am Bombenlegen und an Terrorüberfällen hinderten ihn vielleicht nur die anders gelagerten Zeit- und Machtverhältnisse. Wäre ihm 1975 geschehen, was ihm 1945 zugefügt wurde, gehörten vielleicht seine Kinder auch zu einer Anarchistengruppe. Doch heute hat er verziehen und fügt sich in sein Schicksal. Die Palästinenser sind dazu sicher nicht weniger fähig. Sie konnten bisher nur noch nicht den Beweis dafür erbringen. Wie anders als durch nackten Terror sollten sie sich gegen einen Feind wehren, der ihnen nicht nur die Heimat weggenommen hat, sondern ihnen auch noch das bloße Existenzrecht bestreitet?

Ende Mai 1967 saß ich mit einem im Nahen Osten ergrauten Schweizer in der in der Beiruter Innenstadt gelegenen «Taverne Suisse». Wir sprachen über Israel und die Araber, und keiner von uns ahnte noch etwas von dem unmittelbar bevorstehenden Sechstagekrieg. «Israel fühlt sich heute noch sehr stark», meinte mein Gesprächspartner, «kommt es morgen zu einem neuen Krieg, erringt es sicher einen überwältigenden Sieg!» Und nach einer Pause: «Israels Feinde sind jedoch nicht so sehr die Araber wie die Verhältnisse und die Zeit!» Seither dachte ich oft an diese doppelte Prophezeiung. Sie traf, wie wir wissen, vollständig ein. Israel war glanzvoller Sieger im Sechstagekrieg. Doch der Sieg erwies sich längst als Pyrrhussieg. Der Sechstagekrieg führte geradewegs zum «Ramadan-Krieg». Und dieser war, wie wir gesehen haben, nicht mehr zu gewinnen. Nicht, weil die Israelis zu geschwächt gewesen wären, sondern weil die Welt es nicht mehr zuließ. Theoretisch hätte Mosche Dajan, der fast schon vergessene einäugige Ex-Kriegsheld, nach einer abermaligen Kriegswoche in Kairo spazierengehen können und die «eiserne Großmutter» Golda Meir sonnte sich denn ja auch unter afrikanischen Palmen. Doch den Anlauf zu einem neuen militärischen Sieg jenseits des Suezkanals und vor Damaskus stoppten die Supermächte. Israel zog aus der in der letzten Kriegswoche zu seinen Gunsten veränderten strategischen Lage keinen Nutzen mehr. Seitdem geriet es im Innern in eine Identitätskrise und außenpolitisch mehr und mehr in die Isolation. Die USA zwangen es zu Truppenrückzügen an beiden Fronten des «Ramadan-Krieges», und nur der danach einsetzende Präsidentschaftswahlkampf verhinderte einstweilen noch stärkeren amerikanischen Druck. Die Besatzungsherrschaft über weitaus umfänglichere und bevölkerungsreichere arabische Gebiete als das eigene israelische Staatsgebiet erwies sich als ein Unterfangen, das über die Kräfte des kleinen Landes hinausging. Die Erfolge der Terroristen riefen eine zunehmende Aufsässigkeit auch in den besetzten Gebieten und sogar unter der arabischen Minderheit Kern-Israels hervor. Das Wirtschaftsleben wurde zerrüttet, die Währung litt an Auszehrung und die Hilfsquellen flossen immer spärlicher. Der Judenstaat geriet in die bisher gefährlichste Periode seiner kurzen Geschichte. Zum erstenmal kamen den Menschen Gedanken über die gemachten Fehler. Es waren vor allem zwei. «Das Land ohne Volk für das Volk ohne Land!» Dieses Schlagwort stammt nicht, wie man fast vermuten könnte, von den Blut-und-Boden- und Volk-ohne-Raum-Theoretikern des Dritten Reiches, sondern von den frühen Zionisten. Viele von ihnen hatten tatsächlich keinerlei Vorstellungen von den seit zweitausend Jahren in ihrer «alt-neuen Heimat» lebenden Menschen. Mit ihnen würde man schon irgendwie fertig werden. In Wirklichkeit wurde man das aber keineswegs, obgleich man es ungeheuer zielstrebig versuchte. Die Landkäufe durch die «Jewish Agency» beraubten die arabischen Pächter ihrer Existenz. Hier wird allerdings eine erhebliche Mitschuld der feudalistischen Oberschicht des alten Palästina am Schicksal der späteren Flüchtlinge sichtbar. Das Geld der Juden war den meistens im arabischen Ausland lebenden Großgrundbesitzern lieber als der magere Pachtzins ihrer armen Landsleute. Berücksichtigt man die Herkunft vieler Palästinaterroristen aus der Mittel- und Oberschicht des Landes, könnte man sogar behaupten, das jüdische Geld habe schließlich den arabischen Terrorismus finanziert. Ist das nicht ein klassisches Beispiel für den vielzitierten Fluch der bösen Tat? Die Zionisten wollten aber

348

auch noch die psychologisch-ideologische Selbstbefreiung von dem historischen jüdischen «Händlerimage» durch ihrer Hände Arbeit auf dem eigenen Grund und Boden. Professoren wurden willig zu Landarbeitern und Ärzte und Rechtsanwälte zu Fabrikarbeitern oder Taxifahrern. Die Kehrseite der Medaille: Das Araberproletariat verlor seine Verdienstmöglichkeiten. Der Konflikt zwischen Juden und Arabern gewann daher bald genug auch noch eine soziale Seite. Den Zionisten blieb das entweder verborgen oder sie übersahen es bewußt. Sie unterließen jedenfalls jeden ernst zu nehmenden Versuch zur Integration der Araber in ihr im übrigen perfektes Sozialsystem. Romantische Rigoristen, die sie waren, hatten sie einfach keinen Blick für die unausweichlichen Folgen. Nimm einem Menschen sein Land, und er wird dich hassen; nimm ihm seine Arbeit, und er greift zum Messer. Als gäbe es nicht genügend Beispiele dafür, daß häufig nicht politische, sondern soziale Konflikte die wahren Ursachen für blutige revolutionäre Eruptionen sind. Keineswegs das Versailler Diktat, sondern die Massenarbeitslosigkeit in der Weimarer Republik trieb die Arbeiter in die Arme der Nationalsozialisten. Nicht die Vertreibung aus der angestammten Heimat machte die ohnehin landlosen Proletarier der palästinensischen Unterschicht zu Parteigängern der Freischärler, sondern die erzwungene Untätigkeit in den Flüchtlingslagern.

Fehler Nummer zwei war die − wohl unvermeidliche − Bindung an das Weltjudentum und die − vermeidbare − Bindung an die westlichen weltpolitischen Interessen. Der Judenstaat hätte zwar wohl kaum dauerhaft überleben können ohne die Anzapfung seiner «natürlichen» Hilfsquellen im Weltjudentum. Allerdings erwiesen sie sich keineswegs als unbeschränkt anzapfbar. Die US-Juden zeigten insbesondere nach dem «Ramadan-Krieg» immer größere Verdrossenheit über und immer geringere Zahlungsbereitschaft für Israel. Besonders verhängnisvoll war allerdings die von Israel bereitwillig übernommene

Interessenvertretung für den Westen im Nahen Osten. Das reicht von Weizmanns seinerzeit in einem Leserbrief an eine britische Zeitung gegebenen Versprechen einer «Sicherung des Suezkanals» über die kurzsichtige Teilnahme an der anglo-französischen Suezverschwörung bis hin zu den Planspielen über eine mindestens zeitweilige Besetzung der Ölquellen von Kuweit durch israelische Truppen, die im Zusammenhang mit der Ölkrise bekanntgeworden waren. In der UNO und auf dem übrigen weltpolitischen Parkett spielte Israel immer die Karte des Westens. Nicht, daß der kleine Staat eine unabhängige Rolle zwischen den weltpolitischen Blöcken hätte spielen können, wie sie sein Gegenspieler Ägypten zusammen mit anderen «blockfreien» Entwicklungsländern zu spielen versuchte und aus politischer und vor allem wirtschaftlicher Schwäche damit scheiterte. Doch Israel unternahm nicht einmal den Versuch, sich, wie sein langjähriger Ministerpräsident David Ben-Gurion es einmal formulierte, «in Einklang mit der arabischen Umwelt zu setzen.» Der Judenstaat blieb bis heute ein (westlicher) Fremdkörper im arabischen Orient.

Die Israelis sind nicht einmal vollständig Hausherren im eigenen Land geworden. In Galiläa beispielsweise leben heute in zwei Städten und einundfünfzig Dörfern hundertsiebenundachtzigtausend muselmanische und christliche Araber. Dort gibt es in dreiundvierzig Siedlungen aber nur sechzigtausend Juden. Nazareth, die Heimatstadt Jesu Christi, erhielt mit siebenundsechzig Prozent aller abgegebenen Stimmen erstmals einen moskautreuen kommunistischen Bürgermeister. Taufik es-Saijjad sieht aus wie ein Ebenbild des jüngeren Stalin. Das war wieder weniger der Fluch nationaler als vielmehr sozialer Vernachlässigung der israelischen Araber. Die 1955 gegründete jüdische Neustadt ist ein Musterbeispiel moderner Städtebauarchitektur. Die Häuser sind modern und komfortabel, die Straßen warten noch auf Verkehrszuwachs, Elektrizitäts- und Wasserversorgung lassen nichts zu wünschen übrig, und die urbanen Sozialeinrichtungen sind ebenso vorbildlich wie die Versorgung mit Läden, Wirtshäusern und Filmtheatern. Vor allem gibt es genügend Arbeitsplätze. Die Altstadt, in der die Araber leben und in der Jesus von Nazareth aufwuchs, ist dagegen ein Stiefkind der nationalen Städteplanung. Eine hochmoderne Kirche über der angeblichen Wohnstätte des biblischen Zimmermannes Joseph und der Gottesmutter Maria ist hier der einzige sichtbar ins Auge fallende Neubau der letzten Jahrzehnte. Die Straßen befinden sich in einem ebenso bejammernswerten Zustand wie die elektrotechnischen und sanitären Einrichtungen sowie die Wasserversorgung. 1948 wurde die bis dahin hier existierende Zigarettenfabrik geschlossen. Seitdem mangelt es auch an Arbeitsplätzen. Dies ist nicht der einzige Hinweis auf den kaum verschleierten Versuch, die arabische Bevölkerungsmehrheit in diesem Gebiet «auszutrocknen». Ein Araber, der hier bauen will, bekommt entweder kein Grundstück oder keinen Kredit für seinen Hausbau. Vor Gericht streiten dreiundzwanzigtausend arabische Hausbesitzer wegen unerlaubten Bauens, und dreitausend verurteilte man rigoros zum Abriß (1975). Die Industrie beschäftigt in dieser vorwiegend arabisch besiedelten Provinz nur fünftausend arabische Arbeitskräfte; die Unternehmen bevorzugen bei der Stellenbesetzung eindeutig jüdische Bewerber. Die arabischen Landwirte erhalten nur eineinhalb Prozent des verfügbaren Nutzwassers und haben keine Chance gegen die jüdischen Bauern oder Landwirtschaftskollektive. Ausländischen Besuchern zeigt man gern gerade diese landschaftlich reizvolle Gegend und verweist dabei immer auf den krassen Unterschied zwischen den Ernteergebnissen der arabischen und der jüdischen Siedlungen. Kein Wunder, wenn die Araber keine neuen Häuser bauen dürfen und kein Wasser bekommen. Der Weizen ist hier so wenig jüdisch wie dort der Mais arabisch, aber die arabischen Felder bekommen weniger Wasser.

Das Ziel ist klar: Es ist die alte zionistische Forderung, Israel solle so jüdisch werden wie England englisch und Frankreich französisch ist. 1980 rechnet die amtliche Bevölkerungsstatistik für Galiläa mit hundertneunzigtausend arabischen aber bereits mit knapp hundertsiebzigtausend jüdischen Einwohnern; um die Jahrtausendwende soll es bereits dreihunderttausend Juden neben nur noch zweihundertsiebzigtausend Arabern geben. Es bleibt allerdings ein Geheimnis, wie man dieses ehrgeizige Ziel angesichts stagnierender jüdischer Geburten-, zurückgehender Einwandererziffern und zunehmender arabischer Geburtenüberschüsse erreichen will. Der Geburtenzuwachs beträgt bei den Juden nur siebzehn pro Tausend, bei den Arabern jedoch 39 bis 40 pro Tausend. 1975 kamen weniger als zwanzigtausend Einwanderer, und die Zahl der Auswanderer überstieg erstmals seit langem wieder jene der Einwanderer. 1976 stieg die Zahl allein der früher aus dem arabischen Nordafrika eingewanderten – wohlverstanden jüdischen – Auswanderer monatlich auf zweihundert Personen. Nach der Zwischenstation Frankreich gingen die meisten von ihnen zurück nach Marokko. Die Mehrzahl dieser «Abtrünnigen» hatte keine angemessenen Arbeitsplätze gefunden oder sich bei der intellektuellen Weiterbildung benachteiligt gefühlt. Die Marokkaner hingegen gaben sich alle Mühe bei der Wiedereingliederung dieser einstigen Auswanderer. Sie gehörten früher schon zur geistigen und ökonomischen Elite des nordafrikanischen Landes und verfügen nun nach ihrem Militärdienst in Israel zudem noch über besondere, für die Entwicklung Marokkos nützliche Spezialkenntnisse. Obwohl noch nach dem «Ramadan-Krieg» in Bagdad Angehörige der dortigen jüdischen Gemeinde wegen angeblicher Spionage für Israel öffentlich gehängt wurden, gingen junge irakische Juden aus Israel wenig später sogar wieder zurück zu den biblischen «Wassern Babylons». Die deutschsprachige Tel-Aviver Tageszeitung «Israel-Nachrichten» – die Stimme der in dem zionistischen Staat aus ganz anderen Gründen als die arabischen benachteiligten deutschen Juden – gab dazu den bezeichnenden Kommentar: «Es erweist sich nun mit aller Klarheit, daß es Israel nicht mit vollem Erfolg gelungen ist, den Einwanderern aus arabischen Staaten zu erklären, daß es keine Benachteiligung der Bevölkerungsschichten mit niedrigerem Bildungsniveau geben kann, aber jeder Staatsbürger seinen Anteil am Aufbau des Landes liefern muß.»

In Israel nahm die geschilderte Identitätskrise zwischen dem «Ramadan-Krieg» und der Geiselbefreiung von Entebbe unaufhaltsam staatszerstörerische Züge an. Eine unüberwindbare Kluft entstand nicht nur zwischen Juden und Arabern und zwischen abendländischen und morgenländischen Einwanderern. Sie tat sich plötzlich auch zwischen den Juden verschiedener europäischer Herkunftsländer auf. Die Politik des Staates zielte zwar auf die weitgehende Vermischung und damit die Eliminierung der über siebzig verschiedenen Nationalitäten hin. Wie schwierig und langwierig sie sich jedoch gestalten würde, merkte man beispielsweise erst, als eine Gruppe ungarischer Juden auf den gepackten Koffern saß und in ihre Heimat zurückwollte, weil sie sich mit den bulgarischen und rumänischen Glaubensgenossen nicht vertrug, mit denen sie im gleichen Kibbuz zusammenleben sollte. Ausgerechnet in einem Staat mit theokratischen Zügen, erklärtermaßen als nationale Heimstätte einer jahrtausendelang überall verfolgten Religionsgemeinschaft geschaffen, erwies sich die Religion doch nicht stark genug als nationales Bindemittel. Die Juden waren in das «Gelobte Land» zurückgekehrt, weil sie sich in ihren «Hirtenvölkern» nicht assimilieren konnten oder diese ihnen das unmöglich machten; nun hatten sie sogar im «Gelobten Land» Assimilationsschwierigkeiten. In Tel-Aviv spielte Avraham, ein Neffe des verstorbenen früheren Premierministers Mosche Scharett und hoher Geheimdienstbeamter, für mich einmal den Fremdenführer. Vor einem modernen Hochhaus, die hier wie Pilze aus der Erde schießen, saß eine verwahrloste junge Frau bettelnd mit ihrem in Lumpen gehüllten Säugling am Straßenrand. «Dreckige Araber!», schimpfte mein Begleiter über die – arabische – Jüdin. Ein Witz, den man sich hierzulande gern erzählt, enthüllt ebenfalls das Dilemma: Am Strand von Tel-Aviv spaziert eine alte Dame. Da ruft ein Schwimmer hebräisch um Hilfe. «Siehst du jetzt», ruft sie ihm zu, «hättest du Schwimmen gelernt statt Hebräisch!» Was hat der Kibbuznik aus dem engen jüdischen «Stetl» Rußlands gemeinsam mit dem jüdischen Patrizier aus Berlin? Was der jüdische Silberschmied aus dem Jemen mit dem stockbritisch erzogenen intellektuellen Südafrikaner Abba Eban? Was der Rabbi aus dem Orthodoxenviertel Mea Schearim in Jerusalem, dessen Familie das «Gelobte Land» nie verließ, mit den atheistischen zionistischen Sozialisten? Was der Professor am Weizmann-Institut in Rechovot, dessen Jiddisch die Sprache aus dem Frankfurter Getto des 16. Jahrhunderts ist, mit einem Gangster wie Meyer Lansky, der auf der Flucht vor den amerikanischen Strafverfolgungsbehörden nach Israel kam und aus seinem Stammlokal an der Rechov Ben-Jehuda beim «gefillte Fisch» die Tel-Aviver Unterwelt dirigierte? Das «Gesetz der Rückkehr» sichert allen Juden das Recht auf die Staatsbürgerschaft Israels. Die Oberrabbinate anerkennen jedoch häufig nicht die von liberalen Rabbinern im Ausland vollzogenen Konversionen. Ein katholischer Priester jüdischer Herkunft kämpfte lange vergeblich um einen israelischen Paß. Vorenthalten wurde dieser, und zwar mit ziemlich üblen Tricks, auch dem schon erwähnten Gangster Lansky und dem Spion Soblen. Beide hatten Dreck am Stecken, zugegeben, aber beide waren Juden. Der Amerikaner hatte Atomgeheimnisse an die Sowjets verraten. Er floh nach Israel, aber man ließ ihn erst gar nicht ins Land, und er verübte Selbstmord. Die Staatsräson ging in diesen beiden Fällen also eindeutig über die Religionszugehörigkeit.

354

Im Sommer 1976 erhielt der von politischen, wirtschaftlichen, sozialen, vor allem aber geistigen Krisen geschüttelte Judenstaat wieder einmal Hilfe von außen: Palästinaterroristen entführten ein französisches Verkehrsflugzeug auf dem Weg von Tel-Aviv nach Paris von Athen nach Entebbe. Fallschirmjäger befreiten es in einer bravourös durchgeführten Blitzaktion aus der Gewalt der Kidnapper in dem mehrere Tausend Kilometer entfernten Uganda. Die Israelis fanden plötzlich wieder zu ihrem erschütterten Gleichgewicht, und die Weltmeinung stand noch einmal fast geschlossen auf ihrer Seite. Doch was taugt ein Staat, der nur so lange funktioniert wie der auf ihm lastende äußere Druck? Gäbe es ihn überhaupt noch, wenn es nicht gleichzeitig auch die arabische Feindschaft und die Revanchegelüste der Palästinenser gäbe? Kann Israel überleben? Der wirtschaftliche und soziale Aufbau in der seit der Staatsgründung verflossenen Zeitspanne ist sicher eine erstaunliche Leistung. Seit die Spenden der jüdischen Gemeinden in der Diaspora spärlicher fließen, die Wiedergutmachungsleistungen für den nationalsozialistischen Judenmord durch normale Entwicklungshilfe abgelöst wurden und die Bereitschaft der Vereinigten Staaten zu bedingungslosem Beistand sich merklich verringerte, zeigt sich jedoch erschreckend deutlich, daß die eigene Leistung keineswegs ausreicht und vielleicht niemals zur Sicherstellung der Lebensfähigkeit ausreichen wird. Nochmals: kann Israel überleben? Mit statistischer Genauigkeit läßt sich der Zeitpunkt errechnen, an dem sein arabischer Bevölkerungsteil den jüdischen zahlenmäßig überrundet hat. Die Errichtung stets neuer Siedlungen in immer größeren Gebieten ist sinnlos, wenn sie schließlich nur noch jüdische Inseln in einem riesigen arabischen Meer bilden. Der im UN-Teilungsplan von 1947 vorgesehene ursprüngliche jüdische Staat wäre sehr wahrscheinlich nicht lebensfähig gewesen, weil er aus mehreren unzusammenhängenden Enklaven bestand. Der Staat in seiner heutigen Gestalt ist es aber auch nicht, weil er durch die in ihm lebenden, wachsenden arabischen Minderheiten nur einer allmählichen Arabisierung Vorschub leistet. Was also nottäte, wäre nicht nur die sofortige und bedingungslose Räumung der seit 1967 besetzten arabischen Gebiete, sondern auch ein Dialog über die Zukunft der überwiegend von Arabern besiedelten Teile Israels. Israel muß entweder seine jüdische Identität aufgeben und ein Staat mit völliger Gleichberechtigung für Juden, Christen und Moslems werden, oder es sollte darauf verzichten, Bürger, die es gar nicht haben will, in die Fesseln seines Staatsverbandes zu legen. Im Klartext heißt das nichts anderes als Verzicht auf weite Teile Galiläas und des Negev. So schrecklich sich dies anhört – es wäre wahrscheinlich der erste echte Schritt zum Frieden. Oder Israel bleibt ein Experiment, das auf die Dauer nicht überlebensfähig ist, sondern ein Pfahl im Fleisch der Araber, der früher oder später mit an Sicherheit grenzender Wahrscheinlichkeit herauseitern wird.

Abu Ammar alias Jassir Arafat

An einem heißen Juliabend 1976 drosselt ein ägyptischer Frachter auf hoher See vor der libanesischen Küste die Motoren. Seine Positionslampen und Bordlichter sind gelöscht, und nur der Mond und die Sterne beleuchten die Szene. Halblaute Befehle sind zu hören, und klatschend fällt ein aufgeblasenes Gummifloß auf das Wasser. Vier Männer klettern über das schwankende Fallreep in die Tiefe, besteigen das Schlauchboot und rudern fast geräuschlos an Land. Der Frachter dreht eilig ab und fährt mit voller Kraft voraus in westlicher Richtung aufs offene Meer. An Land verstecken die Ankömmlinge ihr Boot, die drei jungen Männer ziehen und entsichern ihre Pistolen und nehmen ihren Anführer in die Mitte. Er ist ein kleiner dicker Mann in den Vierzigern in einem gefleckten Tarnanzug mit umgehängter Kalaschnikow und einem

356

schwarz-weiß gewürfelten arabischen Kopftuch über dem unrasierten Gesicht. Wie ein Dieb in der Nacht schleicht er sich zurück zu den Seinen: «Abu Ammar» alias Abderrachman Abderrauf Arafat el-Kuds el-Husseini, genannt Jassir Arafat.

Kaum eineinhalb Jahre vorher war er in einer Luxuslimousine mit dem Kennzeichen «PAL-1» zur Gipfelkonferenz der arabischen Monarchen und Präsidenten in Rabat gefahren, wo man ihn als alleinigen Führer seines Volkes inthronisiert hatte. Vor der Vollversammlung der Vereinten Nationen in New York hatte er sich von deren Generalsekretär Kurt Waldheim die Hand schütteln und nach einer Rede in den gleichen Kleidern, die er auch jetzt trägt, von den Repräsentanten aller Nationen die Ansprüche dieses Volkes auf seine verlorene Heimat bestätigen lassen. Jetzt versteckt er sich, sobald eine bewaffnete Patrouille vorüberfährt, im Schatten alter Olivenbäume und kann sich nur mit viel Glück zu seinem Hauptquartier in der Ruinenstadt Beirut durchschlagen.

Ist dies das unrühmliche Ende der erstaunlichen Karriere eines der meistgenannten und geheimnisvollsten Araber der Gegenwart? Mehr als die Könige, Emire und Scheiche mit ihrem heißbegehrten Öl unter dem von ihnen beherrschten Wüstensand erregte dieser merkwürdige Mann das Interesse und die Phantasie der Außenwelt. In aller Welt gelang es ihm, die Sympathie hartgesottener Staatsmänner und den kämpferischen Beifall rebellischer Jugendlicher für seine Sache zu wecken. Wendige Diplomaten wie UN-Generalsekretär Waldheim erwiesen ihm ihre Reverenz; heißspornige Anarchisten rissen sich um die Teilnahme an den von ihm eingefädelten Terrorakten. In der Sitzungsperiode 1975/1976 unter dem Vorsitz des großherzoglich-luxemburgischen Außenministers Gaston Thorn, verurteilte die UN-Vollversammlung den Zionismus als Rassismus. Die Gründung eines arabischen Staates in Palästina schien nur noch eine Frage kurzer Zeit. Dem Chef der «Palästinensischen Befreiungs-Organisation» (PLO) – denn das ist unser Mann – war es gelungen, alle Welt von der Richtigkeit seiner Ziele zu überzeugen. Doch jetzt stand er an einem gefährlichen Wendepunkt seiner Karriere. Zweimal – im «Schwarzen September» 1970 und im libanesischen Bürgerkrieg 1975/1976 – wagte er die Machtprobe zwischen seinen Flüchtlingen und einem ihrer Gastländer, und zweimal geriet die von ihm geführte Widerstandsbewegung an den Rand des Unterganges. Wer ist dieser Mann?

Der Widerstand der Araber Palästinas gegen die zionistische Einwanderungs- und Siedlungspolitik hatte sich bereits unmittelbar nach Bekanntwerden der «Balfour-Deklaration» und der Übernahme des Völkerbundsmandates durch Großbritannien zu regen begonnen. Die Familie el-Husseini, eine der vornehmsten und angesehensten Jerusalems, stand damals noch im Lager der gemäßigten und verständigungsbereiten Araber. Ein Mitglied dieser Familie, Hadsch Mohammed Emin el-Husseini, wurde daher von den Engländern 1926 zum Großmufti von Jerusalem und zum Vorsitzenden des Obersten Muselmanischen Rates Palästinas gemacht. Er wurde zum geistigen und politischen Kopf des arabischen Widerstandes gegen Juden und Engländer, emigrierte 1937 aus seiner Heimat und war im Exil bis zum Ende des Zweiten Weltkrieges der Gast Hitlers.

Bereits 1920 verließ einer seiner Verwandten gleichfalls Palästina und ging nach Kairo. Als seine Frau 1931 schwanger wurde, schickte er sie aus Anhänglichkeit an die alte Heimat nach Jerusalem. Dort gebar sie den Sohn Jassir, den sie wegen der fortwährenden blutigen jüdisch-muselmanischen Zusammenstöße bald darauf mit nach Ägypten nahm. Als Jüngling war Jassir bereits von tiefer Religiosität erfüllt und wurde Mitglied der militanten Sekte «Ichwan el-Muslimin» des später ermordeten fanatischen Scheichs Hassan el-Banna. Zu dessen Anhängern gehörte damals übrigens auch der heutige ägyptische Präsident Mohammed Anwar es-Sadat. Als Zwanzigjähri-

358

ger begann Jassir sein Ingenieurstudium an der Kairoer Universität und gleichzeitig seine politische Karriere. Er gründete einen palästinensischen Studentenverein. In dieser Zeit schloß er mit jenen jungen Männern Freundschaft, die zu seinen späteren Kampfgefährten in der von ihm gegründeten Guerillaorganisation «el-Fatach» («Die Eroberung») wurden. Mitstudenten schilderten ihn als zurückhaltenden und asketischen jungen Mann, der sich für Mädchen und andere Studentenvergnügungen wenig interessierte und als sehr kameradschaftlich galt. Er litt darunter, als gebürtiger Palästinenser außerhalb der ägyptischen Gesellschaft zu stehen. Er besaß allerdings die Staatsbürgerschaft des Gastlandes, denn im Suezkonflikt von 1956 hatte er als Unterleutnant im ägyptischen Heer gedient.

Nach der Machtergreifung durch Gamal Abdel Nasser im Jahre 1952 war es zwischen den revolutionären Offizieren und der «Moslem-Bruderschaft» zum Bruch gekommen. Deren Mitglieder, unter ihnen auch Jassir, gerieten unter die scharfen Augen der Geheimpolizei «Mabahes». 1953 durchlief Jassir einen Sabotagekurs in einer ausschließlich aus Palästinensern gebildeten ägyptischen Armeeinheit. Seine Kenntnisse setzte er dann als Angehöriger einer Guerillagruppe, die gegen die britischen Truppen in der Suezkanalzone operierte, in die Tat um. Nach dem Abschluß seiner Studien verließ Jassir wegen der zunehmenden politischen Bedrückung durch das nasseristische Regime Ägypten und ging 1957 nach Kuweit. Dort brauchte die aufstrebende Ölindustrie des Kleinstaates tüchtige Ingenieure. Jassir machte rasch Karriere und brachte es in den folgenden Jahren zu einem nicht unbeträchtlichen Vermögen. Er verwendete es später, nach eigenen Angaben, ausschließlich für seine politischen Ambitionen. In der heute mindestens fünfzigtausend Personen zählenden palästinensischen «Gastarbeiterkolonie» in dem Ölemirat spielte er bald eine dominierende Rolle. Er gewann zahlreiche Anhänger und gründete im

Sommer 1959 eine eigene Guerillagruppe. Sie nannte sich «El-Harakat et-Tachrir el-Falastin» («Bewegung für die Befreiung Palästinas»). Aus dem Akronym «El-Hataf» («Der Tod») ergibt sich, umgekehrt gelesen, das unterdessen weltbekannt gewordene Kürzel «El-Fatach» («Die Eroberung»).

Wenig später übersiedelte Jassir nach Beirut und gewann zusammen mit einigen Freunden die Kontrolle über eine kleine, religiös orientierte Zeitung, «Our Palestine». Fortan verzichtete er auf seine bürgerliche Tätigkeit als Ingenieur und arbeitete nur noch im politischen Untergrund. Seine Gruppe spielte in der außerordentlich zerklüfteten Guerillaszene allerdings lange nur eine Rolle am Rand. Im Herbst 1971 jedoch beteiligte sie sich von syrischem Gebiet aus zum erstenmal aktiv an Guerillaoperationen gegen Israel. Hilfe hatte sie bis dahin fast ausschließlich von algerischer Seite bekommen. Erst später weckte sie auch das Interesse der in Syrien regierenden linksnationalistischen «Baath»-Partei.

Die «Palästinensische Befreiungs-Organisation» (PLO) bestand damals wie heute aus einer Unzahl miteinander konkurrierender und oftmals gegeneinander kämpfender Untergruppen verschiedener ideologischer und politischer Richtung. Als Haupthindernis erwies sich die völlige Abhängigkeit von den arabischen Regierungen. Eine politische oder terroristische Aktivität gegen den Willen dieser Regierungen war unmöglich, und mit ihnen konnte man nur gegen Ziele antreten, die mit jenen der Palästinenser sehr oft nicht identisch waren. Für Gamal Abdel Nasser und andere Staatsoberhäupter waren die «Fedaijin» («Todesmutige») nur ein Mittel zu ihren eigennützigen politischen Zwecken. «El-Fatach» entzog sich allerdings, wenn auch vorwiegend wegen ihrer Bedeutungslosigkeit innerhalb der Guerillaszene, diesen Einflüssen. Feste Basen besaß sie damals vorwiegend im Gasa-Streifen und in Ostjerusalem. Dort hatte ihr Chef familiäre Kontakte.

360

Bis 1967 spielten die Freischärler in der arabischen Politik und in der arabisch-israelischen Auseinandersetzung nur eine untergeordnete Rolle. Ihre Guerillaaktionen waren für Israel bloße Nadelstiche. In den Kriegen von 1948, 1956, 1967 und 1973 waren sie keine militärischen Gegner des Judenstaates. Die PLO trug durch ihre maßlose Propaganda sogar die Hauptschuld an der weltweiten Diskreditierung der berechtigten nationalen Ansprüche von mittlerweile drei Millionen Palästina-Flüchtlingen. 1967 propagierte der damalige PLO-Chef, ein zwielichtiger ehemaliger Jerusalemer Rechtsanwalt namens Achmed esch-Schukeiri, über den Kairoer Sender «Es-Saud el-Assifa» («Die Stimme des Sturmes») einen neuen Völkermord an den Juden Israels. Er geiferte, die Araber würden durch Ströme von Blut nach Tel-Aviv waten und die Juden ins Meer treiben. Das Resultat war ein kaum wieder gutzumachender Schaden. Im Sechstagekrieg stand die zivilisierte Welt geschlossen auf seiten Israels und empfand die katastrophale Niederlage der Araber, obwohl diese nicht angegriffen hatten, als verdiente Demütigung. Esch-Schukeiri räumte gezwungenermaßen seinen Stuhl für den farblosen Rechtsanwaltskollegen Jachja Hammuda.

Die Araberstaaten hatten sich allerdings in den Finger geschnitten, wenn sie glaubten, die Guerillabewegung weiterhin für ihren propagandistischen Ersatzkrieg gegen das militärisch nicht bezwingbare Israel mißbrauchen zu können. Zwanzig Jahre nach der Gründung Israels verloren die Araber im Sechstagekrieg auch noch den Rest Palästinas. Der Schock darüber führte in den Flüchtlingslagern zu einer echten nationalen Erhebung. Die Massen, die in ihnen so lange lethargisch dahingedämmert hatten, fühlten sich zum erstenmal nicht mehr als ausgestoßene Parias der arabischen Gesellschaft, sondern als Angehörige des Volkes der Palästinenser. Jetzt war die Stunde Jassir Arafats gekommen. «El-Fatach» war damals die einzige Guerillagruppe, die nicht durch ihre Abhängigkeit von einer arabischen Regierung diskreditiert war. Sie war unabhängig und vertrat allein die Interessen der heimatlosen palästinensischen Flüchtlinge. Im Zug der nunmehr einsetzenden Ablösung der Guerillabewegung von der Bevormundung durch die arabischen Regierungen wählte man den Chef von «el-Fatach» zum Sprecher des Dachverbandes «Palästinensische Befreiungs-Organisation» (PLO).

Jassir Arafat, der sich damals schon nach dem ersten Gefallenen in den Glaubenskriegen unter dem Propheten Mohammed «Abu Ammar» nannte, erwies sich sofort als politisches Genie. Zunächst einigte er die bis dahin untereinander heillos zerstrittenen Einzelgruppen. Die PLO wurde zu einem selbständigen Faktor der arabischen Politik. Ihre Guerillatätigkeit wurde, vor allem durch die Ausdehnung auf die existenznotwendigen Verbindungen Israels zur Außenwelt, zur gefährlichsten Herausforderung für den Judenstaat. Innerhalb der PLO wurde Jassir Arafat zum vorher fehlenden Integrationsfaktor. Er vermittelte nicht nur zwischen den widerstreitenden politischen Richtungen, sondern auch zwischen den Befürwortern der direkten Guerillataktik im Innern und an den Grenzen Israels und den Anhängern des indirekten Terrorismus durch Flugzeugentführungen und Anschläge auf israelische Einrichtungen in aller Welt. Wer sie verurteilt, sollte bedenken, daß sie nur die Reaktion auf die Gründung Israels sind. Die Zionisten benutzten vor ihrer Staatsgründung übrigens die gleichen Methoden. Die «Stern-Gruppe» und der «Irgun Zwai Leumi» waren alles andere als harmlose Zweige der zionistischen Bewegung. Die Araber sprechen noch heute voller Entsetzen über das Massaker im Dorf Deir Jassin, und die Ermordung des UN-Vermittlers Graf Folke Bernadotte ging ebenfalls auf ihr Konto. Die «Haganah», die jüdische Selbstverteidigungsorganisation, distanzierte sich offiziell zwar von diesen Aktivitäten, doch bildeten «Stern»- und «Irgun»-Leute später die Kader der Geheimdienste «Schin Beth»

362

und «Mossad». «Irgun»-Chef Menachim Begin ist heute Parlamentsmitglied und war mehrfach Minister.

Mit moralischen Kategorien ist dem politisch motivierten Terror also schwer beizukommen; meist ist für seine Beurteilung, so unmoralisch das sein mag, nur Erfolg oder Mißerfolg ausschlaggebend. Nicht «höhere Einsicht» veranlaßte die Weltöffentlichkeit zur endlichen Anerkennung des legitimen Rechts der Palästina-Flüchtlinge auf die Rückkehr in ihre Heimat und einen eigenen Staat, sondern der von ihnen ausgeübte Terror. Anno 1974 war es jedenfalls so weit. Jassir Arafat hielt vor der UN-Generalversammlung seine berühmt gewordene «Palmzweigund Kalaschnikow-Rede» Die israelische Delegation hatte den Sitzungssaal verlassen.

Der PLO-Chef ließ sich jedoch nicht auf klare Prognosen über die Zukunft Palästinas ein. Im Augenblick des weltpolitischen Triumphs war nämlich innerhalb seiner Organisation erneut die Auseinandersetzung zwischen Minimalisten, Maximalisten und Internationalisten entbrannt. Die «Minimalisten», denen man ihn selbst zurechnete, wären mit der bereits 1947 im UN-Teilungsbeschluß angeregten Gründung eines arabischen Staates auf dem nichtjüdischen Restgebiet Palästinas zufrieden gewesen. Gegen diese gerechte Lösung erhoben sich jedoch in Israel scharfe Proteste. Die damalige israelische Ministerpräsidentin Golda Meir erwies sich als Kirchturmpolitikerin ohne jeglichen Gerechtigkeitssinn und Weitblick. Sie sagte, es gebe kein palästinensisches Volk und zwischen Israel und Transjordanien sei für einen dritten Staat kein Platz. Damit fiel sie jenen in den Rücken, die zu einer Verständigung bereit waren, und verhinderte bis heute jede friedliche Vernunftregelung des Nahostkonfliktes. Ägypten, Jordanien und der Libanon waren seit dem «Ramadan-Krieg» vom Oktober 1973 nämlich zur faktischen Anerkennung Israels bereit. Ihre Vorbedingung war verständlicherweise die Anerkennung auch des Selbstbestimmungsrechtes für die arabischen Palästinenser. Die

«Maximalisten» allerdings wollten sich mit der Teilung Palästinas und mit der Existenz des zionistischen Fremdkörpers nicht abfinden. Ihr Ziel war die Errichtung eines binationalen und trireligiösen Staates für Araber und Israelis, Moslems, Christen und Juden in ganz Palästina. Die «Internationalisten» schließlich, weitgehend identisch mit den Maximalisten, sahen in der revolutionären Umgestaltung der gesamten arabischen Welt die notwendige Voraussetzung für die Befreiung Palästinas. Mit anderen Worten: Die bourgeoisen Systeme in den arabischen Nachbarstaaten Israels mußten fallen, bevor man Palästina zurückgewinnen konnte.

Diese Überlegung war nicht ohne Konsequenz. Die Araberstaaten hatten die «Fedaijin» tatsächlich über ein Vierteljahrhundert lang als bloße Instrumente ihrer Politik mißbraucht. Als Hemmnis für eine nahöstliche Friedensregelung hatte sich der unlösbare Gegensatz zwischen den beiden nationalistischen Ideologien, zwischen Zionismus und Panarabismus, erwiesen. Einer der führenden Internationalisten, der gebürtige Transjordanier und Chef der marxistischen «Demokratischen Volksfront für die Befreiung Palästinas» (PDFLP), Nedschif Hauetmi, zog daraus denn auch den weitgehendsten und logischsten Schluß. Nichts spreche, so argumentierte er, gegen ein Nebeneinanderfortbestehen eines marxistischen Israels und eines marxistischen Palästinas. Das Ergebnis dieser Überlegung war der Bürgerkrieg in Jordanien von 1970. Das Haschimitenregime erschien den Palästinensern in der Kette, die ihnen von den Arabern angelegt worden war, als schwächstes Glied. Konnten sie es sprengen, besaßen sie endlich die bis dahin fehlende Ausgangsbasis für einen aussichtsreichen Kampf gegen Israel. Es kam zu dem hier oft erwähnten Blutbad im «Schwarzen September». Die Beduinentruppen König Husseins kartätschten den Widerstand der Freischärler in Grund und Boden. Die konservative Nomadengesellschaft war für eine fortschrittliche Revolution noch nicht reif.

364

Die Strategie der Internationalisten erwies sich jedoch trotz ihres Scheiterns im «Schwarzen September» als prinzipiell richtig. Fünf Jahre später zeigte sich das im Libanon. Das bürgerliche System der Levanterepublik zerbarst unter dem Ansturm der revolutionären Linken wie eine morsche Ruine. Die Linke wurde jedoch durch die syrische Intervention um den Sieg gebracht. Daß eine Siegeschance überhaupt bestanden hatte, war der zustandegekommenen Aktionseinheit zwischen revolutionären Palästinensern und revolutionären Libanesen zuzuschreiben. Zerstört wurde sie lediglich dadurch, daß ein bourgeoises Regime, das syrische, einem anderen, dem libanesischen, zu Hilfe eilte. Außerdem hatten die Revolutionäre die tiefsitzenden religiösen Vorurteile zwischen Christen und Moslems zu wenig bedacht. Die vereinfachende Gleichung – hier reiche Christen und dort arme Moslems – entsprach zwar nicht den Tatsachen. Im Augenblick höchster Gefahr für das traditionelle Herrschaftsgefüge war indes auch den armen Christen ihr christliches Hemd lieber als der muselmanische Rock. Die Guerillabewegung geriet dadurch erneut in eine schwerwiegende Belastungsprobe. Der Umweg über die «internationalistische» Arabisierung des Nahostkonfliktes zur Befreiung Palästinas hatte sich vorerst als Sackgasse erwiesen.

Die Stärke der palästinensischen Guerillabewegung bestand zweifellos darin, daß sie nicht an staats- und völkerrechtliche Übereinkünfte gebunden war; als ihre größte Schwäche erwies sich neben dem aufgezeigten Gegensatz zwischen Minimalisten, Maximalisten und Internationalisten vor allem die innere Zerrissenheit in der PLO. Das Spektrum von Guerillagruppen unterschiedlicher politischer Herkunft und Zielsetzung entsprach zwar durchaus dem normalen Parteienspektrum einer modernen pluralistischen Gesellschaft. Im Untergrund aber prallten die politischen Gegensätze wesentlich schärfer als in einer etablierten demokratischen Ordnung aufeinander.

«El-Fatach», die Gruppe des PLO-Chefs Jassir Arafat, hatte sich seit dem Sechstagekrieg von 1967 immerhin zur zahlenmäßig stärksten und politisch einflußreichsten Gruppe entwickelt. Ihr Verdienst wurde es, die Mehrheit der Freischärler in ein gemäßigtes, realistisches Fahrwasser gesteuert zu haben. Diese Entwicklung wurde allerdings sowohl durch die geschilderten problematischen Augenblickserfolge der Maximalisten und Internationalisten als auch durch «Feindeinwirkung» abgestoppt. Israel tötete bei einer sorgfältig vorbereiteten und offenbar gezielten Militäraktion mitten in Beirut ausgerechnet einige als gemäßigt geltende Funktionäre von «el-Fatach». Den Maximalisten der anderen Seite waren sie offenkundig ein Dorn im Auge. Ein Dorn im Auge war die gemäßigt-realistische Politik Jassir Arafats auch einigen seiner Konkurrenten innerhalb von «el-Fatach». Das Blutbad vom Herbst 1970 in Jordanien hatte die Entstehung einer extrem terroristischen Untergruppe zur Folge. Sie nannte sich «Schwarzer September», und Jassir Arafat leugnete stets jegliche Verbindung zu ihren Aktivitäten. Später stellte sich zweifelsfrei heraus, daß der Initiator, Gründer und Befehlsgeber dieses «el-Fatach»-Ablegers Arafats Konkurrent Salach Chalaf war. Er war es auch, der die Arafat-Leute im Verlauf des libanesischen Bürgerkrieges auf das abschüssige Terrain einer aktiven Beteiligung an den Bürgerkriegskämpfen zwang.

Die Dachorganisation PLO war – und das blieb bis heute ihr größter Makel – keine Schöpfung der Flüchtlinge, sondern eine Gründung der arabischen Staatschefs. Ihre zahlenmäßig stärkste und politisch einflußreichste Untergruppe ist «el-Fatach» erst seit dem Sechstagekrieg. Seit der Niederlage im «Schwarzen September» ist deren militärischer Zweig «el-Assifa» («Der Sturm») nicht mehr sehr aktiv. Die zweitstärkste und völlig von Syrien abhängige Gruppe ist die «Avantgarde des Volksbefreiungskrieges» mit ihrem militärischen Ableger «es-Saika» («Der Blitzstrahl»). Sie entstand 1966 und begann nach dem Junikrieg 1967 mit ihren Aktivitäten. Im libanesischen Bürgerkrieg versuchte sie die streitenden Parteien zu trennen und geriet dadurch in Gegensatz zu den anderen PLO-Gruppen. Ihr Chef ist der in den syrischen Streitkräften zum Offizier ausgebildete Zucheir Mochsin. Während diese beiden Gruppen ideologisch nicht gebunden sind, vertritt die «Volksfront für die Befreiung Palästinas» (PFLP) die marxistische Richtung. Ihr Chef ist der aus Lod bei Tel-Aviv stammende ehemalige Kinderarzt Dr. Georges Habache. Bekannt wurde die Gruppe vor allem durch die von ihr geplanten und durchgeführten Flugzeugentführungen und die Aktivitäten der «Terror-Lady» Leila Abu Chalid. Auf Habache geht nach den Erkenntnissen mehrerer westlicher Geheimdienste auch die Gründung einer «Internationale des Terrors» zurück. Zu ihr gehören japanische Rotarmisten wie südamerikanische Stadtguerilleros, deutsche Anarchisten wie nordirische Partisanen. Eine führende Rolle spielt in ihr der Venezolaner «Carlos».

Die PFLP erlebte im Lauf ihrer Geschichte mehrere Abspaltungen. Das «PFLP-Generalkommando» unter Achmed Dschibril widersetzte sich der von Habache allmählich vollzogenen Linksschwenkung. Die «Demokratische Volksfront zur Befreiung Palästinas» (PDFLP) unter Nedschif Hauetmi bekennt sich zum Maoismus. Von Syrien abhängig ist auch die «Palästinensische Befreiungs-Armee» (PLA). Nach Bagdad orientiert ist die «Arabische Befreiungs-Front Palästinas» (ALFP). Daneben gibt es noch zahlreiche kleinere Gruppen.

Die Dachorganisation PLO hatte bis 1967 vorwiegend propagandistische Funktionen. Unter Jassir Arafat erst wurde sie zu einem Instrument der politischen Willensbildung in den Flüchtlingslagern. In dem hundertfünf Mitglieder zählenden «Palästinensischen National-Kongreß», dem auch unabhängige Abgeordnete angehören, spielt sie die Hauptrolle. Als Regierung fungiert das «Exekutivkomitee der PLO». Außerdem gibt es ein militärisches Oberkommando sowie den Geheimdienst «Er-Rassd». In Ansätzen existiert auch bereits eine eigene Gerichtsbarkeit. PLO-Chef Jassir Arafat trug sich schon mehrfach mit dem Gedanken an die Bildung einer Exilregierung. Er wurde jedoch immer wieder fallengelassen. Denn eine Exilregierung hätte für Terrorakte der hinter ihr stehenden Guerillagruppen völkerrechtlich verantwortlich gemacht werden können. Sie wäre gezwungen, ihre Karten auf den Tisch zu legen und zu erklären, ob sie der von der Genfer Friedenskonferenz angestrebten «kleinpalästinensischen Lösung» zustimmen oder an dem Maximalziel der Rückgewinnung ganz Palästinas festhalten wolle. Vor allem wären ihr revolutionäre Aktivitäten in den arabischen Gastländern wie zuletzt im libanesischen Bürgerkrieg nicht mehr möglich. Jassir Arafat vermied bis jetzt solche Festlegungen. Er scheute vor allem die dann unvermeidliche innere Auseinandersetzung unter den in der PLO zusammengeschlossenen Gruppen und die damit verbundene Schwächung der Widerstandsbewegung.

Im Sommer 1976 zeichnete sich im Libanon eine ähnliche militärische Niederlage für die «Fedaijin» ab wie im jordanischen «Schwarzen September». Mit ihr wäre gewiß ein schwerer politischer Rückschlag für die Ziele der PLO verbunden. Die Entwicklung im Libanon diskreditierte jedenfalls das Modell eines binationalen und trireligiösen Staates in Palästina nicht mehr nur in den Augen Israels. Die Intervention Syriens gegen die bis anhin von ihm unterstützten Guerilleros bewies, daß auch die Araberstaaten die von den entwurzelten Flüchtlingen ausgehenden revolutionären Impulse zu fürchten begannen. Ein arabisches Palästina wäre nicht nur gegenüber Israel revanchistisch, sondern auch eine ständige revolutionäre Bedrohung für die arabischen Nachbarländer. Einzige Alternative wäre die Ansiedlung und Integrierung der Flüchtlinge. Dem steht jedoch das unter den Lagerinsassen entstandene Nationalgefühl entgegen sowie die

368

Furcht der meist konservativen arabischen Regierungen vor deren revolutionärem Potential. Selbst wenn die PLO im Libanon abermals eine Niederlage einstecken muß, genießt sie noch immer die aktive Unterstützung der progressistischen Regimes in Libyen, Algerien, Irak und Südjemen. Bei der über die langsamen gesellschaftlichen Fortschritte in ihren Heimatländern enttäuschten arabischen Jugend wächst ihre Popularität. Die Verflechtung mit der internationalen Terrorszene macht die Palästina-Freischärler gleichzeitig zu einem weltpolitischen Problem ersten Ranges. Auch wenn es zu der von Israel bekämpften Gründung eines palästinensischen Rumpfstaates in den 1967 von Israel besetzten arabischen Gebieten käme, wäre doch zu befürchten, daß man ihn nur als Vorstufe zu einer «Endlösung» und als Basis zu ihrer Vorbereitung betrachten würde.

Die Araber sind von der Anerkennung der in Palästina entstandenen vollendeten Tatsachen weiter entfernt als jemals seit 1948. Die PLO verfügt in den israelisch besetzten Gebieten bereits über soliden politischen Einfluß. In Israel selbst ist unter den dort lebenden Arabern ebenfalls ein allmählicher Prozeß der Solidarisierung mit deren Zielen feststellbar. Bei alldem darf man nicht vergessen, daß sich diese Entwicklung nur deswegen anbahnen konnte, weil die Weltmeinung bis heute nichts tat, um den drei Millionen Flüchtlingen zu ihrem Selbstbestimmungsrecht zu verhelfen, und weil Israel, selbst ein Staat der Verfolgten, den Palästinensern nicht nur jegliche Existenzberechtigung abspricht, sondern auch den Arabern im eigenen Land die Gleichberechtigung verweigerte. Eine Lösung dieser Fragen ist nicht in Sicht, so daß auch wenig Hoffnung auf einen endlichen Frieden in Palästina besteht. Der Terror geht weiter . . .

Einheit oder Vielfalt?

«Renaissance» war seit dem letzten Viertel des vorigen Jahrhunderts die magische Zauberformel aller modernen politischen Bewegungen der arabischen Welt. «Renaissance» nämlich der unter den Abbasidenkalifen zerbrochenen und unter dem Ansturm der Mongolen und der Türken zerstörten panarabischen Einheit. Von ihr träumten die muselmanischen und christlichen Geheimbünde in Beirut ebenso wie die jungen intellektuellen Verschwörer gegen Türken und hernach Engländer und Franzosen in Damaskus und Bagdad. Dieses Programm wurde sogar zum Signum der später bedeutendsten arabischen politischen Partei: «El-Baath» ist die Kurzformel für den Parteinamen «Arabische Wiedergeburt». Der Umstand, daß der «Baath» im politischen Leben der beiden ostarabischen Nachbarstaaten Syrien und Irak seit den dortigen Revolutionen die führende innenpolitische Rolle spielt und im Libanon, in Jordanien, Saudi-Arabien und Ägypten offen oder insgeheim Kader bilden konnte, erwies sich jedoch nicht als Motor der arabischen Einigung. In Damaskus und Bagdad siegten nach der Machtergreifung innerhalb des «Baath» die partikularistischen Interessen, und es bildeten sich unüberwindlich scheinende ideologische und personelle Gegensätze. Im Libanon spielte die Partei in dem sich schließlich in einem blutigen Bürgerkrieg entladenden muselmanisch-christlichen Gegensatz nur eine Randrolle. In Jordanien, Saudi-Arabien und Ägypten unterliegt sie einem strikten Verbot, ebenso in den feudalistischen Duodezemiraten und Scheichtümern am Persischen Golf von Kuwait bis Oman. In der «Demokratischen Volksrepublik Jemen» von Aden kam sie nach der Unabhängigkeitserklärung von 1967 trotz hoffnungsvoller Ansätze erst gar nicht zum Zug.

Den Ersten Weltkrieg und die sich darin von Anfang an abzeichnende militärische und politische Niederlage des Osmanischen Reiches verbanden die Araber, trotz ihrer

370

schon vorher gemachten trüben Erfahrungen mit dem europäischen Kolonialismus, mit der Hoffnung auf Freiheit vom türkischen Joch, wie auch auf die Wiederherstellung ihrer staatlichen Einheit. Hidschaskönig Scherif Hussein von Mekka machte sich sogar noch, nachdem das «Sykes-Picot-Abkommen» über die Aufteilung der arabischen Gebiete des zerfallenden Osmanischen Reiches unter Großbritannien und Frankreich und die «Balfour-Deklaration» über eine jüdische Heimstätte in Palästina bekanntgeworden waren, zum «König der Araber». Seine Herkunft aus der Familie des Propheten Mohammed prädestinierte ihn dazu zwar ebensosehr wie seine Position als Beherrscher der heiligen Stätten von Mekka und Medina. Die Religion erwies sich jedoch damals schon als zu schwaches einigendes Band für alle Araber. Ägypten und das angrenzende Nordafrika führten bereits zu lange ein staatliches Eigendasein. Im Irak, in Syrien, Libanon und Palästina hohnlachte die nationalistische und eher von europäischen revolutionären Ideen beeinflußte intellektuelle Elite nur über die Ansprüche des Beduinenfürsten aus der Wüste. Im Inneren Zentralarabiens schließlich eilte der spätere König Abdel Asis Ibn Saud von Sieg zu Sieg und stieß den Scherifen Hussein schließlich vom Thron, den er sich angemaßt hatte. Das Kalifat, auf das der letzte Osmanensultan 1924 verzichtet und das Hussein für sich beansprucht hatte, blieb eine bloße Fiktion.

Was sich in der arabischen Welt nach dem Zusammenbruch der osmanischen Vorherrschaft abspielte, war das alte Lied von der Korrumpierung der Revolution durch die Macht. Die Intellektuellen und Offiziere, die früher von der «arabischen Renaissance» geträumt hatten, fanden allzu rasch Geschmack an der Macht in den von den europäischen Siegermächten künstlich geschaffenen Teilstaaten. Die Gründung der Arabischen Liga, kurz nach dem Ende des Zweiten Weltkrieges, erschien zwar als erster Schritt in die richtige Richtung. Die Organisation erwies sich bisher jedoch als bloßer außenpolitischer Debattierklub ohne entsprechende Machtbefugnisse.

Die stärksten Impulse erhielt die in den arabischen Massen ungemein lebendige Einigungssehnsucht von Ägypten. Dabei litt das Nilland immer an einem schwer lösbaren Zwiespalt: Hier panarabische Einheitsträume – dort Verachtung der unkultivierten Beduinen und Stolz auf die eigene und eigenständige große historische Vergangenheit. Der Anstoß für die Übernahme der panarabischen Führungsrolle durch die Ägypter kam denn auch von außen. Die Gründung Israels erweckte erstaunlicherweise nicht in dem am meisten davon betroffenen arabischen Palästina die stärksten revolutionären Impulse, sondern in Ägypten. Das Offizierskorps seiner von Monarchie und Regierung verratenen und verkauften Streitkräfte empfand den Waffenstillstand von 1949 nach einem Kampf gegen einen weit unterlegenen Gegner als persönliche Demütigung. Es plante, unter Führung des einzigen ungeschlagenen arabischen Kommandanten, des «Tigers von Faludscha» Gamal Abdel Nasser, von nun an die Revolution. Der «Rais» machte Ägypten schon bald nach seinem Machtantritt zum politischen Zentrum der panarabischen Bewegung. Sein erstes Ziel wurde dabei der benachbarte Sudan. Dessen Sonderdasein unter der britischen Kolonialherrschaft empfanden die meisten Ägypter und Sudanesen als willkürliche Trennung zweier historisch und bevölkerungsmäßig zusammengehöriger Teile. Die «Einheit des Niltales» war damals ein populäres Schlagwort. Doch Gamal Abdel Nasser scheiterte damit ebenso wie mit allen weiteren Anläufen zur Verwirklichung der arabischen Einheit. Nachdem sich im Sudan, der 1956 unabhängig geworden war, zu große Widerstände gegen einen Zusammenschluß gezeigt hatten, verschwand die «Einheit des Niltales» aus dem propagandistischen Vokabular des nasseristischen Regimes. Erst 1958 erhielten die panarabischen Einigungshoffnungen wieder Auftrieb. Der Zusammenschluß Ägyptens mit Syrien schien nur der

372

erste Schritt. Kurz darauf stürzte im Irak die Monarchie, und das neue Militärregime proklamierte gleichfalls die Absicht zum Anschluß an die Vereinigte Arabische Republik (VAR). Allgemein erwartet wurde damals auch die Beseitigung des sogar von vielen Transjordaniern als fremd empfundenen Haschimitenregimes unter König Hussein II. in Amman. Die großen Hoffnungen erfüllten sich jedoch nicht. In Bagdad erwiesen sich die partikularistischen Tendenzen doch als stärker und entluden sich außerdem in einem zunehmenden Gegensatz zu Syrien. In Amman behauptete sich der kleine König Hussein wider Erwarten bis heute auf seinem Thron. Die VAR blieb, weil ihr die direkte Landverbindung fehlte und auch wegen des erdrückenden Übergewichtes des ägyptischen Partners, ein Torso ohne dauerhafte Lebensfähigkeit. Einen Anschluß des Jemens, wie ihn das dortige republikanische Regime gewünscht hatte, stieß wegen der zu krassen politischen, wirtschaftlichen und sozialen Entwicklungsunterschiede auf die Ablehnung Gamal Abdel Nassers. Erst kurz vor dem Tod des «Rais» bekamen seine panarabischen Blütenträume noch einmal Auftrieb. 1969 war der junge Armeeoberst Moammer el-Gaddafi, seit frühester Jugend ein glühender Anhänger der arabischen Einigung und begeisterter Bewunderer Gamal Abdel Nassers, in dem menschenleeren ölreichen Nachbarland Libyen durch einen Staatsstreich gegen die Monarchie zur Macht gekommen. Er wünschte eine sofortige Union mit Ägypten. El-Gaddafi wußte, daß sein Land zu klein und geographisch von den historischen arabischen Kräftezentren zu weit weg war. Trotz seines Ölreichtums spielte es in der arabischen Politik deshalb nur eine Nebenrolle. Im Tausch gegen sein Öl strebte der neue Machthaber daher nach der Position eines «zweiten Mannes» in der von ihm vorgeschlagenen neuen VAR mit Ägypten und damit nach der politischen Nachfolge Gamal Abdel Nassers. Der «Rais» erkannte diesen für ihn möglicherweise nicht ungefährlichen Pferdefuß und

373

mißtraute dem maßlosen Ehrgeiz des jugendlichen Heißsporns in Tripolis. Er spielte auf Zeitgewinn. Sein plötzlicher Tod machte zunächst einen Strich durch die Rechnung el-Gaddafis. Beim Nachfolger Mohammed Anwar es-Sadat stieß sein Drängen in die gleiche Richtung auf eisige Ablehnung. Der Ägypter nannte den Libyer öffentlich einen «Verrückten» und «pathologischen Fall» und forderte schließlich seinen Sturz. El-Gaddafis Annäherungsversuch an Tunesien blieb gleichfalls ohne Erfolg. Erst 1975/1976 kam es im Zusammenhang mit dem Streit um den Besitz der früheren spanischen Saharakolonie zu einer Annäherung zwischen Libyen und Algerien in Form eines Bündnisses gegen Marokko.

Ägypten errang seinen Teilsieg im «Ramadan-Krieg» vom Oktober 1973 zwar nur infolge seines wohlvorbereiteten politischen und militärischen Zusammenspiels mit Syrien. Unter Präsident es-Sadat enthielt sich das Nilland jedoch zunächst vollständig panarabischer Aktivitäten. Eine Ausnahme bildete nur der Sudan. Es-Sadat kam dem dortigen Militärdiktator General Dschaafar en-Numeiri gegen einen kommunistischen Militärputsch zu Hilfe und bewahrte ihn im Sommer 1976 durch die Entsendung von Truppen abermals vor dem angeblich von Libyen finanzierten Sturz. Daraufhin kam es zu einem Bündnis zwischen beiden Nachbarländern mit dem Ziel eines künftigen engeren Zusammenschlusses. Die Idee einer «Einheit des Niltales» erschien wieder am Horizont.

Ein arabischer Einheitsstaat ist wohl ein unerreichbares Ziel. Der arabische Raum ist keine geschlossene geographische Einheit, und die Araber sind kein homogenes Volk mit einheitlichen rassischen Merkmalen, sondern eine sehr vielgestaltige Völkergruppe, durchsetzt mit rassischen, sprachlichen und religiösen Minderheiten wie der Neger im Südsudan, der Berber in Nordafrika, Kurden, Levantiner, Kopten und Juden, und zusammengehalten nur durch die gemeinsame Hochsprache. Daher gestalten sich die Einigungsbemühungen auch nicht we-

374

niger mühsam und langwierig als in Westeuropa. Das Kalifenreich ist zudem ein ungeeignetes Vorbild für panarabische Einheitsträume nach nasseristischem Vorbild. Mohammeds politisches Verdienst war zwar die Einigung der bis dahin weitgehend miteinander verfehdeten nomadisierenden Beduinenstämme Zentralarabiens. Seit den Omaijaden in Damaskus und mehr noch den Abbasiden in Bagdad entwickelte sich das Kalifenreich jedoch immer stärker zu einer Art Bundesstaat mit weitgehender Autonomie für die einzelnen Regionalautoritäten. Heute ist die panarabische Einigung wohl eine tiefgehende Sehnsucht der arabischen Massen, kaum aber ein echtes Bedürfnis für die in den einzelnen arabischen Nationalstaaten Regierenden. Kirchturms- oder – hier müßte man, um im Bild zu bleiben, genauer sagen – Minarettdenken ist allzu häufig das Hauptmerkmal ihrer Politik.

Für den Palästinakonflikt, der sich seit 1920 in unzähligen blutigen Unruhen gegen die jüdische Masseneinwanderung in das britische Mandatsgebiet und seit 1948 in vier vor allem für die arabische Seite verlustreichen Kriegen entlud, ist keine Lösung in Sicht. Die nach dem «Ramadan-Krieg» Ende 1973 von den Vereinten Nationen nach Genf einberufene Friedenskonferenz unter dem Patronat der beiden Supermächte Vereinigte Staaten und Sowjetunion vertagte sich schon nach den Eröffnungssitzungen. Für eine Fortsetzung der direkten Vermittlungsbemühungen des US-Außenministers Henry Kissinger, der 1975 ein ägyptisch-israelisches und ein syrisch-israelisches Truppenentflechtungsabkommen für die Fronten auf der Sinai-Halbinsel und den Golan-Höhen und später durch ein weiteres Abkommen über einen israelischen Teilrückzug auf dem Sinai die Voraussetzung für die Wiedereröffnung des Suezkanals geschaffen hatte, bestanden danach nicht mehr die geringsten Aussichten. Ägypten geriet wegen seiner angeblichen politischen Konzessionen an den Gegner ins Zentrum starker Kritik von syrischer, palästinensischer und libyscher Seite. Auf dem Golan wäre jede weitere israelische Gebietsaufgabe gleichbedeutend mit dem Verlust strategischer Positionen gewesen, deren Gewinn ein militärisches Häuptergebnis des für Israel siegreichen Sechstagekrieges im Juni 1967 war.

Seit dem Sechstagekrieg entwickelte sich die palästinensische Widerstandsbewegung zudem zu einem eigenständigen Faktor in der interarabischen Politik und komplizierte dadurch die Bemühungen um eine friedliche Vernunftlösung noch mehr. Seit dem «Ramadan-Krieg» schien die Mehrzahl der arabischen Staaten zu einer faktischen Anerkennung der Existenz Israels bereit. Sie, die Supermächte und die Weltöffentlichkeit sahen die endgültige Lösung in der Verwirklichung des politischen Selbstbestimmungsrechtes für die Flüchtlinge innerhalb eines neu zu schaffenden arabischen Rumpfstaates in den seit 1967 israelisch besetzten Gebieten Restpalästinas. In der Widerstandsbewegung war jedoch darüber keine Übereinstimmung zu erzielen. Der Streit um den Besitz von Palästina blieb keineswegs der einzige Konflikt im Nahen Osten. Zwar beendete ein bilaterales Abkommen zwischen Persien und dem Irak die Auseinandersetzung um den Grenzverlauf im Schatt el-Arab und den Kurdenkrieg. Im Sommer 1976 gab es jedoch Anzeichen für ein Fortdauern des kurdischen Widerstandes im Nordirak gegen die arabische Zentralregierung in Bagdad.

Saudi-Arabien vermittelte eine Kompromißlösung des Streites zwischen dem Irak und Syrien über die gerechte Verteilung des Euphratwassers. Im Zusammenhang mit der syrischen Militärintervention im libanesischen Bürgerkrieg kam es aber erneut zu schweren Spannungen zwischen beiden Nachbarländern und zu Truppenmassierungen im Grenzgebiet. Saudi-Arabien einigte sich nach jahrelangem Hin und Her zwar über die Unabhängigkeit der Inselgruppe Bachrein im Persischen Golf, die der Iran bis dahin aufgrund historischer Ansprüche für sich reklamiert hatte. Revolutionäre Entwicklungen in dem zentralarabischen Königreich könnten hier allerdings neue

376

Spannungen nach sich ziehen. Der Irak, Südjemen und die Sowjetunion stehen außerdem hinter den in allen Golfemiraten operierenden mehr oder weniger starken linksgerichteten nationalen Befreiungsbewegungen.

Zwischen dem Sultanat Oman und der benachbarten Demokratischen Volksrepublik Südjemen herrschen schwere Spannungen. Das Regime in Aden unterstützt aktiv die in der omanischen Südprovinz Dhofar kämpfenden marxistischen Rebellen.

Ein Konflikt am Rand ist der zwischen Somalia und Äthiopien; ein Zankapfel ist dabei vor allem die ungeklärte Zukunft der französischen Kolonie Dschibuti. Somalia würde sie sich gern einverleiben, Äthiopien braucht dringend den dortigen Hafen und die von dort nach Addis Abeba führende Bahnverbindung für seine Importe und Exporte. Die Äthiopier haben außerdem noch ein inneres «Araberproblem». In ihrer vorwiegend von arabischsprachigen Stämmen bevölkerten Provinz Eriträa kämpft eine nicht zu unterschätzende Untergrundorganisation mit wechselndem Erfolg für die Unabhängigkeit. Im Südsudan beendete zwar ein Abkommen zwischen den unter anderem von Israel unterstützten christlichen Negerrebellen der «Anya Nya» und der muselmanischen Zentralregierung in Chartum endlich den jahrelangen blutigen Bürgerkrieg. Das Abkommen stieß jedoch bei den nordsudanesischen Arabern auf viel Kritik und wurde eine der Ursachen für innenpolitische Wirren und Putschversuche gegen das Regime des Generals Dschaafar en-Numeiri. 1976 gab es zudem erneute Hinweise für ein mögliches Wiederaufflammen des schwarzen Widerstandes im Süden gegen die «weiße» Herrschaft aus dem Norden. Libyen mischte sich im Sommer 1976 außerdem noch ziemlich unverhüllt in die sudanesische Innenpolitik und finanzierte einen Putschversuch gegen General en-Numeiri.

Die Meinungsverschiedenheiten zwischen Libyen und Ägypten führten zum gleichen Zeitpunkt in die Nähe eines offenen Krieges. In Kairo forderte Präsident Mohammed Anwar es-Sadat öffentlich den Sturz des Tripolitaner Militärdiktators Oberst Moammer el-Gaddafi und schickte Truppen in das Grenzgebiet. Ein weiterer lokaler Unruheherd wurde der Streit um den Besitz der phosphatreichen ehemaligen spanischen Saharakolonie. Marokko und Mauretanien teilten sich erst einmal in ihren Besitz, stießen dabei aber auf den Widerstand Algeriens und Libyens und der nationalen Befreiungsbewegung «Frente Polisario».

Eine unbeschreibliche Blutorgie feierten die innerarabischen Gegensätze im Libanon. Der Streit zwischen Christen und Moslems, Libanesen und Palästinensern entlud sich hier in einem auch nach siebzehnmonatiger Dauer noch nicht beendeten Bürgerkrieg. Die Frage nach Einheit oder Vielfalt in der arabischen Welt beantwortet sich daher eigentlich von selbst. Wenn die Gegensätze unter der Zweimillionen-Bevölkerung des Libanons schon derart unlösbar sind, hätte ein Einheitsstaat aus Ländern so unterschiedlicher Größe wie etwa Ägypten und Syrien oder Ägypten und Libyen, so unterschiedlicher politischer, wirtschaftlicher und sozialer Entwicklungsmerkmale wie Algerien und Saudi-Arabien, so unterschiedlicher rassischer Herkunft wie der libanesischen Levantiner und der beduinischen Transjordanier und so unterschiedlicher Temperamente wie der wilden Kurden und der urbanen Damaszener, der lebenslustigen Kairoer und der puritanischen zentralarabischen Nomaden keine realistische Überlebenschance. Die kurze Lebensdauer der «Vereinigten Arabischen Republik» zwischen Ägypten und Syrien von 1958 bis 1961 ist dafür ein warnendes Beispiel.

Seit dem Tod Gamal Abdel Nassers und dem ägyptischen Verzicht auf die von ihm verfolgten panarabischen Hegemoniepläne zeigten sich jedoch hoffnungsvolle erste Ansätze zur panarabischen Zusammenarbeit. Die reichen Ölstaaten finanzieren nicht nur die palästinensische

378

Widerstandsbewegung gegen den Zionismus, sondern griffen auch den von dem Reichtum an Bodenschätzen und Rohstoffen weniger begünstigten ärmeren Brudernationen finanziell unter die Arme. Der Gegensatz zwischen dem Irak und Syrien verhinderte einstweilen ein engeres Zusammenrücken der arabischen Staaten im Fruchtbaren Halbmond. Es kam jedoch zu einer Annäherung zwischen Syrien und Jordanien, und durch die Intervention im libanesischen Bürgerkrieg übernahmen die Syrer die Mitverantwortung für die Entwicklung dieses Nachbarlandes. In diesem Gebiet immerhin denkbar ist ein späteres bundesstaatliches Zusammenwachsen zwischen Syrien, Libanon, Jordanien, Palästina und Irak.

Auf der Arabischen Halbinsel dürften die Zwergstaaten am Persischen Golf zwangsläufig zu bloßen autonomen Satelliten Saudi-Arabiens herabsinken, das revolutionäre Veränderungen in den Golfemiraten keinesfalls dulden kann, das aber im Fall einer revolutionären Umwälzung im eigenen Land zum tonangebenden Partner einer zentralarabischen Zusammenarbeit auch mit den beiden Jemen werden könnte. In Ägypten und dem Sudan ist neuerdings eine Wiederbelebung der alten Idee einer «Einheit des Niltales» festzustellen. Eine Magrib-Föderation zwischen Marokko, Tunesien und Algerien ist ein alter politischer Traum. Seine Verwirklichung dürfte jedoch erst dann näherrücken, wenn sich die politischen Verhältnisse in den drei Staaten einander weitgehend angeglichen haben. Problematisch ist die Zukunft Libyens. Hier gibt es noch kaum ein nationales Zusammengehörigkeitsgefühl. Die Libyer werden von ihrer geographischen Zuordnung zu Nordafrika und ihren politischen Hoffnungen auf eine Union mit dem volkreichen Ägypten hin und her gerissen. Regionale Zusammenschlüsse in den geschilderten Größenordnungen wären jedenfalls die wichtigste Voraussetzung dafür, daß die Araberstaaten ihre bevölkerungsmäßigen und rohstofftechnischen Ressourcen optimal nutzen und größeren weltpolitischen

Einfluß als bisher geltend machen können. Dies ist jedoch noch ein langwieriger Prozeß und trotz der gemeinsamen Sprache und Religion wahrscheinlich nicht weniger hindernisreich als derjenige der Einigung Europas.

Epilog: Kommen morgen
die Araber?

Kommen morgen die Araber? Der Ölschock ist inzwischen zur Episode geworden; er bewerkstelligte ebensowenig eine Wirtschaftskatastrophe wie der den arabischen Erdölproduzenten zugeflossene Reichtum einen Ausverkauf des westlichen Industriebesitzes. Spätestens um die Jahrtausendwende wird die übrige Welt vom arabischen Öl mehr oder minder unabhängig sein.

Die Araber haben also zur Mobilisierung ihrer intellektuellen, politischen und ökonomischen Reserven und zu der überfälligen Modernisierung ihrer Gesellschaft nur eine kurze Frist. Diese Modernisierung ist bisher an der Mentalität der Araber gescheitert, die einerseits zur Lethargie und andererseits zur Anarchie neigt. Beides bedingte immer wieder das Aufkommen diktatorischer Militärsysteme. Diese Mentalität ist der ärgste Hemmschuh. Abu Dhabis Energieminister mußte kürzlich zugeben, die Araber hätten weder ausreichende technische noch genügende administrative Erfahrungen. «Wir sind einfach nicht fähig, unser eigenes Geschäft zu betreiben.» Und Algeriens Präsident Houari Boumedienne fügte hinzu: «Wir sind von der westlichen Technologie nicht weniger abhängig als der Westen vom arabischen Öl.» Spricht man mit Arabienkennern in den Diensten der großen Ölkonzerne, hört man noch trostlosere Prophezeiungen. Sie bezweifeln, ob es den Arabern jemals gelingen wird, auf eigenen Füßen zu stehen. «Schauen Sie», behauptet einer

dieser Fachleute, «die Araber mögen technisch noch so begabt und aufnahmefähig sein – moderne Managementkonzeptionen bleiben ihrer Seele doch fremd!»
Die Ölscheiche haben rasch erkannt, daß man mit Geld nicht alles kaufen kann. Ihre Versuche aber, sich westliche Industriebeteiligungen zu sichern, setzten schon im ersten Anlauf einen geheimen Abwehrmechanismus in Gang. In der Bundesrepublik verhinderte dieser den Übergang eines zweiten Aktienpaketes der «Daimler-Benz AG» in arabische Hände. In anderen Staaten kam es zu Gegenmaßnahmen der Regierungen. Saudi-Arabien beispielsweise besitzt praktisch unerschöpfliche Devisenreserven, hat jedoch auf internationale Finanzkörperschaften wie Weltbank und Weltwährungsfonds kaum Einfluß. Um das zu ändern, brauchte es die Hilfe eines Ausländers: Er-Riad verpflichtete den früheren westdeutschen Finanz- und Wirtschaftsminister Karl Schiller als Wirtschaftsberater. Ein anderes Beispiel: Saudi-Arabien bewirbt sich um die Durchführung der Olympischen Spiele von 1984. Als es 1976 eine Fußball-Nationalmannschaft aufstellen wollte, ging das nicht ohne fremde Hilfe. Man verpflichtete für fünfundzwanzig Millionen Pfund Sterling einen Londoner BBC-Kommentator und sechzehn Assistenten als Trainer auf fünf Jahre.
Libyen hat jährlich Deviseneinnahmen von über acht Milliarden Dollar. Jeder Libyer mit einem Monatseinkommen unter sechshundert Dollar erhält kostenlos eine Wohnung, jeder andere zinslose Wohnbaudarlehen. Bis 1982 ist für jeden Bedürftigen eine eigene Wohnung geplant. Der Staat bewässert künstlich weite Kulturlandgebiete und verschenkt Parzellen zwischen zwanzig und achtzig Hektar Größe an die Bauern. Dazu bekommen sie ein Haus, fünf Kühe und drei Jahre lang eine monatliche Subvention von zweihundertfünfzig Dollar. Die Einkommenssteuern sind niedrig, die Löhne hoch und die Arbeiter erhalten eine fünfundzwanzigprozentige Gewinnbeteiligung. Altersversorgung und Arbeitslosen-

unterstützung sind vorbildlich. Auf tausend Einwohner kommen sechs Krankenbetten und ein Arzt. Die Mehrzahl der Ärzte sind jedoch Ausländer. Man plant den Bau von Zement- und Fertighausfabriken, Kunstdünger-, Reifen-, Traktoren- und Lastwagenfabriken und von mehreren Ölraffinerien. Die Wirtschaftlichkeit des Raffineriebaues wird von Experten angesichts der bereits vorhandenen Weltkapazität allerdings ernstlich bezweifelt. Und für die fünf Millionen Tonnen Stahl, die man zu produzieren gedenkt, gibt es weder einen Inlandsmarkt noch überhaupt einen Auslandsmarkt. Für das Garn, das bereits hergestellt wird, gibt es keine Käufer. Das Glas, welches man anfertigt, eignet sich wegen seiner schlechten Qualität nicht für den Export. Die Dosenindustrie wiederum hält sich nur durch den Import von jährlich vierundzwanzigtausend Tonnen Gefrierfleisch über Wasser. Libyen macht also mit seinen häufig unüberlegten oder lediglich auf Prestigegründen beruhenden Industrialisierungsexperimenten ähnlich negative und vor allem kostspielige Erfahrungen wie vor ihm das wesentlich fortschrittlichere Ägypten mit seiner Stahlproduktion und seiner Automobil- und Flugzeugindustrie. Der ägyptische Stahl hatte indessen nicht einmal zur Verwendung im eigenen Land getaugt, und die Produktion von Flugzeugen und Automobilen war sehr bald wieder eingestellt worden.

Ein Problem von großer Tragweite ist die ungleiche Verteilung des Erdölreichtums. Libyen, ein Land fast ohne Menschen, verfügt über riesige Reserven, während Ägypten, ein Staat mit einer Bevölkerungszuwachsrate von jährlich einer Million Menschen, nicht einmal genügend Rohöl für den eigenen Bedarf hat. Die Ölländer fanden sich bis jetzt nicht zu einem vernünftigen Finanzausgleich zugunsten der ölarmen Mitgliedstaaten der Arabischen Liga bereit. In den «Vereinigten Arabischen Emiraten» an der Küste des Persischen Golfs beschränkte sich der auf dem Ölreichtum basierende wirtschaftliche Aufschwung nur gerade auf die ölproduzierenden Gliedstaaten, die übrigen gingen leer aus. Die Entwicklungsmöglichkeiten der arabischen Welt beruhen allerdings nicht nur auf ihrem Rohstoffreichtum, denn unter den Wüstengebieten des Sudans, Ägyptens, Libyens und des Tschad entdeckten Wissenschaftler ein riesiges Wasserreservoir. Es stellte sich heraus, daß die Sahara auf einem der größten bisher bekannten unterirdischen Seen lagert. Da gegenwärtig in Ägypten allein schon vierzig Millionen Menschen leben, braucht man dringend neue landwirtschaftliche Anbauflächen, um sie und ihren Zuwachs ernähren zu können. Das geht nicht ohne Wasser, doch es wartet unter der Wüste immer noch wie ein ungehobener Schatz auf seine Ausbeutung. Ähnlich verhält es sich mit der sogenannten Kattarasenke in Westägypten, dem Schauplatz der großen Panzerschlachten des Nordafrikafeldzuges. Schon 1916 hatte ein deutscher Geograph ein Projekt zur Nutzbarmachung dieses Naturwunders für die Energieversorgung entwickelt. Durch einen Kanal sollte Mittelmeerwasser in die Senke geleitet und das Gefälle zur Stromerzeugung genutzt werden. Würde das Projekt realisiert, könnte dadurch der ägyptische Strombedarf über das Jahr 2000 hinaus gedeckt werden. Außerdem würde die Kultivierung weiter Wüstenstrecken möglich. Die Finanzierung dieses wichtigen Projektes konnte freilich bis zum heutigen Tage noch nicht sichergestellt werden. Es stellt sich also immer wieder die Frage nach einem interarabischen Finanzausgleich der reichen zugunsten der armen Länder. Die Zeit drängt: In Kuweit reichen die Ölreserven noch fünfundsiebzig, in Saudi-Arabien noch sechzig und in Abu Dhabi noch fünfundfünfzig Jahre; in Algerien sind es nur noch sechzehn und in Bachrein sogar nur noch zwölf Jahre. Was geschieht dann? Milliarden versickerten bereits nutzlos im Wüstensand, flossen in die Taschen der Führungsschicht oder gingen bei unrealistischen und unwirtschaftlichen Industrialisierungsversuchen verloren. Vor dem Ölboom war Bachrein zum Beispiel ein verlassener Hafen, und seine Einwohner lebten vom Dattelhandel, der Perlenfischerei und dem Garnelenfang. Der Ölboom bescherte ihm nicht nur einen unglaublichen wirtschaftlichen Aufschwung, sondern auch eine selbstbewußte und anspruchsvolle Arbeiterklasse. Muß sie den Gürtel schon bald wieder enger schnallen? Die unausbleibliche Folge wären soziale Konflikte und revolutionäre Tendenzen. Die Regierung bemüht sich daher bereits seit langem um eine solide wirtschaftliche Infrastruktur. Es gibt eine aufstrebende Aluminiumindustrie und Pläne für eine riesige Schiffswerft. Außerdem ist Bachrein im Begriff, das wichtigste Banken-, Handels- und Verwaltungszentrum am Persischen Golf zu werden. Dennoch dürfte der gewaltige soziale Umschichtungsprozeß nicht ohne Schwierigkeiten verlaufen. Denn aus Ölarbeitern werden nicht so rasch Büroangestellte. Der Prozeß des Umlernens – diese Erfahrung machte man auch in den Industrieländern – ist zudem immer auch ein sozialer Gärungsprozeß, so daß trotz des Ölreichtums mit gewissen Spannungen in der Bevölkerung zu rechnen ist. Wegen der geringen Bevölkerungszahl und den fehlenden Arbeitskräften verlegte sich Kuweit dagegen vorwiegend auf langfristige Auslandsinvestitionen. Sie beliefen sich Ende 1975 bereits auf fünfzehn Milliarden Dollar. Sie sollen den Wohlstand auch für die Zeit nach dem Versiegen des Ölstroms sichern. Allerdings würde das Emirat dadurch zu einem Land voller untätiger Staatspensionäre. Und was dann mit den hier gut verdienenden ausländischen Gastarbeitern, darunter allein fünfzigtausend Palästinensern, geschieht, bleibt eine Frage, die jetzt schon Anlaß zu Bedenken gibt.

Auch Wohlstand ist erfahrungsgemäß keine dauerhafte Versicherung gegen revolutionäre Energien. Schon der Ölboom allein schuf in allen von ihm erfaßten arabischen Staaten Stoff zu politischen und sozialen Konflikten. Das Ende des Booms wird die Konfliktherde zweifellos noch vermehren und die Spannungen selbst verschärfen. In

Saudi-Arabien dürfte man mit dem unüberbrückbaren Gegensatz zwischen dem konservativen, puritanischen und fremdenfeindlichen Islam und dem Aufstieg einer breiten, modern erzogenen, gebildeten, weltoffenen Mittelschicht mit wachem politischem Interesse an fortschrittlichen Veränderungen immer schwerer fertigwerden. Die Ermordung von König Feisal, dem für Neuerungen aufgeschlossensten Throninhaber, war dafür ebenso ein Fanal wie die vielen gescheiterten Militärputschversuche gegen die Monarchie. Auch in den übrigen Ölstaaten wird es früher oder später zu Konflikten zwischen den konservativen Monarchen oder repressiven Militärdiktatoren und den freiheitsdurstigen revolutionären Massen kommen. Die Araber leiden zudem noch stark unter einer unbewältigten Vergangenheit, was sich durch das Palästinaproblem noch verschlimmerte. «Äußere Schicksalsfügung», meint der deutsche Psychoanalytiker Alexander Mitscherlich, «ist von innerer Schicksalsfügung nie zu trennen!» Das heißt nichts anderes, als daß individuelle Psychosen und Neurosen nicht selten auf die jeweilige geographische und historische Situation der von ihnen betroffenen Einzelwesen zurückgeführt werden können. Nach Mitscherlich gibt es chronifizierte psychopathologische Zustände, deren identifikatorische Ansprüche auf jeden Menschen von der frühesten Kindheit an einwirken. Geschichte und Geographie können also durchaus krankheitserregende Phänomene sein.

Sind die Araber ein krankes Volk? Die Existenz der Palästina-Guerilleros, die ihren Nährboden in dem abnormen Zustand hat, daß die Hälfte eines ganzen Volkes seit dreißig Jahren ohne Heimat und Recht in Flüchtlingslagern vegetieren muß, ist darauf keineswegs der einzige Hinweis. Auch die Kolonialherrschaft der Türken und des europäischen Imperialismus hinterließ in der arabischen Welt noch längst nicht überwundene Krankheitssymptome. Wie kaum ein anderes Volk werden die Araber gegenüber allem Fremden zwischen Haß und Bewunderung, zwischen Minderwertigkeitskomplexen und Überheblichkeit hin und her gerissen. Hinzu kommt ein latenter Identifikationskonflikt. Wer oder was sind sie überhaupt, die Araber? Sind sie ein Volk, wie es ihnen ihre panarabischen Sehnsüchte glauben machen wollen? Oder identifizieren sie sich doch mehr mit den ihnen aufgezwungenen modernen Nationalstaaten? Die Ägypter zum Beispiel fühlen sich den übrigen Arabern eher überlegen und pochen auf ihre alte Kulturtradition. Die anderen Araber bemerken dagegen an den Ägyptern, daß sie nicht unbedingt zu den Angehörigen ihres eigenen stolzen Beduinenvolkes zu zählen sind.

Und was hat ein nordafrikanischer Berber mit einem südirakischen Sumpfaraber gemeinsam? Was ein dunkelhäutiger Sudanese mit einem levantinischen Libanesen? Die Sprache? Nicht einmal das. Hocharabisch versteht nämlich nur eine gebildete Minderheit, und die Dialekte, deren sich die Massen bedienen, unterscheiden sich manchmal so stark voneinander wie das Finnische vom Flämischen. Die Religion? Sie ist gewiß ein starkes, einigendes Band, was aber deshalb nicht mehr so entscheidend ist, weil es mehr muselmanische Nicht-Araber als Araber gibt.

Im Gegensatz zu den Türken des Mittelalters bilden die Araber für die übrige zivilisierte Welt keine Gefahr. Die Konflikte, die sie unter sich austragen und die von außen an sie herangetragen werden, könnten das allerdings rasch ändern. Man denke bloß an die sowjetischen Expansionsbestrebungen im Nahen Osten. Schon seit Zar Peter dem Großen drängt Rußland auf einen Zugang zu den warmen Meeren. Dieses Ziel war zum erstenmal beim Zusammenbruch des Osmanischen Reiches vor fünfzig Jahren in greifbare Nähe gekommen. Heute ist es fast schon erreicht. Die rote «Eskadra», die ständig im Mittelmeer kreuzt, genießt in Syrien an der östlichen und Algerien an der südlichen Flanke Stützpunktrechte. Von Somalia und Südjemen aus kann sie jederzeit die Zugänge zum Suezkanal und zum Persischen Golf abschnüren. Mit dem Irak hat die Sowjetunion einen fünfzehnjährigen Freundschafts- und Beistandspakt abgeschlossen. In Ägypten und Syrien erlitt sie zwar vorübergehende Rückschläge. Doch die Instabilität der dortigen innenpolitischen Verhältnisse kann ihrem Einfluß jederzeit wieder Tür und Tor öffnen. Über die gemeinsame Grenze mit Persien schürte sie wiederholt revolutionäre Tendenzen im Reich des Schah-in-Schah. Im Bürgerkrieg im Libanon hatte sie nachweislich direkt die Hände im Spiel. Durch ihren Einfluß auf die Palästina-Guerilleros würde ein palästinensischer Rumpfstaat zwischen Israel und Transjordanien zu einer sowjetischen Machtbasis, welche das gesamte politische Gleichgewicht im Nahen Osten gefährdete. Denn die Umklammerung Westeuropas und die Abschnürung seiner überlebenswichtigen Nabelschnur nach Amerika ist für den jeweiligen Beherrscher des Nahen Ostens so leicht wie ein Kinderspiel.

Die Araber sind unsere Nachbarn. Dem Bewohner eines Reihenhauses kann es keinesfalls gleichgültig sein, wenn das Haus seines Nachbarn brennt. Heute, in einer Zeit, in der die weltumspannenden Verkehrsverbindungen auf ein paar Flugstunden zusammengeschrumpft sind, leben sozusagen alle Völker der Erde in einer Kolonie von Reihenhäusern. Und in dem Reihenhaus neben uns leben eben die Araber. Leider gibt es dort viele feuergefährliche Stellen, weshalb es auch in unserem Interesse läge, bei der Brandverhütung mitzuhelfen. Stattdessen warten wir untätig darauf, daß die hellen Flammen aus dem Dachstuhl schlagen. Was können wir zur Vermeidung des Unheils tun? Wir könnten den Arabern wesentlich umfänglichere technologische Entwicklungshilfe als bisher gewähren, damit eine Modernisierung ihrer veralteten Wirtschaftsstrukturen möglich wird. Außerdem brauchen sie politisches «Know-how» zur Herausbildung moderner und trotzdem auf eigenen Traditionen beruhenden Gesellschaftsformen. Auch da läge uneigennützige Hilfe, so

388

paradox es klingt, im Interesse der westlichen Demokratien. Sonst bleibt eben der Kommunismus das einzige ihnen bekannte Entwicklungsmodell, was zur Folge hätte, daß die Monarchien und Diktaturen, die die Araber heute noch bevormunden und knebeln, geradewegs in einen roten Nahen Osten münden. Nicht wegen ihres vorübergehenden Rohstoffreichtums, sondern wegen ihrer dauernden Nachbarschaft sind und bleiben die Araber eine Herausforderung für Europa. Der Nahe Osten ist der «weiche Unterleib» Europas. Denken wir daran: Als Vermittler zwischen der antiken und der abendländischen Kultur waren die Araber eigentlich die ersten Europäer.

Zeittafel

Abendland	*Morgenland*
v. Chr.	
4000	Die Sumerer erfinden das Rad
3000 Beginn der Völkerwande- rung	
2850	Erste Dynastie in Ägypten
2800	Rivalisierende Stadtstaaten in Ba- bylonien und Entstehung des Gil- gamesch-Epos
1900 Indogermanenzüge durch Europa	Erzvater Abraham wandert von Mesopotamien nach Palästina
1225	Moses führt die Israeliten aus Ägypten ins Gelobte Land und empfängt auf dem Sinai die Zehn Gebote
1004	König David regiert Israel
1000	Entstehung der phönizischen Stadtstaaten
962	Tempelbau König Salomos in Je- rusalem
926	Reichsspaltung Israel und Juda
800 Aufstieg des klassischen Griechenland	
625	Mederkönig Kyaxares II. gründet das erste Großreich in Persien
587	Zerstörung Jerusalems durch Ne- bukadnezar II. Die Juden geraten in die Babylonische Gefangen- schaft
515	Wiederaufbau des Tempels in Je- rusalem
336 Alexander der Große	

Abendland	Morgenland
27 Cäsar Augustus regiert Rom	

Geburt Jesus von Nazareth in Bethlehem

n. Chr.

324 Konstantin I. der Große regiert Byzanz	
391 Theodosius I. macht das Christentum zur Staatsreligion in Rom	
395 Teilung des Römerreiches	
476 Absetzung von Romulus Augustulus durch den Germanen Odowakar	
570	Geburt des Propheten Mohammed in Mekka
610	Stiftung des Islams (bis 632)
622	Hidschra (Auswanderung) Mohammeds nach Medina und Beginn der islamischen Zeitrechnung
630	Eroberung Mekkas
632	Tod Mohammeds. Erster Kalif wird sein Schwiegervater Abu Bekr
651	Der Kalif Omar erobert die Randgebiete Zentralarabiens, Syrien und Palästina, Mesopotamien, Persien, Ägypten und Nordafrika
656	Mohammeds Schwiegersohn Ali wird der letzte der vier rechtgeleiteten Kalifen. Beginn der Spaltung des Islams in Sunniten und Schiiten
661	Beginn der Omaijadenherrschaft. Damaskus wird Hauptstadt. Ausdehnung des Araberreiches nach Pandschab, Transoxanien und Spanien
670	Eroberung des Magrib
674	Die Belagerung Konstantinopels scheitert
711	Eroberung der Iberischen Halbinsel
732 Fränkischer Sieg über die Araber bei Poitiers	

392

Abendland		Morgenland
749		Beginn der Abbasidenherrschaft. Bagdad wird Hauptstadt. Eroberung Siziliens und Sardiniens
768	Karl wird Frankenkönig	
778	Kriegszug Karls gegen das arabische Spanien	
786	Karl knüpft diplomatische Beziehungen zu Bagdad an.	Harun er-Raschid Kalif von Bagdad. Größte Kulturblüte des islamisch-arabischen Weltreiches
800	Karl der Große römischer Kaiser	
929		Abderrachman III. omaijadischer Kalif in Spanien. Fruchtbare wirtschaftliche und kulturelle Beziehungen zum Abendland
950	Guntram der Reiche stiftet das Haus Habsburg	
955	Otto der Große besiegt die Magyaren	
962	Gründung des Heiligen Römischen Reiches Deutscher Nation	
1095	Kreuzpredigt Papst Urbans II. in Clermont	
1096	Erster Kreuzzug	Eroberung Jerusalems durch die Kreuzritter
1147	Zweiter Kreuzzug und Eroberung von Lissabon	
1152	Friedrich Barbarossa deutscher Kaiser	
1187		Zurückeroberung Jerusalems durch Salach Eddin
1189	Dritter Kreuzzug unter Friedrich Barbarossa	
1190	Tod Friedrichs. Philipp II. von Frankreich und Richard Löwenherz von England übernehmen die Führung	Eroberung von Akka durch die Kreuzritter
1202	Vierter Kreuzzug	Eroberung von Konstantinopel und Errichtung eines lateinischen Kaisertums
1206		Dschingis Khan einigt die Mongolen
1212	Kinderkreuzzug aus Frankreich und vom Niederrhein	
1220		Die Mongolen erobern Ostarabien

Abendland	Morgenland
1228 Fünfter Kreuzzug	Jerusalem wieder christlich
1244	Jerusalem wird aufgegeben
1248 Sechster Kreuzzug unter Louis IX. nach Ägypten scheitert	
1254	Dynastie der Mameluken in Ägypten
1256	Die Mongolen erobern Persien und Syrien
1258	Dschingis Khans Enkel Hulagu erobert Bagdad
1270 Siebter Kreuzzug unter Louis IX. nach Tunis scheitert	
1273 Als erster Habsburger wird Rudolf I. deutscher König	
1288	Osman I. begründet die gleichnamige spätere türkische Dynastie
1291	Verlust Akkas durch die Kreuzfahrer
1292 Graf Adolf von Nassau wird deutscher König	
1298 Albrecht I. von Habsburg besiegt Adolf von Nassau in der Schlacht bei Göllheim und wird deutscher König	
1309 Frankreich erzwingt die Übersiedlung des Papsttums nach Avignon	
1339 Beginn des Hundertjährigen Krieges zwischen Frankreich und England	
1397 Geburt von Johannes Gensfleisch zur Laden, genannt Gutenberg, in Mainz. Er erfindet den Buchdruck mit beweglichen Lettern	
1453 Ende des Byzantinischen Kaisertums	Mechmet II. Fatich, der Eroberer, besiegt Byzanz
1483 Geburt Martin Luthers in Eisleben	
1492 Beginn der Entdeckung Amerikas durch Christoph Columbus	Die Araber verlieren ganz Spanien an die Christen
1497 Vasco da Gama entdeckt den Seeweg nach Indien	

Abendland	Morgenland
1500 In Gent wird Kaiser Karl V. geboren, in dessen Reich «die Sonne nie unterging» Leonardo da Vinci entwickelt das erste Modell einer Flugmaschine	Beginn der portugiesischen Kolonialherrschaft über Randgebiete Arabiens
1517 Anschlag der fünfundneunzig Thesen Luthers an der Schloßkirche in Wittenberg und Beginn der Reformation	
1519 Karl V. wird römisch-deutscher Kaiser	Die Araber geraten für vierhundert Jahre unter die Kolonialherrschaft des Osmanischen Reiches
1516 Die Habsburger erben Spanien	
1529 Erste Belagerung Wiens durch Sultan Suleiman den Prächtigen bleibt ohne Erfolg	
1558 Elisabeth I. besteigt den englischen Thron	
1568	Beginn der Ausdehnung Rußlands auf Kosten des Osmanischen Reiches
1596 Kepler veröffentlicht sein «Mysterium Cosmographicum» mit seiner Erklärung des Sonnensystems	
1614 Der Papst verbietet das Kopernikanische System	
1618 Ausbruch des Dreißigjährigen Krieges	
1648 Westfälischer Frieden von Münster und Osnabrück	
1683 Zweite Belagerung Wiens unter dem Großwesir Kara Mustafa Pascha bleibt ohne Erfolg	
1689 Glorreiche Revolution in Großbritannien	
1690 Papin baut zu Versuchszwecken die erste Dampfmaschine	
1770 Beginn der Industrialisierung auf den britischen Inseln	

1776	Die Vereinigten Staaten von Amerika erklären ihre Unabhängigkeit
1789	Mit dem Sturm auf die Bastille beginnt die Französische Revolution
1798	Nelson vernichtet bei Abukir die französische Kriegsflotte

1798 Napoleons Schlacht bei den Pyramiden

1804	Napoleon I. Bonaparte wird Kaiser der Franzosen
1806	Ende des Heiligen Römischen Reiches Deutscher Nation

1806 Der Albaner Mohammed Ali begründet die letzte ägyptische Dynastie

1814 Wiener Kongreß unter Fürst Metternich — Die Türkei als Teilnehmerin beim Wiener Kongreß

1820 Beginn der Kolonialherrschaft Großbritanniens am Golf von Persien

1830 Frankreich besetzt Algerien

1839 Aden wird britisch

1869 Eröffnung des Suezkanals

1870 Deutsch-Französischer Krieg — Gründung der Amerikanischen Universität in Beirut. An ihr studieren viele spätere arabische Nationalistenführer

1871 Gründung des Deutschen Reiches durch Bismarck in Versailles

1881 Frankreich besetzt Tunesien

1882 Ägypten unter britischer Herrschaft

1885 Arabische Nationalisten bilden die ersten Geheimbünde

1894 Lilienthal baut seinen Doppeldecker-Gleitflügler

1905 Einstein entwickelt seine Spezielle Relativitätstheorie

1911 Tripolitanien wird italienische Kolonie

1914 Beginn des Ersten Weltkrieges — Das Osmanische Reich an der Seite der Mittelmächte

1916 Scherif Hussein von Mekka proklamiert den Heiligen Krieg gegen die Türken. Im Sykes-Picot-Abkommen teilen sich Großbritan-

Abendland	Morgenland
	nien (Irak, Transjordanien, Palästina) und Frankreich (Syrien und Libanon) in die arabischen Gebiete des Osmanischen Reiches
1917 Bolschewistische Oktoberrevolution in Rußland	Erlaß der Balfour-Deklaration über ein jüdisches Nationalheim in Palästina
1918 Versailler Friedenskonferenz und die Vierzehn Punkte von US-Präsident Wilson Gründung des Völkerbundes	In Versailles stößt Emir Feisal mit dem Wunsch nach Unabhängigkeit der Araber auf Ablehnung Untergang des Osmanischen Reiches. Gründung der modernen Türkei durch Kemal Atatürk
1920	Beginn der arabischen Aufstände gegen die jüdische Masseneinwanderung nach Palästina
1921	Transjordanien wird selbständiges Emirat unter britischer Schutzherrschaft
1922 Machtübernahme durch die Faschisten unter Benito Mussolini als Duce in Italien	Frankreich besetzt Marokko
1924	Ende des osmanischen Kalifates
1927	Messali Hadsch an der Spitze der ersten Autonomiebewegung für Algerien
1932 Wahl Franklin D. Roosevelts zum US-Präsidenten	Proklamation Saudi-Arabiens durch König Abdel Asis III. Ibn Saud
1933 Machtergreifung Adolf Hitlers und der Nationalsozialisten	Standard Oil of California erhält die erste Bohrkonzession in Saudi-Arabien
1936 Hitler besetzt das entmilitarisierte Rheinland	Faruk I. besteigt den ägyptischen Thron
1939 Beginn des Zweiten Weltkrieges	
1941 Beginn des deutschen Rußlandfeldzuges	Achsenfreundlicher Aufstand unter Raschid Ali el-Gailani im Irak gegen die Engländer
1942 Afrikafeldzug zwischen den Feldmarschällen Rommel und Montgomery	Britischer Botschafter zwingt König Faruk zur Einsetzung einer englandfreundlichen Regierung in Ägypten
1944 Gescheiterter Offiziersaufstand gegen Hitler	Der spätere Exil-Ministerpräsident Ferhat Abbas gründet eine

	Abendland	Morgenland
		nationale Sammlungsbewegung in Algerien
1945	Selbstmord Hitlers und bedingungslose Kapitulation der Wehrmacht	Gründung der Arabischen Liga
1946	Rücktritt Charles de Gaulles	Der Libanon erhält seine Unabhängigkeit
1947	Marshall-Plan für Europa	Die Vereinten Nationen beschließen die Teilung Palästinas
1948	Währungsreform in Westdeutschland	Gründung des Staates Israel
1949	Gründung der NATO	Waffenstillstand im ersten arabisch-israelischen Krieg
1950		Transjordanien annektiert Restpalästina
1951		Libyen erhält als Königreich seine Unabhängigkeit. Faruk I. macht sich zum König des Sudans. Ermordung König Abdullahs von Jordanien. Sturz König Faruks I. General Mohammed Nagib wird ägyptischer Präsident. Hussein II. wird König von Jordanien
1953		Feisal II. wird König des Iraks
1954		Ausbruch des Befreiungskrieges in Algerien. Gamal Abdel Nasser wird Präsident
1955		Erste Waffenlieferungen des Ostblocks an Ägypten
1956	Gründung der Europäischen Wirtschaftsgemeinschaft (EWG)	Marokko wird unabhängig. Tunesien erlangt die Unabhängigkeit. Erster Erdölfund im algerischen Hassi Messaoud. Nationalisierung des Suezkanals führt zum israelisch-britisch-französischen Angriff auf Ägypten
1958	Machtantritt de Gaulles und Beginn der Fünften Republik in Frankreich	Die Sowjetunion finanziert und baut den Hochstaudamm bei Assuan. Gründung der Vereinigten Arabischen Republik (VAR) zwischen Ägypten und Syrien. Sturz und Tod Feisals II. Militärdiktatur unter General Abdel Karim Kassim im Irak. US-Truppen landen im Libanon, britische in Jordanien

Abendland	Morgenland
1961 Bau der Berliner Mauer	Zusammenbruch der VAR. Tod König Mohammeds V. von Marokko. Nachfolger wird Hassan II.
1962	Algerien erhält seine Unabhängigkeit. Sturz der Monarchie und Beginn des Bürgerkrieges im Jemen
1967 Tod Konrad Adenauers	Sechstagekrieg. Ende der ägyptischen Intervention im Jemen. Großbritanniens Kronkolonie Aden wird unabhängig
1969	König Idris es-Senussi wird gestürzt und Oberst Moammer el-Gaddafi Militärdiktator von Libyen
1970	Tod Gamal Abdel Nassers. Mohammed Anwar es-Sadat wird Präsident Ägyptens
1971	Freundschafts- und Beistandspakt zwischen der Sowjetunion sowie Ägypten und dem Irak
1973	Ramadan- oder Jom-Kippur-Krieg
1974	Ägypten kündigt den Pakt mit Moskau
1975	Beginn des Bürgerkrieges im Libanon
1976	Syrische Intervention im Libanon

Quellenverzeichnis

Brockhaus-Enzyklopädie in 20 Bänden, Wiesbaden 1966–1975
Meyers Enzyklopädisches Lexikon in 25 Bänden, Mannheim 1971
usw.
Meyers Enzyklopädisches Lexikon, Jahrbuch 1974, Mannheim 1974
Meyers Enzyklopädisches Lexikon, Jahrbuch 1975, Mannheim 1975
Meyers Enzyklopädisches Lexikon, Jahrbuch 1976, Mannheim 1976
Fischer-Weltgeschichte in 35 Bänden, Frankfurt 1965 usw.
Propyläen-Weltgeschichte in 10 Bänden, Berlin 1961 usw.
Saeculum-Weltgeschichte in 10 Bänden, Freiburg 1965 usw.
Handbuch der Weltgeschichte, herausgegeben von Alexander Randa,
    Olten 1954
Westermann-Lexikon der Geographie in 5 Bänden, Braunschweig
    1968–1972
Bertelsmanns Große Illustrierte Länderkunde in 2 Bänden,
    Gütersloh 1963
Fischer-Weltalmanach 1976, herausgegeben von Gustav Fochler-
    Hauke, Frankfurt 1975
The International Who's Who 1975–1976,, London 1975
The Military Balance 1975–1976, London 1975

Entwicklungspolitik, Handbuch und Lexikon, herausgegeben
    von Hans Besters und Hans Hermann Walz,
    Berlin und Mainz 1966
Klett-Handbuch für Reise und Wirtschaft: Afrika, 3 Bände,
    herausgegeben vom Afrika-Verein e. V. in Hamburg durch Peter
    Colberg, Martin Krämer, Kurt Eitner und Otto Baedeker,
    Stuttgart 1971
Bibel-Lexikon, herausgegeben von Herbert Haag, Einsiedeln 1968
Lexikon zur Bibel, herausgegeben von Fritz Rienecker,
    Wuppertal 1967
Die Bibel und ihre Welt, herausgegeben von Gaalyahu Cornfeld und
    G. Johannes Botterweck, Bergisch-Gladbach 1969
Lexikon des Judentums, herausgegeben von John F. Oppenheimer,
    Gütersloh 1967

Shorter Encyklopaedia of Islam, herausgegeben von H. A. R. Gibb
und J. H. Kramers, Leiden und London 1961
Lexikon der Arabischen Welt, herausgegeben von Stephan und Nandy
Ronat, Zürich 1972
Lexikon der Islamischen Welt, 3 Bände, herausgegeben von Klaus
Kreiser, Werner Diem und Hans Georg Majer, Stuttgart 1974
The Middle East and North Africa 1975–1976, London 1975
The Middle East and North Africa 1976–1977, London 1976

Abdel-Malek, Anouar: *Ägypten – Militärregime,* Frankfurt 1971
Abir, Mordechai: *Oil, Power and Politics,* London 1974
Abul-Fath, Ahmed: *L'Affaire Nasser,* Paris 1962
Abu-Lughod, Ibrahim: *The Transformation of Palestine,*
Evanston 1971
Abun-Nasr, Jamil M.: *A History of the Maghrib,* Cambridge 1972
Adams, Michael und Mayhew, Christopher: *Publish it not . . . .,*
London 1975
Albrecht, Ulrich: *Der Handel mit Waffen,* München 1971
Alleman, Fritz René: *Die arabische Revolution,* Frankfurt 1958
Allgrove, George: *Sittengeschichte des Orients,* Stuttgart 1963
Allon, Jigal: *. . . und David ergriff die Schleuder,* Berlin 1971
Andel, Horst J.: *Nahost-Report,* Pfaffenhofen 1976
Antonius, George: *The Arab Awakening,* Beirut 1961
Arle, Marcella d': *El Harem,* Berlin 1966

Bähring, Bernd: *Die Herausforderung des Mittleren Ostens,*
Frankfurt 1975
Barber, Noel: *Die Sultane,* Frankfurt 1975
Barcata, Louis: *Arabien nach der Stunde Null,* Wien 1968
Barisch, Klaus und Lissi: *Istanbul,* Köln 1976
Bar-Zohar, Michel: *J'ai risqué ma vie,* Paris 1971
Bar-Zohar, Michel: *Spies in the Promised Land,* London 1972
Begin, Menachem: *La Révolte d'Israël,* Paris 1971
Behr, Hans-Georg: *Söhne der Wüste,* Wien 1975
Ben-Gurion, David: *Wir und die Nachbarn,* Tübingen 1968
Ben-Gurion, David: *Israel,* Frankfurt 1973
Berger, Morroe: *The Arab World Today,* London 1962
Bianco, Mirella: *Kadhafi,* Hamburg 1975
Bibby, Geoffrey: *Dilmun,* Hamburg 1973
Bitsch, Jörgen: *Hinter Arabiens Schleier,* Frankfurt 1961
Blumberg, H. M.: *Weizmann,* Frankfurt 1975
Bohnet, Michael: *Das Nord-Süd-Problem,* München 1971
Bolen, Carl van: *Erotik des Orients,* München 1967
Bonn, Gisela: *Das doppelte Gesicht des Sudan,* Wiesbaden 1961
Brentjes, Burchard: *Die Araber,* Wien 1971
Bretholz, Wolfgang: *Aufstand der Araber,* München 1960
Brockelmann, C.: *History of the Islamic Peoples,* New York 1947
Bulloch, John: *The Making of a War,* London 1974

Cattan, Henry: *Palestine and International Laws*, London 1973
Cazalis, Anne-Marie: *Kadhafi – Le Templier d'Allah*, Paris 1974
Churchill, R. S. und Churchill, W. S.: *. . . und siegten am siebten Tag*,
   Bern 1967
Clapham, Ronald: *Marktwirtschaft in Entwicklungsländern*,
   Freiburg 1973
Clayton, Gilbert: *An Arabian Diary*, Berkeley 1969
Collins, Larry und Lapierre, Dominique: *O Jerusalem*, München 1972
Cooley, John K.: *Green March – Black September*, London 1973
Cremeans, Charles D.: *The Arab and the World*, New York 1963

Daumal, Jack und Leroy, Marie: *Gamal Abdel el-Nasser*, Paris 1967
Davidson, Basil: *Vom Sklavenhandel zur Kolonialisierung*,
   Hamburg 1966
Dekmeijlan, Hsair: *Egypt under Nasir*, Albany 1971
Dickson, Violet: *Forty Years in Kuweit*, London 1971
Dürrenmatt, Friedrich: *Zusammenhänge*, Zürich 1976

Eban, Abba: *Dies ist mein Volk*, Zürich 1970
Edwardes, Allen und Masters, R. E. L.: *Quelle der Erotik*,
   Flensburg 1968
Ehrhardt, Helmut: *Rauschgiftsucht*, Stuttgart 1967
Eisenkolb, Gerhard: *München Schalom*, Wien 1975
Elon, Amos: *Die Israelis*, Wien 1972
Elon, Amos: *Morgen in Jerusalem*, Wien 1975
Elon, Amos und Hassan, Sana: *Dialog der Feinde*, Wien 1974
Equipe du Sunday Times: *La Guerre du Kippour*, Paris 1974
Estier, Claude: *L'Egypte en Révolution*, Paris 1968
Eytan, Steve: *Das Auge Davids*, Wien 1971

Field, Michael: *A Hundred Million Dollars a Day*, London 1975
Frank, Gerold: *Le Groupe Stern*, Paris 1964
Freund, Wolfgang S.: *Das arabische Mittelmeer*, München 1974
Friedemann, Jens: *Die Scheiche kommen*, Bergisch-Gladbach 1974
Fuchs, Walter R.: *Und Mohammed ist ihr Prophet*, München 1975

Gabrieli, Francesco: *Die Kreuzzüge aus arabischer Sicht*, Zürich 1973
Gehrke, Ulrich und Mehner, Harald: *Iran*, Tübingen 1975
Gelpke, Rudolf: *Vom Rausch im Orient und Okzident*, Stuttgart 1966
Gilbert, Martin: *The Arab-Israeli Conflict*, London 1974
Glubb, John B.: *A short History of the Arab Peoples*, London 1969
Graupner, Heinz: *Dämon Rausch*, Hamburg 1966
Grobba, Fritz: *Männer und Mächte im Orient*, Göttingen 1967
Grunebaum, G. E. von: *Der Islam im Mittelalter*, Zürich 1963
Guggenheim, Willy: *30mal Israel*, München 1973

Haag, Ernest van den: *Die Juden, das rätselhafte Volk*,
   Hamburg 1973
Habe, Hans: *Wie einst David*, Olten 1971

Hadi, Abdel H., Labadi, M. el-, Peach, N., Sommer, B. A. und
   Weingartz, H.: *BRD, Israel und die Palästinenser*, Köln 1973
Haller, Albert von: *Die Letzten wollen die Ersten sein*,
   Düsseldorf 1963
Harel, Isser: *Das Haus in der Garibaldistraße*, Frankfurt 1975
Harkaby, Y.: *Arab Attitudes to Israel*, London 1972
Haslip, Joan: *Der Sultan*, München 1968
Hassan, Ali: *Wenn Israel den Frieden wollte*, München 1971
Hatem, M. Abdel-Kader: *Information and the Arab Cause*,
   London 1974
Hauser, Hans: *Kurdistan*, München 1975
Hawley, Donald: *The Trucial States*, London 1970
Heikal, Mohammed: *Das Kairo-Dossier*, Wien 1972
Heim, Michael: *Assuan*, München 1971
Helmensdorfer, Erich: *Hart östlich von Suez*, Percha 1972
Helmensdorfer, Erich: *Westlich von Suez*, Percha 1973
Henle, Hans: *Der neue Nahe Osten*, Hamburg 1966/Frankfurt 1972
Hermassi, Elbaki: *Leadership and National Development in North
   Africa*, Los Angeles 1973
Herstig, David: *Fetua – Der arabisch-israelische Konflikt*,
   München 1969
Herzog, Chaim: *Entscheidung in der Wüste*, Frankfurt 1975
Hitti, Philip K.: *History of the Arabs*, London 1964
Hollstein, Walter: *Kein Frieden um Israel*, Frankfurt 1972
Holt, P. M.: *Studies in the History of the Near East*,
   London 1973
Hottinger, Arnold: *Die Araber*, Zürich 1960
Hunke, Sigrid: *Allahs Sonne über dem Abendland*, Stuttgart 1960
Hunke, Sigrid: *Kamele auf dem Kaisermantel*, Stuttgart 1976
Hussein, Mahmoud: *Les Arabes au présent*, Paris 1974

Imhoff, Christoph von: *Duell im Mittelmeer*, Freiburg 1968
Ismael, Tareq Y.: *The UAR in Africa*, Evanston 1971

Kaster, H. L.: *Islam ohne Schleier*, Gütersloh 1963
Keller, Werner: *Und wurden zerstreut unter alle Völker*,
   München 1966
Khaldoun, Ibn: *History of the Berbers*, 4 Bände, Algier 1852–1856
Kimche, Jon: *Zeitbombe Nahost*, Hamburg 1970
Konzelmann, Gerhard: *Vom Frieden redet keiner*, Stuttgart 1971
Konzelmann, Gerhard: *Die Araber*, München 1974
Konzelmann, Gerhard: *Die Schlacht um Israel*, München 1974
Konzelmann, Gerhard: *Die Reichen aus dem Morgenland*,
   München 1975
Konzelmann, Gerhard: *Suez*, München 1975
Konzelmann, Gerhard: *Aufbruch der Hebräer*, München 1976
Kraus, Willy: *Afghanistan*, Tübingen 1974
Krause, Klaus-Peter: *Das große Rohstoffmanöver*, Frankfurt 1975
Kreutel, Richard F.: *Kara Mustafa vor Wien*, München 1967

Kryspin-Exner, Kornelius: *Drogen*, Wien 1971
Kündig-Steiner, Werner: *Die Türkei*, Tübingen 1974

Lacouture, Jean und Lacouture, Simonne: *Egypt in Transition*,
    London 1958
Lacouture, Jean: *Nasser*, Paris 1971
Lamberti, Michael und Lamour, Catherine: *Die Opium-Mafia*,
    Frankfurt 1973
Laqueur, Walter: *Nahost vor dem Sturm*, Frankfurt 1968
Laqueur, Walter: *Der Weg zum Staat Israel*, Wien 1975
Laufenberg, Walter: *Rauschgift*, Opladen 1971
Lawrence, T. E.: *The Seven Pilars of Wisdom*, London 1935
Leary, Timothy: *Politik der Ekstase*, Hamburg 1970
Leuenberger, Hans: *Zauberdrogen*, Stuttgart 1969
Lewan, Kenneth M.: *Der Nahostkrieg in der westdeutschen Presse*,
    Köln 1970
Lewis, B.: *Islam in History*, London 1973
Liegle, Ludwig: *Kollektiverziehung im Kibbuz*, München 1971
Little, Tom: *Egypt*, London 1958
Lotz, Wolfgang: *Fünftausend für Lotz*, Frankfurt 1973
Lyautey, Pierre: *Les nouvelles Révolutions du Proche-Orient*,
    Paris 1968

Mahmud, Sayyid Fayyaz: *Geschichte des Islams*, München 1964
Makal, Mahmut: *Mein Dorf in Anatolien*, Frankfurt 1971
Mansfield, Peter: *Nasser*, London 1969
Masry, Joussef el-: *Die Tragödie der Frau im arabischen Orient*,
    München 1963
Maull, Hanns: *Ölmacht*, Frankfurt 1975
Merchav, Peretz: *Die israelische Linke*, Frankfurt 1972
Meir, Golda: *Leben für mein Land*, Bern 1973
Meyer, Werner und Schmidt-Polex, Carl: *Schwarzer Oktober*,
    Percha 1973
Miksche, Ferdinand-Otto: *Rüstungswettlauf*, Stuttgart 1972
Monroe, Elizabeth: *Philby of Arabia*, London 1973
Moore, C. H.: *Politics in North Africa*, Boston 1970
Morineau, Raymond: *Ägypten*, Lausanne 1964
Mosley, Leonard: *Weltmacht Öl*, München 1974
Mueller, John Henry: *Cadillacs und Coca-Cola*, Zürich 1962
Mueller, John Henry: *Beduinen und Computer*, Zürich 1974
Mury, Gilbert: *Schwarzer September*, Berlin 1974

Nefzaui, Scheik: *Die arabische Liebeskunst*, München 1966
Nirumand, Bahman: *Persien*, Hamburg 1967
Nohlen, Dieter und Nuscheler, Franz: *Handbuch der Dritten Welt*,
    Hamburg 1974
Nutting, Anthony: *Von Mohammed bis Nasser*, Wien 1964
Nutting, Anthony: *Die Suezverschwörung 1956*, Wien 1967
Nutting, Anthony: *Gordon von Khartum*, Wien 1967

O'Ballance, Edgar: *The War in the Yemen*, London 1971
O'Ballance, Edgar: *The Third Arab-Israel War*, London 1972
O'Callaghan, Sean: *Sklavenhandel heute*, München 1963
O'Callaghan, Sean: *Der weiße Sklavenhandel*, Frankfurt 1967
O'Connor, Richard: *The Oil Barons*, London 1972
Oldenbourg, Zoe: *Que vous à donc fait Israël*, Paris 1974

Paczensky, Gert von: *Unser Volk am Jordan*, Hamburg 1971
Paget, Julian: *Last Post – Aden 1964–1967*, London 1969
Pearlman, Moshe: *Die Festnahme des Adolf Eichmann*,
    Frankfurt 1961
Pennar, Jaan: *The USSR and the Arabs – The Ideological Dimension*,
    London 1973
Piekalkiewicz, Janusz: *Israels langer Arm*, Frankfurt 1975
Pinner, Walter: *The Legend of the Arab Refugees*, Tel-Aviv 1967
Polk, William R.: *Development Revolution – North Africa, Middle
    East, South Asia*, Washington 1963
Porath, Y.: *The Emergence of the Palestinian Arab National
    Movement 1918–1929*, London 1974

Reindl, Siegfried: *Erdöl – Chemie und Technologie*, München 1970
Rittlinger, Herbert: *Geheimdienst mit beschränkter Haftung*,
    Stuttgart 1973
Robana, Abderrahman: *The Prospects for an Economic Community in
    North Africa*, London 1973
Rodinson, Maxime: *Islam and Capitalism*, London 1974
Rodinson, Maxime: *Mohammed*, Luzern 1975
Rühl, Lothar: *Israels letzter Krieg*, Hamburg 1974

Sachar, Howard M.: *Europe Leaves the Middle East – 1936–1954*,
    London 1973
Sadat, Anwar el-: *Geheimtagebuch der ägyptischen Revolution*,
    Düsseldorf 1957
Sager, Peter: *Kairo und Moskau in Arabien*, Bern 1967
Sampson, Anthony: *Die sieben Schwestern*, Hamburg 1976
Schatten, Fritz: *Entscheidung in Palästina*, Stuttgart 1976
Schiff, Zeev und Rothstein, Raphael: *Fedayeen*, London 1972
Schöps, Hans Julius: *Zionismus*, München 1973
Seering, Ruth: *König Feisal – Koran und Öl*,
    Bergisch-Gladbach 1974
Snow, Peter: *Hussein*, Düsseldorf 1973
Stein, Leonard: *The Balfour-Deklaration*, London 1961
Stephens, Robert: *Nasser*, London 1971
Stern, Michael: *König Faruk*, München 1967
Stevens, Georgina G.: *Egypt, Yesterday and Today*, New York 1963
St. John, Robert: *The Boss*, London 1961
Sykes, Christopher: *Kreuzwege nach Israel*, München 1967

Teveth, Schabtai: *Moshe Dayan*, Hamburg 1973
Tibi, Bassam: *Militär und Sozialismus in der Dritten Welt*,
    Frankfurt 1973
Tophoven, Rolf: *Fedayin – Guerilla ohne Grenzen*, Frankfurt 1974
Trevelyan, Humphrey: *The Middle East in Revolution*, London 1970
Troll, Hildebrand: *Die Papstweissagung des Heiligen Malachias*,
    Aschaffenburg 1961
Tugendhat, Christopher: *Gigant Erdöl*, Wien 1968

Uthmann, Jörg von: *Doppelgänger, du bleicher Geselle*, Stuttgart 1976

Váli, Ferenc A.: *Bridge across the Bosporus*, Baltimore 1971
Vaucher, Georges: *Gamal Abdel Nasser et son équipe*, 2 Bände,
    Paris 1959
Villain, Jean: *Fellah ohne Faruk*, Berlin 1958
Villiers, Gérard de: *Der Schah*, Wien 1975
Vocke, Harald: *Das Schwert und die Sterne*, Stuttgart 1965

Wagner, Heinz: *Der arabisch-israelische Konflikt im Völkerrecht*,
    Berlin 1971
Wald, Peter: *Die Vereinigte Arabische Republik*, Hannover 1969
Ward, Edward: *Öl in aller Welt*, Zürich 1960
Wardi, Ali Al-: *Soziologie des Nomadentums*, Neuwied 1972
Whitehouse, David und Ruth: *Lübbes archäologischer Welt-Atlas*,
    Bergisch-Gladbach 1976
Wittfogel, Karl A.: *Die orientalische Despotie*, Köln 1962

Zartman, I. W.: *Man, State and Society in the Contemporary Maghrib*,
    London 1973
Zink, Jörg: *Das Alte Testament*, Stuttgart 1966

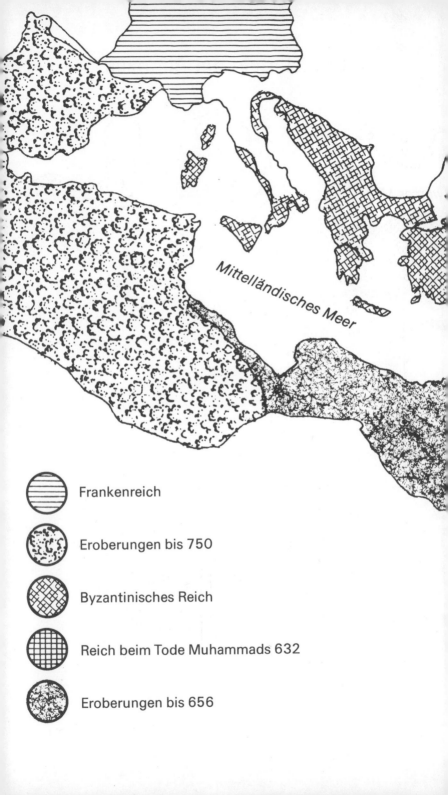

Mittelländisches Meer

Frankenreich

Eroberungen bis 750

Byzantinisches Reich

Reich beim Tode Muhammads 632

Eroberungen bis 656